银行信贷操作管理

黄名剑　张文婷　张兆林　编著

中国金融出版社

责任编辑：肖丽敏
责任校对：刘　明
责任印制：丁淮宾

图书在版编目（CIP）数据

银行信贷操作管理/黄名剑，张文婷，张兆林编著．—北京：中国金融出版社，2020.5

ISBN 978－7－5220－0490－7

Ⅰ．①银…　Ⅱ．①黄…②张…③张…　Ⅲ．①银行业务—信贷管理　Ⅳ．①F830.51

中国版本图书馆CIP数据核字（2020）第031271号

银行信贷操作管理
Yinhang Xindai Caozuo Guanli

出版发行　中国金融出版社
社址　北京市丰台区益泽路2号
市场开发部　（010）66024766，63805472，63439533（传真）
网上书店　http://www.chinafph.com
（010）66024766，63372837（传真）
读者服务部　（010）66070833，62568380
邮编　100071
经销　新华书店
印刷　保利达印务有限公司
尺寸　185毫米×260毫米
印张　27.25
字数　490千
版次　2020年5月第1版
印次　2020年5月第1次印刷
定价　86.00元
ISBN 978－7－5220－0490－7

序 言

信贷业务在银行的资产结构中占有举足轻重的位置，是银行利润最主要的来源，同时信贷操作风险也是银行信贷经营管理面对的主要风险。近年来，各家银行在推动信贷管理的规范化、制度化和科学化建设方面进行了很多积极的探索，形成了银行特有的信贷操作管理体系。加强信贷业务管理，规范操作规程，优化业务流程，努力提高信贷业务经营与管理水平，增强市场核心竞争力和风险管控能力，是银行管理现代化和打造中国最佳商业银行的具体要求。

为了更好地提升银行机构信贷管理水平，熟知银行信贷业务知识，规范银行信贷操作规程，控制信贷操作风险，增加经营收入，壮大银行实力，我们从银行监管、信贷业务管理和具体操作的实际问题出发，以满足银行工作人员渴望全面了解银行信贷业务知识和掌握实际操作能力的需求，编写了《银行信贷操作管理》一书。我们凭借多年从事金融研究工作和商业银行信贷经营管理及实际业务操作的工作经验，对银行信贷理论进行了有益探讨，参与了银行的经营管理和业务培训工作，为银行起草、修改和制定了大量的信贷业务管理规章制度、实施细则和操作规程，编写了信贷业务方面的培训教材，积累了大量有关银行信贷业务的管理资料，在此基础上编写成书，呈献给从事银行信贷业务的工作人员和广大读者。

《银行信贷操作管理》一书主要根据银行信贷业务全面风险管理的要求，结合监管机构的监管要求和银行现行的有关信贷业务规章制度等，以问答的形式对相关信贷业务管理和操作规程管理内容进行了全面详细的诠释。全书共 19 章 153 节 1119 个问答。主要内容包括银行信贷管理、个人贷款管理、个人贷款操作规程管理、个人借款合同管理、企业贷款管理、企业贷款操作规程管理、企业借款合同管理、信贷审批委员会议事规则管理、信贷业务贷后管理、银行贷款分类管理、信贷档案管理、信贷业务违规管理、不良贷款管理、不良贷款责任追究管理和银行授信管理、个人客户授信管理、个人客户授信操作规程管理、企业客户授信管理、企业客户授信操作规程管理以及相关表格等方面的情况。

本书系统阐述了银行信贷政策，全面梳理了信贷管理制度，明确规范了信贷业务操作规程，形成了较为完整的信贷业务管理体系。本书内容翔实，结构清晰，通俗易懂，既是一部规范信贷业务的操作手册，也是学习信贷业务的知识读本，又是实用信贷业务的培训教材。希望本书能对银行从事信贷工作的人员在信贷管理和业务实际操作中有所帮助，起到全面掌握信贷知识、加强信贷管理、规范业务操作的作用，为实现银行的宏伟目标而共同努力。

本书是银行信贷操作管理方面内容翔实、便于操作的信贷业务实用工具书，读者无须通读全书，针对问题翻阅即可，通俗易懂。本书具有三大特色：第一，采用章节式编排，便于对信贷业务管理进行归类；第二，采用问答式体例，便于读者针对问题进行查阅；第三，采用工作式手册，便于信贷人员进行实际操作。本书具有三大特点：一是规范性，对银行有关信贷管理规定进行了全面细致的诠释；二是知识性，为银行工作人员提供了通俗易懂的信贷知识读本；三是实操性，为银行信贷人员提供了可操作性的实用工作手册。本书具有三大特征：一是知识全面，内容翔实，易于学习掌握；二是内涵丰富，结构优化，信贷体系完整；三是一问一答，简单明了，全面详细解读。为此，我们希望本书可作为银行信贷业务管理方面的操作手册、知识读本和培训教材，推荐给银行员工、信贷工作人员和广大读者阅读。

本书在编写过程中，参考和引用了国家有关现行银行信贷管理的政策规定和各地银行的规章制度及网站上的相关资料，在此谨向有关单位和作者表示感谢！本书的编写出版，得到了银行同仁、有关领导和中国金融出版社的大力支持，受到了他们的肯定和好评。特别是中国金融出版社总编辑郭建伟同志亲自审阅了本书，高度评价“本书通过汇总集合银行信贷方面的政策至操作流程，很有实际价值和可操作性”，并提出了很好的修改意见，特此感谢！对总编室主任刘小平同志和独立策划人肖丽敏同志及好友李正刚同志给予的大力帮助，表示衷心感谢！由于各家银行对信贷管理的要求和业务操作做法不尽一致，存在一定差异，加之我们工作实践的局限，不足之处在所难免。本书如有疏漏和错误，应以各家银行的规章制度为准，欢迎各位读者批评指正！

2020 年 2 月于北京

目　录

第一章　银行信贷管理 …… 1

第一节　信贷管理的依据和原则 …… 1

1. 信贷管理的目的是什么 …… 1

2. 信贷管理的依据是什么 …… 1

3. 信贷业务必须遵守哪些法律法规和原则 …… 1

4. 信贷业务包括哪些内容 …… 1

5. 信贷管理的原则是什么 …… 2

6. 银行信贷管理的总体要求是什么 …… 2

第二节　信贷管理组织体系和职能 …… 2

7. 信贷管理组织体系包括哪些部门和机构网点 …… 2

8. 银行如何实行分层级授权审批制度 …… 2

9. 授信管理实行什么原则 …… 3

10. 如何实行审贷岗位分离制度 …… 3

11. 信贷审批委员会如何组成 …… 3

12. 信贷审批委员会有什么作用 …… 3

13. 信贷审批委员会议事规则是什么 …… 3

14. 信贷业务经营和管理如何实行责任人制度 …… 3

第三节　信贷客户对象和基本条件 …… 4

15. 银行信贷客户对象是什么 …… 4

16. 客户申请信贷业务应当具备哪些基本条件 …… 4

第四节　贷款种类与信贷业务管理 …… 5

17. 银行主要信贷业务有哪些 …… 5

18. 什么是贷款 …… 5

19. 贷款有哪些种类和品种 …… 5

20. 什么是短期贷款 …… 5

21. 什么是中期贷款 …… 5

22. 什么是长期贷款 …… 5
23. 什么是信用贷款 …… 5
24. 什么是担保贷款 …… 6
25. 什么是保证贷款 …… 6
26. 什么是抵押贷款 …… 6
27. 什么是质押贷款 …… 6
28. 什么是票据贴现贷款 …… 6
29. 什么是消费贷款 …… 6
30. 什么是置业贷款 …… 6
31. 什么是银行承兑汇票 …… 7
32. 什么是银行承兑汇票贴现 …… 7
33. 什么是商业承兑汇票贴现 …… 7
34. 什么是房地产开发贷款 …… 7
35. 什么是银团贷款 …… 7
36. 什么是委托贷款 …… 7
37. 什么是转让贷款 …… 7
38. 国际贸易融资业务包括哪些内容 …… 7
39. 什么是对内担保和对外担保 …… 8
40. 银行对资产类创新业务如何实施管理 …… 8
第五节　贷款期限、利率和用途管理 …… 8
41. 贷款期限如何确定 …… 8
42. 信贷业务利率、费率如何确定 …… 8
43. 贷款利率如何定价 …… 8
44. 银行贷款的主要用途应以什么为主 …… 9
第六节　贷款业务操作流程管理 …… 9
45. 贷款业务操作流程如何管理 …… 9
46. 贷款业务操作的基本流程有哪些 …… 9
47. 客户如何提出贷款申请 …… 9
48. 如何受理贷款 …… 9
49. 客户申请贷款需提供哪些资料 …… 9
50. 如何进行贷款调查 …… 10
51. 如何做好贷款审查 …… 11

52. 如何审议与审批贷款 …… 11
53. 如何签订合同 …… 11
54. 贷款如何发放 …… 11
55. 谁负责贷后管理 …… 12
56. 贷款如何收回 …… 12
57. 贷款档案如何管理 …… 12
第七节 信用评级及授信管理 …… 12
58. 如何进行信用评级及授信管理 …… 12
59. 客户信用分为几个等级 …… 13
60. 信用等级如何评定 …… 13
61. 客户信用等级评定的有效期限有多长 …… 13
62. 如何对客户进行授信 …… 13
63. 授信额度如何确定 …… 13
64. 客户授信额度如何调整 …… 13
65. 在什么情况下严禁向任何人提供信用等级及评级授信结果 …… 13
第八节 客户信息管理 …… 14
66. 客户信息由谁负责采集录入维护工作 …… 14
67. 如何核查客户信息 …… 14
68. 谁对录入客户信息的真实性负责 …… 14
69. 客户经理对客户信息拥有什么权限 …… 14
70. 客户黑名单分为几个级别 …… 14
71. 如何将客户列入黑名单 …… 15
72. 客户如何退出黑名单 …… 16
第九节 贷后管理 …… 16
73. 什么是贷后管理 …… 16
74. 贷款实行几级分类 …… 16
75. 什么情况下发出风险预警 …… 16
76. 如何及时防范信贷风险 …… 16
77. 如何做好贷款催收工作 …… 17
78. 贷款展期如何处理 …… 17
79. 贷款违约如何处理 …… 17
80. 不良贷款如何清收 …… 17

81. 如何防止不良贷款前清后增 …… 18
第十节 不良贷款管理 …… 19
82. 银行不良贷款如何管理 …… 19
83. 如何对不良贷款进行考核 …… 19
84. 如何防范借款人逃避责任和保全信贷资产 …… 19
第十一节 信贷管理的限制性条款 …… 20
85. 审批信贷业务有哪些限制 …… 20
86. 两套以上住房同时抵押的如何确定抵押比例 …… 20
87. 同时以房产和土地设定抵押的如何办理抵押登记 …… 21
88. 贷款客户参加财产保险的应注明谁为第一受益人 …… 21
89. 客户在哪儿发起授信业务 …… 21
90. 借款人超过信用总额或保证贷款的如何追加担保 …… 21
91. 公司对外提供担保或为股东担保的如何出具担保文书 …… 21
92. 办理借新还旧贷款必须同时符合哪些要求 …… 21
93. 借款人有哪些情形的不得对其发放贷款 …… 22
94. 银行不得办理哪些信贷业务 …… 22
95. 向关联人发放贷款和对客户授信额度须遵守什么规定 …… 22
第十二节 信贷考核与信贷违规处罚管理 …… 23
96. 如何对信贷业务进行考核 …… 23
97. 如何建立风险责任金制度 …… 23
98. 应对哪些信贷违规行为进行经济处罚 …… 23
99. 信贷违规行为还有哪些处理方式 …… 24
100. 如何对直接责任人从轻处理 …… 24
101. 对处罚决定不服如何申诉 …… 24

第二章 银行个人贷款管理 …… 25
第一节 个人贷款管理的依据和原则 …… 25
1. 个人贷款管理的目的和依据是什么 …… 25
2. 什么是个人贷款 …… 25
3. 个人贷款管理哪些范围 …… 25
4. 个人贷款业务应遵循什么原则 …… 25
第二节 个人贷款的受理与调查 …… 26

5. 借款人应具备哪些基本条件 …… 26
6. 借款人申请个人贷款应提交哪些资料 …… 26
7. 调查报告的主要内容有哪些 …… 26
第三节 个人贷款的审查与审批 …… 27
8. 如何对个人贷款进行审查 …… 27
9. 审贷会成员如何对借款资料进行分析和判断并出具审批意见 …… 27
10. 审贷会在对借款人哪些方面进行审查后才能做出审批结论 …… 28
11. 审贷会决议须明确哪些要素 …… 28
第四节 个人贷款合同签订 …… 28
12. 如何签订合同 …… 28
13. 签订合同应注意什么 …… 29
14. 签订借款合同时应约定什么 …… 29
15. 签订合同应加盖什么公章 …… 29
第五节 个人贷款发放与支付 …… 29
16. 如何与借款人及担保人签署相应的合同 …… 29
17. 如何监督贷款资金使用 …… 29
18. 贷款资金如何支付 …… 29
19. 什么是受托支付 …… 29
20. 什么是自主支付 …… 30
21. 什么情形下可以自主支付 …… 30
22. 如何进行受托支付 …… 30
23. 如何进行放款审核 …… 30
24. 如何发放个人贷款 …… 30
25. 如何办理受托支付 …… 30
26. 如何受理自主支付 …… 31
27. 如何核查资金支付 …… 31
28. 贷款支付过程中出现异常如何应对 …… 31
29. 变更支付方式或停止贷款发放如何审批 …… 31
第六节 个人贷款的贷后管理 …… 31
30. 贷款发放后如何进行检查和分析 …… 31
31. 贷后检查和分析的重点是什么 …… 32
32. 客户经理应关注借款人哪些动态并采取措施防范风险 …… 32

33. 客户经理如何进行贷后管理评估 …… 32
34. 如何维护银行债权 …… 32
35. 对借款人不能按约偿还借款本息如何处理 …… 32
36. 贷款形成不良的如何处置 …… 32
37. 无法收回的不良贷款如何处置 …… 33
第七节　个人贷款管理的分工与责任 …… 33
38. 经营部门有哪些职责 …… 33
39. 信贷管理部门有哪些职责 …… 33
40. 风险合规部门有哪些职责 …… 33
41. 财务会计部门有哪些职责 …… 33
42. 营业网点有哪些职责 …… 33
43. 信贷审批委员会有哪些职责 …… 33
第八节　个人贷款管理罚则 …… 34
44. 什么情形下对经办机构及相关人员追究责任并进行处罚 …… 34
45. 什么情形下对有关单位和当事人追究责任并进行处罚 …… 34

第三章　银行个人贷款操作规程管理 …… 35
第一节　个人贷款业务基本操作流程 …… 35
1. 为什么要设立个人贷款业务基本操作流程 …… 35
2. 个人贷款的主要用途有哪些 …… 35
3. 个人贷款业务的经营模式是什么 …… 35
4. 个人贷款业务实行集中统一经营和管理的目的是什么 …… 35
5. 个人贷款业务基本操作流程包括哪些环节 …… 36
第二节　个人贷款营销和受理 …… 36
6. 如何营销个人贷款 …… 36
7. 如何受理个人贷款客户申请 …… 36
8. 如何对申请贷款的个人客户进行资格审查 …… 36
9. 个人贷款客户应提交哪些材料 …… 37
10. 如何审查个人贷款客户申请材料 …… 37
11. 个人贷款初审符合要求的如何处理 …… 38
第三节　个人贷款贷前调查 …… 38
12. 个人贷款为什么要做贷前调查 …… 38

13. 个人贷款贷前调查的主要手段有哪些 …… 38
14. 个人贷款贷前调查主要包括哪些内容 …… 38
15. 如何撰写个人贷款调查报告 …… 39
16. 个人贷款调查报告完成后如何处理 …… 39
第四节 个人贷款审核 …… 40
17. 如何对个人贷款进行审核 …… 40
18. 个人贷款审核哪些内容 …… 40
19. 个人贷款审核完毕后如何处理 …… 40
第五节 个人贷款审批 …… 40
20. 谁负责个人贷款业务的审批工作 …… 40
21. 个人贷款业务的审批方式有哪些 …… 41
22. 个人贷款审批有哪些要求 …… 41
23. 审批人应对哪些主要内容进行审查 …… 41
24. 个人贷款审批结论有几种 …… 41
25. 个人贷款审批结束后如何处理 …… 42
第六节 个人贷款发放 …… 42
26. 个人贷款发放包括几个步骤 …… 42
27. 如何签订个人贷款合同 …… 42
28. 如何落实个人贷款发放条件 …… 42
29. 个人贷款如何发放 …… 43
30. 个人贷款发放后如何进行台账登记 …… 43
第七节 个人贷款贷后管理 …… 44
31. 个人贷款贷后管理有哪些内容 …… 44
32. 个人贷款档案如何管理 …… 44
第八节 个人贷款业务各部门承担的职能 …… 44
33. 经营网点承担哪些职能 …… 44
34. 信贷管理部门承担哪些职能 …… 45
35. 风险合规部门承担哪些职能 …… 45
36. 财务会计部门承担哪些职能 …… 45
37. 支行网点承担哪些职能 …… 45
38. 信贷审批委员会承担哪些职能 …… 45
39. 总分行与经营网点有什么关系 …… 45

40. 各经营网点与信贷审批委员会有什么关系 …………………… 45
第九节 个人贷款业务岗位设置及主要职责 …………………… 46
41. 个人贷款业务岗位如何设置 …………………………………… 46
42. 支行经营网点个人贷款业务岗位如何设置 …………………… 46
43. 总分行部门个人贷款岗位如何设置 …………………………… 46
44. 负责人岗有哪些主要职责 ……………………………………… 46
45. 营销受理岗有哪些主要职责 …………………………………… 46
46. 贷款调查岗和信息录入岗有哪些主要职责 …………………… 47
47. 贷款审核岗有哪些主要职责 …………………………………… 47
48. 审批受理岗和贷款审批岗有哪些主要职责 …………………… 47
49. 签约岗、抵押岗、贷款放行岗和会计岗有哪些主要职责 …… 48
50. 贷款监测岗、贷后服务岗、贷款催收岗和档案管理岗有哪些主要职责 …………………………………………………………… 49
51. 哪些岗位可以相互兼容和不得兼容 …………………………… 50
第十节 个人贷款操作流程说明 …………………………………… 51
52. 个人贷款操作流程图 …………………………………………… 51
53. 贷款营销受理如何操作 ………………………………………… 52
54. 贷款调查如何操作 ……………………………………………… 52
55. 贷款审核如何操作 ……………………………………………… 53
56. 贷款审批如何操作 ……………………………………………… 53
57. 贷款发放如何操作 ……………………………………………… 54
58. 如何进行贷后管理 ……………………………………………… 55
59. 附件 ……………………………………………………………… 56
表一：个人借款申请书 …………………………………………… 57
表二：个人贷款客户调查表 ……………………………………… 58
表三：个人贷款客户面谈记录 …………………………………… 60
表四：个人贷款调查审核审批表 ………………………………… 62
表五：个人贷款材料岗位交接清单 ……………………………… 63

第四章 银行个人借款合同管理 …………………………………… 64
第一节 个人借款合同的设置和原则 ……………………………… 64
1. 个人借款合同的封面如何设置 ………………………………… 64

2. 个人借款合同的封里应写明哪些敬请注意事项 …………………… 64
3. 个人借款合同有哪些立约人 …………………………………………… 64
4. 个人贷款合同的原则是什么 …………………………………………… 65
5. 个人贷款合同由哪些内容组成 ………………………………………… 65
第二节 银行个人借款合同借贷条款 …………………………………… 65
6. 借款用途如何约定 ……………………………………………………… 65
7. 借款金额如何约定 ……………………………………………………… 65
8. 借款期限如何约定 ……………………………………………………… 65
9. 贷款利率如何约定 ……………………………………………………… 65
10. 罚息利率如何约定 …………………………………………………… 66
11. 利率的调整如何约定 ………………………………………………… 66
12. 借款的发放与支用如何约定 ………………………………………… 66
13. 贷款计息、结息如何约定 …………………………………………… 67
14. 还款的原则是什么 …………………………………………………… 67
15. 还款日如何约定 ……………………………………………………… 68
16. 还款方式如何约定 …………………………………………………… 68
17. 还款方法如何约定 …………………………………………………… 68
18. 提前还本如何约定 …………………………………………………… 69
19. 借款期限、还款方法的变更如何约定 ……………………………… 69
20. 借款人有哪些主要权利和义务 ……………………………………… 69
21. 贷款人有哪些主要权利和义务 ……………………………………… 71
第三节 个人借款合同担保条款 ………………………………………… 71
22. 担保方式有几种 ……………………………………………………… 71
23. 保证人保证范围有哪些 ……………………………………………… 71
24. 保证期间有哪些约定 ………………………………………………… 71
25. 保证条款效力有何独立性 …………………………………………… 72
26. 保证责任有哪些 ……………………………………………………… 72
27. 保证人有哪些义务 …………………………………………………… 73
28. 保证人违约贷款人应采取哪些措施 ………………………………… 74
29. 如何设定抵押 ………………………………………………………… 74
30. 抵押担保范围有哪些 ………………………………………………… 75
31. 如何抵押登记 ………………………………………………………… 75

32. 抵押财产如何保管 …… 75
33. 抵押财产的保险如何约定 …… 75
34. 抵押财产出现第三方妨碍如何约定 …… 76
35. 抵押人处分抵押财产如何限制 …… 77
36. 抵押权如何实现 …… 77
37. 抵押人违约责任及处理如何约定 …… 78
38. 贷款人违约责任与处理如何约定 …… 79
39. 质押如何设定 …… 79
40. 质押担保范围有哪些 …… 79
41. 质押权利如何登记或交付 …… 80
42. 质押权利出现第三方妨碍如何约定 …… 80
43. 质押权利先于借贷合同关系项下债务到期如何约定 …… 80
44. 质权的实现如何约定 …… 81
45. 质押权利凭证的返还如何约定 …… 82
46. 出质人违约责任如何约定 …… 82
47. 贷款人违约责任如何约定 …… 83
48. 合同条款的变更担保人如何遵守 …… 83
49. 抵押人和出质人承担哪些费用 …… 83
50. 应付款项的划收如何约定 …… 84
51. 担保人信用信息的使用如何约定 …… 84
52. 公告催收如何约定 …… 84
53. 贷款人记录的证据效力如何约定 …… 84
54. 权利保留如何约定 …… 85
55. 担保人如发生不同情况如何约定 …… 85
56. 担保人的陈述与保证如何约定 …… 85
第四节　个人借款合同违约责任条款 …… 86
57. 违约情形有哪些 …… 86
58. 违约救济措施有哪些 …… 88
第五节　个人借款合同其他约定条款 …… 88
59. 两个以上借款人如何约定 …… 88
60. 借款人与售房人就房产有关问题如何约定 …… 89
61. 借款人与抵押人相同的如何约定 …… 89

62. 费用如何承担 …… 89
63. 公告催收如何约定 …… 89
64. 贷款人记录的证据效力如何约定 …… 90
65. 借款人信用信息的使用如何约定 …… 90
66. 权利保留如何约定 …… 90
67. 借款人的陈述与保证如何约定 …… 90
68. 合同争议解决方式如何约定 …… 90
69. 合同的生效如何约定 …… 91
70. 合同的变更如何约定 …… 91
71. 如何传递给其他各方的通知 …… 91
72. 合同份数如何约定 …… 92
第六节 个人借款合同特别签订条款 …… 92
73. 合同编号确认 …… 92
74. 立约人信息 …… 92
75. 对借款用途的约定 …… 93
76. 对借款金额的约定 …… 94
77. 对借款期限的约定 …… 94
78. 对贷款利率的约定 …… 94
79. 对罚息利率的约定 …… 94
80. 对利率调整的约定 …… 94
81. 对借款发放与支用的约定 …… 95
82. 对还款的约定 …… 95
83. 对担保方式的约定 …… 96
84. 对保证期间的约定 …… 96
85. 对抵押财产清单和保险的约定 …… 96
86. 对质押权利清单的约定 …… 97
87. 对担保人的约定 …… 97
88. 对违约金的约定 …… 97
89. 对借款人与贷款人的其他约定 …… 97
90. 对合同争议的约定 …… 97
91. 对合同份数的约定 …… 97
92. 立约人签章 …… 98

第五章　银行企业贷款管理 …… 99
第一节　企业贷款管理的目的和原则 …… 99
1. 企业贷款管理的目的和依据是什么 …… 99
2. 什么是企业贷款 …… 99
3. 企业贷款业务遵循什么原则 …… 99
第二节　企业授信管理 …… 99
4. 企业授信的原则是什么 …… 99
5. 借款人授信的条件有哪些 …… 100
6. 授信贷款用途有哪些 …… 100
7. 授信贷款期限有多长 …… 100
8. 企业申请授信贷款应提供哪些资料 …… 100
9. 对于中长期项目授信还须提供哪些资料 …… 101
第三节　企业贷款申请 …… 101
10. 如何受理贷款申请 …… 101
11. 如何做好贷款申请的接待工作 …… 101
12. 谁对贷款申请资料的真实性负责 …… 101
13. 如何核对贷款申请资料 …… 102
第四节　企业贷款调查 …… 102
14. 如何对贷款客户进行调查 …… 102
15. 企业财务信息主要收集哪些信息 …… 102
16. 着重调查企业什么情况 …… 102
17. 除对企业第一还款来源调查外还应该了解哪些情况 …… 103
18. 如何多方面对企业进行调查了解 …… 103
19. 对借款人的调查还可从哪些渠道获取情况 …… 103
20. 对流动资金贷款还应考察企业哪些情况 …… 104
21. 对固定资产投资贷款应重点审查企业哪些情况 …… 104
22. 如何对借款用途调查 …… 104
23. 如何对担保方式调查 …… 104
24. 谁对企业所提供的材料的真实性负责 …… 104
25. 对调查人员有什么要求 …… 105
26. 调查工作的原则是什么 …… 105
27. 调查报告包括哪些内容 …… 105

28. 调查报告撰写的原则是什么 …… 105
第五节 企业贷款授信审批 …… 105
29. 贷款审查应从哪几个方面进行 …… 105
30. 企业信用等级如何评定 …… 107
31. 授信审批如何办理 …… 107
32. 审批意见应明确哪些内容 …… 107
33. 授信条件发生变化时如何审批 …… 107
34. 补充条款如何确认 …… 107
第六节 企业贷款发放 …… 108
35. 贷前条件如何落实 …… 108
36. 如何办理签订合同的具体手续 …… 108
37. 用款条件包括哪些内容 …… 108
38. 贷款业务如何办理 …… 108
39. 贷款业务发生后应及时做好哪些工作 …… 109
第七节 企业贷后管理 …… 109
40. 贷后管理包括哪些内容 …… 109
41. 贷款资金使用如何审查 …… 109
42. 贷后检查如何确定 …… 109
43. 首次检查有哪些要求 …… 110
44. 日常检查有什么要求 …… 110
45. 贷后检查要对哪些方面进行检查 …… 110
46. 贷后检查应重点检查哪些情况 …… 110
47. 发生什么情况时应及时进行贷后检查 …… 111
48. 如何与借款人保持沟通 …… 111
49. 贷后检查报告如何确认 …… 111
第八节 企业贷款风险预警与持续监测 …… 111
50. 如何进行风险预警 …… 111
51. 防范风险应采取哪些措施 …… 111
52. 出现行业风险如何监控 …… 112
53. 企业贷款何时录入信贷查询系统 …… 112
第九节 企业贷款到期催收及不良贷款管理 …… 112
54. 何时提醒借款人还款 …… 112

55. 不良贷款何时上报 …… 112
56. 逾期贷款催收通知如何发送 …… 112
57. 发现借款人逃废债行为时如何清收 …… 112
58. 对于未及时处置的不良贷款应如何处理 …… 113
第十节　企业贷款风险控制 …… 113
59. 如何做好企业贷款风险控制工作 …… 113
60. 贷款行在什么情况下有权提前收回贷款或追究违约责任 …… 113
61. 企业贷款抵押率如何执行 …… 113
第十一节　企业贷款风险定价 …… 113
62. 风险定价的原则是什么 …… 113
63. 贷款利率浮动应参考哪些指标 …… 114
64. 贷款利率如何定价 …… 114
65. 企业贷款利率如何执行 …… 114
第十二节　企业贷款违约信息通报 …… 114
66. 哪些违约信息可以予其通报 …… 114
67. 违约通报哪些信息内容 …… 115

第六章　银行企业贷款操作规程管理 …… 116
第一节　企业贷款业务基本操作流程 …… 116
1. 为什么要设立企业贷款业务基本操作流程 …… 116
2. 企业贷款业务基本操作流程包括几个阶段 …… 116
3. 在企业贷款操作流程中各个部门承担什么职能 …… 116
第二节　企业贷款受理 …… 116
4. 受理阶段包括哪几个操作环节 …… 116
5. 如何受理客户申请 …… 117
6. 如何对客户资格进行审查 …… 117
7. 银行一般不接受哪些企业客户申请 …… 118
8. 客户申请贷款应提供哪些材料 …… 118
9. 收到客户申请材料后如何进行 …… 119
10. 初步审查哪些内容 …… 119
11. 客户申请材料审核后如何处理 …… 120
第三节　企业贷款调查评价 …… 120

12. 如何进行调查评价 …… 120
13. 如何调查评价和撰写报告 …… 120
14. 调查评价阶段完成后如何移交 …… 121
15. 如何审定评价报告 …… 121
16. 如何进行信用等级审定 …… 122
17. 哪些客户不必审定信用等级 …… 122
18. 如何申报审批 …… 122
第四节 企业贷款审批 …… 123
19. 企业贷款按照什么规定受理审批 …… 123
20. 如何进行合规性审查 …… 123
21. 审批方式有哪些 …… 123
22. 如何进行审批 …… 123
23. 如何做出审批结论 …… 123
24. 审批结论如何反馈 …… 124
第五节 企业贷款发放 …… 124
25. 企业贷款发放有几个步骤 …… 124
26. 如何落实贷前条件 …… 124
27. 如何签订合同 …… 125
28. 如何落实用款条件 …… 125
29. 贷款如何支用 …… 125
30. 如何进行贷款登记 …… 126
第六节 企业贷款贷后管理 …… 126
31. 贷后管理包括哪些内容 …… 126
32. 如何对贷款资产检查和分析 …… 126
33. 正常贷款如何回收 …… 127
34. 如何提前归还贷款 …… 127
35. 贷款展期有哪些条件 …… 128
36. 贷款展期程序有哪些 …… 129
37. 贷款展期应递交哪些材料 …… 129
38. 贷款展期还有哪些要求 …… 129
39. 非固定资产类借新还旧的类型及条件有哪些 …… 130
40. 固定资产贷款借新还旧的条件是什么 …… 130

41. 办理借新还旧具体操作中应注意哪些问题 …… 131
42. 贷款出现不良如何催收和管理 …… 131
43. 贷款档案如何管理 …… 132
44. 附件 …… 132
表一：企业借款申请书 …… 133
表二：企业贷款客户调查表 …… 134
表三：企业贷款调查审核审批表 …… 137
表四：企业贷款材料岗位交接清单 …… 138

第七章　银行企业借款合同管理 …… 139

第一节　企业借款合同的设置和原则 …… 139

1. 企业借款合同的封面如何设置 …… 139
2. 企业借款合同的封里应写明哪些敬请注意事项 …… 139
3. 企业借款合同有哪些立约人 …… 139
4. 企业贷款合同的原则是什么 …… 140
5. 企业贷款合同由哪些内容组成 …… 140

第二节　企业借款合同借贷条款 …… 140

6. 借款用途如何约定 …… 140
7. 借款金额如何约定 …… 140
8. 借款期限如何约定 …… 140
9. 贷款利率如何约定 …… 140
10. 罚息利率如何约定 …… 141
11. 利率的调整如何约定 …… 141
12. 借款的发放与支用如何约定 …… 141
13. 贷款计息、结息如何约定 …… 142
14. 还款原则是什么 …… 142
15. 约定还款日 …… 143
16. 还款方式如何约定 …… 143
17. 还款方法如何约定 …… 143
18. 提前还本如何约定 …… 144
19. 借款期限、还款方法的变更如何约定 …… 144
20. 借款人有哪些主要权利和义务 …… 144

21. 贷款人有哪些主要权利和义务 …… 145
第三节 企业借款合同担保条款 …… 146
22. 担保方式有几种 …… 146
23. 保证人保证范围有哪些 …… 146
24. 保证期间有哪些约定 …… 146
25. 保证条款效力有何独立性 …… 147
26. 保证责任有哪些 …… 147
27. 保证人有哪些义务 …… 148
28. 保证人违约贷款人应采取哪些措施 …… 149
29. 如何设定抵押 …… 149
30. 抵押担保范围有哪些 …… 149
31. 如何进行抵押登记 …… 150
32. 抵押财产如何保管 …… 150
33. 抵押财产的保险如何约定 …… 150
34. 抵押财产出现第三方妨碍如何约定 …… 151
35. 抵押人处分抵押财产如何限制 …… 151
36. 抵押权如何实现 …… 152
37. 抵押人违约责任及处理如何约定 …… 153
38. 贷款人违约责任如何约定 …… 153
39. 质押如何设定 …… 154
40. 质押担保范围有哪些 …… 154
41. 质押权利如何登记或交付 …… 154
42. 质押权利出现第三方妨碍如何约定 …… 155
43. 质押权利先于借贷合同关系项下债务到期如何约定 …… 155
44. 质权的实现如何约定 …… 155
45. 质押权利凭证的返还如何约定 …… 157
46. 出质人违约责任如何约定 …… 157
47. 贷款人违约责任如何约定 …… 157
48. 合同条款的变更担保人如何遵守 …… 158
49. 抵押人和出质人承担哪些费用 …… 158
50. 应付款项的划收如何约定 …… 158
51. 担保人信用信息的使用如何约定 …… 159

52. 公告催收如何约定 …… 159
53. 贷款人记录的证据效力如何约定 …… 159
54. 权利保留如何约定 …… 159
55. 担保人如发生不同情况如何约定 …… 160
56. 担保人的陈述与保证如何约定 …… 160
第四节　企业借款合同违约责任条款 …… 161
57. 借款人违约情形有哪些 …… 161
58. 违约救济措施有哪些 …… 162
第五节　企业借款合同其他约定条款 …… 163
59. 借款人与抵押人相同如何约定 …… 163
60. 费用如何承担 …… 163
61. 公告催收如何约定 …… 163
62. 贷款人记录的证据效力如何约定 …… 163
63. 借款人信用信息的使用如何约定 …… 164
64. 权利保留如何约定 …… 164
65. 借款人的陈述与保证如何约定 …… 164
66. 合同争议解决方式如何约定 …… 164
67. 合同的生效如何约定 …… 165
68. 合同的变更如何约定 …… 165
69. 如何传递给其他各方的通知 …… 165
70. 合同份数如何约定 …… 166
第六节　企业借款合同特别签订条款 …… 166
71. 合同编号确认 …… 166
72. 立约人信息 …… 166
73. 对借款用途的约定 …… 167
74. 对借款金额的约定 …… 167
75. 对借款期限的约定 …… 168
76. 对贷款利率的约定 …… 168
77. 对罚息利率的约定 …… 168
78. 对利率调整的约定 …… 168
79. 对借款发放与支用的约定 …… 169
80. 对还款的约定 …… 169

81. 对担保方式的约定 …… 170
82. 对保证期间的约定 …… 170
83. 对抵押财产清单和保险的约定 …… 170
84. 对第十四条质押权利清单的约定 …… 171
85. 对担保人的约定 …… 171
86. 对违约金的约定 …… 171
87. 对借款人与贷款人的其他约定 …… 171
88. 对合同争议的约定 …… 171
89. 对合同份数的约定 …… 171
90. 立约人签章 …… 172

第八章 银行信贷审批委员会议事规则管理 …… 173

第一节 信贷审批委员会议事规则的依据和原则 …… 173
1. 制定信贷审批委员会议事规则的目的和依据是什么 …… 173
2. 议事规则审议哪些内容 …… 173
3. 信贷业务审批应坚持什么原则 …… 173

第二节 信贷审批委员会的组成和职责 …… 173
4. 贷审会如何组成 …… 173
5. 贷审会由谁主持 …… 174
6. 贷审会办公室承担哪些工作职责 …… 174
7. 贷审会审查职责有哪些 …… 174
8. 贷款有权审批人有哪些审批权限 …… 174

第三节 信贷审批委员会议事规则 …… 175
9. 贷审会何时召开 …… 175
10. 贷审会议如何主持 …… 175
11. 贷审会议应由哪些人参加并表决 …… 175
12. 贷审会议有哪些流程 …… 175

第四节 信贷审批委员会会议表决 …… 176
13. 贷审会议如何表决 …… 176
14. 贷审会议通过或未通过的事项如何处理 …… 176
15. 贷审会议记录哪些内容 …… 176

第九章　银行信贷业务贷后管理 …… 177
第一节　贷后管理的目的和原则 …… 177
1. 贷后管理的目的是什么 …… 177
2. 什么是贷后管理 …… 177
3. 贷后管理必须坚持什么原则 …… 177
4. 贷后管理应配备哪些管理人员 …… 177
5. 贷后管理操作规程适用哪些范围 …… 178
第二节　贷后管理职责 …… 178
6. 谁负有贷款的管理责任 …… 178
7. 贷后管理实行什么管理制度 …… 178
8. 贷后管理的主要角色包括哪些 …… 178
9. 客户经理在贷后管理中的主要职责是什么 …… 178
10. 信贷负责人在贷后管理中的主要职责是什么 …… 179
11. 信贷审查岗在贷后管理中负有什么职责 …… 179
12. 贷款检测岗在贷后管理中负有什么职责 …… 179
13. 贷款催收岗在贷后管理中负有什么职责 …… 179
14. 信贷管理部门负责人及分管领导在贷后管理中负有什么职责 …… 179
15. 风险合规部门负责人及分管领导在贷后管理中负有什么职责 …… 179
16. 各分支机构在贷后管理工作中负有什么职责 …… 180
17. 总分行信贷管理部门在贷后管理工作中负有什么职责 …… 180
18. 总分行风险合规部门在贷后管理工作中负有什么职责 …… 180
19. 如何做好贷后管理工作 …… 180
第三节　贷后检查 …… 180
20. 分支机构如何对贷款进行监管 …… 180
21. 客户经理在贷后检查过程中应做好哪些工作 …… 180
22. 如何按照操作流程进行贷后检查 …… 181
23. 首次跟踪检查哪些内容 …… 181
24. 如何在贷款使用过程中进行检查 …… 181
25. 检查间隔期多长 …… 181
26. 间隔期检查哪些内容 …… 181
27. 贷款检查后还要做哪些工作 …… 183
28. 客户经理对各项检查中的问题如何处理 …… 183

29. 贷款到期前需进行哪些工作 …… 183
30. 何时发出催收贷款通知书 …… 183
31. 如何加强银行贷后管理的内部检查 …… 183
第四节 贷款本息收回管理 …… 184
32. 如何催收贷款利息 …… 184
33. 如何扣收欠款利息 …… 184
34. 对欠息客户应采取哪些措施 …… 184
35. 如何做好到期贷款的催收工作 …… 185
36. 如何发出贷款提前到期通知书 …… 185
37. 如何办理贷款结清手续 …… 185
第五节 贷款风险分类 …… 185
38. 银行贷款实行几级分类管理 …… 185
39. 贷款风险分类遵循什么原则 …… 186
第六节 逾期贷款处置 …… 186
40. 逾期贷款如何催收 …… 186
41. 逾期贷款催收应遵守哪些原则 …… 186
42. 借款人已丧失还款能力或担保人丧失担保能力的情形如何处置 …… 187
第七节 不良贷款管理 …… 187
43. 如何做好不良贷款的登记工作 …… 187
44. 借款人不按期归还贷款如何处置 …… 187
45. 如何加强不良贷款的清收工作 …… 187
46. 如何维护银行的正当权益 …… 188
第八节 贷款档案管理 …… 188
47. 贷款档案管理哪些原始资料 …… 188
48. 贷款发放后如何移交保管贷款档案资料 …… 188
49. 贷款档案如何借阅 …… 189
50. 客户经理调换岗位时贷款档案如何交接 …… 189
第九节 贷后管理责任制 …… 189
51. 如何实行贷后管理责任制 …… 189
52. 如何追究贷后管理责任 …… 189
53. 附件 …… 190
表一：企业贷后检查表 …… 191

表二：个人贷后检查表 …… 194
表三：贷后首次跟踪检查表 …… 196
表四：企业风险预警信号监控表 …… 197
表五：个人风险预警信号监控表 …… 199

第十章　银行贷款风险分类管理 …… 201
第一节　贷款风险分类管理的目标和原则 …… 201
1. 什么是贷款风险分类 …… 201
2. 贷款风险分类的目标是什么 …… 201
3. 贷款风险分类应遵循什么原则 …… 201
4. 在贷款分类中应当做到哪些 …… 202
5. 如何制定贷款风险分类制度 …… 202
6. 为什么把贷款分类纳入日常的贷款管理 …… 202
7. 银保监部门通过什么方式对贷款分类进行监管 …… 202
8. 银行应向银保监部门报送贷款分类的资料吗 …… 202
9. 银行如何披露贷款分类信息 …… 203
第二节　贷款风险分类的标准及特征 …… 203
10. 贷款风险分类应划分为几类 …… 203
11. 贷款风险分类应考虑哪些因素 …… 203
12. 贷款风险分类要以什么为核心 …… 203
13. 什么是贷款风险分类的重要参考指标 …… 203
14. 什么是正常贷款 …… 204
15. 正常贷款有哪些主要特征 …… 204
16. 什么是关注贷款 …… 204
17. 关注贷款有哪些主要特征 …… 204
18. 什么是次级贷款 …… 205
19. 次级贷款有哪些主要特征 …… 205
20. 什么是可疑贷款 …… 205
21. 可疑贷款有哪些主要特征 …… 205
22. 什么是损失贷款 …… 206
23. 损失贷款有哪些主要特征 …… 206
第三节　贷款风险分类的特别规定 …… 207

24. 哪些贷款应归为关注类 …… 207
25. 哪些贷款应归为次级类 …… 207
26. 哪些重组的贷款应归为次级类 …… 207
27. 对零售贷款如何划分风险类别 …… 208
28. 同一笔贷款可否拆分分类 …… 208
29. 如何进行贷款风险分类 …… 208
30. 什么时间对贷款进行分类 …… 208
31. 如何对贷款以外的各类资产分类 …… 208
32. 什么是贷款风险分类的客观标准 …… 208
33. 如何确定贷款风险分类结果 …… 208
34. 贷款本息逾期时间未达标准如何分类 …… 209
35. 贷款符合多项类别的如何分类 …… 209
36. 重组贷款如何分类 …… 209
37. 违反规定发放的贷款如何分类 …… 209
38. 恶意逃废债务的贷款如何分类 …… 209
39. 非银行意愿的贷款如何分类 …… 209
40. 信用贷款和保证贷款如何分类 …… 209
41. 同一借款人有多笔贷款的如何分类 …… 210
42. 低风险贷款如何分类 …… 210
43. 自然人和企业贷款如何分类 …… 210
第四节 贷款风险分类的基本流程 …… 210
44. 贷款风险分类的基本流程为几个阶段 …… 210
45. 如何做好分类准备 …… 210
46. 如何做好初步分类 …… 211
47. 如何做好分类认定 …… 211
48. 如何做好分类结果审批 …… 211
49. 如何提出改进意见 …… 211
第五节 贷款风险分类的操作方法 …… 211
50. 为保证分类准确如何阅读和收集信息 …… 211
51. 贷款风险分类应了解哪些信贷资料 …… 211
52. 贷款风险分类应分析哪些因素 …… 212
53. 贷款风险分类应按什么原则进行 …… 212

54. 贷款风险分类时对哪些贷款可分别进行捆绑处理 …… 213
55. 哪些贷款分类不能通过捆绑处理 …… 213
56. 贷款分类每次清分时应填写哪些汇总表 …… 213
57. 如何计提贷款损失准备 …… 213
第六节 贷款风险分类审批 …… 214
58. 贷款风险分类要按照什么制度进行审批 …… 214
59. 谁负责贷款风险初步分类和认定工作 …… 214
60. 谁负责贷款风险分类管理和审批工作 …… 214
第七节 贷款风险分类的部门及职责 …… 214
61. 贷款风险分类工作涉及银行哪些部门 …… 214
62. 分支机构主要职责是什么 …… 215
63. 信贷管理部门的主要职责是什么 …… 215
64. 风险合规部门的主要职责是什么 …… 215
65. 会计财务部门的主要职责是什么 …… 215
第八节 贷款风险分类的管理 …… 216
66. 贷款风险分类结果纳入银行的考核吗 …… 216
67. 贷款风险分类后的管理措施有哪些 …… 216
68. 如何对贷款风险分类进行检查和评估 …… 216
69. 贷款风险分类后的检查内容有哪些 …… 216
70. 如何对贷款风险分类的责任进行认定 …… 217
71. 如何做好贷款风险分类材料的档案管理 …… 217
72. 附件 …… 217
表一：个人贷款分类认定表 …… 218
表二：企业贷款分类认定表 …… 219

第十一章 银行信贷档案管理 …… 221
第一节 信贷档案管理的目的和原则 …… 221
1. 信贷档案管理的目的是什么 …… 221
2. 什么是信贷业务档案 …… 221
3. 什么是信贷档案资料 …… 221
4. 什么是信贷档案资料管理 …… 221
5. 信贷档案管理要遵循哪些原则 …… 221

第二节　信贷档案管理职责分工 …… 222

6. 信贷档案管理如何分工 …… 222

7. 信贷部门的职责是什么 …… 222

8. 分支机构的职责是什么 …… 222

9. 会计部门的职责是什么 …… 222

10. 档案管理部门的职责是什么 …… 222

第三节　信贷档案保管范围 …… 223

11. 信贷档案资料如何分类 …… 223

12. 信贷档案的保管范围是什么 …… 223

13. 纸质资料保管哪些内容 …… 223

14. 个人贷款资料具体内容有哪些 …… 224

15. 企业贷款资料具体内容有哪些 …… 225

16. 呆账核销资料具体内容有哪些 …… 227

17. 以房屋为抵押的个人贷款重要物品及单证具体内容有哪些 …… 229

18. 以汽车为抵押的个人贷款重要物品及单证具体内容有哪些 …… 229

19. 以权利凭证为质押的个人贷款重要物品及单证具体内容有哪些 …… 229

20. 信贷档案管理台账如何建立 …… 229

第四节　信贷一般档案资料的管理 …… 229

21. 一般档案资料如何收集 …… 229

22. 一般档案资料如何接收 …… 230

23. 一般档案资料如何核查 …… 230

24. 一般档案资料如何整理 …… 230

25. 一般档案资料如何扫描和质检 …… 230

26. 一般档案资料如何立卷 …… 231

27. 一般档案资料如何保管 …… 232

28. 一般档案资料如何使用 …… 232

29. 一般档案资料如何清退 …… 233

30. 一般档案资料如何盘点抽查 …… 233

第五节　信贷重要物品及单证的管理 …… 233

31. 重要物品及单证管理模式是什么 …… 233

32. 重要物品及单证如何移交 …… 234

33. 重要物品及单证如何接收 …… 234

34. 重要物品及单证如何保管 …… 234
35. 重要物品及单证如何查阅 …… 235
36. 重要物品及单证如何领用与退回 …… 235
37. 重要物品及单证如何借出与退回 …… 235
38. 重要物品及单证如何核查 …… 235
39. 重要物品及单证如何清退 …… 236
第六节　信贷档案资料的移交归档 …… 236
40. 移交归档时间如何确定 …… 236
41. 移交时档案管理人员应填写哪些内容 …… 236
42. 移交时档案管理人员如何填写案卷目录 …… 236
43. 移交归档后保管期限多长 …… 237
第七节　信贷档案库房规范 …… 237
44. 档案库房如何规范 …… 237
45. 档案库房规范如何执行 …… 237
第八节　信贷档案管理附件 …… 237
46. 信贷档案资料实现电子化后如何管理 …… 237
47. 信贷档案管理有哪些附件 …… 237
（1）个人信贷档案资料清单 …… 239
（2）企业信贷档案资料清单 …… 243
（3）信贷档案资料移交清单 …… 247
（4）信贷档案资料袋封面（式样） …… 248
（5）信贷档案资料案卷封面（式样） …… 249
（6）信贷档案资料盒（式样及规格） …… 250
（7）信贷档案资料交接表 …… 251
（8）信贷档案资料借阅单 …… 252
（9）信贷档案资料借阅登记表 …… 253
（10）信贷档案资料清退确认书 …… 254
（11）信贷档案资料抽查记录表 …… 255
（12）重要物品及单证资料登记簿 …… 256
（13）信贷业务押品权证收妥通知书 …… 257
（14）抵（质）押物权证核对登记簿 …… 258
（15）信贷业务押品权证领用、退回通知书 …… 259

（16）信贷业务押品权证外借申请审核表 …… 260
（17）信贷业务押品权证转出通知书 …… 261
（18）信贷档案案卷目录 …… 262
（19）信贷档案移交单 …… 263

第十二章 银行信贷业务违规管理 …… 264
第一节 信贷业务违规管理的依据和原则 …… 264
1. 信贷业务违规管理的目的和依据是什么 …… 264
2. 信贷业务违规管理适用哪些范围 …… 264
3. 贷款责任人有哪些 …… 264
4. 违规行为如何认定 …… 265
5. 责任认定与处理的基本原则是什么 …… 265
6. 责任认定及处理的基本程序是什么 …… 265
7. 违规行为如何处理和处罚 …… 265
第二节 受理环节违规行为处理 …… 265
8. 未准确地向客户介绍贷款产品造成不良影响和后果的如何处理 …… 265
9. 贷款资料收集不齐全的如何处理 …… 266
10. 未确保留存复印件与原件一致的如何处理 …… 266
第三节 调查环节违规行为处理 …… 266
11. 贷款受理资料交接缺少的如何处理 …… 266
12. 未按贷前双人尽职调查的如何处理 …… 266
13. 未对客户贷款用途的真实性进行调查核实的如何处理 …… 266
14. 未对客户异常情况进行调查反映的如何处理 …… 267
15. 未按规定调查保证人或抵（质）押物的如何处理 …… 267
16. 未对集团客户及关联客户的相关信息进行调查的如何处理 …… 267
17. 未按规定撰写贷前调查报告或撰写虚假调查报告的如何处理 …… 267
18. 贷前调查相关资料缺失或因重要关联信息出现遗错的如何处理 …… 267
19. 隐瞒重大问题或真实情况的如何处理 …… 267
20. 对客户信息资料不核准就录入信贷管理系统的如何处理 …… 268
21. 其他贷前调查环节失职或违规行为如何处理 …… 268
第四节 审核环节违规行为处理 …… 268
22. 未认真审核信贷资料的如何处理 …… 268

23. 审核中发现或未发现上报材料错误不规范更改的如何处理 ………… 268
24. 未签字盖章或不规范的如何处理 …………………………………… 268
25. 审核意见不明确的如何处理 ………………………………………… 269
26. 审核通过抵（质）押品不符合规定或担保能力不足的如何处理…… 269
27. 审核未审核查出调查环节问题的如何处理 ………………………… 269
28. 其他审核环节中的失职或违规行为如何处理 ……………………… 269
第五节 审批环节违规行为处理 ………………………………………… 269
29. 在审批受理中未按规定审查的如何处理 …………………………… 269
30. 审批受理中对需补齐没有补齐手续的如何处理 …………………… 270
31. 审批受理时发现或未发现伪造虚假资料的如何处理 ……………… 270
32. 审批受理中发现较大隐患而隐瞒不报的如何处理 ………………… 270
33. 未建立审批受理台账造成一定影响的如何处理 …………………… 270
34. 其他审批受理中的失职或违规行为如何处理 ……………………… 270
35. 超越权限或变相越权审批信贷业务的如何处理 …………………… 270
36. 不符合贷审会议事规则行为的如何处理 …………………………… 270
37. 未按有关规定和程序审批信贷业务的如何处理 …………………… 271
38. 审批不符合信贷业务发放条件的如何处理 ………………………… 271
39. 审批签署与审议结果不符的如何处理 ……………………………… 271
40. 违规审批发放异地贷款的如何处理 ………………………………… 271
41. 违反规定审批贷款的如何处理 ……………………………………… 271
42. 不按规定权限审批核销呆账贷款的如何处理 ……………………… 272
43. 其他审批环节的失职或违规行为如何处理 ………………………… 272
第六节 发放环节违规行为处理 ………………………………………… 272
44. 未按规定执行贷款面签制度的如何处理 …………………………… 272
45. 借款借据要素填写不齐全的如何处理 ……………………………… 272
46. 未按规定审核担保和前提条件未落实而核准放款的如何处理 ……… 272
47. 未经有权人审批而发放贷款的如何处理 …………………………… 272
48. 未办理抵押登记手续而擅自审批发放贷款的如何处理 …………… 273
49. 抵（质）押物的期限未涵盖贷款期限的如何处理…………………… 273
50. 未按审批意见和程序发放贷款的如何处理 ………………………… 273
51. 未按照规定进行贷款支付的如何处理 ……………………………… 273
52. 未按规范业务操作而发放贷款的如何处理 ………………………… 273

53. 未按合同文本要求填写的如何处理 …… 273
54. 未按规定签订借款合同或擅自变更合同的如何处理 …… 274
55. 只凭借款借据发放贷款的如何处理 …… 274
56. 未按规定或按领导授意发放贷款的如何处理 …… 274
57. 当天还款当天发放贷款的如何处理 …… 274
58. 发放假名贷款或以贷收贷的如何处理 …… 274
59. 发放关联贷款的如何处理 …… 274
60. 向有风险贷款或保证人发放贷款的如何处理 …… 275
61. 其他放款审核环节的失职或违规行为如何处理 …… 275
第七节 贷后管理环节违规行为处理 …… 275
62. 未建贷款台账或不规范的如何处理 …… 275
63. 未建抵（质）押物台账或不真实的如何处理 …… 275
64. 随意涂改或销毁重制原始凭据的如何处理 …… 275
65. 在贷款发放中存在吃拿卡要现象的如何处理 …… 275
66. 未按规定对信贷档案资料管理的如何处理 …… 276
67. 未按规定保管信贷资料的如何处理 …… 276
68. 未按规定进行贷后检查或检查时发现问题未纠正的如何处理 …… 276
69. 未对信贷资金使用进行监测或借款人改变借款用途知情不报的如何处理 …… 276
70. 对到期贷款催收不力的如何处理 …… 276
71. 对逾期贷款未按规定办理其他催款手续的如何处理 …… 277
72. 未按时进行贷款五级分类的如何处理 …… 277
73. 在处置抵债资产过程中有哪些情形需要处理 …… 277
74. 违规办理解抵（质）押手续的如何处理 …… 277
75. 检查人员未检查出而被外部机构检查出的问题如何处理 …… 277
第八节 处罚的管理 …… 278
76. 按规定给予处罚的如何处理 …… 278
77. 作出处罚决定之前如何处理 …… 278
78. 被处罚责任人提出陈述如何处理 …… 278
79. 银行对贷款的责任人认定实行什么原则 …… 278
80. 哪些违规情况应从重处罚 …… 279
81. 哪些违规情况应从轻处罚 …… 279

82. 处罚意见如何执行 …… 279
83. 信贷业务违规处罚款如何管理 …… 279
84. 被处罚者如何交纳罚款 …… 279
85. 经济处罚额度如何掌握 …… 279

第十三章 银行不良贷款管理 …… 280
第一节 不良贷款管理的依据和原则 …… 280
1. 不良贷款管理的目的和依据是什么 …… 280
2. 什么是不良贷款 …… 280
3. 不良贷款管理应遵循哪些原则 …… 280
第二节 不良贷款的管理职责 …… 281
4. 不良贷款管理工作应由谁负责 …… 281
5. 什么是清收责任人 …… 281
6. 清收责任人履行哪些职责 …… 281
7. 信贷主管履行哪些职责 …… 282
8. 支行行长履行什么职责 …… 282
9. 风险管理部门履行哪些职责 …… 282
第三节 个人类不良贷款的划分标准 …… 283
10. 什么是个人类不良贷款 …… 283
11. 个人类不良贷款如何划分 …… 283
12. 什么是次级贷款 …… 283
13. 什么是可疑贷款 …… 283
14. 什么是损失贷款 …… 283
15. 自然人次级贷款的划分标准是什么 …… 284
16. 自然人可疑贷款的划分标准是什么 …… 284
17. 自然人损失贷款的划分标准是什么 …… 284
18. 农户不良贷款如何分类 …… 285
19. 农户信用评定等级为优秀档次的如何分类 …… 285
20. 农户信用评定等级为较好档次的如何分类 …… 285
21. 农户信用评定等级为一般或未参加农户信用等级评定的如何分类 …… 286
22. 分期还款的个人消费贷款如何分类 …… 286

第四节　企业类不良贷款的划分标准 …… 286
23. 什么是企业类不良贷款 …… 286
24. 什么是信贷资产 …… 286
25. 企业类不良贷款如何划分 …… 287
26. 企业类信贷资产风险分类应考虑哪些因素 …… 287
27. 依据什么判定信贷资产风险类别 …… 287
28. 什么是财务状况的评估 …… 287
29. 什么是现金流量分析 …… 288
30. 什么是担保分析 …… 288
31. 什么是非财务因素分析 …… 288
32. 信贷资产风险十级分类有哪些类别 …… 288
33. 十级分类与五级分类如何对应 …… 288
34. 十级分类的核心定义是什么 …… 289
35. 一般企业信贷资产分类标准是什么 …… 289
36. 小企业信贷资产分类标准是什么 …… 293
37. 企业信贷资产分类有哪些特别规定 …… 294
38. 以合同风险分类如何掌握 …… 296
39. 什么是风险分类的重要参考指标 …… 297
第五节　不良贷款的认定 …… 297
40. 不良贷款如何认定 …… 297
41. 不良贷款认定应遵循什么原则 …… 297
42. 不良贷款的认定程序是什么 …… 297
43. 支行提出分类认定申请时应提供哪些资料 …… 297
44. 损失类贷款的认定应提供哪些资料 …… 298
45. 不良贷款的认定及调整如何执行 …… 298
46. 对不良贷款认定情况检查哪些内容 …… 298
第六节　不良贷款的保全、清收与盘活 …… 298
47. 如何保全不良贷款 …… 298
48. 不良贷款的保全方式有哪些 …… 299
49. 如何进行现金清收 …… 299
50. 如何进行重组转化 …… 299
51. 如何进行以物抵债 …… 299

52. 如何进行呆账核销 …… 299
53. 不良贷款实行什么管理模式 …… 299
54. 如何保全诉讼时效 …… 300
55. 如何清收盘活不良贷款 …… 300
56. 贷款借新还旧如何办理 …… 300
57. 到期贷款如何展期 …… 300
58. 难以偿还的贷款如何变更债务主体 …… 301
第七节　不良贷款的处置 …… 301
59. 不良贷款的处置方式有哪些 …… 301
60. 如何进行催收 …… 301
61. 如何对不良贷款重组 …… 302
62. 如何对抵（质）押物处置 …… 302
63. 如何对单户债权转让 …… 302
64. 如何采取其他处置方式 …… 302
65. 如何制订处置计划 …… 302
66. 处置方案如何申报与审批 …… 303
67. 处置方案如何执行 …… 303
第八节　不良贷款的核销与账务处理 …… 304
68. 不良贷款如何核销 …… 304
69. 不良贷款核销应提供哪些材料 …… 304
70. 不良贷款的核销如何按程序操作 …… 305
71. 如何加强对不良贷款核销管理 …… 306
72. 不良贷款的账务如何处理 …… 306
第九节　不良贷款的考核与奖惩 …… 306
73. 不良贷款如何考核 …… 306
74. 对总分行和支行如何考核与奖惩 …… 306
75. 对员工个人如何考核与奖励 …… 307
第十节　不良贷款的统计、监测与分析 …… 307
76. 不良贷款的统计监测与分析的目的是什么 …… 307
77. 支行如何统计和上报不良贷款 …… 307
78. 总分行如何对统计数据进行检查 …… 307
79. 不良贷款真实程度如何划分 …… 307

80. 如何对不良贷款进行重点监测 …… 308
81. 不良贷款主要通过哪些指标监测 …… 308
82. 不良贷款分析报告主要包括哪些内容 …… 309
83. 不良贷款统计报表与分析报告何时上报 …… 310
84. 不良贷款统计监测与分析结果如何披露 …… 310
第十一节 信贷风险准备金 …… 310
85. 信贷风险准备金建立的目的是什么 …… 310
86. 信贷风险准备金如何构成 …… 310
87. 什么是贷款损失准备金 …… 310
88. 如何提取信贷从业人员贷款损失准备金 …… 311
89. 贷款损失准备金的计提方法和比例是多少 …… 311
90. 信贷风险准备金有哪些用途 …… 311
91. 信贷风险准备金使用的先后顺序 …… 311
92. 信贷风险准备金如何偿还 …… 311
93. 如何补充信贷从业人员风险基金 …… 312
94. 信贷风险准备金如何管理使用 …… 312
第十二节 不良贷款的责任追究 …… 312
95. 如何对不良贷款责任人进行责任追究 …… 312
96. 如何对不良贷款责任人进行责任认定 …… 312
97. 对不按规定进行不良贷款划分和认定如何处理 …… 312
98. 对未落实不良贷款清收管理责任和清收管理措施的如何处理 …… 313
99. 对虚假清收盘活的如何处理 …… 313
100. 对不按规定进行贷款核销的如何处理 …… 313
101. 对不良贷款统计监测和分析不真实的如何处理 …… 313
102. 对未经允许扩大信息披露范围的如何处理 …… 313

第十四章 银行不良贷款责任追究管理 …… 314
第一节 不良贷款责任追究的目的和方式 …… 314
1. 不良贷款责任追究的目的是什么 …… 314
2. 什么是信贷人员 …… 314
3. 什么是信贷业务 …… 314
4. 什么是贷款责任 …… 314

5. 贷款责任追究哪些范围 …… 315
6. 贷款责任追究的方式有哪些 …… 315
7. 贷款责任追究领导小组由哪些人员组成 …… 315
第二节 贷款责任追究原则 …… 315
8. 贷款责任追究的原则是什么 …… 315
9. 什么是尽职免责原则 …… 315
10. 什么是追本溯源原则 …… 315
11. 什么是违法违规严惩原则 …… 316
12. 什么是既往从宽、现在从严原则 …… 316
13. 什么是积极处置从轻、消极对待从重原则 …… 316
14. 什么是违规积分、经济处罚、经济赔偿、纪律处分相结合原则 …… 316
第三节 贷款责任追究范围 …… 316
15. 贷款责任包括哪些责任 …… 316
16. 什么是工作职责 …… 316
17. 什么是过失责任 …… 316
18. 什么是违规违法责任 …… 317
19. 什么是冒名贷款 …… 317
20. 什么是借名贷款 …… 317
21. 什么是假名贷款 …… 318
22. 什么是超权限贷款 …… 318
23. 什么是一户多名贷款 …… 318
24. 什么是以贷还贷贷款 …… 318
25. 什么是化整为零贷款 …… 318
26. 什么是个人借款企业用贷款 …… 319
27. 什么是夫妻父子保贷款 …… 319
28. 什么是违反面谈面签贷款 …… 319
29. 什么是故意编造虚假信息贷款 …… 319
30. 什么是重大失职贷款 …… 319
31. 什么是其他违规贷款 …… 319
32. 认定为责任贷款的如何追责 …… 319
33. 认定为非责任贷款的如何追责 …… 320

34. 未按要求发放与支付贷款的如何追责 …… 320
35. 柜员未按受托支付要求支付贷款的如何追责 …… 320
第四节 责任承担及经济赔偿 …… 320
36. 贷款责任如何承担 …… 320
37. 过失责任人如何承担责任 …… 320
38. 违规责任人如何承担责任 …… 321
39. 如何对贷款损失进行经济赔偿 …… 321
40. 预赔款如何管理 …… 322
41. 违法违规贷款责任如何确认 …… 322
42. 过失贷款责任如何确认 …… 322
第五节 贷款责任追究处罚 …… 323
43. 贷款责任追究有哪些处罚方式 …… 323
44. 如何进行经济责任追究 …… 323
45. 如何进行行政责任及其他责任追究 …… 324
46. 如何进行刑事责任追究 …… 324
第六节 贷款责任追究程序 …… 324
47. 不良贷款责任追究有哪些程序 …… 324
48. 贷款收回如何退还赔偿金 …… 325

第十五章 银行授信管理 …… 326
第一节 授信管理的依据和原则 …… 326
1. 授信管理的目的和依据是什么 …… 326
2. 授信是对谁授信 …… 326
3. 什么是自然人客户授信 …… 326
4. 什么是非自然人客户授信 …… 326
5. 什么是授信 …… 326
6. 什么是可用额度 …… 327
7. 授信的原则是什么 …… 327
第二节 授信对象及条件 …… 327
8. 授信对象主要有哪些 …… 327
9. 授信对象应符合什么条件 …… 327
10. 企业客户授信应具备什么条件 …… 327

11. 个人客户授信应具备什么条件 …………………………………… 328
第三节 授信担保方式 ………………………………………………… 328
12. 授信担保方式有哪些 ……………………………………………… 328
13. 授信可否采用信用方式 …………………………………………… 328
第四节 授信用途、额度及期限 ……………………………………… 328
14. 授信用途范围有哪些 ……………………………………………… 328
15. 授信额度如何确定 ………………………………………………… 329
16. 授信期限多长 ……………………………………………………… 329
第五节 授信评级 ……………………………………………………… 329
17. 企业客户授信分为几个等级 ……………………………………… 329
18. 个人客户信用分为几个等级 ……………………………………… 330
第六节 授信程序 ……………………………………………………… 330
19. 授信有哪些程序 …………………………………………………… 330
20. 授信如何申请 ……………………………………………………… 330
21. 授信如何受理 ……………………………………………………… 330
22. 授信如何调查 ……………………………………………………… 330
23. 授信如何审查 ……………………………………………………… 330
24. 授信如何审批 ……………………………………………………… 331
25. 授信如何使用 ……………………………………………………… 331
第七节 授信风险管理 ………………………………………………… 331
26. 授信使用后应对哪些情况进行检查 ……………………………… 331
27. 授信使用后如何加强监控 ………………………………………… 331
28. 如何对额度项下授信业务加强风险管理 ………………………… 331
29. 授信业务档案资料如何管理 ……………………………………… 332

第十六章 银行个人客户授信管理 …………………………………… 333
第一节 个人客户授信管理的依据和原则 …………………………… 333
1. 个人客户授信管理的依据是什么 ………………………………… 333
2. 什么是个人客户授信 ……………………………………………… 333
3. 什么是个人授信额度 ……………………………………………… 333
4. 个人授信业务应遵守什么原则 …………………………………… 334
第二节 个人客户授信种类 …………………………………………… 334

5. 个人客户授信业务有哪些种类 …… 334
6. 什么是个人经营贷款 …… 334
7. 什么是个人消费贷款 …… 334
8. 什么是农户贷款 …… 334
9. 什么是公职人员贷款 …… 334
10. 什么是个人信用贷款 …… 334
第三节 个人客户授信对象、用途及条件 …… 335
11. 个人客户授信对象是什么 …… 335
12. 个人客户授信用途有哪些 …… 335
13. 个人授信贷款不得用于哪些用途 …… 335
14. 个人客户授信申请人应具备哪些基本条件 …… 335
15. 办理消费性贷款应具备什么条件 …… 336
16. 办理经营性贷款应具备什么条件 …… 336
17. 个人客户有什么行为不得授信 …… 336
第四节 个人客户授信额度、期限、利率及还款方式 …… 336
18. 个人客户授信额度如何确定 …… 336
19. 个人客户授信期限多长 …… 337
20. 个人授信贷款可否展期 …… 337
21. 个人客户授信如何使用 …… 337
22. 个人授信贷款利率如何执行 …… 337
23. 个人授信贷款如何结息 …… 337
第五节 个人客户授信评级 …… 337
24. 个人客户授信分为几个等级 …… 337
25. 何为个人“优秀”客户 …… 338
26. 何为个人“良好”客户 …… 338
27. 何为个人“一般”客户 …… 338
第六节 个人客户授信担保 …… 338
28. 办理个人综合授信贷款应提供什么 …… 338
29. 个人授信贷款的担保方式有哪些 …… 338
第七节 个人客户授信程序 …… 338
30. 个人客户授信程序有哪些 …… 338
31. 个人授信如何申请 …… 339

32. 个人授信如何受理 …… 339
33. 个人授信如何调查 …… 339
34. 个人授信如何审查 …… 339
35. 个人授信如何审批 …… 339
36. 授信如何使用 …… 339
第八节 个人客户授信管理 …… 340
37. 如何进行授信监督 …… 340
38. 如何进行授信检查 …… 340
39. 如何形成授信报告 …… 340
40. 如何进行授信收回或处置 …… 340
41. 如何进行逾期授信贷款管理 …… 340
42. 其他贷后如何管理 …… 340

第十七章 银行个人客户授信操作规程管理 …… 341
第一节 个人客户授信操作流程 …… 341
1. 为什么要设立个人客户授信操作流程 …… 341
2. 什么是个人授信贷款 …… 341
3. 个人客户授信实行哪些公开 …… 341
4. 个人客户授信操作流程有哪些 …… 341
第二节 个人客户授信职责分工 …… 342
5. 风险合规部门负责什么工作 …… 342
6. 各分支机构负责什么工作 …… 342
7. 信贷授信部门负责什么工作 …… 342
8. 有权审批人负责什么工作 …… 342
第三节 个人客户授信对象及基本条件 …… 342
9. 个人客户授信对象有哪些 …… 342
10. 农户授信对象应具备什么条件 …… 342
11. 非农户授信对象应具备什么条件 …… 343
12. 公职人员授信对象应具备什么条件 …… 343
13. 个体工商户授信对象应具备什么条件 …… 343
14. 授信对象有什么情况不得授信 …… 344
第四节 个人客户授信评级标准和额度 …… 344

15. 个人客户授信等级如何划分 …… 344
16. 授信等级评分如何认定 …… 344
17. 授信额度如何确定 …… 345
第五节 个人客户授信方法与步骤 …… 345
18. 个人客户授信采取什么方法 …… 345
19. 个人客户授信采取哪些步骤 …… 346
第六节 个人客户授信操作流程 …… 346
20. 个人客户授信申请须提交哪些资料 …… 346
21. 个人客户授信受理如何进行 …… 347
22. 授信调查哪些内容并评分认定 …… 347
23. 个人客户授信如何审查 …… 347
24. 个人客户授信如何审批 …… 347
25. 个人客户授信如何使用 …… 348
第七节 个人客户授信动态管理 …… 349
26. 如何对授信等级实行动态管理 …… 349
27. 授信等级和额度如何调整 …… 349
28. 调低授信等级和额度有哪些条件 …… 349
29. 如何对授信贷款进行跟踪检查 …… 349
30. 授信到期前如何办理 …… 350
31. 如何关注借款人的还款情况 …… 350
32. 授信贷款出现逾期如何办理 …… 350
33. 授信借款人未能按时归还贷款本息的如何处理 …… 350
34. 附件 …… 350
表一：个人授信等级评定申请表 …… 351
表二：农户授信等级评分认定表 …… 352
表三：非农户授信等级评分认定表 …… 353
表四：个体工商户授信等级评分认定表 …… 354
表五：公职人员授信等级评分认定表 …… 355
表六：个人授信评级调查审核审批表 …… 356

第十八章 银行企业客户授信管理 …… 358
第一节 企业客户授信管理的依据和原则 …… 358

1. 企业客户授信管理的依据是什么 …… 358
2. 什么是企业客户授信 …… 358
3. 什么是企业授信额度 …… 358
4. 企业授信的原则是什么 …… 358
5. 企业授信管理分为几个环节 …… 358
第二节 企业客户授信业务品种 …… 359
6. 企业客户授信有哪些业务品种 …… 359
7. 什么是企业贷款 …… 359
8. 什么是项目融资 …… 359
9. 什么是贸易融资 …… 359
10. 什么是贴现 …… 359
11. 什么是透支 …… 359
12. 什么是保理 …… 359
13. 什么是拆借 …… 360
14. 什么是贷款承诺 …… 360
15. 什么是保证 …… 360
16. 什么是信用证 …… 360
17. 什么是票据承兑 …… 360
第三节 企业客户授信对象、用途及条件 …… 360
18. 企业客户授信对象是什么 …… 360
19. 企业客户授信用途是什么 …… 360
20. 企业客户授信条件有哪些 …… 361
第四节 企业客户授信额度、期限、利率及还款方式 …… 361
21. 企业客户授信额度如何确定 …… 361
22. 企业客户授信期限多长 …… 361
23. 企业授信贷款可否展期 …… 361
24. 企业客户授信如何使用 …… 361
25. 企业客户授信利率如何执行 …… 362
26. 企业授信贷款如何结息 …… 362
第五节 企业客户授信评级 …… 362
27. 企业客户授信分为几个等级 …… 362
28. 何为优秀级 …… 362

29. 何为良好级 …… 362
30. 何为较好级 …… 362
31. 何为一般级 …… 362
32. 何为较差级 …… 362
33. 何为差级 …… 362
34. 何为极差级 …… 363
第六节 企业客户授信担保 …… 363
35. 办理企业综合授信业务应提供什么 …… 363
36. 企业授信业务可采取哪些担保方式 …… 363
37. 企业授信业务能否采用信用方式 …… 363
第七节 企业客户授信程序 …… 363
38. 企业客户授信程序有哪些 …… 363
39. 企业授信如何申请 …… 363
40. 企业授信如何受理 …… 364
41. 企业授信如何调查 …… 364
42. 企业授信如何审查 …… 364
43. 企业授信如何审批 …… 364
44. 企业授信如何使用 …… 364
第八节 企业客户授信后管理 …… 365
45. 企业授信后重点监测哪些内容 …… 365
46. 如何对企业授信后进行跟踪检查 …… 365
47. 客户授信有效期满后应对哪些内容进行评价 …… 365
48. 出现什么情况应对授信额度予以冻结 …… 366
49. 授信额度如何终止 …… 366

第十九章 银行企业客户授信操作规程管理 …… 367
第一节 企业客户授信操作流程 …… 367
1. 为什么要设立企业客户授信操作流程 …… 367
2. 什么是企业授信 …… 367
3. 企业授信必须坚持什么原则 …… 367
4. 企业客户授信操作流程有哪些 …… 367
第二节 企业客户授信职责分工 …… 368

5. 风险合规部门负责什么工作 …… 368
6. 各分支机构负责什么工作 …… 368
7. 信贷授信部门负责什么工作 …… 368
8. 有权审批人负责什么工作 …… 368
第三节　企业客户授信对象、用途和条件 …… 368
9. 企业客户授信对象有哪些 …… 368
10. 哪些企业不得作为授信对象 …… 369
11. 企业授信用途有哪些 …… 369
12. 企业授信不得用于哪些用途 …… 369
13. 企业授信客户应具备哪些条件 …… 369
14. 不能为哪些企业办理授信业务 …… 370
第四节　企业客户授信评级标准和额度 …… 370
15. 企业客户授信分为几个等级 …… 370
16. 企业授信额度如何确定 …… 371
第五节　企业客户授信担保 …… 371
17. 企业授信业务有哪些担保方式 …… 371
18. 用于抵押的房产必须满足哪些条件 …… 372
19. 用于抵押的房产的土地必须满足哪些条件 …… 372
20. 用于抵押的房产年限必须满足哪些条件 …… 372
21. 禁止接受哪些类型的房产用于抵押 …… 372
22. 谨慎受理哪些类型的房产用于抵押 …… 373
23. 房产抵押率如何确定 …… 373
24. 抵押率如何调整 …… 373
25. 用于抵押的国有建设用地使用权应满足哪些条件 …… 373
26. 禁止接受哪些类型的国有建设用地使用权用于抵押 …… 373
第六节　企业客户授信方法及步骤 …… 374
27. 企业客户授信采取什么方法 …… 374
28. 企业客户授信采取哪些步骤 …… 374
第七节　企业客户授信操作流程 …… 375
29. 企业客户授信申请须提交哪些资料 …… 375
30. 企业客户授信如何受理 …… 375
31. 企业客户授信如何调查 …… 376

32. 企业客户授信如何审查 …… 376
33. 企业客户授信如何审批 …… 377
34. 企业客户授信如何使用 …… 377
第八节 企业客户授信后管理 …… 378
35. 授信后管理包括哪些工作内容 …… 378
36. 授信后管理的原则是什么 …… 379
37. 如何实行授信风险责任人制 …… 379
38. 授信等级和额度如何调整 …… 379
39. 调低授信等级和额度的条件是什么 …… 379
40. 如何加强对授信贷款的跟踪检查 …… 380
41. 授信到期前如何办理 …… 380
42. 如何关注借款人的还款情况 …… 380
43. 授信贷款出现逾期如何办理 …… 380
44. 授信借款人未能按时归还贷款本息的如何处理 …… 380
45. 附件 …… 380
表一：企业授信等级评定申请表 …… 381
表二：企业授信等级评分认定表 …… 382
表三：企业授信评级调查审核审批表 …… 384

第一章　银行信贷管理

第一节　信贷管理的依据和原则

1. 信贷管理的目的是什么

银行信贷管理的目的是加强和规范银行信贷行为，提高信贷管理水平，确保信贷系统正常、安全运行，防范信贷风险，提高信贷资产质量。

2. 信贷管理的依据是什么

银行信贷管理的依据是《中华人民共和国商业银行法》《贷款通则》《担保法》《物权法》等有关法规和监管部门的有关规定，根据其制定本行的《信贷管理办法》。这一办法是信贷经营和管理必须遵循的基本准则，也是制定各类信贷管理制度和信贷业务操作规程的基本依据。

3. 信贷业务必须遵守哪些法律法规和原则

银行信贷业务必须遵守国家法律、行政法规和监管部门发布的规范性文件，坚持信贷资金流动性、安全性和效益性相统一的原则。

4. 信贷业务包括哪些内容

银行信贷业务是银行对客户提供的各类表内、表外信用的总称。表内信贷业务包括贷款、项目融资、贸易融资、贴现、透支、保理、拆借和回购等；表外信贷业务包括贷款承诺、保证、信用证、票据承兑等。

5. 信贷管理的原则是什么

银行信贷管理实行“统一管理、分级负责、风险监控、强化监督”的原则。

（1）统一管理，指信贷管理采用银行业务数据大集中管理模式，由银行对系统的功能完善、网络配置、数据存储、系统设置、参数维护等重要事项统一管理。

（2）分级负责，指根据银行管理部门的职能分工，按照有关规章制度，各自落实工作职责，严格责任追究，确保信贷管理的安全正常运行。

（3）风险监控，指通过信贷管理的有效运行，对贷前调查、贷中审查、贷后管理等操作环节进行全程监控，主动预警，及时防范信贷风险。

（4）强化监督，指银行风险管理部门要依照职能分工，加强对信贷资产及信贷管理运行情况的监督、检查，有效防范违规操作风险。

6. 银行信贷管理的总体要求是什么

银行信贷管理的总体要求是对实行审贷分离、授权授信、操作流程、客户分类、风险分类、贷后管理和责任追究等方面进行管理。

第二节　信贷管理组织体系和职能

7. 信贷管理组织体系包括哪些部门和机构网点

银行信贷管理组织体系包括前台信贷业务分支机构，即市场营销业务部门和各支行营业网点；中后台信贷业务管理部门，即信贷审批委员会、信贷管理、风险合规和财务会计部门。

8. 银行如何实行分层级授权审批制度

银行对信贷审批实行权限管理和审批人负责制度，在坚持风险可控的基础上，建立简洁、灵活的信贷授权审批机制。银行行长在董事会的授权范围内根据分支机构（部门）的职能及实际情况，结合不同的信用品种、贷款额度、贷款方式，自然人客户与非自然人客户和各级分支机构（部门）负责人的管理水平、业务能力，分别确定各级有权审批人的审批权限，实行专职审批人、分管行长、行长、信贷审批委员会等分层级、授权审批制度，并签发书面授权书。

9. 授信管理实行什么原则

银行授信管理坚持授信主体、授信形式、授信币种、授信对象统一的原则，非自然人客户坚持“先授信、后用信”的原则。

10. 如何实行审贷岗位分离制度

银行实行审贷岗位分离制度，在办理信贷业务过程中，按规定实行贷款调查、审查、审批决策三岗分设，调查岗与审查岗人员相对固定、定期轮换，调查岗实行“双人”原则。银行将调查、审查、审批、经营管理等环节的工作职责分解，由不同经营层次和不同部门、岗位承担，实现权利制约和相互支持。

11. 信贷审批委员会如何组成

信贷审批委员会由行长、分管信贷工作的副行长、风险总监和相关部门负责人组成。

12. 信贷审批委员会有什么作用

银行信贷审批委员会是银行日常信贷业务决策的最高议事机构，负责核定相应的审批权限。信贷审批委员会既要对有权审批人起到智力支持作用，又要对有权审批人起到制度制约作用。

13. 信贷审批委员会议事规则是什么

（1）会议必须有三分之二以上成员出席，方为有效，否则无效。

（2）成员表决实行记名投票方式，明确表示同意或不同意，不得弃权；三分之二以上同意视为审议有效可行，否则无效。

（3）信贷审批委员会审议资料要规范建立档案，由客户经理在完成审议环节后的 15 天内，移交档案管理岗，并指定专人管理。

14. 信贷业务经营和管理如何实行责任人制度

信贷业务经营和管理实行责任人制度。在信贷业务办理过程中，调查人、审查人、审批人、贷后管理人（不单独设立贷后管理岗的为调查客户经理）等各环节的经办人应分别承担相应责任。

第三节　信贷客户对象和基本条件

15. 银行信贷客户对象是什么

银行信贷业务要树立服务企业和服务“三农”的经营方向，客户应当是：

（1）经市场监管机关（或主管机关）核准登记的企（事）业法人、其他经济组织、个体工商户等。

（2）具有中华人民共和国国籍、具有完全民事行为能力的自然人，借款客户原则上年龄男不超过60周岁，女不超过55周岁，特殊情况（存单、国债及有价单证质押）除外。

16. 客户申请信贷业务应当具备哪些基本条件

客户申请信贷业务应当具备下列基本条件：

（1）从事符合国家产业政策和社会发展规划要求的建设和生产经营活动。

（2）有合法稳定的收入或收入来源，具有按期还本付息能力；原应付贷款利息和到期贷款已清偿，没有清偿的，已做了经银行认可的还款计划。

（3）在银行开立结算账户，在其账户内应保持一定的存款以作为结算支付保证。自愿接受银行的信贷监督和结算监督，如实向银行提供有关经营情况和财务报表。

（4）与贷款企业有紧密关系的关联企业，必须向银行出具“企业担保承诺书”，承担连带保证责任，特殊情况报银行审批。

（5）除自然人外，企（事）业法人、其他经济组织应当依法向市场监管机关登记并办理了年检手续，特殊行业须持有有权机关颁发的生产经营许可证；事业法人依照《事业单位登记管理暂行条例》的规定已向事业单位登记管理机关办理了登记或备案。

（6）不符合信用方式的，应有符合规定担保条件的保证人、抵押物或质押物；申请项目贷款，须有经国家有权机关批准的项目立项批文或其他有效文件，并有符合相关法律、法规规定比例的自有资金及资本金。

（7）银行规定的其他条件。

第四节 贷款种类与信贷业务管理

17. 银行主要信贷业务有哪些

银行主要信贷业务有各种贷款、银行承兑汇票、银行承兑汇票贴现、商业承兑汇票贴现等。

18. 什么是贷款

贷款是指银行根据客户申请，对其提供的并按约定的利率和期限还本付息的货币资金。

19. 贷款有哪些种类和品种

（1）按期限划分的贷款种类有短期贷款、中期贷款、长期贷款。

（2）按贷款方式划分的贷款种类有信用贷款、担保贷款、票据贴现。

（3）按贷款用途方式划分的贷款种类有企业贷款、农业贷款、个人消费贷款（住房、装修、汽车）、创业贷款、农户贷款、房地产开发贷款等。

（4）按利率约定方式不同可分为固定利率贷款和浮动利率贷款。

（5）其他贷款有银团贷款、委托贷款、特定贷款（如支农贷款）等。

20. 什么是短期贷款

短期贷款是指贷款期限在一年以内（含一年）的贷款。

21. 什么是中期贷款

中期贷款是指贷款期限在一年以上（不含一年）五年以下（含五年）的贷款。

22. 什么是长期贷款

长期贷款是指贷款期限在五年以上的贷款。

23. 什么是信用贷款

信用贷款是指凭借款人的信誉发放的贷款。

24. 什么是担保贷款

担保贷款是指由借款人或第三方依法提供担保而发放的贷款。担保贷款包括保证贷款、抵押贷款、质押贷款。

25. 什么是保证贷款

保证贷款是指按《担保法》规定的保证方式、以第三人承诺在借款人不能偿还贷款时，按约定承担连带责任而发放的贷款。办理时，银行要对保证人的资格及偿债能力进行严格审查，并签订担保合同，办理担保贷款放款手续。银行规定，凡保证贷款均要采用连带责任保证方式。

26. 什么是抵押贷款

抵押贷款是指按《物权法》规定的抵押方式以借款人或第三人的财产作为抵押物发放的贷款。办理时，应对抵押物的权属、有效性和变现能力以及实现抵押权的合法性进行严格审查，详细登记抵押物，经有权部门登记后办理抵押担保放款手续。抵押贷款额度最高不得超过抵押物现值的70%。

27. 什么是质押贷款

质押贷款是指按《物权法》规定的质押方式以借款人或第三人的动产或权利作为质押物发放的贷款。办理时，应严格审查质押物的权属、价值以及设定的质押权的合法性，详尽登记质押物清单，凡质押的存单等票据必须办理出质人承诺书和质押财产登记止付通知书（核保书）手续。质押贷款的额度一般不得超过质押物现值的90%。

28. 什么是票据贴现贷款

票据贴现贷款是指贷款人以购买借款人未到期的商业票据的方式发放的贷款。

29. 什么是消费贷款

消费贷款是指银行向申请购买住房、汽车、房屋装修等个人消费需求的借款人发放的贷款。

30. 什么是置业贷款

置业贷款是指银行向借款人发放的用于购置设备、营业用房的贷款，包括机械设备置业贷款、营业用房置业贷款。

31. 什么是银行承兑汇票

银行承兑汇票是指银行根据出票人申请发放的承诺在汇票到期日对收款人或持票人无条件支付汇票金额的票据。

32. 什么是银行承兑汇票贴现

银行承兑汇票贴现是指银行以购买贴现申请人未到期银行承兑汇票方式而发放的贷款。

33. 什么是商业承兑汇票贴现

商业承兑汇票贴现是指银行以购买贴现申请人未到期商业承兑汇票方式而发放的贷款。

34. 什么是房地产开发贷款

房地产开发贷款是指银行向借款人（房地产开发商）发放的用于开发、建造向市场销售、出租等用途的房地产项目的贷款。

35. 什么是银团贷款

银团贷款是指由两家或两家以上银行基于相同贷款条件，依据同一贷款协议，按约定时间和比例，通过代理银行向借款人提供的本币贷款或授信业务。

36. 什么是委托贷款

委托贷款是指由委托人提供资金并承担全部风险，银行作为受托人，根据委托人确定的贷款对象、用途、金额、期限、利率等代为发放、监督使用并协助回收的贷款。

37. 什么是转让贷款

转让贷款也称贷款转让，是根据银行间市场需求而开发的一项新的交易品种，是指转让方将向借款人已发放的贷款所形成的债权转让给受让方的交易行为。银行转让贷款的，按照金融监管部门的有关规定执行。

38. 国际贸易融资业务包括哪些内容

国际贸易融资业务包括出口押汇、出口贴现、打包放款、发票融资、进口信用证、进口押汇、提货担保等业务。

39. 什么是对内担保和对外担保

担保分为对内担保和对外担保。

对内担保是指银行以保函等形式向境内的其他机构（外资金融机构除外）承诺，当被担保人未按照合同约定履行义务时，由担保人承担一定金额支付责任或经济赔偿责任的书面付款保证承诺。

对外担保是指担保人应担保申请人的要求，以符合法律手续的书面形式，向境外担保受益人作出承诺，当申请人未按其与担保受益人签订的主合同的约定偿还债务或履行约定义务时，由担保人代为履行债务或承担责任的法律行为。

40. 银行对资产类创新业务如何实施管理

银行必须在制定相应的管理办法后方可实施对资产类创新业务的管理。

第五节 贷款期限、利率和用途管理

41. 贷款期限如何确定

银行发放贷款的期限，应根据国家经济法规、金融政策和银行有关规定及信贷客户生产经营周期等情况合理确定，不得无故缩短或延长。一般短期贷款期限在一年以内（含一年），中期贷款期限在一年以上（不含一年）五年以下（含五年），长期贷款期限在五年以上。

42. 信贷业务利率、费率如何确定

银行有关信贷业务利率、费率的确定，在严格遵守人民银行、银保监会、国家有关部门规定的前提下，本着与承担风险和工作量大小等相匹配的原则协商确定。

43. 贷款利率如何定价

根据人民银行利率管理的有关规定，结合银行实际情况制定利率定价管理办法。

44. 银行贷款的主要用途应以什么为主

银行贷款的主要用途应以支持企业生产经营和“三农”发展为主，适当兼顾其他经济组织的信贷业务需要。在投向上，要注意把握与国家、地区产业政策的一致性，严格控制对国家限制发展行业的信贷投入。在用途上，做到专款专用，不挪作他用。

第六节　贷款业务操作流程管理

45. 贷款业务操作流程如何管理

银行应制定贷款业务操作流程管理办法。贷款业务操作流程管理办法由信贷管理部门根据相关规定起草，经风险合规管理部门审查，报经相关会议审核通过，银行行长签批，并按有关规定报相关部门审批（备案）。办理信贷业务应在规定的工作期限内按业务分工、业务范围及权限、程序运作，并实现电子化网络管理。

46. 贷款业务操作的基本流程有哪些

贷款业务操作的基本流程包括贷款申请、贷款受理、贷款调查、贷款审查、贷款审议与审批、签订合同、发放贷款、贷后管理、贷款收回。

47. 客户如何提出贷款申请

客户口头或书面提出贷款申请，客户填写银行提供的贷款申请表，并提供银行所需贷款材料。

48. 如何受理贷款

受理岗受理客户申请，客户填写银行提供的贷款申请表，内容包括客户基本情况，借款金额、期限及用途，担保方式，还款来源等。

49. 客户申请贷款需提供哪些资料

客户申请办理贷款业务需提供以下基本资料原件或复印件：

（1）法人客户申请办理信贷业务需提供的资料：

①企（事）业法人营业执照、法定代表人身份有效证明或法定代表人授权的委托书。

②有权部门批准的企（事）业章程或合资、合作的合同或协议，验资证明。

③技术监督部门颁发的组织机构代码。

④实行公司制的企业法人办理信贷业务需提供公司章程。公司章程对法定代表人办理信贷业务有限制的，需提供董事会同意的决议或授权书。

⑤特殊行业的企业还须提供有权批准部门颁发的特殊行业生产经营许可证或企业资质等级证书。

⑥上年度财务报表和近期财务报表。

⑦新客户还需提供印鉴卡、法定代表人签字式样。

⑧根据信贷业务品种、担保方式需提供的其他资料。

（2）自然人客户申请办理信贷业务需提供的资料：

①个人身份有效证明（身份证、户口本等）。

②以财产抵押的，能够有效证明其收入或财产价值信息的资料。

③根据信贷业务品种、信用方式需提供的其他资料。

50. 如何进行贷款调查

调查岗见到申请人申请和提供的贷款资料后，及时对申请人资格、贷款条件及还款能力等进行初步调查，判断是否符合贷款的基本条件，根据初步认定不予受理的，及时通知申请人；对同意受理的，要求申请人填写《个人征信业务授权书》，并同时提供相关材料；然后及时对申请人资格、贷款条件及还款能力等进行调查。对于新增客户，至少需2名客户经理共同进行调查。

（1）对客户提供的资料是否完整、真实、有效进行调查核实。

（2）调查客户信用及有关人员品行状况。

（3）调查客户及其担保人生产经营是否合法、正常，是否超出规定的经营范围。

（4）调查分析信贷需求及信贷用途的合法性。

（5）调查分析还款来源和还款时间。

（6）依据担保管理办法，对客户提供的担保资料进行分析，判断客户提供的担保是否符合担保条件，并确定其担保能力。

（7）客户经理对调查内容进行整理分析，撰写调查报告或填写调查表，提出调查结论，根据综合效益分析提出合理的定价意见，明确提出拟贷款金额、期限、利率、还款方式、担保方式、抵押物估值、贷款风险分类意见等，如客户申请最高额担保贷款的，初步核定额度和期限，连同上述全部信贷资料移送审查岗进行审查。调查岗认为不符合贷款条件的，终止信贷程序并及时通知申请人。

51. 如何做好贷款审查

（1）审查岗对收到的贷款材料进行如下审查：

①基本要素审查：核对内部运作表和交接清单，审查移交的信贷业务基础资料是否齐全、完备，内部运作资料填写是否规范、完整，重点审查客户及担保人资料是否齐备。

②主体资格审查：承贷主体是否合法以及申请人、保证人信用记录状况。

③信贷政策审查：重点审查借款用途是否合法、是否符合国家有关政策，期限、利率确定是否合理。

④信贷风险审查：重点分析、揭示客户财务风险、经营管理风险和市场风险。

（2）审查认为移交的信贷资料不全，调查内容不完整、不清晰的，要求调查岗进行补充完善；认为申请不符合贷款条件的，可终止审查程序，退回贷款调查岗。

（3）审查岗对审查结果进行整理分析，提出审查结论，就贷款金额、期限、利率、还款方式、担保方式、抵押物估值是否合理，限制性条件和有关防控信贷风险具体措施等提出明确意见。审查同意的，移送审批人进行审批。

52. 如何审议与审批贷款

有权审批人接收审查岗提交的信贷资料和审查意见，按照信贷授权审批机制要求，根据调查、审查结论分别提交有权审批人单签审批或上信贷审批委员会会议进行审议与审批，并提出具体审批意见。

53. 如何签订合同

贷款经有权审批人批准同意后，以批文或审批表形式批复，由客户经理填写合同。所有合同（包括借款合同、担保合同）都必须实行面签制。

合同内容包括贷款种类、币种、用途、金额、期限、利率、还款方式、担保方式、合同双方的权利、义务等。

54. 贷款如何发放

客户经理应依据信贷业务合同约定的用款计划，一次或分次填制借款凭证，连同有权审批人的批复送交会计结算部门办理账务处理。

55. 谁负责贷后管理

客户经理负责客户贷款资料的保管和贷款业务发生后的日常管理，对法人客户的贷后跟踪检查一年应不少于两次。

56. 贷款如何收回

贷款到期前15日由管理贷款客户的客户经理进行催收，按时收回贷款本息。借款人按期归还贷款或以处理抵（质）押物所得资金清偿贷款本息的，由经办行办理贷款收回手续。对逾期贷款严格执行逾期利息制度。对到期不能收回的贷款要关注诉讼时效，不能丧失权利。必要时，可通过法律手段清收。

57. 贷款档案如何管理

（1）贷款经审批后，审查人员填制信贷资料交接清单，将有关信贷资料送交经办客户经理，并办理信贷资料交接、登记手续。

（2）按户建立案卷，一户一卷。客户经理应在贷款发放后15个工作日内完成对贷款业务资料的清理和复查，重点检查业务资料的完整性和有效性，对业务资料进行分类整理，合理编排顺序，填写档案案卷封面、卷内文件目录。

（3）客户经理将整理好的档案移交档案管理员。客户经理填写档案移交清单，包括汇总单和详细清单，一式两份，一份由客户经理留存，一份随案卷移交档案管理员。

（4）对于案卷移交归档后形成的贷后管理业务资料，客户经理应及时整理，定期填写档案移交清单，并向档案管理员移交归档。除指定的档案管理员外，任何部门和个人都不得留存应存档的业务资料原件，客户经理若需要留用某些应归档的资料，可留存复印件。

第七节　信用评级及授信管理

58. 如何进行信用评级及授信管理

银行应制定信用评级及授信管理办法，所有客户在办理信贷业务之前，必须进行信用等级评定和广义授信。

59. 客户信用分为几个等级

对公客户信用等级一般分为七级：AAA、AA、A、BBB、BB、B、C级。

个人客户信用等级一般分为三级：优秀、较好、一般。

各银行可根据本行实际适当划分信用等级。

60. 信用等级如何评定

企业客户信用等级是根据企业提供的财务报表、非财务资料，并按照系统设定的信用评级模型和评级标准自动进行评定。

事业单位、微小企业、个人客户信用等级是以填制信用等级评估表的形式，并按照系统设定的信用评级模型和评级标准自动评定。

61. 客户信用等级评定的有效期限有多长

客户信用等级每次评定的有效期限不得超过两年，并要根据客户的经营、抵（质）押物变化、重大事件、履约等情况及时调整客户信用等级，其中农户信用等级要定期进行维护。

62. 如何对客户进行授信

在进行授信前，要根据信贷管理中设定的计算项目和标准对客户的授信进行测算。

63. 授信额度如何确定

要根据客户的生产经营情况、盈利能力、履约情况、抵（质）押物情况、信用等级、偿债能力、授信额度测算结果以及经营者的综合素质、管理水平等进行合理确定授信额度。

64. 客户授信额度如何调整

要根据客户实际经营、抵（质）押物变化、重大事件、履约等情况，及时调整、冻结、注销客户授信额度。

65. 在什么情况下严禁向任何人提供信用等级及评级授信结果

在未征得客户书面同意的情况下，严禁向任何单位、个人提供在客户信用等级评定和授信过程中所涉及的有关资料及评级授信结果。

第八节　客户信息管理

66. 客户信息由谁负责采集录入维护工作

客户经理（信贷员）负责客户信息的采集、录入及维护工作，要按客户类别管理客户信息。客户信息要定期进行更新，对公客户财务信息要按月、按季、按年及时录入资产负债表、财务损益表及利润分配表、现金流量表，不允许拖延录入。

67. 如何核查客户信息

客户经理必须通过身份证核查系统对新增个人客户身份进行真实性核查，保证客户身份的唯一性。未能通过身份证核查系统核查但在公安部门其身份证信息真实存在的，需到当地公安机关开具户籍证明，并填制银行信贷管理业务处理申请表，由系统管理员在系统中登记后，方可在系统中建立客户信息。发生身份证重号的，必须到公安机关修改，否则不予受理。客户经理必须搜集完整的客户信贷档案资料，确保客户资料信息真实准确。个人客户的配偶及家庭成员信息要搜集完整，配偶及家庭成员信息在系统中最少应录入一人。

68. 谁对录入客户信息的真实性负责

客户经理必须对录入客户信息的真实性负责。录入前，客户经理应对客户信息进行认真分析，发现问题及时与客户进行沟通并更改。

69. 客户经理对客户信息拥有什么权限

信贷管理对客户信息的采集实行银行管户权制度。客户首次与银行发生信贷关系时，录入客户信息的客户经理对其拥有管户权。管户客户经理对客户的信息采集与管理负有责任，具有登记、修改客户信息和信用等级评定、授信的权限，其他人员没有此类权限。客户经理可对本机构没有管户权的客户发放贷款，但其只拥有贷款合同维护权。

70. 客户黑名单分为几个级别

客户黑名单分为三个级别：完全限制级、限制级和限制提示级。

（1）完全限制级客户，除偿还贷款外，不允许办理授信申请及贷款新增、收回再贷、借新还旧、展期等信贷业务。

（2）限制级客户，允许办理新增贷款业务，可办理收回再贷、借新还旧、重组业务，但所办理的收回再贷、借新还旧、重组业务采取的担保方式必须为抵押或质押。

（3）限制提示级客户，可办理全部信贷业务，但在办理新增贷款业务时，所采取的担保方式必须为抵押或质押。

71. 如何将客户列入黑名单

（1）发生以下情形时由系统将客户自动列入完全限制级黑名单：

①已核销呆账贷款的借款人及担保人。

②抵（质）押贷款本金逾期 181 天以上或欠息 361 天以上的借款人及担保人。

③被法律诉讼的借款人及担保人和发生抵债资产的借款人及担保人。

④各类垫款（银行承兑汇票、保函、贴现等）超过 361 天以上未收回的申请人及保证人。

⑤保证贷款逾期 91 天以上的借款人和保证人。

⑥信用贷款逾期 61 天以上的借款人。

（2）发生以下情形时由系统将客户自动列入限制级黑名单：

①抵（质）押贷款逾期 91～180 天的借款人及担保人。

②保证贷款逾期 61～90 天的借款人及保证人。

③信用贷款逾期 31～60 天的借款人。

④连续两年办理转贷（收回再贷、借新还旧）的借款人及担保人。

（3）发生以下情形时由系统将客户自动列入限制提示级黑名单：

①抵（质）押贷款逾期 31～90 天的借款人及担保人。

②保证贷款逾期 31～60 天的借款人及保证人。

③逾期的信用贷款借款人。

（4）发生以下情形时，由客户经理以人工认定的方式将客户列入黑名单，经信贷部主管银行行长审核后生效：

①已被查实的各种违法骗贷的借款人和担保人。

②恶意逃废机构债务的借款人。

③借款人或法定代表人有赌博、吸毒、嫖娼、涉黑、参与邪教和反政府组织等违法乱纪行为的。

④借款人发生重大事件，导致经营出现严重滑坡，将影响贷款本息偿还的。

⑤在其他金融机构被列为黑名单的。

⑥银行规定其他应该进入黑名单的。

72. 客户如何退出黑名单

当出现下列情形时，由客户经理将客户的黑名单状态更改为失效，经银行信贷部门主管和行长审核后，即可完成客户从黑名单中的退出。

（1）所欠银行贷款本息全部结清。

（2）客户为他人提供担保的不良贷款本息全部结清。

（3）不再被其他金融机构列为黑名单的。

（4）不再属于银行规定其他应该进入黑名单的。

第九节　贷后管理

73. 什么是贷后管理

贷后管理是指信贷业务经办人员为确保贷款回收，对所有可能影响还款的因素进行持续检查监测，包括贷款风险分类、预警、催收、展期、不良清收、本息收回等。

74. 贷款实行几级分类

银行贷款实行五级分类管理，划分为正常、关注、次级、可疑、损失五类，具体的分类认定标准按照银行业监督管理部门的规定执行。

75. 什么情况下发出风险预警

建立风险预警体系，借款人出现现金流量不足、资产流失和经营状况不佳等风险情况可能造成贷款形态下降或出现影响信贷资金安全的情况，信贷人员都有责任和义务及时发出预警，使用统一的“风险预警及处置意见书”，报信贷风险管理部门。

76. 如何及时防范信贷风险

客户经理要每天查看贷款系统提供的贷款到期、抵（质）押物到期、当月新增五级不良、逾期贷款催收、贷款检查、保险到期等提醒信息，便于及时采取措施，防范信贷风险。另外，各机构要对通过实际调查或上级部门检查认定为冒名、保证人主体资格不合法、违规抵押、违规质押、违反贷款管理规定和其他违规贷款，及时在贷款系统中登记，为日后追责和统计违规贷款提供依据。

77. 如何做好贷款催收工作

客户经理要按照相关制度的要求对借款人、担保人、合作商等进行贷后检查，并将检查结果录入信贷管理中。其中：农户贷款自合同生效日起，至少半年进行一次贷后检查；非农户自然人、对公客户贷款自合同生效日起，每个年度至少进行一次贷后检查。客户经理要在每笔贷款到期前，打印贷款到期通知书，送达客户并取得回执。贷款到期后尚未归还的，应打印贷款逾期催收通知书，分别送达借款人、担保人进行催收，经客户签章后，将贷款催收通知书归入信贷档案妥善保管，并在信贷管理中及时处理。

78. 贷款展期如何处理

贷款展期按原贷款操作规程和规定的审批权限执行。担保贷款申请展期，还应由贷款人、借款人、担保人签署展期协议。

贷款展期条件不得低于原贷款条件。短期贷款展期累计不得超过原贷款期限；中期贷款展期累计不得超过原贷款期限的一半；长期贷款展期最长不得超过 3 年。中国人民银行另有规定的除外。

客户未申请或申请展期未得到批准，其贷款从到期日次日起转入逾期贷款账，或有资产业务到期不能履约的款项，从到期日次日起转入相应的逾期（或垫款）科目。

79. 贷款违约如何处理

客户未按贷款合同的有关约定履行义务，则按合同约定和有关规定采取计收利息、停止提供新贷款、提前收回部分或全部贷款、必要时采取依法起诉等措施。

80. 不良贷款如何清收

所谓不良贷款，就是不能正常收回或无法收回的贷款。不良贷款清收是指不良贷款本息以货币资金净收回。不良贷款清收管理包括不良贷款的清收、盘活、保全和以资抵债。

不良贷款清收应采取以下措施：

（1）实行责任清收。严格落实贷款责任追究制度，按照“新陈划段、落实责任、锁定基数、动态监控”的管理原则，对五级分类存量不良贷款实行新老划段管理。之前形成的不良贷款，要采取积极措施清收和处理，确保绝对额下降；新发放后形成的不良贷款，责任人要全额包赔，否则下岗、停薪、限期收回，确保不出现人为因素形成的不良贷款。对已落实责任、限期收回的要兑现处罚措施，坚决不能一拖再拖、姑息迁就，该停薪的停薪、该包赔的包赔、该下岗的下岗、该法办的法办。

（2）实行协调清收。对机关财政贷款、受政策干涉、企事业贷款等多年形成的不良贷款，要及时与主管部门协调，通过财政拨补和财产进行抵债等方式，协调清收。

（3）实行依法清收。对于有偿还能力但拒不还款的赖债户、非信誉企业和个人，要依法起诉，运用法律手段清收不良贷款。

（4）实行招标清收。可采取向社会招标的办法清收不良贷款。

（5）实行启动清收。要探索启动清收的办法，把清收不良贷款工作与提高支农服务水平结合起来，积极帮困扶贫，激活农户不良贷款。

（6）实行处置清收。对表内外抵债资产，在妥善保管的前提下，采取转让、重组和租赁等方式积极、及早处置变现。

（7）在不良贷款清收过程中，银行可根据实际情况，自行采取有效措施，只要措施依法合规，效果明显，有利于调动信贷营销人员的积极性。

81. 如何防止不良贷款前清后增

（1）加大不良贷款清收力度，尽最大限度清收不良贷款。

（2）加大不良贷款的责任追究力度，做到每笔不良贷款都能落实到人，并限期清收。

（3）加强内控制度管理，防止新增不良贷款。

（4）加大五级分类中关注类贷款的清收力度，同时对正常类贷款中可能形成不良贷款的进行监测，以防止新增不良贷款。

（5）对新发放的贷款，应加强管理，并做到合法合规，坚决杜绝以贷收贷，以贷收息，以防止不良贷款前清后增。

第十节 不良贷款管理

82. 银行不良贷款如何管理

银行应制定《贷款质量分类操作细则》和《不良贷款责任追究办法》，不良贷款的管理按照其制定的细则与办法进行具体划分与管理。严格执行诉讼、调解等审批操作程序，严格控制以物抵债，呆账贷款的核销按照财政、税务有关规定执行。

83. 如何对不良贷款进行考核

银行应制定《不良贷款责任追究办法》，对不良贷款进行考核，并与有关奖惩指标挂钩，奖优罚劣，有效化解信贷风险。

84. 如何防范借款人逃避责任和保全信贷资产

（1）谨防借款人借兼并、破产或股份制改造等途径逃避银行债务、侵蚀信贷资金和借承包、租赁等途径逃避信贷监督以及偿还贷款本息的责任。

（2）信贷人员应积极参与借款人在兼并、被兼并、破产或股份制等形式的改造、改组过程中的债务重组工作，要求借款人落实贷款债务。对借款人不能依照合同约定归还贷款本息或不能落实还本付息事宜的，贷款人应当及时进行债权保全，必要时可以依法在新闻媒体披露或采取诉讼等法律措施。

（3）对实行承包、租赁经营的借款人，应在承包、租赁合同中明确落实原贷款债务的偿还责任。

（4）对实行股份制改造的借款人，原贷款债务由改造后的股份公司全部承担，重新签订信贷合同；对实行部分股份制改造的借款人，改造后的股份公司按占用借款人的资本或资产的比例承担原借款人的债务。

（5）对联营后组成新的企业法人的借款人，要将原贷款债务落实到新的企业法人，并重新签订信贷合同。

（6）对被兼并（合并）的借款人，应在被兼并（合并）前清偿贷款债务或提供相应的担保。也可由兼并（合并）企业或合并后新成立的企业承担原借款人的贷款债务，并重新签订信贷合同。

（7）对与外商合资（合作）的借款人，应继续承担合资（合作）前的贷款归还责任，并要求将合资（合作）后的收益优先归还贷款。借款人用已作为贷款抵押、质押的财产与外商合资（合作）时必须取得银行的同意。

（8）对分立的借款人，应在分立前清偿贷款债务或提供相应的担保。或由分立后的各企业按照分立时所占资本或资产比例承担贷款债务。

（9）对产权有偿转让或申请解散的借款人，应在产权转让或解散前落实和清偿贷款债务。

（10）对破产的借款人，银行依法参与借款人破产财产的认定与债权债务的处置。对已设定财产抵押、质押的贷款债权，银行依法享有优先受偿权。无财产担保的贷款债权应按法定程序和比例受偿。

第十一节 信贷管理的限制性条款

85. 审批信贷业务有哪些限制

审批信贷业务有以下限制：

（1）不得超越权限审批信贷业务，办理信贷业务的信贷人员必须严格按照审批意见办理信贷业务。

（2）分支机构未经授权不得以任何形式为任何企业、事业单位和个人进行担保或出具资信证明。

（3）不得发放不具备担保能力、担保效力的担保贷款；不得发放贷款用于客户超范围经营。

（4）不得对已有贷款企业的法定代表人、关联人个人发放贷款用于企业的生产经营。

（5）不得发放流动资金贷款用于项目投资；不得发放跨区域贷款（存单、国债质押贷款、银团贷款除外）。

（6）不得向同一家庭一个以上的成员发放贷款（存单、国债质押贷款除外）。

86. 两套以上住房同时抵押的如何确定抵押比例

以个人住房抵押贷款的，抵押人提供自己所拥有的（含共有人）两套以上住房同时抵押或第二套住所证明，以一套住房的评估值按银行规定的抵押比例发放贷款。

87. 同时以房产和土地设定抵押的如何办理抵押登记

以房产、土地同时设定抵押的，应同时在房管部门、土地管理部门办理抵押登记手续。

88. 贷款客户参加财产保险的应注明谁为第一受益人

贷款客户应参加财产保险，且注明第一受益人为银行。

89. 客户在哪儿发起授信业务

一个客户（含关联企业）只能在银行一个客户经理处发起授信业务。

90. 借款人超过信用总额或保证贷款的如何追加担保

借款人是股份有限公司或有限责任公司，银行信用总额超过其注册资本金或实际资产负债率超60%必须追加超过股权50%的股东担保；国有企业、集体企业、事业法人贷款方式为保证贷款的须追加借款人法定代表人为第二保证人，承担连带保证责任，特殊情况报银行审批（存单、国债、银行承兑汇票及其他有价单证质押贷款可以除外）。

91. 公司对外提供担保或为股东担保的如何出具担保文书

股份有限公司、有限责任公司提供对外担保的，依照其公司章程规定，出具股东会或经章程授权的董事会决议同意担保意见书；对本公司股东或实际控制人提供担保，必须经股东会或股东大会决议。公司章程有特别规定的按章程执行。

合伙企业提供抵（质）押、保证担保的，必须出具全体合伙人同意抵（质）押、保证担保意见书。

92. 办理借新还旧贷款必须同时符合哪些要求

办理借新还旧贷款必须同时符合以下要求：

（1）借款人能按时支付利息。

（2）重新办理贷款手续。

（3）贷款担保有效。

（4）属于周转性贷款。

93. 借款人有哪些情形的不得对其发放贷款

借款人有下列情形之一者，不得对其发放贷款：

（1）借款人从事国家明文禁止的产品、项目或违法经营活动的。

（2）借款申请者属于国家机关、团体和不具备法人资格、不按企业化经营的事业单位。

（3）生产经营未取得环境保护行业许可等有权部门许可的；投资项目未取得环境保护行业许可，项目、土地批文及其他有关证件。

（4）借款用作企业注册资本金、股本金或法定资本。

（5）借款用于财政性支出的。

（6）在实行租赁、承包、联营、合并（兼并）、合作、企业产权有偿转让、股份制改造等体制变更过程中，未清偿原有贷款债务及未落实原有贷款债务或提供相应担保的。

94. 银行不得办理哪些信贷业务

银行不得办理以下信贷业务：

（1）不得向关系人发放信用贷款，或以优于其他借款人的条件向关系人发放担保贷款。

（2）不得逆程序或缺程序办理信贷业务。

（3）不得发放借户、假名、冒名贷款。

（4）不得代为客户办理借款手续。

（5）不得发放自批自用贷款。

（6）不得“以贷收息”。

（7）不得用银行股票向银行质押贷款。

（8）不得对自然人发放外币贷款。

（9）发放贷款除按规定计收利息外，不得违规收取任何费用。

95. 向关联人发放贷款和对客户授信额度须遵守什么规定

向银行关联人发放贷款时，须遵守银行章程中的关联交易要求；对单一客户、集团客户授信额度与银行资本净额的比例须遵循银监部门和银行董事会的有关规定。

第十二节 信贷考核与信贷违规处罚管理

96. 如何对信贷业务进行考核

银行应建立和健全信贷考核制度。根据岗位职责，结合业务量、工作质量、尽职程度分别制定各类信贷人员激励考核办法。

97. 如何建立风险责任金制度

银行应建立风险责任金制度，对新增不良贷款实行风险赔偿制度。信贷业务产生风险按照岗位职责和履职程度，追究各环节的责任，按照银行制定的尽职问责制度执行。

98. 应对哪些信贷违规行为进行经济处罚

银行应对信贷违规行为的相关责任人员和直接责任人进行经济处罚，并对处罚金额根据不同责任，制定出具体标准。有下列违规行为之一的进行经济处罚：

（1）超越权限发放或者审批贷款的。

（2）发放不符合规定对象、用途或条件贷款的。

（3）抵押、质押物不符合规定，或超过抵押、质押物价值比例，或以不完全拥有所有权、处分权财产而办理抵（质）押担保贷款，或未按照规定进行抵（质）押物登记、过户的。

（4）违规确定贷款期限、展期及贷款利率的。

（5）向关系人发放信用贷款或者向关系人发放担保贷款的条件优于其他借款人同类贷款条件的。

（6）贷款到期后未按规定发送催收到逾期贷款通知书或者未办理其他收贷手续的。

（7）对其他人强令发放贷款。

（8）贷款支付未按合同约定进行支付的。

（9）发放贷款在调查和评估时，隐瞒事实真相、弄虚作假、提供虚假调查评估报告的。

（10）自批自贷或冒名顶替发放贷款的。

（11）以贷收息方式掩盖贷款风险的。

（12）客户经理在贷款发放后未按规定进行贷后检查，致使未能及时发现借款人不按借款合同使用贷款等违约情况或者严重影响其偿还能力的其他情况，造成贷款风险或者损失的。

（13）未按规定保管借款合同或担保合同档案，致使借款合同或担保合同丢失的。

（14）在办理担保贷款时，未按规定核实抵押、质押物的真实性和有效性，造成贷款风险或者损失的。

（15）未落实贷款发放其他要求的。

（16）因责任人未履职或违规造成损失的。

（17）未按规定（贷款质量分类）调整贷款占用形态的。

99. 信贷违规行为还有哪些处理方式

相关责任人员和直接责任人除进行经济处罚外，对造成贷款风险损失的，要给予直接责任人员扣发奖金、绩效、全额赔偿损失、调离工作岗位的处理；并根据情节轻重，可给予行政处分；构成犯罪的，移交司法部门追究刑事责任。

100. 如何对直接责任人从轻处理

直接责任人违反贷款管理制度后，在规定期限内能够主动赔偿贷款损失的，应当从轻、减轻或者免予处理。

101. 对处罚决定不服如何申诉

因违规被处罚的人员对处罚决定不服的，可在收到处罚决定或违规处理通知书之日起 15 日内向相关部门书面提出申诉，复审期间不影响原处罚决定的执行。

第二章　银行个人贷款管理

第一节　个人贷款管理的依据和原则

1. 个人贷款管理的目的和依据是什么

为规范银行个人贷款业务，促进其业务健康发展，防范和控制信贷业务风险，依据原中国银行业监督管理委员会《个人贷款管理办法》和相关法律法规及本行《信贷管理办法》等相关规章制度，应制定本行的《个人贷款管理办法》，作为个人贷款业务管理的依据。

2. 什么是个人贷款

个人贷款是指银行向符合条件的自然人或小企业主发放的用于个人消费、生产经营等用途的各种个人贷款品种的本币贷款。银行个人贷款按期限可分为短期和中长期。

3. 个人贷款管理哪些范围

银行个人贷款业务的管理范围为：个人贷款的受理、调查、审查、审批、签订合同、发放、贷后管理、收回和监督检查等。

4. 个人贷款业务应遵循什么原则

个人贷款业务遵循以下原则：个人贷款用途合法合规，不得用于股权等权益性投资，不得用于国家禁止生产、经营的领域和用途，不得挪用。

第二节　个人贷款的受理与调查

5. 借款人应具备哪些基本条件

办理个人贷款业务的借款人应同时具备以下基本条件：

（1）借款人须是18周岁以上（含）60周岁以下，具有完全民事行为能力的自然人，若借款人是小企业主，则其企业必须是依法设立的。

（2）借款人属本地常住户口、非本地常住户口但有居住证，或借款人在本地有固定的居所和生产经营场所，且经营年限原则上在6个月以上。

（3）借款人是小企业主的，其生产或销售的商品符合国家产业政策，具有合法的销售许可（或授权）、生产许可，符合国家关于环境保护、生产加工安全、用工制度等方面的规定。

（4）借款人及其开办的企业信用状况良好，无重大不良信用记录。

（5）借款人工作稳定或其企业运转正常，资产及财务状况良好。

（6）借款用途明确、合法，借款人具有稳定的还款来源，具备按期还本付息能力。

（7）银行要求的其他条件。

6. 借款人申请个人贷款应提交哪些资料

借款人申请个人贷款应提交经签字或签章证明真实有效的以下资料：

（1）借款申请。

（2）借款人有效身份证明、收入证明、财产证明，其开办企业的公司章程、营业执照、组织机构代码证书、税务登记证明、验资报告、法定代表人身份证明等。

（3）借款人贷款资金用途的说明或证明材料（如商业合同、订单等文件）。

（4）贷款担保或其他保障措施证明资料。

（5）银行要求的其他资料。

7. 调查报告的主要内容有哪些

办理个人贷款业务，客户经理应按照银行有关规定进行调查，并形成贷前调查报告。

调查报告的主要内容包括：

（1）借款人提供的材料是否真实、完整、有效。

（2）借款人及相关关系人、相关企业的基本情况，包括但不限于个人素质、家庭基本情况、资信状况、资产状况、融资负债情况、工作情况或其开办企业成立时间、历史沿革、组织架构、治理结构、经营范围、资本结构、资质等级、融资情况、资信状况、生产经营状况、财务状况及或有事项等。

（3）借款人所在单位及薪酬收入情况，或其企业所在行业、市场、经营状况。

（4）贷款具体用途及与贷款用途相关的主要交易对手资金占用等情况。

（5）还款来源情况，包括薪酬收入或生产经营产生的现金流、综合收益及其他合法收入等。

（6）担保情况，包括保证人的保证资格和担保能力、抵（质）押物（权）的权属、价值和变现难易程度等。

（7）贷款的风险及收益分析。

（8）客户经理应综合借款人借款申请、家庭及工作收入情况、借款人企业经营情况、现金流、负债、还款能力、担保等因素，提出个人贷款方案，包括金额、期限、利率、担保方式、还款方式、支付管理方案、监管要求等，其中支付管理按照第五章的具体规定执行。

第三节　个人贷款的审查与审批

8. 如何对个人贷款进行审查

信贷管理部门应对个人贷款申请进行基础审核，内容包括：

（1）审查是否属于个人贷款。

（2）审查申报资料的齐全性、有效性及真实性。

9. 审贷会成员如何对借款资料进行分析和判断并出具审批意见

基础材料审核无误后，审贷会成员对以下内容进行分析、作出判断，出具审批意见。

（1）对借款人、保证人信用状况进行复核。

（2）对借款人家庭情况、资产状况、薪酬收入等情况进行分析；对申请人开办企业以及关联企业在银行及他行的历史资信情况进行评价。

（3）借款人开办企业经营情况分析：包括经营范围，基本经营情况，主要产品（服务），产能以及实际产量；主要上下游产业链关系，主营业务收入的结构与历史变化趋势、销售毛利率与变化趋势，以及对未来经营产生重大影响的因素等。

（4）贷款用途评价：审核贷款用途的合法性、合规性、合理性。

（5）风险评价：包括政策风险、行业风险、担保风险、法律风险、操作风险等。

（6）贷款综合收益分析。

（7）贷款方案合理性分析：对调查报告提出的贷款金额、期限、品种的合理性，贷款期限与借款人薪酬收入或其企业资产转换周期的匹配性以及未来现金流等因素进行评价；审核并确定支付管理方案。

（8）评审意见：简要综述评审结论要点和总体风险判断，并提出明确的审批意见，或者否决的意见及理由。

10. 审贷会在对借款人哪些方面进行审查后才能做出审批结论

审贷会在对借款人资产情况、工作收入情况及其经营情况、贷款用途、贷款额度、担保方式、支付管理方案、收益预期、还款能力等方面进行审查后，做出审批结论后，签署审贷会决议。

11. 审贷会决议须明确哪些要素

审贷会决议须明确以下要素：贷款额度、品种、期限、利率、用途、支付管理方案、担保措施等。

第四节　个人贷款合同签订

12. 如何签订合同

办理个人贷款业务，应与借款人及其他相关当事人当面签订书面借款合同、担保合同等相关合同，并可根据借款人的信用状况、融资情况等单独签订账户管理协议及其他法律文件。

13. 签订合同应注意什么

使用银行制定的标准合同文本签署合同时，应注意审核标准合同文本是否完全落实贷款前提条件和监管方案；未予完全落实的，应报送风险合规部门对标准合同文本进行修改。

14. 签订借款合同时应约定什么

签订借款合同时，应在合同中约定明确、合法的贷款用途。

15. 签订合同应加盖什么公章

借款合同、担保合同等相关合同应统一加盖银行行政公章或合同专用章。

第五节　个人贷款发放与支付

16. 如何与借款人及担保人签署相应的合同

个人贷款业务经办人员应根据终审意见，补充完善相应的贷款资料，落实相应的贷款条件，并与借款人及担保人签署相应的合同。

17. 如何监督贷款资金使用

经办人员应根据终审意见在合同中与借款人约定贷款支付管理方案，对贷款资金的支付进行管理与控制，监督贷款资金按约定用途使用。

18. 贷款资金如何支付

贷款资金支付方式可采取受托支付和自主支付。经办业务部门应当采用银行受托支付方式向借款人交易对象支付，对贷款资金的支付进行管理与控制。或经银行同意可以采取借款人自主支付方式。

19. 什么是受托支付

受托支付是指银行根据借款人的提款申请和支付委托，将贷款资金支付给符合合同约定用途的借款人交易对象。

20. 什么是自主支付

借款人自主支付是指银行根据借款人的提款申请将贷款资金发放至借款人账户后，由借款人自主支付给符合合同约定用途的借款人交易对象。

21. 什么情形下可以自主支付

有下列情形之一的个人贷款，经银行同意可以采取借款人自主支付方式：

（1）借款人无法事先确定具体交易对象且金额不超过三十万元人民币的。

（2）借款人交易对象不具备条件有效使用非现金结算方式的。

（3）贷款资金用于生产经营且金额不超过五十万元人民币的。

（4）法律法规规定的其他情形的。

22. 如何进行受托支付

采用贷款人受托支付的，经办业务部门或分支机构应要求借款人在支用贷款前提交《提款申请书》并提供有关材料，经办客户经理、后台人员及业务主管根据约定的贷款用途共同对借款人提交的支付申请所列支付对象、支付金额等信息与相应的商务合同等证明资料是否相符进行审核。经审核相符的，由有权人签字同意支付。贷款人受托支付完成后，客户经理应详细记录资金流向，归集保存相关凭证。

23. 如何进行放款审核

经办业务部门根据借款人的实际需求提交放款申请，放款时需由信贷管理部门进行放款审核，具体包括授信资料的齐全性、授信资料的有效性、授信审批条件落实情况、约定支付方式是否符合终审意见、受托支付资料是否经过经营机构有效审批等。

24. 如何发放个人贷款

业务主管审核符合要求的，经有权人审批签字确认后，准予发放个人贷款。授信条件发生变更的，应当及时上报审贷委员会重新审批或变更授信；授信条件未落实或发生变更未重新审批的，不予放款。

25. 如何办理受托支付

各机构网点在办理受托支付业务时，凭业务部门签署意见的借款凭证、《提款申请书》及借款人支付凭证，将贷款资金通过借款人结算账户即时支付给符合合同约定用途的借款人交易对象。支付时应注意审核：《提款申请书》中业务部门是否明确该笔业务为受托支付业务，是否经有权人签字；《提款申请书》中列明的交易对手、用途及金额与支付凭证是否一致；《提款申请书》及借款凭证签字（签章）或印鉴是否与预留签字（签章）或印鉴相符。

26. 如何受理自主支付

各机构网点在受理自主支付业务时，凭签字齐全的借款凭证及《提款申请书》，将贷款资金划入借款人结算账户，由其自行将款项转给交易对象。

27. 如何核查资金支付

采用借款人自主支付的，经办业务部门应定期检查借款人资金支付情况，并通过账户分析、凭证查验、现场调查等方式核查资金支付是否符合约定用途。

28. 贷款支付过程中出现异常如何应对

贷款支付过程中，客户经理或风险经理等参与贷后管理的人员如发现借款人收入情况不乐观、信用状况下降、主营业务盈利能力不强、贷款资金使用出现异常的，应及时按银行相关制度进行预警并研究问题处置方案。

29. 变更支付方式或停止贷款发放如何审批

变更贷款支付方式、停止贷款资金的发放和支付，须由审贷委员会审批同意。

第六节 个人贷款的贷后管理

30. 贷款发放后如何进行检查和分析

个人贷款发放并支付后，经营机构应按相关规定，针对借款人工作情况、所属行业及经营特点，通过定期与不定期现场检查与非现场监测，分析借款人家庭、工作、经营、财务、信用、支付、担保及融资数量和渠道变化等状况，掌握各种影响借款人偿债能力的风险因素。

31. 贷后检查和分析的重点是什么

借款人家庭、工作、经营情况及信用状况，检查和分析的重点应包括：

（1）核实贷款资金是否按规定用途使用。

（2）借款人家庭或其企业有无发生重大事故。

（3）借款人工作收入情况或其企业经营情况是否发生重大变化及主要原因。

（4）借款人在他行的授信有无重大变化，是否有不良记录。

（5）了解保证人的担保意愿、担保能力是否发生变化；了解保证人检查期内信用状况、融资和或有负债变化情况。

（6）押品状态是否完好、权属是否发生变动、押品价值是否出现变化（抵押率是否符合审批要求）、是否存在法律纠纷等。

32. 客户经理应关注借款人哪些动态并采取措施防范风险

客户经理应动态关注借款人家庭、工作、经营、管理、财务及资金流向等重大预警信号，对发现的异常风险信号、欠息、贷款资金挪用等影响贷款安全的不利情形，应及时发布风险提示和预警，并根据合同约定及时采取提前收贷、追加担保等有效措施，防范化解贷款风险。

33. 客户经理如何进行贷后管理评估

客户经理贷后管理中应评估贷款品种、额度、期限与借款人经营状况、还款能力的匹配程度，作为与借款人后续合作的依据，必要时及时调整与借款人合作的策略和内容。

34. 如何维护银行债权

客户经理应根据法律法规规定和借款合同的约定，参与借款人大额融资、资产出售以及兼并、分立、股份制改造、破产清算等活动，维护银行债权。

35. 对借款人不能按约偿还借款本息如何处理

对借款人不能按约定期限偿还借款本息、流动资金贷款需要重整的，可按照相关规定，与借款人达成修改贷款偿还安排的协议，对借款人、贷款金额、期限、还款方式、担保措施等合同要素进行调整。

36. 贷款形成不良的如何处置

个人贷款形成不良的，信贷管理部门应协助风险合规部门对其进行专门管理，及时制订清收处置方案。

37. 无法收回的不良贷款如何处置

对确实无法收回的不良贷款，信贷管理部门协助风险合规部门按照银行不良资产处理相关规定对贷款进行核销后，应继续向债务人追索或进行市场化处置。

第七节　个人贷款管理的分工与责任

38. 经营部门有哪些职责

经营部门（分支机构）负责个人贷款业务的营销、受理、贷前调查、贷款审查、合同签订、抵（质）押鉴证、贷款发放和贷后管理等工作。经营部门（分支机构）负责人作为贷款的第一责任人，要负责对所上报审批贷款的审查，并签署意见。

39. 信贷管理部门有哪些职责

信贷管理部门负责全行个人贷款业务的审批受理、提交审批、贷款发放通知和信贷档案管理等工作。

40. 风险合规部门有哪些职责

风险合规部门负责个人贷款业务的审批流程、评审标准、标准合同文本制定、贷款监测、风险分析、贷款分类、保全不良贷款、风险检查和授信风险管理等工作。

41. 财务会计部门有哪些职责

财务会计部门负责个人贷款业务的会计核算规则制定、规范、检查等工作。

42. 营业网点有哪些职责

支行和营业部门负责个人贷款支付结算、抵（质）押品保管等工作。

43. 信贷审批委员会有哪些职责

信贷审批委员会负责个人贷款业务的审批和利率定价。

第八节　个人贷款管理罚则

44. 什么情形下对经办机构及相关人员追究责任并进行处罚

各相关部门在个人贷款业务管理中存在下列情形之一的，应根据银行问责机制对经办机构及相关人员追究责任并进行处罚：

（1）因业务管理制度、核算制度、合同文本存在漏洞，风险控制不到位，或系统设计、流程设计有缺陷，而导致个人贷款业务出现重大问题，形成风险或被监管部门处罚的。

（2）未按本行办法要求将个人贷款管理各环节的责任落实到具体部门和岗位的。

（3）在个人贷款业务管理中存在其他失职行为的。

45. 什么情形下对有关单位和当事人追究责任并进行处罚

各相关部门在个人贷款业务经营中存在下列情形之一的，应根据银行相关规定对有关单位和当事人追究责任并进行处罚：

（1）受理不符合条件的个人贷款申请并发放贷款的。

（2）与借款人串通，违法违规发放个人贷款的。

（3）超越、变相超越权限或不按规定流程审批贷款的。

（4）贷款调查、风险评价、贷后管理未尽职的。

（5）以降低信贷条件或明显超越借款人实际资金需求发放贷款的。

（6）未按本行办法规定签订贷款合同或擅自变更合同条款的。

（7）未按本办法规定进行贷款资金支付管理与控制的。

（8）对借款人违反合同规定的行为未及时采取有效措施的。

（9）放任借款人将个人贷款用于固定资产投资、股权投资以及国家禁止生产、经营的领域和用途的。

（10）有其他严重违反本行办法规定行为的。

第三章　银行个人贷款操作规程管理

第一节　个人贷款业务基本操作流程

1. 为什么要设立个人贷款业务基本操作流程

为了规范个人贷款业务操作，适应银行个人贷款业务发展需要，根据《银行信贷管理办法》和《银行个人贷款管理办法》，有效梳理各岗位之间工作流程，明确各岗位责任，突出办理个人贷款操作重点，在防范贷款风险的前提下提高办理个人贷款业务的效率。

2. 个人贷款的主要用途有哪些

个人贷款是指银行向居民个人发放的以借款人家庭收入为还款来源，以抵（质）押物、保证提供担保，有指定用途的贷款业务。主要用途包括生产经营、种植业、养殖业、购房、购车、购置机具和大件商品、房屋装修、旅游、教育、从事个体经营等。

3. 个人贷款业务的经营模式是什么

个人贷款业务的经营模式是：前台充分发散，中后台充分集中。总分行主要负责个人贷款业务的中后台集中经营，具体负责个人贷款的集中审批、集中催收、集中档案管理和贷后服务集中处理等。分支机构主要负责个人贷款业务的前台充分发散经营，具体负责个人贷款的营销、咨询及客户申请受理、贷前调查、贷款审核、抵押登记和贷款放款等。

4. 个人贷款业务实行集中统一经营和管理的目的是什么

个人贷款业务实行集中统一经营和管理的目的是：有利于提升银行个人贷

款业务的市场竞争力和盈利能力；有利于实现个人贷款业务的标准化和程序化；有利于有效防范信贷风险和加快个人贷款业务发展。

5. 个人贷款业务基本操作流程包括哪些环节

个人贷款业务基本操作流程主要包括：贷款营销和受理、贷前调查、贷款审核、贷款审批、贷款发放和贷后管理等主要环节的操作。

第二节　个人贷款营销和受理

6. 如何营销个人贷款

经办人员应积极向客户营销银行个人贷款产品。营销要有针对性，可充分利用已有的优质客户资源，主动营销中高端个人客户群体。对其他客户要有选择地进行贷款产品营销，优先营销低风险贷款产品，如个人权利质押贷款业务和以个人房产作抵押的担保贷款业务，适当发放个人小额信用贷款。

7. 如何受理个人贷款客户申请

经办人员在受理客户提出的贷款申请时，要认真了解客户的实际贷款需求，并依据银行制定的相关贷款政策、规章制度，准确地推荐业务产品，在规定的业务范围内向客户介绍贷款条件、所需申请资料、利率、期限、用途、银行可接受的担保方式、可供选择的还款方法、办理程序、所需承担的各项费用、违约处理等有关规定。

8. 如何对申请贷款的个人客户进行资格审查

（1）审查申请贷款的个人客户是否具备以下基本条件：

①长期居住在银行业务区域内的城乡村镇、有固定住所或经营场所的、具有当地户籍和有完全民事行为能力的自然人。

②有明确合法的借款用途，资信状况良好，无重大不良信用记录。

③具有稳定的经济收入，并保证按期偿还贷款本息。

④须在银行开立个人存款结算账户。

⑤有足值的抵（质）押物，或有稳定经济收入人员提供保证，或有经营正常且经济效益好的企业提供担保。

⑥借款人已婚的还需要有借款人配偶同意借款的签名。

⑦符合银行规定的其他条件。

（2）客户若有下列情况之一的，银行不接受其申请：

①在征信系统内有不良信用记录或对银行有恶意拖欠贷款行为的，被列入“黑名单”的。

②故意骗取、套取贷款行为的。

③有严重违法或危害银行贷款资金安全的行为的。

（3）经办人员应针对不同性质的个人客户（优质客户和普通客户、初次申请的新客户和已与银行有过贷款业务往来的老客户），采取不同的资格审查方法。

（4）资格审查合格的，经办人员应向客户介绍银行贷款条件及有关规定，协商具体贷款业务事宜。对不符合规定的，应婉言拒绝其申请并作出解释。

9. 个人贷款客户应提交哪些材料

个人贷款客户应提交的申请材料包括：

（1）借款申请书。

（2）身份证明：申请人有效身份证件、户口簿、居住证明等。有配偶的，应同时要求申请人提交婚姻状况证明、配偶的身份证明材料。

（3）收入证明：包括但不限于申请人个人工资收入证明、银行流水（近期六个月以上）、个人所得税完税凭证、个体业主的营业执照及纳税凭证等。

（4）资产证明：申请人房产证、土地证、车辆行驶证（发票）和机具（购买发票）等。

（5）贷款用途：申请人贷款资金用途的说明或证明材料（如商业合同、购销合同、订单等文件）。

（6）担保材料：以保证形式的，提供保证人资料同借款人（2—5 人）；以抵（质）押形式的，提供抵（质）押物的相关权利凭证；同时，提供担保人的身份证明、收入证明和资产证明等。

（7）银行要求提供的其他材料。

对申请人提供的材料应在银行《个人贷款申请材料清单》相关栏内标示。

10. 如何审查个人贷款客户申请材料

（1）经办人员收到个人贷款客户申请材料后，应按清单所列内容清点材料是否齐全，对材料的完整性、规范性和真实性进行初步审查，具体审查要求是：

①提交的材料是否齐全，要素是否符合银行的要求。

②客户及保证人、出质人、抵押人的身份证件是否真实、有效。

③担保材料是否符合《贷款担保》的有关规定。

（2）所有材料均需由经办人员负责验证材料的原件，并确保所有复印件与原件一致（并加盖复印件与原件一致条形章）。

（3）对于客户提交的材料存在不完整或不符合规范的，应要求其及时补齐材料或重新提供材料。

11. 个人贷款初审符合要求的如何处理

个人贷款初审符合要求后，经办人员应将借款申请书、申请材料、清单等交贷前调查人员进行贷前调查。

第三节 个人贷款贷前调查

12. 个人贷款为什么要做贷前调查

个人贷款贷前调查是对个人贷款客户的整体资信状况、贷款的风险状况等进行全面评价，并最终形成对贷款的综合性评价意见。贷前调查应遵循客观、科学、公正的原则，采取定量与定性分析相结合的原则。所有个人贷款均需进行贷前调查。以个人权利质押担保的个人贷款，在落实有效止付后，可以不做贷前调查。

13. 个人贷款贷前调查的主要手段有哪些

贷前调查的主要手段包括借款人面谈、电话访谈、实地考察、信息查询等，贷前调查必须至少使用其中一种方式。

14. 个人贷款贷前调查主要包括哪些内容

贷前调查应主要包括以下内容：

（1）个人基本情况调查。

①验证借款人、担保人提交的身份证件及其他有效证件是否真实有效，是否与本人一致，是否经有权部门签发，是否在有效期内等。

②调查确定借款人提供的居住情况、婚姻状况、家庭情况、联系电话等是否真实。

③调查确定借款人提供的职业情况、所在单位的任职情况等是否真实。

（2）借款人资信情况调查。

①通过相关的征信系统（如人行个人信用信息基础数据库）调查借款人的信用记录（如通过人行个人信用信息基础数据库查询得到的客户《个人信用报告》应作为贷款审批的重要参考材料），并可充分利用本行、他行的共享信息，调查了解借款人的资信状况。

②重点调查可能影响第一还款来源的因素。第一还款来源调查的内容主要包括：对于主要收入来源为工资收入的，应结合借款人所从事的行业、所任职务等信息对其收入水平及证明材料的真实性作出判断；主要收入来源为其他合法收入的，如利息和租金收入等，应检查其提供的财产情况，证明文件包括租金收入证明、房产证、银行存单、有现金价值的保单等。

（3）借款人的资产与负债情况调查。

①调查确认借款人及家庭的人均月收入和年薪收入情况。

②调查其他可变现资产情况。

③调查借款人在本行或他行是否有其他负债或担保、家庭负债总额与家庭收入的比重情况等。

④应分析借款人及其家庭收入的稳定性，判断其是否具备良好的还款意愿和还款能力。

（4）贷款用途及还款来源的调查。主要调查借款人的贷款用途是否与所申请的贷款品种管理办法规定的一致，还款来源是否有效落实并足以履约等。

（5）对担保方式的调查，参照《贷款担保》的要求进行调查和评价。

15. 如何撰写个人贷款调查报告

贷前调查完成后，调查人员应对调查结果进行整理、分析，撰写个人类贷款调查报告，并填写《个人贷款贷前调查表》。个人住房贷款参照有关规定办理。小额贷款也可不写调度报告，有《个人贷款贷前调查表》即可。

《个人贷款贷前调查表》内容主要包括：

（1）贷前调查所采取的方式。

（2）借款人的贷款申请情况，对借款人的偿还能力、还款意愿、担保情况以及其他情况等的调查意见。

（3）该笔贷款的主要风险点和控制措施。

（4）明确对调查内容的真实性、完整性负责等。

16. 个人贷款调查报告完成后如何处理

个人贷款调查报告完成后，调查人员填写《个人贷款业务申报审批表》，提出贷款额度、贷款期限、贷款利率、担保方式、还款方式、需落实的贷款条件、划款方式等方面的建议，连同《贷前调查表》、申请材料等一并送贷款审核人员进行贷款审核。

第四节 个人贷款审核

17. 如何对个人贷款进行审核

审核人员要对调查人员提供材料的内容进行全面、细致的审核。对调查人员提出的调查意见和贷款建议的合规、合理性进行审查。

18. 个人贷款审核哪些内容

个人贷款审核的主要内容包括但不限于以下几项：

（1）客户主体资格、贷款条件、贷款用途、贷款金额、贷款期限等是否符合相关业务管理办法的规定。

（2）申报材料是否完整、合规，申请书、审批表所填内容要素是否完整。

（3）贷前调查人员出具的《贷前调查表》《个人客户信用评价报告》是否客观、翔实。审核人员认真审阅申报材料，审定报批材料的真实性、完整性和有效性。对申报材料有遗漏、有缺陷的，应要求调查人员及时补充材料和完善调查内容，直至符合要求为止；对申报材料不合规的，审核人应签署审核意见并退回审核材料。

19. 个人贷款审核完毕后如何处理

个人贷款审核完毕后，审核人员应在《个人贷款业务申报审批表》上签署审核意见，签字并加盖贷款经营部门公章，连同所有申报资料一并送交有权审批部门或有权审批人进行贷款审批。

第五节 个人贷款审批

20. 谁负责个人贷款业务的审批工作

经银行授权的贷款有权审批人，包括信贷审批委员会和个人贷款有权审批人，负责银行个人贷款业务的审批工作。

21. 个人贷款业务的审批方式有哪些

个人贷款业务的审批方式分为贷款审批人会议审批、双人审批、单人审批，具体适用方式依照贷款授权方案及其他相关规定确定。

22. 个人贷款审批有哪些要求

（1）贷款审批人员在阅读审查申报材料的基础上，根据国家有关方针、政策、法规和银行的贷款政策，从银行的利益出发审查贷款业务的技术、经济和商业可行性，分析贷款的主要风险点及其风险规避和防范措施，依据该笔贷款业务预计给银行带来的效益和风险决定是否批准。

（2）审批实行回避制度。贷款审批人有下列情形之一的，应主动申请回避：

①借款人为贷款审批人本人或其近亲属。

②与借款人有其他利害关系的。

（3）贷款审批人应独立审批决策，不得受包括借款人、所在行行领导在内的任何其他人的不正当影响。

23. 审批人应对哪些主要内容进行审查

审批人应对以下主要内容进行审查：

（1）借款人主体资格和条件是否具备。

（2）借款用途是否符合有关贷款品种管理办法的规定。

（3）金额、期限、利率等是否符合有关贷款办法规定。

（4）贷款的主要风险点是否充分披露，风险防范措施是否合法、有效。

（5）对借款人的信用评价以及所提贷款建议是否准确、合理。

24. 个人贷款审批结论有几种

个人贷款审批结论分为同意和不同意两种。

（1）采用会议审批的，审批结论为同意的，应满足审批牵头人同意并有超过（大于）2/3 全部参加当次审批的贷款审批人同意；审批结论为不同意的，同意的票数之和未超过2/3 全部参加当次审批的贷款审批人人数，或审批牵头人不同意。

（2）采用双人审批的，只有当两名贷款审批人同时签署“同意”意见时，审批结论方为“同意”。

（3）需上报董事长同意的贷款，董事长有一票否决权。

25. 个人贷款审批结束后如何处理

个人贷款审批结束后，有权审批人负责整理归纳审批结论及全体审批人意见，个人贷款审批结论及审批意见信贷部及时通知申报行（部门）。审批结论为同意，经办行可直接进入发放环节。审批结论为不同意的，申报行可申请复议。一笔贷款业务只能复议一次。

第六节　个人贷款发放

26. 个人贷款发放包括几个步骤

个人贷款的发放一般包括四个步骤：

（1）签订合同。

（2）落实放款条件。

（3）贷款的发放。

（4）贷款台账登记。

27. 如何签订个人贷款合同

对经审批同意的个人贷款，应及时通知借款人以及其他相关人员，确认签约时间，及时签订有关合同。个人贷款合同一般采用标准格式文本。特殊情况下需使用非标准格式文本的，参照《贷款法律文书》的有关规定办理。个人贷款合同的填写、签订、审核等其他具体要求，参见《贷款法律文书》有关规定。个人贷款合同审查后，经办人员请借款人当面签字。最后由经办行有权签字人签字并加盖公章。

28. 如何落实个人贷款发放条件

个人贷款发放前，应落实有关贷款发放条件。主要包括：

（1）确认借款人已在银行开立个人账户用于归还贷款。

（2）确保担保措施已有效落实，具体参照《贷款担保》规定执行，需特别提醒注意的是：

①对以取得所有权证书的房屋抵押的，要由经办人员与抵押人共同办理抵

押登记手续，并取得《房屋他项权证》，保证交易的真实性。

②对以预售商品房或者在建工程抵押的（个人自建房贷款可以在建工程抵押），要按照当地房地产管理部门规定办理预售商品房和在建工程抵押登记手续；抵押人取得房地产权属证书后，要重新办理房地产抵押登记，并取得《房地产他项权证》。

③对采取以所购车辆作抵押申请个人汽车贷款的，贷款行或委托中介机构的经办人员应与借款人到车管部门共同办理车辆抵押登记，领取《机动车辆登记证书》，并在规定时限内将《机动车辆登记证书》原件、购车发票原件、购置税发票原件、保险单复印件、行驶证复印件等交给经办行（对当地登记机关有其他特殊规定的，在确保银行抵押权的前提下可以不收回上述权证、发票）。

④由经销商或担保机构提供保证的个人汽车贷款，应检查其在银行指定保证金账户的余额是否符合有关合作协议的约定和银行有关规定。

⑤对采取个人权利质押的，在贷款发放前，经办行要取得质押权利凭证，并对质押权利凭证进行查询和认证，办妥有效止付手续。需要办理登记的，要及时办妥质押登记手续。

⑥对自然人作为保证人的，应明确必须采取连带责任的形式。

（3）对与经办行合作开办个人贷款业务的中介机构或担保机构，需确认担保已落实、保证金已足额到位。

（4）对需要办理保险和公证的，应确保有关手续已经办理完毕。

29. 个人贷款如何发放

个人贷款发放条件落实后，经办人员应及时协助借款人办理贷款发放及划款手续。经办人员应根据《借款合同》打印《个人贷款开立贷款账户通知书》和《贷款发放通知书》，填写《借款借据》，《借款借据》应由借款人签字确认。会计部门根据《贷款发放通知书》《借款合同》和《借款借据》进行复核发放贷款，并将《借款借据》的银行贷款借据联返回贷款经营部门存档，将银行贷款风险分类凭证联交风险合规部门，将借款人债务凭证联交付借款人，并按借款合同约定的方式划款。

30. 个人贷款发放后如何进行台账登记

个人贷款发放后，贷款经营部门应依据借款人相关信息建立《贷款台账》，便于进行贷后管理，同时应及时根据会计账务处理信息更新台账数据，保证贷款台账与会计账相符。

第七节 个人贷款贷后管理

31. 个人贷款贷后管理有哪些内容

个人贷款业务经办机构必须重视和加强贷后管理，专人负责贷款发放后的管理，贷后管理的主要内容包括但不限于：

（1）贷后的日常管理。如贷款台账的建立、贷款提醒还款制度的建立、接受客户的贷款查询、做好客户信息的维护、贷款的正常回收管理等。

（2）贷款的动态管理。如对可能影响贷款质量的有关因素进行及时监控，对贷款操作流程的合规性进行定期和不定期检查，对逾期贷款及时进行催收等。

（3）贷款的偿还管理。如贷款的到期偿还、提前偿还、贷款的展期管理等。

（4）贷款资产的五级分类以及对不良贷款的认定、处置和保全。

（5）贷款资产检查等。

32. 个人贷款档案如何管理

个人贷款档案包括：贷款档案目录（清单）、借款人全部申请材料、调查报告、审批表、借款合同、担保合同、抵押物保单、公证书、各类会计凭证、通知书等。贷款业务受理调查阶段由经办人员保存，贷款业务发生后交由贷款档案专管员集中管理，贷款业务合同执行终结后由档案部门归口管理（具体个人贷款档案管理，详见银行信贷档案管理章节）。

第八节 个人贷款业务各部门承担的职能

33. 经营网点承担哪些职能

银行市场营销部门、营业部和各支行网点是承担个人客户拓展、营销、贷款调查、贷款审查、合同签订、抵（质）押鉴证、贷款发放和贷后管理等职能的部门。

34. 信贷管理部门承担哪些职能

银行信贷管理部门是承担个人贷款审批受理、提交审批、贷款发放通知、档案管理等职能的部门。

35. 风险合规部门承担哪些职能

银行风险合规部门是承担个人贷款标准合同文本制定、风险分析、贷款分类、保全不良贷款、监督检查等职能的部门。

36. 财务会计部门承担哪些职能

银行财务会计部门是承担个人贷款业务会计核算规则制定、规范、检查等职能的部门。

37. 支行网点承担哪些职能

银行营业部和各支行网点是承担个人贷款支付结算、抵（质）押品保管等职能的部门。

38. 信贷审批委员会承担哪些职能

银行信贷审批委员会负责个人贷款业务的审批和利率定价。

39. 总分行与经营网点有什么关系

银行各分支机构是全行个人贷款业务（包括个人农户、住房、消费、生产经营类贷款等个人贷款业务）的经营管理部门。总分行承担全行个人贷款业务政策制度制定、产品研发、营销策划、业务推动、流程管理和监测督导等职责。各营业网点负责个人贷款业务产品支持推广、营销组织策划、营销渠道管理、重要客户的牵头营销或直接营销、政策贯彻和业务管理等职责。

40. 各经营网点与信贷审批委员会有什么关系

各分支机构负责上报贷款审批事项。信贷审批委员会设贷款审批岗，贷款审批岗的职责是独立履行对个人贷款业务的审批决策。审批人由总分行选拔、聘任。信贷审批委员会负责牵头制定个人贷款审批制度和标准，在业务方面对审批人进行指导，负责对审批人的日常管理。

第九节 个人贷款业务岗位设置及主要职责

41. 个人贷款业务岗位如何设置

个人贷款业务可按贷款营销受理、贷前调查、贷款审核、贷款审批、贷款发放和贷后管理六个环节设置岗位。即，负责人岗、营销受理岗、贷款调查岗、信息录入岗、贷款审核岗、审批受理岗、贷款审批岗、签约岗、抵押岗、贷款放行岗、会计岗、贷款监测岗、贷后服务岗、贷款催收岗和档案管理岗等。

42. 支行经营网点个人贷款业务岗位如何设置

分支机构个人贷款岗位设置主要以前台为主设负责人岗，配备若干个客户经理。

前台：贷款营销受理设营销受理岗；贷前调查设贷款调查岗和信息录入岗；贷款审核设贷款审核岗。

43. 总分行部门个人贷款岗位如何设置

总分行个人贷款岗位设置主要是中后台充分集中。

中台：贷款审批设审批受理岗（信贷部门），贷款审批岗（有权签批人、贷审会），贷款发放设签约岗、抵押岗和贷款放行岗（支行、营业部、分支机构），会计岗（支行、营业部）。

后台：贷后管理设贷款监测岗（风险部门），贷后服务岗（支行、营业部、分支机构），贷款催收岗（风险部门、支行、营业部、分支机构），档案管理岗（信贷部门）。

44. 负责人岗有哪些主要职责

（1）负责经营网点的经营管理。

（2）负责额度项下贷款支用的核批。

（3）负责业务用章的签批。

（4）负责合同变更事项的审批。

（5）负责个贷人员的日常管理、考核。

45. 营销受理岗有哪些主要职责

贷款营销环节，设营销受理岗，主要职责：

（1）负责个人贷款业务的营销、宣传。

（2）负责向客户提供贷款咨询，帮助客户设计借款方案。

（3）负责直接受理客户提交的借款申请。

（4）负责接受网点推荐的客户申请。

（5）负责对借款申请材料进行初审，包括借款人的主体资格和材料的完整性与规范性。

（6）负责从人民银行个人信用基础数据库中查询客户信用情况，并打印信用报告。

46. 贷款调查岗和信息录入岗有哪些主要职责

贷款调查环节，设贷款调查岗和信息录入岗。

（1）贷款调查岗的主要职责：

①负责核查借款申请材料是否真实、完整、合法、有效。

②负责与借款申请人面谈，核查借款申请人的消费行为是否真实。

③负责调查确定借款申请人的还款能力。

④负责调查贷款担保情况。

⑤需要评定客户信用等级的，负责提出客户信用等级初评意见。

⑥负责向客户解释合同相关条款，提示有关注意事项，并当面见证借款人等预签有关合同文本和贷款支付凭证。

⑦负责出具贷前调查意见，填写个人贷款审批表等。

⑧负责额度项下贷款支用的审核，出具审核意见。

（2）信息录入岗的主要职责：

①负责在个人贷款系统中录入客户基本信息、贷款信息和担保信息等。

②负责录入信用等级的评定所需信息，打印内部个人信用等级评定报告。

③负责打印合同特别签订条款。

47. 贷款审核岗有哪些主要职责

贷款审核环节，设贷款审核岗，主要职责：

（1）负责审核贷款报批材料的完整性、合规性。

（2）负责在贷款调查审批表上签署审核意见。

（3）负责审定客户信用等级。

48. 审批受理岗和贷款审批岗有哪些主要职责

贷款审批环节，设审批受理岗和贷款审批岗。

（1）审批受理岗的主要职责：

①负责受理贷款申报材料，核查申报材料是否齐全。

②负责将贷款申报材料交审批团队负责人分派审批任务。

③负责录入审批台账。

④负责将审批意见通知相关岗位或人员。

⑤负责贷款审批后贷款审批资料的移交。

⑥负责编报个贷审批有关数据报表。

（2）贷款审批岗的主要职责：

根据个人信贷政策、审批标准等独立履行对个人贷款业务的审批决策。

根据贷款申报材料，按照个人贷款业务相关规定进行贷款审批，出具贷款审批意见。

49. 签约岗、抵押岗、贷款放行岗和会计岗有哪些主要职责

贷款发放环节，设签约岗、抵押岗、贷款放行岗和会计岗。

（1）签约岗的主要职责：

①负责通知客户贷款审批意见，约定面签时间和地点。

②负责根据审批意见正确填写有关合同文本，并负责当面见证借款人及其他有关签约人在合同文本上签字。

③负责根据审批意见，审核合同内容填写是否准确、完整、合规，贷款额度、贷款期限、贷款利率、担保方式、还款方式、划款方式等有关条款是否与贷款审批意见一致。

④负责在有关合同文本上加盖公章和有权签字人的个人名章。

⑤需办理合同公证的，负责交办合同公证。

⑥负责合同要素变更后与客户签订有关补充协议。

（2）抵押岗的主要职责：

①对抵押物需要保险的，负责协助客户办理保险手续。

②负责办理贷款抵（质）押登记手续。

③负责领取抵押物他项权利证书。

④负责办理抵（质）押登记变更手续。

⑤负责办理抵（质）押登记注销手续。

⑥负责跟踪期房抵押按揭项目的产权办理情况，督促开发商及时为借款人办理房屋产权，并及时落实抵押登记手续。

（3）贷款放行岗的主要职责：

①负责对个贷系统中客户基本信息、贷款信息、担保信息等录入的准确性、完整性进行检查和复核；对需要补充或修改的信息在系统中进行补充、修改。

②负责根据审批决策意见，核实贷款发放条件落实情况。

③负责通知借款人或其委托代理人持本人身份证件到支行和营业部会计岗位办理贷款发放及划款手续。

④负责打印开立贷款账户通知书，交负责人审核签字。

⑤负责将放款所需材料送会计岗办理贷款发放即划款手续。

⑥负责贷款发放后收集、整理所有贷款资料，统一移交档案管理岗归档。

⑦负责出具重要权利凭证收妥通知交会计岗进行表外记账。

⑧负责保管业务用章。

（4）会计岗的主要职责：

①负责根据《贷款发放通知单》和《借款借据》复核划款。

②负责打印贷款支付凭证，交借款人或其代理人签字。

③负责将贷款支付凭证的“退业务部门留存”联交贷款放行岗，将“借款人回单”联交付借款人或其代理人（或交由贷款调查岗位客户经理送达借款人）。

④负责重要权利凭证的表外记账。

⑤负责个贷系统日结、打印柜员、网点交易流水单和日终对账。

⑥负责个贷系统账务调整及日常维护工作。

50. 贷款监测岗、贷后服务岗、贷款催收岗和档案管理岗有哪些主要职责

贷后管理环节，设贷款监测岗、贷后服务岗、贷款催收岗和档案管理岗。

（1）贷款监测岗的主要职责：

①负责对银行审批发放的贷款定期打印贷款检查清单。

②负责组织贷后检查，包括对借款人还款能力及其变化情况、抵押物完好和价值变化情况、保证人保证资格和保证能力变化情况、楼盘建设及权证办理情况的检查等。

③负责记录贷款检查情况并归档。

④负责建立银行拖欠贷款台账。

⑤负责根据催收系统的综合管理报告，分析拖欠贷款形成的原因，出具《个人贷款贷后监测报告》。

⑥负责编制银行审批发放的个人贷款日报表和月报表。

⑦负责将银行贷款从个贷系统导入信贷资产清分系统进行系统清分工作。

⑧负责银行贷款风险分类的手工认定工作。

（2）贷后服务岗的主要职责：

①负责对个贷系统的客户信息进行维护，负责修改借款人基本信息等非要素信息。

②负责受理客户贷后合同变更事项的申请，并按规定程序报批。

③对经批准同意的合同变更事项，负责在个贷系统中进行处理（包括修改还款计划、贷款期限、每期还款额、还款方式等）。

④负责按月提取贷款结清名单，出具贷款结清证明提交客户，并通知抵押岗办理注销抵押登记手续等。

⑤负责解答客户各类贷后咨询事项（可设专线电话）。

⑥负责收集整理并向档案管理岗位人员移交二次归档材料。

⑦负责修改与维护贷款催收岗位接收的短信、电话、信函等催收反馈信息。

（3）贷款催收岗的主要职责：

①负责接收、整理本行提供的行外信函投递机构、行内短信平台、专业电话客服中心、个贷系统等反馈的催收信息，对催收情况进行统计与分析，制订进一步催收方案，并将需要更新的客户信息交贷后服务岗。

②负责通过催收系统查询和检查拖欠贷款情况。

③负责上门催收贷款，并记录催收情况。

④对需要委托律师事务所进行司法催收的贷款，负责协助律师事务所、风险（资产保全）部门准备有关诉讼材料。

⑤对需要集中委外催收的不良贷款，负责协助风险（资产保全）部门准备有关委外催收材料。

⑥负责不良贷款与风险（资产保全）部门的交接与逆交接工作。

（4）档案管理岗的主要职责：

①负责贷款资料和抵押、质押重要凭证的接收、整理、归档和保管（包括贷后形成的相关资料的二次归档）。

②负责建立档案、权证管理台账。

③负责贷款档案借用、查阅的审查和办理工作。

④负责办理结清贷款的档案整理和移交档案管理部门工作。

51. 哪些岗位可以相互兼容和不得兼容

（1）营销受理岗和贷款调查岗人员可以相互兼任。

（2）信息录入岗人员可由营销受理岗和贷款调查岗人员兼任。

（3）贷款调查岗、贷款审查岗和贷款审批岗不得兼容。

（4）其他岗位可根据人员情况适当相互交叉兼任。

随着信贷人员的增加做到专人专岗。

第十节　个人贷款操作流程说明

52. 个人贷款操作流程图

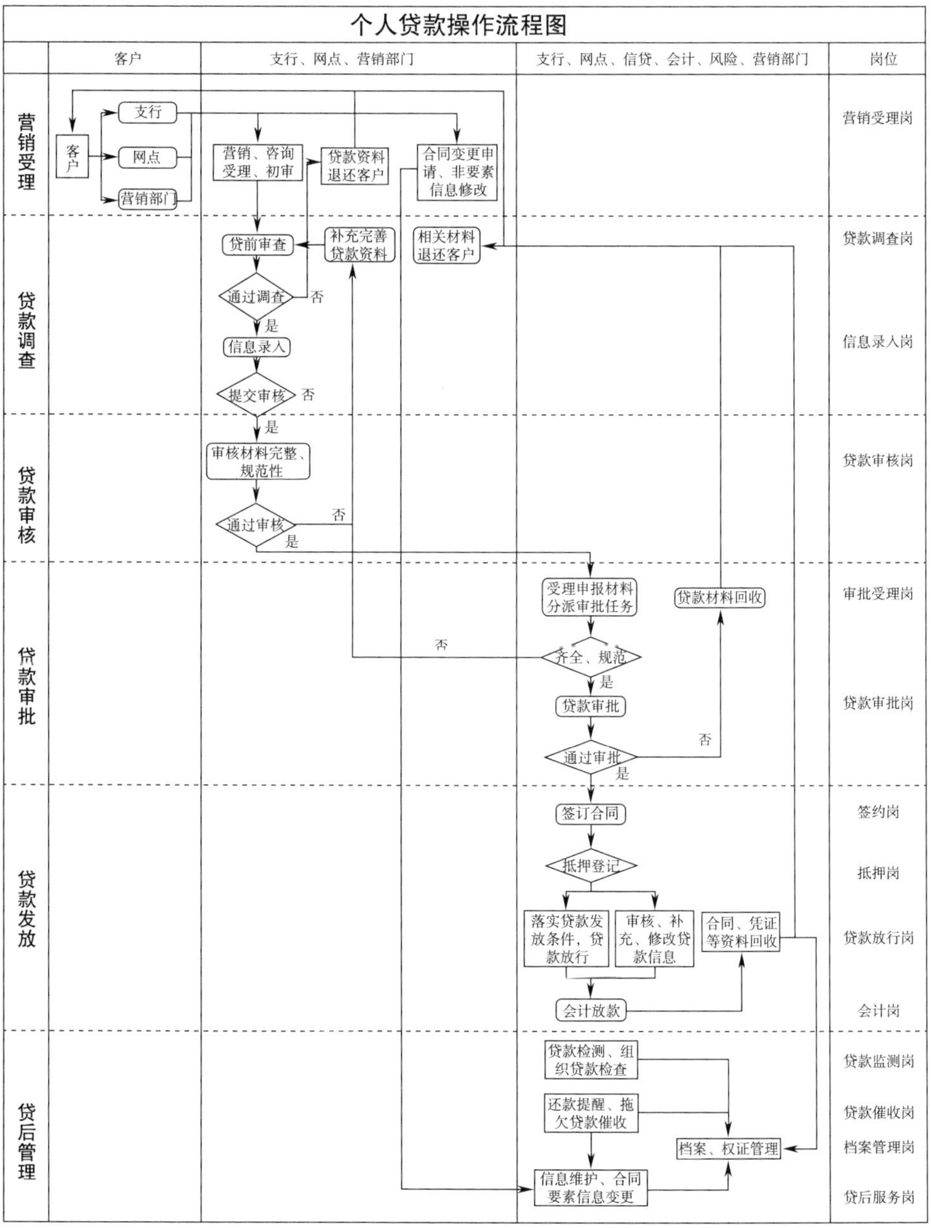

53. 贷款营销受理如何操作

银行的支行、营业部和市场营销部门的受理岗。

（1）营销客户。

（2）提供贷款咨询，包括个人贷款产品介绍、申请贷款应具备的条件、申请贷款需提供的资料、办理贷款的程序、贷款利率、贷款期限、贷款额度、担保方式、还款方式，借款人所需承担的费用等；帮助客户设计借款方案。

（3）受理客户申请，包括借款申请书及有关申请材料。

（4）初审借款人主体资格。如果申请人不具备贷款资格，退回贷款申请并向申请人说明原因。

（5）初审申请材料的完整性、规范性。如材料不完整或不符合材料要求规范，通知申请人补齐材料或重新提供有关材料。

（6）从人民银行个人基础数据库系统中查询申请人信用情况，打印个人信用报告。

（7）将初审符合要求的申请材料交贷款调查人员进行贷前调查。

54. 贷款调查如何操作

银行的支行、营业部和市场营销部门的调查岗和信息录入岗。

（1）核实借款申请材料。主要包括：

①审核借款申请人身份证明。

②如是个人住房贷款应审核的首付款证明和购房合同或协议。

③审核个人消费类贷款和个人生产经营、助业和农户种植业和养殖业贷款用途。

④审核借款申请人提交的贷款偿还能力证明材料。

⑤审核担保材料，包括抵押物或质押权利凭证的合法性、权属是否清楚无异议，抵押物评估报告是否真实，评估价格是否合理，保证人是否具备担保资格和能力等。

（2）与借款申请人面谈（要求双人与借款申请人面谈），进一步核实有关申请材料及其消费行为的真实性。对面谈情况与材料明显不符或明显不合理的，应进一步调查。贷款调查人与借款申请人面谈应作书面记录，对可能存在真实性风险的内容，申请材料未包含但应作为贷款审批依据的内容，包括对外担保情况的落实，以及其他可能对贷款产生重大影响的内容，应作详细记录。

（3）根据人民银行个人基础数据库系统提供的个人信用报告审查借款申请

人的历史信用情况。如有信用问题，须在司法系统查询其是不是“老赖”人员。

（4）对经营类贷款，调查借款申请人的经营情况。

（5）根据借款申请人提供的有关偿还能力证明材料、从本行内部相关系统查询的有关借款申请人收入情况，结合借款申请人年龄、职业、职务、从业年限等，分析确定借款申请人的偿还能力。

（6）信息录入岗位人员在个贷系统中录入客户基本信息、贷款信息、担保信息等。

（7）对调查结果进行整理、分析，形成对借款申请人资信情况、偿还能力、担保情况以及其他情况等方面的调查意见，提出贷款建议（包括贷款金额、贷款期限、贷款利率、担保方式、还款方式等），根据贷款种类和审批权限的不同，形成相关的申报表格或文书，交贷款审核人进行贷款审核。

55. 贷款审核如何操作

银行的支行、营业部和市场营销部门负责人兼任的贷款审核岗。

贷款审核人对贷款调查人提交的贷款报批材料的完整性、合规性，出具审核意见。

贷款审核人认为需要补充材料或填写内容有错漏的，应要求贷款调查人补充完善。审核人认为调查意见存在疑义或潜在风险的，应安排其他人员进一步调查。

56. 贷款审批如何操作

银行的信贷部门和审贷委的贷款受理岗和贷款审批岗。

（1）贷款审批受理——审批受理岗。

①对贷款经办机构（支行、营业部和市场营销部门等）报送的贷款申报材料进行签收、登记。

②对贷款申报材料的齐全性及格式的规范性进行审查。

③对材料要件不齐全、格式不规范的贷款申报材料，退回贷款申报机构补充相应材料或作出修改。

④对材料要件齐全、格式规范，且在审批权限内的贷款申报材料，交负责人分派有权贷款审批人审批。

（2）贷款审批——贷款审批岗

①根据贷款申报材料，按照个人贷款业务相关规定进行贷款审批，出具贷款审批意见，并在《个人贷款申报审批表》签署。

②对审批通过的贷款，将资料传递至贷款发放岗。

③对审批未通过的，将资料返还审批受理岗，并由审批受理岗位人员退还贷款申报机构。

57. 贷款发放如何操作

银行的支行、营业部和市场营销部门的签约岗、抵押岗、贷款放行岗和会计岗。

（1）贷款签约——签约岗。

①签约岗位人员电话通知借款申请人贷款审批结果，确认签约时间、地点。

②签约岗位人员根据审批意见，准确完整地填写有关合同文本；审核合同内容的填写是否完整、规范，合同载明的借款金额、期限、利率、保证等要素是否与审批结论一致；借款人、担保人签字、盖章是否合法有效；合同签订日期是否正确。

③签约岗位人员将审核无误的合同文本交有权签字人审核同意后签字，在合同上加盖公章和有权签字人个人名章。

（2）贷款抵押——抵押岗。

抵押岗位人员办理贷款抵（质）押登记手续等，取得抵押登记收件回执，领取他项权利证明等，并将办妥后的相关资料交权证保管人员。

（3）贷款放行——贷款放行岗。

①贷款放行岗位人员审核录入个贷系统中的客户基本信息、贷款信息、担保信息等是否准确、完整；对需要补充、修改的信息在系统中补充、修改。

②贷款放行岗位人员对全部相关法律文件的完整性、合法性等进行复核。

③贷款放行岗位人员核实有关贷款条件落实情况。主要包括：

a. 借款人住房贷款首付款或自筹资金已支付或已落实到位。

b. 抵（质）押贷款的抵（质）押登记手续已经办理。

c. 对保证人有保证金要求的，确认保证金已足额存入贷款行。

d. 需要办理保险、公证等手续的，有关手续已经办理完毕。

e. 对采取委托扣划还款方式的，确认借款人已在本行开立还本付息账户。

④对符合发放条件的贷款，贷款放行岗位人员打印放款通知书，交负责人审核签字后连同借款合同、贷款支付凭证等放款资料一并交会计岗。

（4）贷款发放——会计岗。

①会计岗位人员核对借款合同要素、开立贷款账户通知书、贷款支付凭证后，在个贷界面做放款操作，发放贷款。

②贷款发放后，会计岗位人员将借款合同正本（一份）和贷款支付凭证的“退业务部门留存”联交贷款放行岗；将借款合同正本（一份）和“借款人回单”联交付借款人或交由贷款调查岗位客户经理送达借款人。

58. 如何进行贷后管理

贷后管理——风险部门、信贷部门、分支机构和营业部门的贷款检查岗、贷款催收岗、档案管理岗和贷后服务岗以及贷款受理岗、贷款放行岗等。

（1）贷款检查。

贷款监测岗位人员打印需进行贷后检查的清单，交客户经理进行贷款检查。

客户经理根据贷后管理办法要求进行贷款检查，并记录检查情况交贷款监测岗位人员归档。

（2）还款提醒。

对系统监测的扣款账户余额不足的贷款，贷款催收岗位人员在扣款日前提醒客户及时存款（短信、微信、电话提醒）。

（3）合同要素变更。

客户申请变更借款期限、还款方式、担保等合同要素，经负责人批准后，签约岗位人员与客户签订补充协议，贷后服务岗位人员在个贷系统中进行修改，并将修改结果通过客户经理反馈客户，同时将修改的有关资料归档。

借款人基本信息等非要素信息的修改，主要包括借款人通讯地址、电话号码、委托扣款账号等，可在贷款受理岗位直接办理。

（4）拖欠贷款催收。

贷款催收岗位人员通过催收系统查询和检查拖欠贷款情况，对拖欠贷款进行催收，并记录催收情况。

①对拖欠1—3期（含）的贷款，采取短信、电话催收、普通信函催收等。

②对拖欠4—6期（含）的贷款，采取上门催收、发送公证送达文书、律师函等特殊信函催收，必要时对符合诉讼条件的采取司法催收手段。

③对拖欠6期以上的贷款，在综合采取短信、微信、电话、信函、上门催收的基础上，配合风险（资产保全）部门以集中委外催收、司法催收等作为主要催收手段。

（5）档案管理。

①收集移交档案资料。贷款放行岗位人员须在15个工作日内，将所有贷款资料收集齐全后，填写档案资料清单，移交档案管理岗；重要档案资料（权证等）移交会计部门或重要档案管理人员。

②接受与核查档案资料。档案管理人员对贷款放行岗位人员移交的档案资料进行核查，对符合要求的档案资料，移交和接受双方在档案资料清单上签字；如果有缺项或缺少份数要求补齐，特殊情况不能补齐的，在档案资料清单“缺项原因”中备注。

③整理档案资料，立卷归档。

④保管档案资料，进行借阅管理等。

⑤贷后管理中形成的档案资料，由贷后管理相关岗位人员及时交档案管理人员补充归档。

⑥清退档案资料。贷款结清后，对需要退还借款人的档案资料办理退还手续，退还借款人。

59. 附件

表一：个人借款申请书

表二：个人贷款客户调查表

表三：个人贷款客户面谈记录

表四：个人贷款调查审核审批表

表五：个人贷款材料岗位交接清单

表一

个人借款申请书

借款申请人情况	借款人姓名		性别	□男 □女	文化程度		民族	
	身份证号码					出生日期	年 月 日	
	家庭住址					户籍所在地		
	户口性质	□农业户口 □非农业户口		□本地常住 □暂住________年		健康状况		
	家庭年收入		家庭年支出		个人总资产		个人总负债	
	供养人口		电话1		电话2			
	居住状况	□自有住房 □贷款购买住房 □集体宿舍 □租房 □其他________________						
	租房情况	起租时间： 年 月 日		月（年）租金：		地址：		
	经营产业	□销售 □产品加工 □种植 □养殖 □餐饮 □运输 □其他________________						
	工作单位				职务 & 职业			
	工作地址							
	婚姻状况	□已婚有子女 □已婚无子女 □未婚 □离婚 □丧偶						
	配偶姓名		联系电话		身份证号码			
	个人月收入		工作单位		工作地址			
家庭资产负债情况	资产类型	数量	价值		负债类型	余额		
	房产				建房贷款			
	车辆				种植养殖贷款			
	机器设备				其他贷款			
	银行存款				民间借款			
	家禽家畜				其他负债			
	其他资产				负债合计			
	资产合计				对外担保贷款			
	净资产	（净资产 = 资产合计 − 负债合计）						
申请借款情况	借款金额	万元	借款用途					
	借款期限	个月	还款来源					
	担保方式	□保证 □抵押 □质押 □信用						
	借款支付方式	□委托支付 □自主支付						
	还款方式	□按月付息到期还本 □按季付息到期还本 □等额本息 □等额本金 □其他						

借款人声明

1. 填写内容均属实，且报送给银行留存的资料全部属实。如资料失实或虚假，本人愿意承担相应法律责任。
2. 本人承认以上述资料作为向贵行借款的依据。报送的资料复印件可留存贵行作备查凭证。
3. 经贵行审查不符合规定的借款条件而未予受理或审批时减少额度时，本人无异议。
4. 本人保证在取得银行贷款后，按时足额偿还贷款本息。
5. 本人无论任何原因逾期交付款项，导致贵行未能按时扣收贷款，本人愿意按照借款合同约定支付逾期违约金等有关费用，并同意在本人其他账户中扣除。

申请人签字： 申请人配偶签字：

手印： 手印：

年 月 日

注：此表格须由借款申请人本人填写。

表二

个人贷款客户调查表

__________行（部）　　　　　　　　　　　　　　　　年　　月　　日

借款人情况	借款人姓名		性别	□男　□女	文化程度		民族	
	身份证号码				出生日期	年　月　日	
	家庭住址				户籍所在地		
	户口性质	□农业户口　□非农业户口		□本地常住　□暂住______年		健康状况	
	供养人口		电话 1		电话 2		
	居住状况	□自有住房　□贷款购买住房　□集体宿舍　□租房　□其他______					
	经营产业	□种植　□养殖　□农副产品加工　□农产品贩运　□运输　□其他______					
	工作单位			职务 & 职业			
	工作地址						
	婚姻状况	□已婚有子女　□已婚无子女　□未婚　□离婚　□丧偶					
申请情况	申请额度	万元	申请期限	个月	借款用途		
	资金总需求	万元	自有资金	万元	还款来源		
	还款方式		担保方式	□保证　□抵押　□质押　□信用			
	借款形式	□新增　□借新还旧　□展期　□其他					

家庭成员	姓名	与借款人关系	工作单位 & 职务	负债金额（万元）	
				借款	担保

资信状况	资产总额　万元	住房　m^2　万元	营业房　m^2　万元	车辆　辆　万元	设备　台　万元
		耕地　亩　万元	宅基地　亩　万元	家畜　头　万元	家禽　只　万元
		流动资金　万元	应收账款　万元	存款　万元	其他　万元
	负债总额　万元	我行贷款　万元	他行贷款　万元	民间借款　万元	应付账款　万元	其他负债　万元
	家庭年净收入　万元		家庭年收入　万元		家庭年支出　万元

资信状况	借贷记录	借贷信息	总张（笔）数	使用金额	逾期次数	最大逾期月数	最大逾期金额
		贷记卡					
		贷款					
		未到期贷款信息	贷　款　行				
			起止日期				
			金　　额				
	担保记录	担保笔数　　笔		担保金额　　万元		□是　□否有不良担保	

借款人资产负债分析及信用评价	

续表

<table>
<tr><td colspan="2">借款人经营情况及前景分析</td><td colspan="8"></td></tr>
<tr><td rowspan="16">担保情况</td><td rowspan="5">保证担保</td><td>保证人</td><td colspan="3">工作单位 & 职业</td><td>资产状况（万元）</td><td>负债状况（万元）</td><td>对外担保状况（万元）</td><td>有无不良记录</td></tr>
<tr><td></td><td colspan="3"></td><td></td><td></td><td></td><td></td></tr>
<tr><td></td><td colspan="3"></td><td></td><td></td><td></td><td></td></tr>
<tr><td></td><td colspan="3"></td><td></td><td></td><td></td><td></td></tr>
<tr><td></td><td colspan="3"></td><td></td><td></td><td></td><td></td></tr>
<tr><td rowspan="6">抵押担保</td><td rowspan="2">抵押人</td><td colspan="7">抵押物基本情况</td></tr>
<tr><td>抵押物名称</td><td>权属证书及有关证书编号</td><td colspan="2">处　所</td><td>面积或数量</td><td>抵押物价值（元）</td><td>已抵押金额（元）</td></tr>
<tr><td></td><td></td><td></td><td colspan="2"></td><td></td><td></td><td></td></tr>
<tr><td></td><td></td><td></td><td colspan="2"></td><td></td><td></td><td></td></tr>
<tr><td></td><td></td><td></td><td colspan="2"></td><td></td><td></td><td></td></tr>
<tr><td colspan="2">抵押价值（元）</td><td></td><td colspan="3">抵押率</td><td colspan="2">%</td></tr>
<tr><td rowspan="5">质押担保</td><td rowspan="2">出质人</td><td colspan="7">质押物基本情况</td></tr>
<tr><td>质押权利名称</td><td>权利凭证及有关证书编号</td><td>价值（元）</td><td>数量</td><td>权利到期日</td><td>已质押金额（元）</td><td>付款人或交货人</td></tr>
<tr><td></td><td></td><td></td><td></td><td></td><td></td><td></td><td></td></tr>
<tr><td></td><td></td><td></td><td></td><td></td><td></td><td></td><td></td></tr>
<tr><td colspan="2">质押价值（元）</td><td></td><td colspan="3">质押率</td><td colspan="2">%</td></tr>
<tr><td colspan="2">担保能力分析</td><td colspan="8"></td></tr>
<tr><td colspan="2">贷款风险分析</td><td colspan="8"></td></tr>
<tr><td colspan="2">贷前调查人意见</td><td colspan="8">调查人对以上报告信息的真实性、准确性、完整性负责
主调查人：　　　　　　辅调查人：
年　月　日</td></tr>
</table>

表三

个人贷款客户面谈记录

谈话时间：________年________月________日

谈话地点：

借款人：　　　　　　共同借款人（配偶）：

贷款人：××银行股份有限公司

根据原银监会《个人贷款管理办法》规定，结合本行的个人贷款业务管理要求，请您如实回答以下问题，并保证内容的真实性。

1. 您申请个人贷款的情况及提供的各种资料必须真实，如有不实，您将承担由此所引起的法律责任。对此，您是否清楚

□是　　　　□否

2. 您是否自愿在银行办理个人贷款业务

□是　　　　□否

3. 您作为借款人，我们将对您的资信情况进行调查，对此，您是否愿意积极配合

□是　　　　□否

4. 您作为借款人，应当有足够的偿还贷款本息的能力，必须按合同约定履行清息还本义务，否则将产生逾期罚息及不良信用记录。您的借贷记录自动录入人民银行《个人信用信息数据库》中，不良信用记录可能对您今后办理相关业务产生负面影响。以上内容在签订合同时一并告知，今后将以短信或微信形式通知您应付利息，不再另行书面通知。如果您更换手机卡号或者其他通信方式发生变化，请在5个工作日之内告知本行变更相关内容，否则由此而产生的一切后果由您自己承担，本行概不负责。对此，您是否同意

□是　　　　□否

5. 如您已婚或在借款合同到期日前结婚，根据我国《婚姻法》规定，您履行归还银行贷款及其他相关责任义务均由夫妻双方共同承担；如您未婚，您要对所提供的资料的真实性负责，否则，视同您不履行合同或终止合同，银行有权宣布提前终止合同，并要求提前收回部分或全部剩余贷款本息，您将承担相应的法律责任。对此，您是否清楚

□是　　　　□否

6. 您签订《个人借款合同》之前，应在本行指定营业网点开立个人结算账户，借款后，按照合同规定的还款方式归还贷款本息，您应当在每期划款日前2天在个人还款账户中存入不少于当期应还款本息的存款，并授权贷款人从该账户中扣收。如您不能按时归还贷款本息，根据双方借款合同等约定您应承担以下责任：

（1）您未按借款合同约定时间归还贷款本息，本行将按借款合同规定对当期逾期贷款在双方签订的借款合同规定的利率水平上加收罚息。

（2）如您违约（包括未按期归还利息），视同您不履行借款合同，贷款人有权要求

您提前偿还全部贷款本息，并依据合同的相关条款直接进入法律执行程序。对此，您是否清楚

□是　　　□否

7. 您若不能按《借款合同》中约定的时间和金额履行还款义务，则视同您的还款资信能力不足，本行将按以下规定处置：

（1）有权依法对您拥有的资产进行处置。

（2）您将承担所有处置资产发生的一切费用，若处置资产的款项不足以支付您的剩余贷款本息（包括罚息）以及处置过程中的各项费用时，本行继续保留对未清偿部分债权的追索权，直至足额清偿。

（3）在进行法律强制执行之前，本行没有提前向您发出任何通知的义务。

对此，您是否清楚

□是　　　　□否

8. 您是否对此笔贷款所享有的权利和所承担的义务有明确的了解

□是　　　　□否

9. 上述谈话记录是不是您真实的意思表示

□是　　　　□否

10. 您作为借款人与共同借款人（配偶）负有连带义务，都负有清偿全部债务的义务。本行有权要求您或者您的共同借款人履行义务。对此，您和共同借款人是否清楚

□是　　　　□否

11. 这份面谈记录是您与本行签订的《借款合同》的补充，与《借款合同》和协议具有同等法律效力。对此，您是否清楚

□是　　　　□否

12. 您需要说明的其他问题

____

____

____

此份个人贷款客户谈话面谈记录由您本人阅读后亲自填写。

借款人签字：　　　　　　　　　　　　手印：

共同借款人（配偶）签字：　　　　　　手印：

面谈人签字：主谈话人　　　　　　　　辅谈话人

表四

个人贷款调查审核审批表

<table>
<tr><td rowspan="7">贷款调查申报意见</td><td>借款人</td><td></td><td>贷款金额</td><td></td></tr>
<tr><td>贷款期限</td><td></td><td>贷款月利率</td><td></td></tr>
<tr><td>贷款种类</td><td></td><td>贷款用途</td><td></td></tr>
<tr><td>担保方式</td><td colspan="3">□保证 □抵押 □质押 □信用</td></tr>
<tr><td>支付方式</td><td colspan="3">□受托支付 □自主支付</td></tr>
<tr><td>其他</td><td colspan="3"></td></tr>
<tr><td colspan="4">本人通过审核申请资料、与借款人面谈、对借款人经营和资产情况实地考察等，对借款人身份真实性、偿还能力、信用状况、贷款用途、贷款担保等情况进行调查，认为该贷款申请符合业务制度，现提出以上申报意见。
主调查人：(签字) 辅调查人：(签字)
年 月 日</td></tr>
<tr><td rowspan="4">负责人审核意见</td><td>材料是否完整</td><td>□是 □否</td><td>材料是否合规</td><td>□是 □否</td></tr>
<tr><td colspan="2">材料与申请内容是否一致</td><td colspan="2">□是 □否</td></tr>
<tr><td colspan="2">贷前调查人意见、面谈记录、调查意见是否完整合规</td><td colspan="2">□是 □否</td></tr>
<tr><td colspan="4">经对借款人申请资料的完整性、真实性、合规性和借款人资信状况及调查人的意见进行审核，提出如下意见：
贷款审核人：(签章) 年 月 日</td></tr>
<tr><td>审批受理意见</td><td colspan="4">贷款审批受理人：(签章) 年 月 日</td></tr>
<tr><td rowspan="2">审批决策意见</td><td>贷款审批人意见</td><td colspan="3">(签字) 年 月 日</td></tr>
<tr><td>信贷审批委员会意见</td><td colspan="3">(签字) 年 月 日</td></tr>
</table>

表五

个人贷款材料岗位交接清单

借款人：　　　　　　　　金额：　　万元　　　　　　　　期限：　月

资料名称	受理岗	调查岗	信息录入岗	贷款审核岗	审批受理岗	贷款审批岗	签约岗	抵押岗	贷款放行岗	会计岗	档案管理岗
个人借款申请书											
借款人及配偶身份证明（身份证、户口簿、居住证明）											
婚姻状况证明（原件及复印件）											
信用报告（夫妻双方征信查询授权书）											
收入证明(存款流水单、工资证明)											
资产证明（房产证、土地证、机动车登记证书）（发票）											
贷款用途证明材料（商业合同、购销合同、订单等）											
担保人及配偶身份证明（原件及复印件）											
担保人担保能力证明（收入证明、资产证明等）											
个人贷款客户调查报告（表）											
个人贷款客户面谈记录											
抵（质）押物评估报告或价值确认书（原件）											
个人贷款调查审核审批表											
借款合同（保证合同）											
抵（质）押物原件											
抵押登记证明或质权设定证明（原件及复印件）											
开立贷款账户通知单											
贷款发放通知单											
借款借据											
交接人签名并盖章											
日　期											

说明：贷款材料全部按分数填写，规格是 A4 纸，交接表没有的内容附后。

第四章　银行个人借款合同管理

第一节　个人借款合同的设置和原则

1. 个人借款合同的封面如何设置

银行个人借款合同封面一般设置为：左上方放置银行行徽行名（LOGO 图标）；中间放置《个人（　）借款合同（保证□　抵押□　质押□　担保合同）》或与保证、抵押、质押担保合同合为一体（四合一合同）及合同编号等字样；下方为借款人和贷款人。

2. 个人借款合同的封里应写明哪些敬请注意事项

为了维护您的利益，请您在签署本合同前，仔细阅读如下注意事项：

（1）您已阅读本合同所有条款，并已悉知其含义。

（2）您已确保提交给银行的有关证件及资料是真实、合法、有效的。

（3）您已确认自己有权在本合同上签字，并知悉签署本合同后享有的权利和承担的义务。

（4）您已确知任何欺诈、违约行为均要承担相应的法律责任。

（5）您将本着诚实、信用的原则，自愿签订并依约履行本合同。

（6）请您使用签字笔工整地填写需要您填写的内容。

如您对本合同还有疑问之处，您可在签署之前向银行各级分支机构咨询。

3. 个人借款合同有哪些立约人

个人借款合同立约人有：借款人、贷款人（银行）、保证人、抵押人和出质人。

4. 个人贷款合同的原则是什么

个人贷款合同各方本着平等自愿、诚实信用的原则，根据有关法律、法规和规章，经协商一致，订立本合同并承诺严格履约。

5. 个人贷款合同由哪些内容组成

个人贷款合同（四合一合同）由借贷条款、担保条款、违约责任条款、其他约定条款和特别签订条款等内容组成。

第二节　银行个人借款合同借贷条款

6. 借款用途如何约定

借款人应将借款用于什么，未经贷款人书面同意，借款人不得改变借款用途。

7. 借款金额如何约定

对借款金额约定，借款人借款本金为大写人民币多少元（￥____元）。

8. 借款期限如何约定

对借款期限约定，借款期限为大写多少个月（即　年　月　日至　年　月　日）。

本合同所载的借款期限起始日与贷款支付凭证所载日期不一致的，借款期限起始日（即起息日）以首次划款时的贷款支付凭证所载实际放款日期为准，借款到期日根据借款期限相应调整。贷款支付凭证为本合同的组成部分，与本合同具有同等法律效力。

9. 贷款利率如何约定

对贷款利率的约定，本合同项下的贷款利率为____（月/年）利率，执行下列第____种：

壹：固定利率，即在借款期限内，贷款利率保持不变。根据人民银行利率政策和贷款市场报价利率（LPR），固定利率约定为，若本合同签订后贷款发放前，人民银行利率政策和贷款市场报价利率（LPR）发生重大变化时，该利率需进行重新约定。

贰：固定利率，即起息日基准利率（上浮/下调），在借款期限内，该利率保持不变。

叁：浮动利率，即在贷款市场报价利率（LPR）水平上（上浮/下调）。该利率自起息日起至贷款本息全部清偿之日依据利率调整日当日的基准利率及上述上浮/下调幅度，在本合同约定的每个利率调整日调整一次。

肆：其他，____。

10. 罚息利率如何约定

对罚息利率的约定：

（1）借款人未按本合同约定用途使用借款的，罚息利率为在本合同所执行贷款利率的水平上上浮____%。贷款利率按照约定调整的，罚息利率根据调整后的贷款利率及上述上浮幅度同时进行相应调整。

（2）本合同项下借款逾期的，罚息利率为在本合同所执行贷款利率的水平上上浮____%。贷款利率按照约定调整的，罚息利率根据调整后的贷款利率及上述上浮幅度同时进行相应调整。本合同中借款逾期是指借款人未在本合同约定的时限前足额偿还任意一期借款本息的行为。

11. 利率的调整如何约定

本合同所称贷款市场报价利率（LPR）是由具有代表性的报价行，根据本行对最优质客户的贷款利率，以公开市场操作利率加点形成的方式报价，由人民银行授权全国银行间同业拆借中心计算并公布的基础性的贷款参考利率。

本合同项下首次发放借款时，利率按借款起息日的利率确定。本合同项下贷款利率或罚息利率依本条约定调整时，利率按利率调整日当日的利率确定。

本合同项下贷款的利率调整日于每年的1月1日调整或于每年的某月某日调整。

如按照中国人民银行的新利率政策和贷款市场报价利率（LPR），对于贷款利率商业银行在一定幅度内可自行决定适用标准的，贷款人有权在该规定幅度内选择某一利率标准适用于本合同，借款人同意遵守该标准，按该标准履行义务。

12. 借款的发放与支用如何约定

对借款的发放与支用的约定：

（1）发放借款的前提条件。

除贷款人全部或部分放弃外，只有满足下列前提条件，贷款人才有义务发放借款：

①本合同设有担保的，符合贷款人要求的担保已生效且持续有效。

②借款人没有发生本合同所约定的任一违约事项。

③法律、法规、规章或有权部门不禁止且不限制贷款人发放本合同项下的借款。

④贷款人与借款人约定的其他发放借款的前提条件：________。

（2）贷款人在借款人满足上述放款前提条件后，将款项划入下列第____项约定的账户：

壹：借款人在贷款人开立的活期存款账户，账户户名：________，账号：________，划入金额：________元。

贰：________（商户）在贷款人开立的存款账户，账户户名：________，账号：________，划入金额：________元。

叁：____________。

13. 贷款计息、结息如何约定

贷款利息自划款之日起计算，按日计息。在计息时，每月的计息天数按30天计算，日利率、年利率、月利率三者之间的关系为：日利率＝年利率/360＝月利率/30，但贷款人与借款人另有特殊约定的除外。

对于本合同项下借款，贷款人将依照约定的还款法及当期应执行的利率在每期约定还款日的前一日结计借款人当期应还本金、利息及罚息（如有）。借款人应当在每期还款时限前足额偿还当期应还本息。借款到期后如仍有未偿清的本金、利息或罚息的，贷款人将按照与借款到期前相同的结息频率，在每个约定还款日的前一日结计借款人当期应还本金、利息及罚息，直至全部应还本金、利息及罚息清偿完毕。但对于到期一次还本付息的借款，借款到期后如仍有未偿清的本金、利息或罚息的，贷款人将按照每月一次的结息频率，于约定还款日的前一日在每月的对日结计借款人当期应还本金、利息及罚息。

14. 还款的原则是什么

本合同项下借款人的还款首先用于偿还本合同约定应由借款人承担而由贷款人垫付的各项费用以及贷款人实现债权的费用，剩余款项按照下列原则偿还：

（1）对于本金逾期超过九十天仍未收回的借款，或者利息逾期超过九十天仍未收回的借款，或者法律、法规或规章另有规定的借款，按照先还本后还息的原则偿还。

（2）对于除上述（1）以外情形的借款，按照先还息后还本、息随本清的原则偿还。

15. 还款日如何约定

本合同项下借款的约定还款日为：________年________月________日。

16. 还款方式如何约定

借款人可以选取委托扣款或柜面还款方式还款：

（1）委托扣款方式：借款人授权贷款人直接从借款人在贷款人系统开立的个人结算账户中扣收应还款项。如该委托扣款账户为借款人之外的第三人名下账户，则该第三人应签发授权书，授权贷款人从该账户中扣收借款人应还款项。

委托扣款方式下，借款人最迟应在每期约定还款日的前一日柜面营业终了前将当期应还款项足额存入指定委托扣款账户内。

借款人未能在约定还款日前一日柜面营业终了前将应还款项足额存入指定委托扣款账户造成借款拖欠的，贷款人有权自约定还款日开始计收逾期罚息和复利，并有权在该期约定还款日及此后的任意时间直接从借款人在银行系统开立的任何账户中扣划应还款项，但该扣划并不构成贷款人的义务。

储蓄存折、借记卡扣款结果通过借款人到贷款人营业柜台补登存折方式或打印对账单方式反映，每期不再另行寄发对账凭证。

（2）柜面还款方式：借款人直接到贷款人指定的营业柜台以现金、支票、银行卡等办理还款。对于每一期应还款项，借款人最迟应在当期约定还款日的前一日到贷款人指定的营业柜台办理还款手续。

借款人未能在约定还款日的前一日足额偿还应还款项的，贷款人有权自约定还款日开始计收逾期罚息和复利。

若借款人在约定还款日前一日之前，到贷款人指定营业柜台足额偿还当期应还款项，贷款人将按照“按日计息”原则将借款人因提前偿还当期款项而多还的利息结转至下期（但贷款人对该部分多还的利息不计付存款息），用于抵扣借款人下期应还款项中相同数额的利息。

17. 还款方法如何约定

借款人可选择以下还款方法之一偿还借款：

（1）等额本息还款法。

（2）等额本金还款法。

（3）一次还本付息还款法（仅限借款期限为1年（含）以内的）。

（4）按月付息一次还款法（仅限借款期限为1年（含）以内的）。

（5）按季付息一次还款法（仅限借款期限为1年（含）以内的）。

（6）其他经贷款人同意的还款方法。

18. 提前还本如何约定

借款人提前还本，须事先向贷款人提出申请，经贷款人同意，方可提前偿还部分或全部本金。但借款期限在1年以内（含1年）的，不得提前部分还本。

借款人在还清拖欠款项的前提下方可提前还本。借款人提前部分还本的，还须先结清当期应还本息。借款人提前偿还本金的，贷款人按照提前还本时本合同执行的贷款利率、提前还本的金额以及当期的实际用款天数计收利息，此前已计收的借款利息不再调整。

借款人提前还本，须到贷款人指定的营业柜台办理还本手续。

借款人提前偿还部分或全部本金的，贷款人有权收取提前还本违约金。借款人申请提前还本时，可同时申请缩短借款期限。申请经贷款人书面同意后方生效，贷款人有权要求借款人因此支付一定数额的缩短借款期限违约金。

19. 借款期限、还款方法的变更如何约定

对于本合同项下借款期限在一年以上（不含一年）的借款，借款人可以申请展期或缩短借款期限，但应事先向贷款人提出申请，经贷款人批准后，双方签订借款期限变更的相关协议并办理相关手续。借款期限变更后达到新的利率期限档次时，从变更之日起，贷款利率、罚息利率根据新档次的基准利率和本合同约定的规则确定（双方另有约定的除外）。但已计收的利息不再调整。

借款人在借款期限内可以申请变更还款方法，但应事先向贷款人提出申请，经贷款人批准后，双方签订还款方法变更的相关协议并办理相关手续。

借款人申请变更借款期限或还款方法的，贷款人可以因此要求借款人缴纳一定的费用。

20. 借款人有哪些主要权利和义务

（1）有权要求贷款人按合同的约定发放借款。

（2）有权要求贷款人对借款人提供的有关家庭资产、财务资料、生产经营方面的个人资料予以保密，但法律、法规和规章另有规定及本合同另有约定的除外。

（3）应按贷款人要求提供有关个人身份、还款能力及个人信用的资料，保证其向贷款人提供的有关资料、文件和信息完整、准确、真实、有效、合法。

（4）应按本合同约定的用途使用借款，不得将借款挪作他用。

（5）应向贷款人提供符合要求的已向售房人支付首付款的证明材料。

（6）应按本合同的约定按期足额归还借款本息、缴纳本合同约定的各类费用。

（7）如要为他人债务提供担保，应当书面通知贷款人并征得贷款人书面同意。

（8）应接受贷款人及其授权代理人通过合理方式对借款使用情况进行检查。

（9）采用委托扣款方式还款的，借款人应按以下要求确保贷款人有效扣款：

①提供真实合法的委托扣款账户资料。

②按约定将每期还款额足额存入委托扣款账户中。

③借款人如变更委托扣款账户的，应在约定还款日之前 15 个工作日到贷款人指定的柜面办理变更手续。

④如委托扣款账户出现冻结、扣划、变更、余额不足等情况而造成贷款人无法足额扣款的，借款人应及时向贷款人另行提供合法有效的扣款账户，或及时补足账户余额并向贷款人申请扣款，或及时到贷款人指定的营业柜台还款。

（10）借款人应在知悉下列事项发生或可能发生之日起十个工作日内以书面形式通知贷款人：

①抵押财产被列入拆迁范围、强制征用、强制报废等可能造成抵押财产灭失情形的。

②抵押人、出质人与第三人就抵押财产、质押财产（质押权利）发生任何纠纷的。

③对借款人履行还款义务产生或可能产生重大不利影响的诉讼、仲裁或行政措施等的。

④在借款全部清偿前，借款人个人及家庭经济状况发生变化，可能对其债务清偿能力造成不利影响的。

⑤借款人作为控股股东或实际控制人的企业发生合并、分立、股权变动、增减资本、合资、联营等情形的。

⑥发生其他对借款人履行还款义务产生或可能产生重大不利影响的事件。

（11）借款人所购房屋用于抵押担保本合同项下债务的，借款人应当按照贷款人要求及时办理所购房产的房屋所有权证、土地使用权证等权属证书以及相应的抵押登记手续。

（12）借款人不得将借款用于有价证券、期货买卖及股本权益性投资。

21. 贷款人有哪些主要权利和义务

（1）应按合同约定及时足额发放贷款，但因借款人原因造成迟延的除外。

（2）应对借款人提供的有关个人资料予以保密，但银行业务需要使用、个人征信使用或法律法规和规章另有规定的除外。

（3）应妥善保管抵（质）押权属证明及其他有关文件资料。

（4）有权了解、核实借款人及其家庭成员的身份、还款能力、个人信用和家庭财务状况，要求借款人提供与借款申请、使用有关的资料、文件。

（5）有权对借款人提供的资料、文件的合法性、真实性、有效性、准确性以及借款的使用情况进行调查。

（6）有权要求借款人按期偿还贷款本金、利息和费用，有权行使本合同约定的其他各项权利，要求借款人履行其在本合同项下的其他各项义务。

（7）借款人未按期足额偿还其在本合同项下任何应付款项的，贷款人有权从借款人在银行系统开立的任一账户中划收人民币或其他币种的相应款项，且无须提前通知借款人。

第三节　个人借款合同担保条款

22. 担保方式有几种

本合同项下担保方式有保证、抵押、质押三种担保方式。

23. 保证人保证范围有哪些

（1）保证人在本合同项下提供的保证为连带责任保证。

（2）保证人在本合同项下的保证范围包括本合同所列的借款本金、利息（包括复利和罚息）、违约金、赔偿金、借款人应向贷款人支付的其他款项、贷款人为实现债权与担保权利而发生的相关费用（包括但不限于诉讼费、仲裁费、财产保全费、差旅费、律师费、执行费、评估费、拍卖费、公证费、送达费、邮寄费、公告费等）。

24. 保证期间有哪些约定

（1）保证期间为本合同保证条款生效之日起至本合同项下借款人的债务履行

期限届满之后两年止。如合同项下债务分期履行的，则每期债务的保证期间均至合同项下最后一期债务履行期限届满之日后两年止。贷款人与借款人就合同项下债务履行期限达成期限变更协议的（如为债务展期，应经保证人同意），保证期间至双方约定的新的债务履行期限届满之日后两年止。若贷款人根据合同约定，宣布债务提前到期的，保证期间至贷款人宣布的债务提前到期日后两年止。

（2）保证期间为本合同保证条款生效之日起至抵押登记已办妥且抵押财产的他项权利证书、抵押登记证明文件正本及其他权利证书交由贷款人核对无误、收执之日止。

（3）其他约定。

25. 保证条款效力有何独立性

本保证条款的效力独立于合同其他条款，合同其他条款不生效、无效或部分无效、被撤销、被解除并不影响本条款的效力。如借贷合同关系被确认为不成立、不生效、全部或部分无效、被撤销、被解除，则保证人对于借款人因返还财产或赔偿损失而形成的债务也承担连带责任。

26. 保证责任有哪些

（1）如果本合同项下债务到期或者贷款人根据本合同的约定或法律规定宣布债务提前到期，借款人未按时足额履行，或者借款人违反本合同的其他约定，保证人应在保证范围内立即承担连带保证责任。

（2）无论贷款人对本合同项下的债权是否拥有其他担保（包括但不限于保证、抵押、质押、保函等担保方式），不论上述其他担保何时成立、是否有效、是否为借款人自己所提供、贷款人是否向其他担保人提出权利主张，也不论是否有第三方同意承担本合同项下的全部或部分债务，保证人在本合同项下的保证责任均不因此减免，贷款人均可直接要求保证人依照本合同约定在其保证范围内承担保证责任，保证人不提出任何异议。

（3）如果保证人只对本合同项下的部分债务提供保证，则保证人同意，即使因借款人清偿、贷款人实现其他担保权利或任何其他原因导致本合同项下的债务部分消灭，保证人仍应按照本合同的约定在保证范围内对尚未消灭的债务承担保证责任。

（4）如果保证人只为本合同项下的部分债务提供保证，且在其承担保证责任后本合同项下的债务仍未获完全清偿，则保证人承诺，其向借款人或其他担保人主张（包括预先行使）代位权或追偿权，不应使贷款人利益受到任何损害，并同意本合同项下债务的清偿优先于保证人代位权或追偿权的实现。

具体而言，在贷款人债权未被全部清偿前：

①保证人同意不向借款人或其他担保人主张代位权或追偿权。如因任何原因，保证人实现了上述权利，则应将所获款项优先用于清偿贷款人尚未获偿的债权。

②本合同项下的债务如有物的担保，保证人同意不以行使代位权为由或任何其他原因对该担保物或其处分后所得价款提出权利主张，上述担保物及所得价款应优先用于清偿贷款人尚未获偿的债权。

③若借款人或其他担保人为保证人提供了反担保，则保证人基于上述反担保而获得的款项应优先用于清偿贷款人尚未获偿的债权。

（5）保证人已充分认识到利率风险。如果贷款人根据本合同的约定或者国家的利率政策变化而调整利率水平、计息或结息方式，导致借款人应偿还的利息、罚息、复利增加的，对增加部分，保证人也承担连带保证责任。

（6）保证人依据本合同偿付的任何款项，贷款人有权决定将该款项优先用于抵偿贷款人为实现债权而发生的相关费用。

（7）如有多个保证人为本合同项下债务提供保证的，上述保证人共同对本合同项下债务承担连带共同保证责任，但保证人与贷款人双方另有约定的除外。

27. 保证人有哪些义务

（1）如保证人为自然人的：

①保证人应对借款人借款使用情况（包括用途）进行监督。

②保证人应如实向贷款人提供其财产情况和个人信用等有关资料，并保证上述资料的准确、真实、完整与有效。未经贷款人书面同意，保证人不得向第三方提供超出其自身负担能力的担保。

③保证人发生国籍变更、住所地变更、婚姻情况变动、重大疾病、受到行政或刑事处罚、涉及重大民事法律纠纷、财务状况恶化，或者因任何原因丧失或可能丧失担保能力，应立即书面通知贷款人，并按照贷款人要求落实本合同项下保证责任的承担、转移或承继，或者为本合同的履行提供贷款人认可的新担保。

④保证人作为控股股东或实际控制人的企业发生合并、分立、股权变动、增减资本、合资、联营等情形，保证人应及时通知贷款人，且保证人的保证责任不因此而减免。

（2）如保证人为法人或其他组织的：

①保证人应对借款人借款使用情况（包括用途）进行监督，并接受贷款人

对保证人资金、财产和经营状况的监督。保证人应根据贷款人的要求提供财务报表等有关信息、文件、资料，并保证其准确、真实、完整与有效。未经贷款人书面同意，保证人不得向第三方提供超出其自身负担能力的担保。

②保证人发生承包、托管（接管）、租赁、股份制改造、减少注册资金、投资、联营、合并、兼并、收购重组、分立、合资、（申请）停业整顿、申请解散、被撤销、（被）申请破产、控股股东/实际控制人变更或重大资产转让、停产、歇业、被有权机关施以高额罚款、被注销登记、被吊销营业执照、法定代表人或主要负责人无法正常履行职责、涉及重大法律纠纷、生产经营出现严重困难或财务状况恶化，或者因任何原因丧失或可能丧失担保能力，保证人应立即书面通知贷款人，并按照贷款人要求落实本合同项下保证责任的承担、转移或承继，或者为本合同的履行提供贷款人认可的新担保。

③保证人发生名称、法定代表人（负责人）、住所、经营范围、注册资本金或公司（企业）章程等工商登记事项变更的，应当在变更后五个工作日内书面通知贷款人，并附变更后的相关材料。

④保证人保证不存在为筹集资金或其他原因，以借款人的名义向贷款人借款套取银行资金的情形。

（3）保证人应协助借款人或抵押人及时办理所购房产的房屋所有权证、土地使用权证等权属证书及相应抵押登记手续。

28. 保证人违约贷款人应采取哪些措施

保证人违反本合同的任一约定或陈述与保证的事项存在任何虚假、错误、遗漏，贷款人有权采取以下一项或多项措施：

（1）要求保证人限期纠正违约行为。

（2）要求保证人提供新的担保。

（3）要求保证人赔偿损失。

（4）法律许可的其他救济措施。

29. 如何设定抵押

抵押人以本合同“抵押财产清单”所列之财产设定抵押。

抵押财产因故换发新的所有权或其他权利证书（明），导致“抵押财产清单”或者贷款人收执的他项权利（抵押权）证书或抵押权证明文件与上述新的权利证书（明）或登记机关的登记簿相关记载不一致的，抵押人不得以此为由拒绝承担担保责任。

除非抵押人和贷款人另有约定或法律另有规定，抵押财产上因附合、混合、加工、改建等原因而新增的物也作为贷款人债权的抵押担保，抵押人应根据贷款人的要求办理必要的抵押登记等手续。

如果抵押财产因自然因素或者第三人行为毁损、灭失、被侵害、价值减少、脱离抵押人控制，抵押财产权属发生争议或权利证书（明）被注销，抵押人均应立即通知贷款人，并按照贷款人要求提供新的担保。

30. 抵押担保范围有哪些

抵押担保范围包括本合同所列的借款本金、利息（包括复利和罚息）、违约金、赔偿金、借款人应向贷款人支付的其他款项、贷款人为实现债权和抵押权而发生的相关费用（包括但不限于诉讼费、仲裁费、财产保全费、差旅费、律师费、执行费、评估费、拍卖费、公证费、送达费、公告费、邮寄费等）。

31. 如何抵押登记

本抵押条款签订后，抵押人应在贷款人要求的时限内到相应的登记部门办理抵押登记手续。抵押人应于抵押登记完成之日将抵押财产的他项权利证书、抵押登记文件正本原件及其他权利证书交贷款人持有。

32. 抵押财产如何保管

（1）抵押人应妥善地对抵押财产进行占有、保管和维修保养，合理使用抵押财产，维持抵押财产完好，按时缴纳与抵押财产相关的各项税费。贷款人有权对抵押财产进行检查，并可要求抵押人将抵押财产权利凭证的正本交贷款人保管。

（2）抵押人委托或同意第三方占有、保管、使用抵押财产的，应当告知该第三方贷款人抵押权的存在，并要求其保持抵押财产的完好、接受贷款人对抵押财产的检查以及不妨碍贷款人实现抵押权。抵押人不因此免除前项中的义务，同时应对该第三方的行为承担责任。

（3）抵押财产造成人身或财产损害的，应由抵押人自行承担赔偿责任。如果贷款人因此遭到索赔而承担了责任，或为抵押人垫付了赔偿金，则贷款人有权向抵押人追偿。

33. 抵押财产的保险如何约定

（1）除本合同另有约定外，抵押人应根据有关法律及贷款人指定的险种、保险期限、投保金额办理抵押财产的保险。保险人应当具备法定资质和良好信誉。

（2）保险单内容应当符合贷款人的要求，不得附有损害贷款人权益的限制性条件。保险单上应特别注明：贷款人为保险赔偿金的优先受偿人（即第一受益人）；变更保险单应经过贷款人书面同意；一旦发生保险事故，保险人应将保险赔偿金直接划付至贷款人指定的账户。如抵押财产已保险，但未注明上述内容的，应当对保险单作出相应的批注或变更。

（3）抵押人应确保保险连续有效，不得以任何理由致使保险中断、撤销、失效，或者致使保险人减免赔偿责任，或者不经贷款人同意变更保险单。如果保险期间届满时，抵押人担保的债权未全部受偿的，抵押人应当续保，对保险期间作相应延长。

（4）抵押人应于本抵押条款签订之日（抵押财产续保的，则为续保完成之日）起五个工作日内将抵押财产的保险单正本交付贷款人，并且在贷款人处预留有关保险索赔或保险权益转让所必需的文件。

（5）就抵押财产取得的保险赔偿金，贷款人有权选择下列方法进行处理，抵押人应协助办理有关手续：

①经贷款人同意，用于修复抵押财产，以恢复抵押财产价值。

②按照贷款人要求转为动产质押或权利质押，用于担保本合同项下的债务。

③清偿或提前清偿本合同项下债务本息及相关费用。

④抵押人提供符合贷款人要求的新的担保后，由抵押人自由处分。

贷款人与抵押人有关抵押财产保险另行约定。

34. 抵押财产出现第三方妨碍如何约定

（1）如果抵押财产被国家征收、征用、拆除、没收、无偿收回，抵押人与第三人就抵押财产发生任何纠纷，或者抵押财产被第三方查封、冻结、扣押、监管、留置、拍卖、强行占有、毁损或者进行其他处置，抵押人应当立即通知贷款人，并及时采取制止、排除或补救措施，防止损失扩大。若贷款人提出要求，抵押人应提供符合贷款人要求的新担保。

（2）抵押财产发生前项情形后的剩余部分仍作为贷款人债权的抵押担保。抵押人因上述原因取得的赔偿金或补偿金，应存入贷款人指定的账户。贷款人有权选择约定的任一方法对上述款项进行处理，抵押人应协助办理有关手续。

（3）抵押财产被列入拆迁范围的，抵押人应在知悉之日起 10 个工作日内书面通知借款人与贷款人。

抵押人获得交换产权作为补偿的，抵押人应就交换产权所得的房屋为贷款人在本合同项下债权重新设定抵押权。拆迁人对抵押人实行作价补偿的，贷款人有权选择约定的任一方法对上述价款进行处理，抵押人应协助办理有关手续。

35. 抵押人处分抵押财产如何限制

（1）未经贷款人书面同意，抵押人不得以任何方式处分抵押财产，包括但不限于放弃、赠予、转让、出租（包括原租赁合同到期后续租或修改租赁合同）、出资、重复担保、迁移、改为公益用途、与其他物添附或改建、分割等。

（2）抵押人经贷款人书面同意处分抵押财产的，处分抵押财产而获得的价款或其他款项应当存入贷款人指定的账户。贷款人有权选择约定的任一方法对上述价款进行处理，抵押人应协助办理有关手续。

36. 抵押权如何实现

（1）借款人未足额履行本合同项下到期债务（包括依照本合同约定被宣布提前到期的债务），或违反本合同的其他约定，贷款人有权行使抵押权利。

（2）本条款“抵押财产清单”记载的或双方另行约定的抵押财产价值（暂定价值），无论是否记载于登记机关的登记簿，均不表明抵押财产的最终价值，其最终价值为处分抵押财产所得价款在扣除各项税费后的净额。

若以抵押财产抵偿贷款人债权的，上述暂定价值并不作为抵押财产抵偿贷款人债权的依据，届时抵押财产的价值应由双方协商一致或依法公平评估确定。

（3）贷款人处分抵押财产所得价款，在支付变卖或拍卖过程中的费用（包括但不限于保管费、评估费、拍卖费、过户费、税款、国有土地使用权出让金等）后，优先用于清偿抵押财产担保的债务，剩余价款退还抵押人。

（4）抵押人与借款人为同一人的，贷款人可以对抵押人的抵押财产之外的财产申请强制执行，且不以放弃抵押权或必须先处分抵押财产为前提条件。

（5）抵押人不得以任何方式（包括作为或不作为）妨碍贷款人实现抵押权。

（6）无论贷款人对本合同项下的债权是否拥有其他担保（包括但不限于保证、抵押、质押、保函、备用信用证等担保方式），不论上述其他担保何时成立、是否有效、不论其他担保是否由借款人自己所提供、贷款人是否向其他担保人提出权利主张，也不论是否有第三方同意承担本合同项下的全部或部分债务，抵押人在本合同项下的担保责任均不因此减免，贷款人均可直接要求抵押人依照本合同约定在其担保范围内承担担保责任，抵押人不提出任何异议。

（7）如果抵押人只对本合同项下的部分债务提供担保，则抵押人同意，即使因借款人清偿、贷款人实现其他担保权利或任何其他原因导致本合同项下的债务部分消灭，抵押人仍应按照本合同的约定在担保范围内对尚未消灭的债务承担担保责任。

（8）如果抵押人只对本合同项下的部分债务提供担保，且在其承担担保责任后本合同项下的债务仍未获完全清偿，则抵押人承诺，其向借款人或其他担保人主张（包括预先行使）代位权或追偿权，不应使贷款人利益受到任何损害，并同意本合同项下债务的清偿优先于抵押人代位权或追偿权的实现。

具体而言，在贷款人债权未被全部清偿前：

①抵押人同意不向借款人或其他担保人主张代位权或追偿权。如因任何原因，抵押人实现了上述权利，则应将所获款项优先用于清偿贷款人尚未获偿的债权。

②本合同项下的债务如有物的担保，抵押人同意不以行使代位权为由或任何其他原因对该担保物或其处分后所得价款提出权利主张，上述担保物及所得价款应优先用于清偿贷款人尚未获偿的债权。

③若借款人或其他担保人为抵押人提供了反担保，则抵押人基于上述反担保而获得的款项应优先用于清偿贷款人尚未获偿的债权。

（9）如果本合同项下借贷合同关系被确认为不成立、不生效、无效或部分无效、被撤销、被解除，且抵押人与借款人不是同一人，则抵押人对于借款人因返还财产或赔偿损失而形成的债务也承担连带责任。

（10）抵押人已充分认识到利率风险。如果贷款人根据本合同的约定或者国家的利率政策变化而调整利率水平、计息或结息方式，导致借款人应偿还的利息、罚息、复利增加的，对增加部分，抵押人也承担担保责任。

37. 抵押人违约责任及处理如何约定

（1）抵押人违反本合同的任一约定或陈述与保证的事项存在任何虚假、错误、遗漏，贷款人有权采取以下一项或多项措施：

①要求抵押人限期纠正违约行为。

②要求抵押人提供新的担保。

③要求抵押人赔偿损失。

④处分抵押财产。

⑤法律许可的其他救济措施。

（2）贷款人有权选择约定的任一方法对处分抵押财产所得价款进行处理，抵押人应协助办理有关手续。

（3）如果因抵押人过错导致抵押权未有效设立，或者导致抵押财产价值减少，或者导致贷款人未及时且充分实现抵押权，且其与借款人不是同一人，贷款人有权要求抵押人对借款人在本合同项下的债务承担连带责任。

38. 贷款人违约责任与处理如何约定

如果贷款人因过错遗失抵押人交付的抵押财产权利证书，或者本合同项下债务清偿完毕，贷款人不及时返还抵押财产权利证书或在抵押人提出申请后不依法协助办理抵押登记注销手续，抵押人有权相应采取以下措施：

（1）要求贷款人承担抵押财产权利证书的补办费用。

（2）要求贷款人限期返还抵押财产的权利证书，或依法协助抵押人注销抵押财产登记。

39. 质押如何设定

出质人以本合同“质押权利清单”所列之权利设定质押。

如果“质押权利清单”记载的权利与贷款人实际接受的权利凭证、质权证书或质押证明文件或登记机关质押登记簿所表明的权利不一致的，贷款人实际接受的权利凭证、质权证书或质押证明文件或登记机关质押登记簿所表明的权利为质押权利。

若质押权利因故换发新的所有权或其他权利证书（明），导致“质押权利清单”或者贷款人收执的质权证书或质押证明文件与上述新的权利证书（明）或登记机关的登记簿相关记载不一致的，出质人不得以此为由拒绝承担担保责任。

出质人应以最大的谨慎维持质押权利的有效性和价值，防止因为超过规定的期限或任何其他事由导致质押权利失效或贬值。质押权利价值增加，增加的部分仍作为贷款人债权的质押担保。

质押权利的孳息由贷款人收取。孳息作为质押权利的一部分用于贷款人债权的质押担保，但应优先用于清偿收取孳息的费用。

如果质押权利或其项下动产因第三人行为或者自然因素而毁损、灭失、被侵害、价值减少，或质押权利或其项下动产权属发生争议或权利证书（明）被注销，出质人均应立即通知贷款人，并应按照贷款人要求提供新的担保。

40. 质押担保范围有哪些

质押担保的范围包括本合同约定的借款本金及利息（包括复利和罚息）、违约金、赔偿金、借款人应向贷款人支付的其他款项、贷款人实现债权和质权而发生的费用（包括但不限于诉讼费、仲裁费、律师代理费、财产保全费、差旅费、执行费、评估费、拍卖费、公证费、送达费、公告费、邮寄费等）。

41. 质押权利如何登记或交付

（1）依法需要办理质押登记（含记载、备案）的，出质人应于本质押条款签订后在贷款人要求的时限内到相应的登记部门办理质押登记。出质人应于质押登记完成当日将质权证书、质押登记文件正本原件及其他权利证书交贷款人持有。

（2）依法不需要办理质押登记的，出质人应于本质押条款签订后在贷款人要求的时限内将质押权利的凭证交付给贷款人。依法需要背书的，出质人应在权利凭证上完成背书后交付贷款人。

（3）质权的实现需要第三方履行义务的，出质人应当将质押事实书面通知该第三方。

42. 质押权利出现第三方妨碍如何约定

（1）国家或者其他第三方对质押权利或其项下动产进行注销、没收、强制收回、查封、冻结、扣押、监管、扣划、留置、拍卖、强行占有、毁损，出质人知悉后应当立即通知贷款人，并及时采取必要的措施，防止损失扩大，如果贷款人提出要求，出质人应提供符合贷款人要求的新担保。

（2）质押权利发生前项情形后的剩余部分仍作为贷款人债权的质押担保。出质人因上述原因取得的赔偿金、补偿金，应存入贷款人指定账户。贷款人有权选择下列①至④项约定的任一方法进行处理，出质人应协助办理有关手续：

①经贷款人同意，用于修复质押权利项下的动产，以恢复该动产价值。

②清偿或提前清偿本合同项下债务本息及相关费用。

③按照贷款人要求转为动产质押或权利质押，用于担保本合同项下的债务。

④出质人提供符合贷款人要求的新的担保后，由出质人自由处分。

43. 质押权利先于借贷合同关系项下债务到期如何约定

如质押权利存在兑现或提货日期，并且该日期先于借贷合同关系项下债务到期日的，贷款人有权在借贷合同关系项下债务到期日之前要求兑现或提货。所兑现资金或提取的动产应存放于贷款人指定的账户或场所。贷款人有权选择下列各种方法进行处理，出质人应协助办理有关手续：

（1）将提取的动产代替质押权利用于质押或抵押。

（2）将兑现的资金，或者提取动产进行变卖或拍卖所得的价款，用于清偿或提前清偿质押权利担保的债务，或者按照贷款人要求转为动产质押或权利质押，用于担保本合同项下的债务。

（3）出质人提供符合贷款人要求的新的担保后，由出质人自由处分兑现的资金或提取的动产。

44. 质权的实现如何约定

（1）借款人不履行本合同项下到期债务（包括依照本合同约定被宣布提前到期的债务），或违反本合同的其他约定，贷款人有权行使质权。

（2）本合同“质押权利清单”记载的或双方另行约定的质押权利价值（暂定价值），均不表明质押权利的最终价值，其最终价值为处分质押权利所得价款在扣除各项税费后的净额。

若以质押权利抵偿贷款人债权的，上述暂定价值并不作为质押权利抵偿贷款人债权的依据，届时质押权利的价值应由双方协商一致或依法公平评估确定。

（3）贷款人实现质押权利所得价款，在支付变卖或拍卖过程中的费用（包括但不限于保管费、评估费、拍卖费、过户费、税款等）后，优先用于清偿质押权利所担保的债务，剩余价款退还出质人。

（4）出质人与借款人为同一人的，贷款人可以对出质人的质押权利之外的财产申请强制执行，且不以放弃质权或先处分质押权利为前提条件。

（5）出质人不得以任何方式（包括作为或不作为）妨碍贷款人实现质权。

（6）无论贷款人对本合同项下的债权是否拥有其他担保（包括但不限于保证、抵押、质押、保函、备用信用证等担保方式），不论上述其他担保何时成立、是否有效、不论其他担保是否由借款人自己所提供、贷款人是否向其他担保人提出权利主张，也不论是否有第三方同意承担本合同项下的全部或部分债务，出质人在本合同项下的担保责任均不因此减免，贷款人均可直接要求出质人依照本合同约定在其担保范围内承担担保责任，出质人不提出任何异议。

（7）如果出质人只对本合同项下的部分债务提供担保，则出质人同意，即使因借款人清偿、贷款人实现其他担保权利或任何其他原因导致本合同项下的债务部分消灭，出质人仍应按照本合同的约定在担保范围内对尚未消灭的债务承担担保责任。

（8）如果出质人只对本合同项下的部分债务提供担保，且在其承担担保责任后本合同项下的债务仍未获完全清偿，则出质人承诺，其向借款人或其他担保人主张（包括预先行使）代位权或追偿权，不应使贷款人利益受到任何损害，并同意本合同项下债务的清偿优先于出质人代位权或追偿权的实现。

具体而言，在贷款人债权未被全部清偿前：

①出质人同意不向借款人或其他担保人主张代位权或追偿权。如因任何原因，出质人实现了上述权利，则应将所获款项优先用于清偿贷款人尚未获偿的债权。

②本合同项下的债务如有物的担保，出质人同意不以行使代位权为由或任何其他原因对该担保物或其处分后所得价款提出权利主张，上述担保物及所得价款应优先用于清偿贷款人尚未获偿的债权。

③若借款人或其他担保人为出质人提供了反担保，则出质人基于上述反担保而获得的款项应优先用于清偿贷款人尚未获偿的债权。

（9）如果本合同项下借贷合同关系被确认为不成立、不生效、无效或部分无效、被撤销、被解除，且出质人与借款人不是同一人，则出质人对借款人因返还财产或赔偿损失而形成的债务与借款人承担连带责任。

（10）出质人已充分认识到利率风险。如果贷款人根据本合同的约定或者国家的利率政策变化而调整利率水平、计息或结息方式，导致借款人应偿还的利息、罚息、复利增加的，对增加部分，出质人也承担担保责任。

（11）出质人保证，质押权利的权利凭证真实、完整、合法、有效。如果贷款人实现质权须第三方履行义务（包括但不限于存单、仓单、提单、票据、应收账款质押），则出质人保证，该第三方不会主张抵销、留置或其他任何抗辩，且该第三方与出质人之间的任何约定不会限制贷款人质权的实现。

45. 质押权利凭证的返还如何约定

在质押权利担保的债务清偿完毕且出质人支付了本合同项下应由出质人承担的各项费用后，出质人有权要求贷款人及时与出质人共同办理质押登记注销手续，或要求贷款人返还质押权利凭证。贷款人返还质押权利凭证时，出质人应当场验收，如有异议应当场提出，否则视为出质人无异议。

46. 出质人违约责任如何约定

（1）出质人违反本合同的任一约定或陈述与保证的事项存在任何虚假、错误、遗漏，贷款人有权采取以下一项或多项措施：

①要求出质人限期纠正违约行为。

②要求出质人提供新的担保。

③要求出质人赔偿损失。

④处分质押权利。

⑤法律许可的其他救济措施。

（2）贷款人有权选择约定的任一方法对处分质押权利所得价款进行处理，出质人应协助办理有关手续。

（3）如果因出质人过错导致质权未有效设立，或者导致质押权利价值减少，或者导致贷款人未及时且充分实现质权，且其与借款人不是同一人，贷款人有权要求出质人对借款人在本合同项下的债务承担连带责任。

47. 贷款人违约责任如何约定

如果贷款人因故意或重大过失致使质押权利凭证毁损、灭失，出质人有权要求贷款人承担补办凭证的费用。

如在质押权利担保的债务清偿完毕且出质人支付了本合同项下应由出质人承担的各项费用后，贷款人不及时返还质押权利的凭证，或者不依法协助出质人办理质押登记注销，出质人有权要求贷款人及时返还被质押权利的凭证或依法协助办理质押登记注销手续。

48. 合同条款的变更担保人如何遵守

（1）如果贷款人与借款人协议变更合同其他条款（包括但不限于变更偿还币种、还款方式、贷款账号、还款账号、用款计划、还款计划、起息日、约定还款日、在债务履行期限不延长的情况下债务履行期限的起始日或截止日变更），担保人同意仍对变更后的本合同项下债务承担担保责任。

但未经担保人同意，贷款人与借款人协议延长债务履行期限或增加债权本金金额的，担保人仅依照担保条款的约定对变更前的合同债务承担担保责任。

（2）担保人的担保责任不因出现下列任一情况而减免：

①贷款人发生改制、合并、兼并、分立、增减资本、合资、联营、更名等情形。

②贷款人委托第三方履行其在本合同项下的义务。

（3）本合同项下债权转移给第三人的，担保人应协助贷款人及该第三人办理相应的担保变更手续。

（4）本合同项下债权或债务的转移行为未生效、无效、被撤销、被解除，担保人仍按照担保条款约定对贷款人承担担保责任。

49. 抵押人和出质人承担哪些费用

与抵押条款及抵押条款项下抵押财产有关的一切费用（包括但不限于占有、

管理、处置、登记、公证、保险、运输、仓储、保管、估价、维修、保养、拍卖、过户等费用），均由抵押人承担，双方另有约定的除外。

与质押条款及质押条款项下质押权利有关的一切费用（包括但不限于占有、管理、处置、登记、公证、保险、运输、仓储、保管、估价、维修、保养、拍卖、过户等费用），均由出质人承担，双方另有约定的除外。

50. 应付款项的划收如何约定

对于担保人在本合同项下的全部应付款项，贷款人有权从担保人在银行系统开立的任一账户中划收人民币或其他币种的相应款项，且无须提前通知担保人。

51. 担保人信用信息的使用如何约定

担保人为自然人的，担保人同意贷款人向中国人民银行个人信用信息基础数据库及信贷征信主管部门批准建立的个人信用数据库或有关单位、部门及个人查询担保人的信用状况，查询获得的信用报告限用于中国人民银行颁布的《个人信用信息基础数据库管理办法》规定用途。担保人还同意贷款人将担保人信用信息提供给中国人民银行个人信用信息基础数据库及信贷征信主管部门批准建立的个人信用数据库。

担保人为法人或其他组织的，担保人同意贷款人向中国人民银行及信贷征信主管部门批准建立的信用数据库或有关单位、部门查询担保人的信用状况，并同意贷款人将担保人信用信息提供给中国人民银行及信贷征信主管部门批准建立的信用数据库。

52. 公告催收如何约定

对担保人从事违法违规行为，拒不承担担保责任或发生其他违约情形，贷款人有权向有关部门或单位予以通报，有权通过新闻媒体进行公告催收。

53. 贷款人记录的证据效力如何约定

除非有可靠、确定的相反证据，贷款人有关本金、利息、费用和还款记录等内容的内部账务记载，贷款人制作或保留的借款人办理提款、还款、付利息等业务过程中发生的单据、凭证及贷款人催收贷款的记录、凭证，均构成有效证明本合同项下债权关系的确定证据。担保人不能仅因为上述记录、记载、单据、凭证由贷款人单方制作或保留，而提出异议。

54. 权利保留如何约定

贷款人在本合同项下的权利并不影响和排除其根据法律、法规和其他合同所享有的任何权利。任何对违约或延误行为施以任何宽容、宽限、优惠或延缓行使本合同项下的任何权利，均不能视为对本合同项下权利、权益的放弃或对任何违反本合同行为的许可或认可，也不影响、阻止和妨碍对该权利的继续行使或对其任何其他权利的行使，也不因此导致贷款人对担保人承担义务和责任。

即使贷款人不行使或延缓行使本合同项下的任何权利或未用尽本合同项下的任何救济，担保人在本合同项下的担保责任并不因此减免，但是贷款人若减免本合同项下债务，担保人在本合同项下的担保责任相应减免。

55. 担保人如发生不同情况如何约定

担保人如发生分立、解散、进入破产程序、被撤销、被注销工商登记、被吊销营业执照等情形，担保人均应立即通知贷款人。担保人发生解散或破产的，即使贷款人在本合同项下债权尚未到期，贷款人也有权参加担保人清算或破产程序，申报债权。

56. 担保人的陈述与保证如何约定

（1）担保人清楚地知悉贷款人的经营范围、授权权限。

（2）担保人已阅读本合同所有条款。应担保人要求，贷款人已经就本合同做了相应的条款说明。担保人对本合同条款的含义及相应的法律后果已全部通晓并充分理解。

（3）担保人具备作为担保人的合法资格，担保人在本合同项下的担保行为符合法律、行政法规、规章规定，担保人签署本合同或履行担保人在本合同项下的义务不违反担保人订立的任何其他协议。若担保人为法人或其他组织的，担保人在本合同项下的担保行为符合担保人章程或内部组织文件的规定，且已获得公司（机构、组织）内部有权机构及/或国家有权机关的批准。因担保人无权签署本合同而产生的一切责任均由担保人承担，包括但不限于全额赔偿贷款人因此遭受的损失。

（4）担保人提供给贷款人的全部资料、文件和信息均是真实、合法、准确、完整、有效的。

（5）担保人确认自己对借款人的资产、债务、经营、信用、信誉等情况是否具备签订本合同的主体资格和权限已经充分了解。

（6）抵押人、出质人各自保证：

①抵押人、出质人分别合法拥有用于抵押、质押的抵押财产或质押权利，并对之享有所有权或处分权，抵押财产或质押权利并非公益性质、禁止（或限制）流通与转让的财产或财产权利，不存在任何权属争议，也不存在任何未书面告知贷款人的瑕疵或负担，包括但不限于抵押财产或质押权利（或质押权利项下动产）被查封、被扣押、被监管、被出租、被留置、存在拖欠购置价款、维修费用、建设工程价款、国家税款、土地使用权出让金、损害赔偿金等情形或者抵押财产或质押权利已为第三人设定担保。

②抵押财产或质押权利不存在其他共有人，或者虽然存在其他共有人，但该担保行为已经获得其他共有人的书面同意。

第四节 个人借款合同违约责任条款

57. 违约情形有哪些

（1）借款人发生下列任一情况，均构成违约：

①借款人不按本合同约定按时足额偿还借款本息或其他应付款项。

②借款人未按合同约定用途使用贷款的。

③借款人向贷款人提供虚假的、无效的或不完整的信息、文件或资料的。

④借款人拒绝或阻碍贷款人对其收入或信用情况进行检查的。

⑤借款人死亡或被宣告死亡而其财产合法继承人不继续履行本合同的。

⑥借款人被宣告失踪，而其财产代管人不继续履行本合同的。

⑦借款人丧失民事行为能力，而其监护人不继续履行本合同的。

⑧借款人或其财产合法继承人受到行政或刑事处罚、卷入或即将卷入重大的诉讼或仲裁程序及其他法律纠纷，贷款人认为可能或已经对其偿债能力造成不利影响的。

⑨借款人低价转让、无偿转让或隐藏财产、减免第三方债务、怠于行使债权或其他权利，贷款人认为可能危及本合同项下债权安全的。

⑩借款人未履行对银行负有的其他到期债务，或贷款人发现借款人有其他拖欠债务的行为的。

⑪借款人的个人及资信情况或还贷能力出现其他重大变化（包括但不限于

国籍变更、住所地变更、婚姻情况变动、家庭财务状况恶化、收入降低、失业、重大疾病、拖欠其他债务等)，贷款人认为可能或已经对其偿债能力造成不利影响，且借款人未追加贷款人认可的担保的。

⑫借款人发生其他足以对其偿还债务能力造成不利影响的事件，或借款人明确表示或以其行为表明将不履行本合同项下的义务。

⑬借款人违反本合同约定的其他义务。

（2）保证期间内，保证人发生下列情况之一，借款人未提供符合贷款人要求的新的担保的，构成借款人违约：

①违反本合同任一约定或陈述与保证的事项存在任何虚假、错误、遗漏的。

②作为保证人的法人或其他组织发生承包、托管（接管）、租赁、股份制改造、减少注册资本金、投资、联营、合并、兼并、收购重组、分立、合资、（申请）停业整顿、申请解散、（被）申请破产、控股股东/实际控制人变更或重大资产转让、低价或无偿转让财产、减免第三方债务、怠于行使债权或其他权利、停产、歇业、被有权机关施以高额罚款、被注销登记、被吊销营业执照、法定代表人或主要负责人无法正常履行职责、涉及重大法律纠纷、生产经营出现严重困难或财务状况恶化，可能影响保证人承担保证责任的能力的。

③保证人拒绝贷款人对其资金和财产状况进行监督的。

④保证人向第三方提供超出其自身负担能力的担保的。

⑤保证人丧失或可能丧失保证能力的其他情形。

（3）抵押或质押期间内，抵押或质押发生下列情况之一，借款人未提供符合贷款人要求的新的担保的，构成借款人违约：

①因第三人行为、国家征收、没收、征用、无偿收回、拆迁、市场行情变化或任何其他原因导致抵押财产或质押财产（质押权利）毁损、灭失、价值减少。

②抵押财产或质押财产（质押权利）被查封、扣押、冻结、扣划、留置、拍卖、行政机关监管，或者权属发生争议。

③抵押人或出质人违反本合同任一约定或陈述与保证的事项存在任何虚假、错误、遗漏的。

④可能危及贷款人抵押权或质权实现的其他情形。

（4）担保未生效、无效、被撤销、被解除，担保人违约或者明确表示或以其行为表明将不履行其担保责任，或担保人出现部分或全部丧失担保能力、担保物价值减少等贷款人认为可能危及本合同项下债权安全的其他情形，借款人未按贷款人要求提供新的担保的，视为借款人违约。

58. 违约救济措施有哪些

出现上述任一违约情形，贷款人有权行使下述一项或几项权利：

（1）停止发放本合同项下的借款。

（2）宣布贷款立即到期，要求借款人立即清偿借款本息及相关费用。

（3）解除与借款人的借贷关系。

（4）向借款人收取违约金，具体约定见本合同第三十九条。

（5）借款人未按合同约定用途使用贷款的，对借款人挪用的部分，自未按合同约定用途使用借款之日起至本息全部清偿之日止按本合同约定规则计算出的挪用罚息利率和约定的结息方式计收罚息和复利。

（6）对于借款人未按时还清的任意一期借款本金和利息（包括被贷款人宣布全部或部分到期的借款本金和利息），自借款逾期之日起至拖欠本息全部清偿之日止，按本合同约定规则计算出的借款逾期罚息利率和约定的结息方式计收罚息和复利。对于既逾期又未按本合同约定用途使用借款的，择较重者计收罚息和复利，不予并处。

（7）本合同项下执行浮动利率的借款，借款人存在不按期足额还清借款本息情形的，贷款人有权对借款人尚未归还的全部借款上浮贷款利率、罚息利率，具体按贷款人制定的利率定价标准执行。

（8）从借款人在银行系统开立的任何账户上划收任何币种的款项用于抵偿借款人应付款项。

（9）要求借款人限期纠正违约行为并赔偿相应损失。

（10）要求借款人对本合同项下所有债务提供符合贷款人要求的新的担保。

（11）行使担保权利。

（12）委托第三方或通过任何公众媒体发布公告等方式进行催收或追偿。

（13）以法律手段追偿借款本息及由此产生的一切费用。

（14）有权采取的其他救济措施。

第五节 个人借款合同其他约定条款

59. 两个以上借款人如何约定

如本合同有两个以上（含两个）借款人，则各借款人应就本合同项下全部合同义务承担连带责任，即贷款人有权要求任何一个借款人履行全部合同义务。

60. 借款人与售房人就房产有关问题如何约定

本合同履行期间，借款人与售房人就房产有关质量、条件、权属或其他事宜发生的任何纠纷，均与贷款人无关，本合同仍应正常履行。

借款人与售房人签订的商品房买卖合同被确认无效或被撤销、被解除的，借款人仍应承担本合同项下的还款义务，借款人及其继承人或受遗赠人应将售房人返还的已付购房款及利息、售房人支付的赔偿损失款项，用于清偿本合同项下的债务。

借款人如请求确认其与售房人签订的商品房买卖合同无效或变更、撤销、解除该合同的，应提前 10 个工作日书面通知贷款人，贷款人有权在上述合同被确认无效或变更、撤销、解除后，根据情况单方面解除与借款人的借贷关系、宣布贷款立即到期或采取其他相应措施。

贷款人依上款约定解除与借款人的借贷关系后，借款人应当立即返还其所欠贷款人的贷款本金、利息、罚息及实现债权的费用，或委托售房人直接将上述款项归还贷款人。若借款人未能履行归还义务，贷款人保留提起诉讼的权利。

61. 借款人与抵押人相同的如何约定

本合同项下借款人与抵押人相同的，借款人同意贷款人在保证人履行完毕保证义务后，有权将借款人交付的相关证书、资料原件及复印件交付于保证人，借款人保证对该交付行为无异议。

62. 费用如何承担

除合同另有约定外，本合同项下与借款有关的登记、评估、保管、鉴定、公证、律师服务、保险等费用（如有）以及依据法律法规规章规定贷款人可以向借款人收取的费用，由借款人承担。

贷款人为实现债权而实际发生的全部费用（包括但不限于诉讼费、仲裁费、财产保全费、差旅费、执行费、评估费、拍卖费、公证费、送达费、公告费、律师费等）均由借款人承担。

63. 公告催收如何约定

对借款人从事违法违规行为，拖欠借款本息或发生其他违约情形，贷款人有权向有关部门或单位予以通报，有权通过新闻媒体进行公告催收。

64. 贷款人记录的证据效力如何约定

除非有可靠、确定的相反证据，贷款人有关本金、利息、费用和还款记录等内容的内部账务记载，贷款人制作或保留的借款人办理提款、还款、付利息等业务过程中发生的单据、凭证及贷款人催收贷款的记录、凭证，均构成有效证明借贷双方之间债权债务关系的确定证据。借款人不能仅因为上述记录、记载、单据、凭证由贷款人单方制作或保留，而提出异议。

65. 借款人信用信息的使用如何约定

借款人同意贷款人向中国人民银行个人信用信息基础数据库及信贷征信主管部门批准建立的个人信用数据库或有关单位、部门及个人查询借款人的信用状况，查询获得的信用报告限用于中国人民银行颁布的《个人信用信息基础数据库管理办法》规定用途。借款人还同意贷款人将借款人信用信息提供给中国人民银行个人信用信息基础数据库及信贷征信主管部门批准建立的个人信用数据库。

66. 权利保留如何约定

贷款人在本合同项下的权利并不影响和排除其根据法律、法规和其他合同所享有的任何权利。对违约或延误行为施以任何宽容、宽限、优惠或延缓行使本合同项下的权利，均不能视为对本合同项下权利、权益的放弃或对任何违反本合同行为的许可或认可，也不限制、阻止和妨碍对该权利的继续行使或对其任何其他权利的行使，也不因此导致贷款人对借款人承担义务和责任。

67. 借款人的陈述与保证如何约定

（1）借款人清楚地知悉贷款人的经营范围、授权权限。

（2）借款人已阅读本合同所有条款。应借款人要求，贷款人已经就本合同做了相应的条款说明。借款人对本合同条款的含义及相应的法律后果已全部通晓并充分理解。

（3）借款人有权签署本合同。

68. 合同争议解决方式如何约定

凡因本合同引起的或与本合同有关的任何争议，可以通过协商解决，提交仲裁委员会，按照申请仲裁时该会现行有效的仲裁规则进行仲裁。仲裁裁决是终局的，对双方均有约束力。协商不成，向贷款人住所地人民法院起诉。

在诉讼或仲裁期间，本合同不涉及争议部分的条款仍须履行。

69. 合同的生效如何约定

（1）本合同除担保条款以外条款满足以下条件后生效：

①借款人或其授权代理人签字。

②贷款人负责人或授权代理人签字（或盖个人名章）并加盖公章（或合同专用章）。

（2）本合同保证条款、担保人通用条款、合同争议解决方式条款、合同的变更条款、通知条款及合同份数条款满足以下条件后对保证人和贷款人生效：

①保证人为自然人的，经保证人或其授权代理人签字。保证人为法人或其他组织的，经其法定代表人（负责人）或授权代理人签字或加盖公章。

②贷款人负责人或授权代理人签字（或盖个人名章）或加盖公章（或合同专用章）。

（3）本合同抵押条款、担保人通用条款、合同争议解决方式条款、合同的变更条款、通知条款及合同份数条款满足以下条件后对抵押人和贷款人生效：

①抵押人为自然人的，经抵押人或其授权代理人签字。抵押人为法人或其他组织的，经其法定代表人（负责人）或授权代理人签字或加盖公章。

②贷款人负责人或授权代理人签字（或盖个人名章）或加盖公章（或合同专用章）。

（4）本合同质押条款、担保人通用条款、合同争议解决方式条款、合同的变更条款、通知条款及合同份数条款满足以下条件后对出质人和贷款人生效：

①出质人为自然人的，经出质人或其授权代理人签字。出质人为法人或其他组织的，经其法定代表人（负责人）或授权代理人签字或加盖公章。

②贷款人负责人或授权代理人签字（或盖个人名章）或加盖公章（或合同专用章）。

70. 合同的变更如何约定

本合同生效后，如需变更，经当事方协商一致，须另行签订变更协议。本合同另有约定的除外。

71. 如何传递给其他各方的通知

本合同任何一方当事人传递给其他各方的通知，须按本合同所列的通讯地址、联系电话或其他联系方式进行。

借款人、担保人通讯地址、联系方式如有变动，应于发生变动之日起五个工作日内以书面形式通知其他各方，因未及时通知而造成的损失由变动方承担。贷款人发生需通知借款人、担保人的事项时，也可采用在贷款人网点张贴公告、网上银行、电话银行、手机银行、短信和微信等方式通知。

72. 合同份数如何约定

合同份数根据实际需要约定，本合同一式几份，具有同等法律效力。

第六节　个人借款合同特别签订条款

73. 合同编号确认

合同编号可为银行英文或拼音缩写加年份及序号（XXXXYH2010G0001），与《个人（　）借款合同（保证□　抵押□　质押□　担保合同）》是不可分割的组成部分。

74. 立约人信息

（1）共同借款人信息

借款人姓名 / 信息项目		
身份证件名称及号码		
住所（户籍所在地）		
通讯地址及邮政编码		
联系电话及微信号		
其他信息		

（2）贷款人信息

贷款人：××××银行股份有限公司（××支行）

住所：

通讯地址及邮政编码：

联系电话：　　　　其他信息：

（3）共同保证人信息

保证人姓名（或名称） 信息项目		
身份证件名称及号码		
住所（户籍所在地）		
通讯地址及邮政编码		
联系电话及微信号		
（法人或其他组织的） 法定代表人或负责人姓名		
其他信息		

（4）共同抵押人信息

抵押人姓名（或名称） 信息项目		
身份证件名称及号码		
住所（户籍所在地）		
通讯地址及邮政编码		
联系电话及微信号		
（法人或其他组织的） 法定代表人或负责人姓名		
其他信息		

（5）出质人信息

出质人姓名（或名称） 信息项目		
身份证件名称及号码		
住所（户籍所在地）		
通讯地址及邮政编码		
联系电话及微信号		
（法人或其他组织的） 法定代表人或负责人姓名		
其他信息		

75. 对借款用途的约定

借款人应将借款用于什么，未经贷款人书面同意，借款人不得改变借款用途。

76. 对借款金额的约定

借款人借款本金为人民币（大写）____________元。¥________元。

77. 对借款期限的约定

借款期限为（大写）____个月（即　年　月　日至　年　月　日）。

78. 对贷款利率的约定

本合同项下的贷款利率为____（月/年）利率，执行下列第____种：

壹：固定利率，即在借款期限内，贷款利率保持不变。根据人民银行利率政策和现行基准利率，固定利率约定为____，若本合同签订后贷款发放前，人民银行调整基准利率或利率政策发生重大变化时，该利率需进行重新约定。

贰：固定利率，即起息日基准利率____（上浮/下调）____，在借款期限内，该利率保持不变。

叁：浮动利率，即在基准利率水平上________（上浮/下调）____。该利率自起息日起至贷款本息全部清偿之日止依据利率调整日当日的基准利率及上述上浮/下调幅度，在本合同约定的每个利率调整日调整一次。

肆：其他，____________。

79. 对罚息利率的约定

（一）借款人未按本合同约定用途使用借款的，罚息利率为在本合同所执行贷款利率的水平上上浮____%。贷款利率按照本条第一款约定调整的，罚息利率根据调整后的贷款利率及上述上浮幅度同时进行相应调整。

（二）本合同项下借款逾期的，罚息利率为在本合同所执行贷款利率的水平上上浮____%。贷款利率按照本条第一款约定调整的，罚息利率根据调整后的贷款利率及上述上浮幅度同时进行相应调整。本合同中借款逾期是指借款人未在本合同约定的时限前足额偿还任意一期借款本息的行为。

80. 对利率调整的约定

本合同所称基准利率是指中国人民银行公布施行的同期同档次贷款利率。如果中国人民银行不再公布同期同档次贷款利率，基准利率是指银行同业公认的同期同档次贷款利率。如无此银行同业公认的贷款利率，则基准利率是指贷款人公布的同期同档次贷款利率，双方另有约定的除外。本合同项下首次发放借款时，基准利率按借款起息日的基准利率确定。本合同项下贷款利率或罚息利率依本条约定调整时，基准利率按利率调整日当日的基准利率确定。

本合同项下贷款的利率调整日按下列第____种方法确定：

壹：于每年的1月1日调整。

贰：________________。

如按照中国人民银行调整后的新利率政策，对于贷款利率商业银行在一定幅度内可自行决定适用标准的，贷款人有权在该规定幅度内选择某一利率标准适用于本合同，借款人同意遵守该标准，按该标准履行义务。

81. 对借款发放与支用的约定

（1）发放借款的前提条件。

除贷款人全部或部分放弃外，只有满足下列前提条件，贷款人才有义务发放借款：

①本合同设有担保的，符合贷款人要求的担保已生效且持续有效。

②借款人没有发生本合同所约定的任一违约事项。

③法律、法规、规章或有权部门不禁止且不限制贷款人发放本合同项下的借款。

④贷款人与借款人约定的其他发放借款的前提条件：____________。

（2）贷款人在借款人满足上述放款前提条件后，将款项划入下列第________项约定的账户：

壹：借款人在贷款人开立的活期存款账户，账户户名：____________，账号：____________，划入金额：____________。

贰：____________（商户）在贷款人开立的存款账户，账户户名：____________，账号：____________，划入金额：____________。

叁：____________。

82. 对还款的约定

（1）约定还款日为：____________。

（2）借款人选取下列第________种方式还款：

壹：柜面还款方式。

贰：委托扣款方式。

叁：其他约定为：________。

（3）借款人的还款方法为：________。

（4）关于提前还本违约金的约定为：________。

（5）关于缩短借款期限违约金的约定为：________。

83. 对担保方式的约定

本合同项下担保方式为以下第____种：

壹：保证。

贰：抵押。

叁：质押。

肆：________。

84. 对保证期间的约定

关于保证期间的约定为以下第____种：

壹：保证期间为本合同保证条款生效之日起至本合同项下借款人的债务履行期限届满之后两年止。如合同项下债务分期履行的，则每期债务的保证期间均至合同项下最后一期债务履行期限届满之日后两年止。贷款人与借款人就合同项下债务履行期限达成期限变更协议的（如为债务展期，应经保证人同意），保证期间至双方约定的新的债务履行期限届满之日后两年止。若贷款人根据合同约定，宣布债务提前到期的，保证期间至贷款人宣布的债务提前到期日后两年止。

贰：保证期间为本合同保证条款生效之日起至抵押登记已办妥且抵押财产的他项权利证书、抵押登记证明文件正本及其他权利证书交由贷款人核对无误、收执之日止。

叁：________________。

85. 对抵押财产清单和保险的约定

（1）本合同项下的抵押财产清单如下：

抵押财产清单

抵押财产名称	权属证书及其他有关证书编号	处所	面积或数量（平方米）	抵押财产的价值（元）	已经为其他债权设定抵押的金额（元）	备注

（2）本合同项下的抵押财产保险的约定为：____________。

86. 对质押权利清单的约定

本合同项下的质押权利清单如下：

质押权利清单

质押权利名称	权利凭证及其他有关证书编号	面值（价值）	数量	权利到期日	已经为其他债权设定质押的金额（元）	付款人或交货人	备注

87. 对担保人的约定

保证人与贷款人约定的其他条款为：____________。
抵押人与贷款人约定的其他条款为：____________。
出质人与贷款人约定的其他条款为：____________。

88. 对违约金的约定

本合同违约金的计收方法为：____________。

89. 对借款人与贷款人的其他约定

借款人与贷款人约定的其他条款为：
（1）____________________________。
（2）____________________________。

90. 对合同争议的约定

凡因本合同引起的或与本合同有关的任何争议，可以通过协商解决，协商不成，按以下第____种方式解决：

壹：向贷款人住所地人民法院起诉。

贰：提交____仲裁委员会（仲裁地点为________），按照申请仲裁时该会现行有效的仲裁规则进行仲裁。仲裁裁决是终局的，对双方均有约束力。

在诉讼或仲裁期间，本合同不涉及争议部分的条款仍须履行。

91. 对合同份数的约定

本合同一式____份，具有同等法律效力。

92. 立约人签章

<table>
<tr><td>借款人或其授权代理人（签字手印）：
共同借款人（签字手印）：
年 月 日</td></tr>
<tr><td>贷款人（公章或合同专用章）：
负责人或授权代理人（签字盖个人名章）：
年 月 日</td></tr>
<tr><td>保证人为自然人的：
共同保证人或其授权代理人（签字手印）：
保证人为法人或其他组织的：
保证人（公章）：
法定代表人（负责人）或授权代理人（签字盖个人名章）：
年 月 日</td></tr>
<tr><td>抵押人为自然人的：
共同抵押人或其授权代理人（签字）：
抵押人为法人或其他组织的：
抵押人（公章）：
法定代表人（负责人）或授权代理人（签字）：
年 月 日</td></tr>
<tr><td>出质人为自然人的：
出质人或其授权代理人（签字）：
出质人为法人或其他组织的：
出质人（公章）：
法定代表人（负责人）或授权代理人（签字）：
年 月 日</td></tr>
</table>

第五章　银行企业贷款管理

第一节　企业贷款管理的目的和原则

1. 企业贷款管理的目的和依据是什么

为了加强企业贷款管理，防范信贷风险，推动企业贷款业务健康快速发展，根据国家相关法律法规和本行《信贷管理办法》等相关规章制度，制定本行《企业贷款管理办法》，作为企业贷款业务管理的依据。

2. 什么是企业贷款

企业贷款是指企业为了生产经营的需要，向银行申请按照规定利率和期限的一种借款方式。企业贷款包括贷款、银行承兑汇票等各类表内外授信业务。

3. 企业贷款业务遵循什么原则

企业贷款业务遵循以下原则：企业贷款用途合法合规，不得用于股权等权益性投资，不得用于国家禁止生产、经营的领域和用途，不得挪用。

第二节　企业授信管理

4. 企业授信的原则是什么

企业授信应本着调查、评级、授信同时进行的原则，提升授信效率。

5. 借款人授信的条件有哪些

（1）在本行开立基本存款账户或其他结算账户，在本行拥有一定的结算业务。

（2）借款人遵纪守法，信誉良好，借款人及主要股东和现任高级管理人员均无不良信用记录。

（3）借款人经营状况及财务状况良好，具有按期偿还贷款本息的能力。

（4）贷款用途符合国家法律、法规及有关政策规定。

（5）借款人生产经营正常，产品有一定的市场。

（6）需进行信用评级的，达到规定标准。

（7）贷款人要求的其他条件。

6. 授信贷款用途有哪些

企业贷款只能用于借款人在生产经营、商品销售、项目投资等经营活动中的流动资金周转和小型固定资产的购建等，不得用于国家法律、法规明文禁止的产品和项目。

7. 授信贷款期限有多长

企业贷款期限应符合企业借款人现金流量的特点，短期流动资金贷款期限一般不超过 1 年，中长期流动资金贷款期限一般不超过 3 年，其他固定资产投资贷款期限不超过 5 年。

8. 企业申请授信贷款应提供哪些资料

企业申请授信贷款，应提供以下资料：

（1）营业执照（正副本及复印件）和年检证明、法人代码证书（正副本）、税务登记证（国税、地税）、公司章程、开户许可证等。

（2）法定代表人及主要股东或实际控制人身份证明及其他必要的信息。

（3）企业近三年的资产负债表、现金流量表、损益表或能够反映企业资产、负债及经营情况的基本信息资料，成立不足三年的客户，提交自成立以来的年度财务报表或基本信息资料。

（4）借款人无真实财务报表的，须提供能够反映企业真实经营情况的证明材料，证明材料包括但不限于以下资料：进货单、运输单据、保险单据、交货单、汇款凭证、纳税单据等。

（5）借款人现有债务及对外担保情况。

（6）董事会成员和主要负责人、财务负责人名单和签字样本等。

（7）公司董事会或股东会等最高决策机构同意贷款的决议（原件）。

（8）贷款业务由授权委托人办理的，需提供客户法定代表人授权委托书（原件）。

（9）抵（质）押物权属证明（复印件）。

（10）抵（质）押物所有人资料及同意担保的决议（原件）。

（11）特殊行业的企业还需提供有权批准部门颁发的特殊行业生产经营许可证或企业资质等级证书。

（12）在本行开立账户，自愿接受本行信贷监督和结算监督。

（13）申请票据贴现，必须持有合法有效的票据。

（14）贷款人要求的其他资料。

9. 对于中长期项目授信还须提供哪些资料

对于中长期项目授信，还必须提供项目可行性研究报告、有关部门批准同意项目建设文件、项目预算、预计资金来源及使用情况、预计的资产负债情况、损益情况、项目建设进度及营运计划等。

第三节 企业贷款申请

10. 如何受理贷款申请

客户经理针对拟贷款企业情况填制调查受理登记簿，须记录企业贷款信息、所属行业信息以及是否满足本行贷款发放条件等情况。

11. 如何做好贷款申请的接待工作

客户经理对申请人应本着认真负责的态度做好接待工作，未经严格审核不得以任何理由推脱。对拒贷的项目，应有详细的拒贷理由，并做好耐心细致的解答工作。

12. 谁对贷款申请资料的真实性负责

客户经理在接到客户的申请后，应要求客户提供相关资料，客户经理应认真核对资料的真实性，核实后加盖“与原件核对无误”章，客户经理签字确认。客户经理对客户提供资料的真实性负第一责任。

13. 如何核对贷款申请资料

客户提供相关的资料后，客户经理要认真进行分析，就贷款用途、期限、还款来源、担保情况等进行初步审核，经初审后发现贷款存在不清楚的事项，可要求客户补充资料或做出解释说明。

第四节　企业贷款调查

14. 如何对贷款客户进行调查

（1）客户经理对客户情况进行初审后，认为项目可行的，应在 3 个工作日内进行调查，对客户调查应以实地调查为主，并由两名客户经理共同完成。

（2）实地调查应根据借款人实际经营特点设计调查方案，着重就借款人第一还款来源及现金流进行调查。

（3）对借款人调查应实行全方位调查了解，包括企业财务信息与企业非财务信息。

15. 企业财务信息主要收集哪些信息

企业财务信息主要收集以下信息：

（1）能反映企业真实经营情况的近 3 年及最近一期财务报表，包括资产负债表、损益表、现金流量表（新成立企业只需提供近期财务报表）。

（2）企业近期资产构成及资产质量。

（3）企业近期负债构成及负债水平。

（4）企业现金流情况。

16. 着重调查企业什么情况

对企业财务情况调查，应着重调查了解企业第一还款来源情况，企业第一还款来源的判断应主要依据借款用途，根据交易对手的履约能力、借款人履约能力等进行综合分析判断。

17. 除对企业第一还款来源调查外还应该了解哪些情况

除对企业第一还款来源调查了解外，还应该了解企业其他还款来源情况，包括主要股东或实际控制人个人资产负债情况、收入情况等，适当考虑关联公司的收入情况，以及资产处置、投资收益等。

18. 如何多方面对企业进行调查了解

如企业财务报表无法反映真实经营情况，客户经理调查时可不单纯依靠企业财务报表来对企业进行分析判断，可要求企业提供与生产经营活动有关的证明资料，多方面对企业进行调查了解，对影响客户财务状况或未来发展的因素也要进行详细了解。

（1）与企业生产经营活动有关的证明资料主要包括企业近一年的进货单、出货单、采购汇款单、交货确认单、水电费清单、业务流水清单、纳税清单或退税清单、销售收入流水或回款凭证、其他公用事业收费清单等，通过对证明资料的真实性及与销售的相关性进行分析汇总后，对企业实际经营情况进行判断。必要时可以通过对方交易对手来了解企业所提供单据的真实性，客户经理也可根据企业提供的资料编制企业资产负债表或现金流量表。

（2）其他非财务信息主要包括以下信息：

①公司主要股东及关键管理人员的知识水平、受教育情况、从业经历、品行、健康状况等。

②借款人及主要股东或实际控制人的主要资产、投资、负债、收入支出、资信等情况，个人征信情况，以及客户在工商、税务等部门的信用记录，客户在过去的商业履约记录等。

③产品出入库情况及管理规范程度。

④客户主要技术水平，同行业技术水平，关键设备的技术水平，主要技术人员的从业经历等。

⑤公司员工数量、工资水平。

⑥公司主要销售渠道、客户集中度、长期合作客户数量及销售量。

⑦其他能够反映公司真实经营情况的资料。

19. 对借款人的调查还可从哪些渠道获取情况

对借款人的调查了解还可从其他公开渠道获取，如社会征信系统、社会中介机构、政府部门等。客户经理应及时调查借款人其他银行融资情况，包括主要股东及实际控制人贷款情况、信誉情况等。

20. 对流动资金贷款还应考察企业哪些情况

对流动资金贷款，应着重考察企业销售渠道是否稳定，销售网络是否健全，销售环节财务管理有无重大漏洞，上游供货商是否具有稳定的供货关系，市场同业竞争情况，销售回款情况等。存货及应收账款周转是否合理，申请贷款的贸易背景是否真实，回款是否有保障等。

21. 对固定资产投资贷款应重点审查企业哪些情况

对固定资产投资贷款，应重点审查企业的项目可行性、项目合法性、项目预算及自有资金投入情况，分析企业未来现金流量及市场可能的变化情况等。

22. 如何对借款用途调查

调查借款是否用于公司正常经营活动，贷款使用是否可能投入国家禁止建设项目，流动资金申请是否用于固定资产，资金需求缺口是否合理，流动资金所依据的合同是否真实有效，必要时可由对方出具确认函。

23. 如何对担保方式调查

担保方式调查应着重调查该担保方式能否保证贷款安全。采用抵押或质押方式的，抵（质）押物能否自由转让，价值是否稳定，抵（质）押率是否合理，抵（质）押物市场需求大小等。采用保证方式的，应重点调查保证人是否具有保证能力，保证是否合法合规，保证人未来保证能力的变化等。

（1）以房地产抵押的，应着重就周边房地产市场行情、商业发展情况、房产用途、租金等进行调查。

（2）以其他资产担保的，应着重调查该资产市场价格、成新率、该资产市场需求、设备是否为通用设备。

（3）以第三方保证的，应就保证人保证能力进行重点调查，包括保证人经营情况、资产负债情况、履约记录等。

24. 谁对企业所提供的材料的真实性负责

客户经理对收集到的信息应认真核实，确保信息的准确性与完整性。客户经理应对企业所提供的材料的真实性负责，并按实地调查落实原则，对重要信息进行核实并签字确认。

25. 对调查人员有什么要求

对借款人进行实地调查应实行双人调查制，对关系人申请的授信业务，授信人员应申请回避。信贷调查人员对调查结果实行双签制。

26. 调查工作的原则是什么

客户经理在调查工作中应本着客观、公正、公开、诚实守信的原则进行调查及审批，不受人为、外部因素干扰。

27. 调查报告包括哪些内容

客户经理调查后，应出具调查报告，调查报告应包括但不限于下列内容：借款人基本情况、主要股东构成、主营业务、贷款用途、财务状况、还款来源、现金流、信誉情况、担保情况等并进行详细分析，出具风险分析意见及调查结论。

28. 调查报告撰写的原则是什么

调查报告要本着精练、适用和标准化的原则撰写。在向同一客户多次授信时，经确认，客户资信未发生明显改变的，贷款基础资料可适当从简。

第五节　企业贷款授信审批

29. 贷款审查应从哪几个方面进行

贷款审查应主要从以下几个方面进行：产业状况、企业概况、经营管理、财务状况、偿债能力和担保方式等。

（1）产业状况调查。

产业状况调查及分析的主要目的是评估产业风险。

①企业主营业务所属产业类别。

②宏观经济环境，宏观经济发展与企业所属产业发展的关系，宏观经济形势对企业所属产业及其关联产业的影响程度等。

③产业特征，产业进入的难易程度，资本技术对本产业的重要性等。

④产业政策，本产业在国民经济整体中受重视和支持的程度，是鼓励发展、

限制发展还是一般产业，国家近期的相关产业政策及影响等。

⑤产业景气性，该产业属于成长期、成熟期、成熟后期，还是衰退期。

⑥产业竞争程度。

（2）企业概况。

企业基本情况分析主要目的是评估企业的经营历史、技术水平、规模优势、股东状况、外部支持等。主要包括企业成立时间、主要股东、高级管理人员情况、主要生产能力及装备、技术水平、经营资质、安全许可、环保等，职工基本情况、政府支持等。

（3）经营管理。

①企业管理，包括法人治理结构，企业实际控制人，主要管理制度建设和实施情况、质量认证、环保认证、安全认证等。

②企业经营。

a. 经营历史，近三年经营状况。

b. 主要原材料供应状况及价格趋势。

c. 未来1—2年经营预测，包括主导产品产量、营业收入、利润总额、利润率等。

d. 主要产品的市场竞争力，包括市场占有率、市场增长率、市场的分布区域、产品的产销情况、成本构成、成本控制、产品的价格敏感度、市场前景预测等。

e. 主要产品的销售渠道、价格政策、营销策略，销售网络的拓展，对主要客户的依赖程度等。

（4）财务状况。

财务状况主要了解企业财务数据的真实性、资产构成及质量、负债构成及负债水平、主营业务收入、利润的构成及现金流等。

①近三年财务资料、审计情况、真实性情况等。

②公司资产状况：包括应收账款、其他应收款、存货、固定资产、在建工程、无形资产、投资等。近三年资产结构及变动状况，目前资产质量。

③负债状况：目前总债务、总债务机构分布、总债务期限分布、担保情况、利率水平，近三年债务变动情况，对外担保情况等。

④盈利能力：近三年主营业务收入、主营业务利润的稳定性与变化趋势。

⑤盈利水平：包括主营业务利润率、总资本收益率、净资产收益率等，与同行业主要竞争对手的比较，企业在同行业中的竞争力等。

⑥现金流：

a. 公司前3年现金流入、流出、净额及其构成、稳定性及变化趋势与原因。

b. 未来1年现金流量预测，现金流量预测可依据企业经营计划、投资计划等，对借款人提供的现金流预测应进行合理性评价。

（5）偿债能力。

主要目的是评估企业的债务偿还信用记录，债务偿还能力。

①企业近3年信用记录，包括银行借款、个人借款等偿还情况。

②短期偿债能力。

③长期偿债能力。

（6）对担保方式分析。

主要分析担保方式能否保证贷款安全，覆盖业务风险等。

30. 企业信用等级如何评定

对企业贷款风险评估原则上一年评估一次，每年对贷款客户进行等级评定、复审。进行风险评级，可利用与本行签约的外部评级公司对借款人进行信用等级评定。企业信用等级按照本行《信贷管理办法》执行，评定内容包括信用履约、偿债能力、盈利能力、经营能力、客户领导者素质和发展前景等因素确定。

31. 授信审批如何办理

授信审批按本行《信贷管理办法》和《授信管理办法》办理。

32. 审批意见应明确哪些内容

审批结束后，签署审批意见，审批意见应明确业务品种、金额、期限、利率、偿还方式、担保条件等，并提示授信业务潜在风险。

33. 授信条件发生变化时如何审批

企业贷款授信条件发生变化时，应重新进行审批。如借款人无法达到审批要求，需要变更审批条件时，必须进行重新审批。

34. 补充条款如何确认

合同的签订应该严格按审批要求执行，所涉及的补充条款，应经审查人、审批人确认。

第六节 企业贷款发放

35. 贷前条件如何落实

经审批同意发放的贷款业务，在签订合同前贷款人员应与客户积极协商，落实审批文件确定的贷前条件。贷前条件落实以后，贷款人员填写《授信条件落实情况报告书》，提交贷款主管签字。

36. 如何办理签订合同的具体手续

落实贷前条件后，及时与申请人签订有关合同。在签订合同之前，贷款人员应将经贷款主管签字的《授信条件落实情况报告书》和已填写完整但尚未经双方或多方签字的合同文本交贷款经营部门合规性审查岗进行审核。之后，贷款人员才能办理签订合同的具体手续。

37. 用款条件包括哪些内容

根据审批决策意见和与客户签订的合同条款，与客户协商落实用款条件。用款条件包括：

（1）客户已按照有关法律法规规定，办妥与贷款业务有关的批准、登记、交付及其他法定手续。

（2）设有担保的，担保合同或其他担保方式已生效。

（3）客户没有发生双方约定的任一违约事项。

（4）其他约定条件已经满足。用款条件落实后，贷款人员填写《授信条件落实情况报告书》，提交贷款主管签字。

38. 贷款业务如何办理

贷款人员办理有关手续，特别要注意与会计、计财部门的工作衔接。对贷款业务，主要按以下要求办理：

（1）核定指标。贷款人员持借款合同、经贷款主管签字的《授信条件落实情况报告书》至贷款经营部门合规性审查岗办理《核定贷款指标通知单》。贷款经营部门合规性审查岗在填写《核定贷款指标通知单》时，应注意：

①借款合同号、贷款币种、核定金额、期限、利率、借款人等要素填写准

确无误。

②签发人员、填写人员等要素填写清楚。

③加盖经办部门或支行公章。

（2）办理提款和转存手续。合同签订、担保落实登记、核定贷款指标通知取得后，贷款人员通知客户到会计柜台办理贷款提款和转存手续。

①贷款人员通知客户填写《银行贷款转存凭证》一式四联，交会计柜台。

②会计柜台凭贷款转存凭证、借款合同和核定贷款指标通知单（作为贷款转存凭证的附件）办理贷款开户、贷款转存等会计记账手续。

③贷款转存凭证两联留会计柜台记账，一联交贷款内勤岗存档，一联送客户。

39. 贷款业务发生后应及时做好哪些工作

贷款业务发生后，贷款人员应及时登记贷款业务台账。及时、准确录入贷款管理信息系统。

第七节　企业贷后管理

40. 贷后管理包括哪些内容

企业贷款发放后，必须加强贷后管理，贷后管理内容包括贷款资金使用审查、贷后检查、利息催收、到期贷款催收、风险监测与预警、不良贷款管理、档案管理等。

41. 贷款资金使用如何审查

客户经理必须要求借款人严格按合同约定用途使用贷款，对贷款资金使用进行签批，对于与申请用途不符的资金使用，应严格限制。对于大额支付，即超过贷款额20%以上（含20%）的支付，可要求企业出具采购合同或其他与资金使用用途有关的证明文件。

42. 贷后检查如何确定

贷款发放后，客户经理应定期或不定期对借款人进行贷后检查，贷后检查以日常检查为主，并根据实际情况采取不定期检查。

43. 首次检查有哪些要求

首次检查应在贷款发放后一个月内进行，重点检查贷款资金使用情况，信贷资金是否存在挪用情况等。

44. 日常检查有什么要求

日常检查应以定期检查为主，对正常类贷款每季度至少检查一次，其他贷款每月至少检查一次。

45. 贷后检查要对哪些方面进行检查

贷后检查要对资金使用效果、企业资金流转情况、现金流等进行详细细致的检查。对可能影响第一还款来源的因素，客户经理应及时汇报，必要时，可要求企业提供担保或提前终止合同，收回贷款。

46. 贷后检查应重点检查哪些情况

贷后检查应以实地调查为主，并重点就以下情况进行检查：

（1）企业经营所依赖的外部经济、政策、法律等环境是否发生重大变化或正在发生重大变化。

（2）企业主要经营范围是否发生明显变化。

（3）企业主要投资人或法人代表是否发生变化。

（4）企业是否涉及诉讼。

（5）企业在本行现金流是否发生明显减少，本行对第一还款来源能否继续有效监控。

（6）企业是否有重大违约情况发生。

（7）企业主要技术人员、主要生产设备、技术等是否发生变化，技术水平是否淘汰。

（8）企业是否发生重组、并购、破产等重大事件。

（9）企业主要设备或核心资产是否减少，存货是否大量增加。

（10）企业是否对外大量提供担保。

（11）企业法人代表债务是否增长较快。

（12）企业产品是否过时、主要销售区域是否变化。

（13）企业主要客户群体是否存在流失，客户集中度现象有无明显变化。

（14）抵（质）押物价值是否发生明显减少。

（15）其他可能影响贷款安全的主要因素。

47. 发生什么情况时应及时进行贷后检查

当客户发生突发事件时，客户经理应立即进行实地调查落实，对可能影响贷款安全的重大事件，支行应采取有效措施防范风险。当发生下列情况时，客户经理应及时进行贷后检查：

（1）法人代表或主要负责人无法联系。

（2）有本行账户流水异常减少。

（3）市场环境、产业政策发生严重变化。

（4）社会上发生可能影响公司经营或存续的报道。

（5）主要管理人员或技术人员流失。

（6）企业财务报表异常。

（7）企业连续多次未按期还息的。

48. 如何与借款人保持沟通

客户经理除定期进行实地检查外，还应保持与借款人的经常沟通，了解借款人经营变化情况、市场情况等。

49. 贷后检查报告如何确认

贷后检查应有书面检查报告，借款人盖章确认，客户经理签字确认，并与档案材料一起进行保管。

第八节　企业贷款风险预警与持续监测

50. 如何进行风险预警

应建立风险贷款预警名单，贷后检查中发现借款人存在潜在的经营风险，但还未影响贷款安全的，应列出名单，加强管理，进行持续监控。

51. 防范风险应采取哪些措施

贷后检查中发现的问题，可能影响贷款安全的，应采取有效措施防范风险进一步扩大，有效措施包括但不限于以下措施：

（1）对未使用授信停止使用。

（2）要求担保人履行担保责任，或要求借款人追加担保，或行使担保权。

（3）依法冻结借款人账户。

（4）其他必要的处理措施。

52. 出现行业风险如何监控

出现行业风险的，该行业所有贷款客户都应列入风险预警名单，进行持续监控。

53. 企业贷款何时录入信贷查询系统

对发放的企业贷款，应及时录入信贷查询系统，企业贷款违约或归还时，也应及时准确地录入信贷查询系统。

第九节 企业贷款到期催收及不良贷款管理

54. 何时提醒借款人还款

贷款到期前 15 日，应及时提醒借款人及时还款。

55. 不良贷款何时上报

不良贷款应及时上报风险合规部门，说明不良贷款产生的原因及下一步清收措施。

56. 逾期贷款催收通知如何发送

不良贷款应及时向借款人发出逾期贷款催收通知，并要求借款人及担保人签字确认。对于拒绝签字确认的，采取邮寄送达、公证送达或诉讼等手段确保贷款诉讼时效。

57. 发现借款人逃废债行为时如何清收

不良贷款催收过程中，发现存在借款人恶意欠债、很难联系、怠于还款等逃废债行为时，要及时采取法律措施清收。

58. 对于未及时处置的不良贷款应如何处理

不良贷款要及时进行处置，对于超过强制执行期限未给予处置的，要向银行作出书面解释说明。对于需要通过法律手段清收的，应及时采取法律手段清收。

第十节　企业贷款风险控制

59. 如何做好企业贷款风险控制工作

对企业贷款应做好风险控制工作，应运用多种风险控制技术识别借款人风险，争取及时发现借款人潜在的经营风险，并及时采取有效措施化解风险。

60. 贷款行在什么情况下有权提前收回贷款或追究违约责任

借款人有下列情况之一的，贷款行有权提前收回贷款或追究违约责任：

（1）不按借款合同约定用途使用贷款的。

（2）隐瞒重要事实，可能影响贷款安全的。

（3）对贷款人的监督检查拒绝或不配合的。

（4）不如实提供企业财务情况或账户活动情况的。

（5）经常存在欠息或违约行为的。

61. 企业贷款抵押率如何执行

抵（质）押率按照本行《信贷管理办法》中相关规定执行。

第十一节　企业贷款风险定价

62. 风险定价的原则是什么

在法律和法规允许的范围内，坚持收益覆盖成本和风险的原则，根据风险水平、资金成本、管理成本、目标收益及市场利率水平等因素，实行差别定价。

63. 贷款利率浮动应参考哪些指标

贷款利率浮动应根据企业经营风险度、贷款期限、担保方式、结算比率和贷款市场报价利率（LPR）等方面综合确定，综合考虑各个方面的权重，确定贷款利率浮动比例。

（1）企业经营风险度应参照管理素质、信用状况、行业前景、技术水平、财务状况等因素进行确定，企业信用评定等级低的，贷款利率应适当提高。

（2）贷款期限长的，贷款利率应适当提高。

（3）担保比率低于本行规定的担保比率的，贷款利率应适当提高。抵（质）押物变现能力相对差的，贷款利率应适当提高。

（4）结算比率指客户实际结算量与在本行贷款额之比，结算比率越低，贷款利率应适当提高。

（5）贷款市场报价利率（LPR）是由具有代表性的报价行，根据本行对最优质客户的贷款利率，以公开市场操作利率加点形成的方式报价，由人民银行授权全国银行间同业拆借中心计算并公布的基础性的贷款参考利率。

64. 贷款利率如何定价

贷款利率定价方法为：贷款利率定价 = 基准利率 × （1 + 上浮比例）。

65. 企业贷款利率如何执行

企业贷款利率最低上浮比例原则上不低于同期基准利率的 50%。对企业贷款利率低于规定的企业贷款最低利率标准的，应详细说明原因。对本行存款贡献高、综合回报率高、忠诚度较好的特殊贡献借款人，可适当给予一定的利率优惠。

第十二节 企业贷款违约信息通报

66. 哪些违约信息可以予其通报

对于符合以下条件的企业贷款，本行可给予其通报：

（1）贷款期内贷款人连续三个月未还利息。

（2）贷款期内贷款人未按合同约定的还款计划或其他约定执行。

（3）贷款到期后三个月内未还款。

（4）贷款期内贷款人未按照诚实守信原则向本行提供相关经营信息或本行要求的其他信息的。

67. 违约通报哪些信息内容

企业贷款违约通报信息的具体内容包括：

（一）企业名称（或贷款人姓名）、组织机构代码（或身份证号码）、地址、企业法人代表姓名及身份证号码、贷款本金或利息违约时间、违约金额等。

（二）对同一企业在本行的多笔贷款违约信息，应逐笔收集，逐笔通报。

第六章　银行企业贷款操作规程管理

第一节　企业贷款业务基本操作流程

1. 为什么要设立企业贷款业务基本操作流程

为了规范企业贷款业务操作，适应银行业务发展需要，有效梳理各岗位之间工作流程，明确各岗位责任，突出办理企业贷款操作重点，在防范贷款风险的前提下，提高办理企业贷款业务的效率。

2. 企业贷款业务基本操作流程包括几个阶段

企业贷款业务基本操作流程包括受理、调查评价、审批、发放及贷后管理五大阶段。按照贷款业务先客户评级、后额度授信、再具体支用的原则，所有客户在银行办理具体贷款业务均应先评级并报批授信额度。

3. 在企业贷款操作流程中各个部门承担什么职能

在企业贷款操作流程中银行各个部门承担的职能是：各分支机构是银行承担企业客户拓展、营销、贷款调查、合同签订和贷后管理等职能的部门。信贷管理部门是银行承担企业贷款审查、抵（质）押鉴证、贷款发放等职能的部门。各经营网点是承担银行企业贷款支付结算、抵（质）押品保管的职能部门。

第二节　企业贷款受理

4. 受理阶段包括哪几个操作环节

受理阶段主要包括：客户申请、资格审查、客户提交材料、初步审查等操作环节。受理人员依据有关法律法规、规章制度及银行的贷款条件审查客户的资格及其提供的申请材料，决定是否接受客户的贷款业务申请。

5. 如何受理客户申请

受理客户申请环节可以是客户主动到银行申请贷款业务，也可以是银行主动向客户营销贷款业务，请客户向银行提出贷款申请。贷款人员既要认真了解客户的需求情况，又要准确介绍银行的有关贷款规定（包括借款人的资格要求、贷款业务的利率、费率、期限、用途、优惠条件及客户的违约处理）等。

6. 如何对客户资格进行审查

（1）审查客户是否符合企业贷款的对象：按照《贷款通则》的要求，借款人应当是经市场监管部门（或主管机关）核准登记的企业（事业）法人、其他经济组织。其他经济组织包括：依法登记领取营业执照的独资企业、合伙企业（须经全体合伙人书面同意）；依法登记领取营业执照的合伙型联营企业（须经联营各方书面同意）；依法登记领取营业执照但不具有独立法人资格的中外合作经营企业（须经合作各方书面同意）；经民政部门核准登记的从事经营活动的社会团体；依法登记领取了营业执照但不具备法人地位的乡镇、街道、村办企业；依法登记领取营业执照并经法人书面授权的企业法人分支机构。

（2）审查客户是否具备产品有市场、生产经营有效益、不挤占挪用贷款资金、恪守信用等基本条件。

（3）审查客户是否符合企业贷款的基本条件：

①有按期还本付息能力，原应付贷款利息和到期贷款已清偿，没有清偿的，已经做了银行认可的偿还计划。

②除不需要经市场监管部门核准登记的事业法人外，应当经过市场监管部门办理年检手续。

③在银行开立存款账户（业务品种另有规定的除外）。

④除国务院规定外，有限责任公司和股份有限公司对外股本权益性投资累计额未超过其净资产总额的50%。

⑤借款人的资产负债率符合有关规定要求。

⑥申请固定资产贷款的，新设项目法人的所有者权益与项目总投资的比率不低于国家规定的投资项目资本金比例。

7. 银行一般不接受哪些企业客户申请

客户若有下列情况之一的，银行一般不接受其申请（限制性条件）：

（1）连续三年亏损，或连续三年经营现金净流量为负。

（2）向银行提供虚假或隐瞒重要事实的资产负债表、损益表等财务报告。

（3）违反国家规定骗取、套取贷款，用借贷等行为以牟取非法收入的。

（4）违反国家外汇管理规定使用外币贷款的。

（5）违反国家规定用银行信用从事股本权益性投资，或从事股票、期货、金融衍生产品等投资的。

（6）生产、经营或投资国家明文禁止或严重有损于社会公益和道德的产品或项目的。

（7）项目建设或生产经营未取得土地、环保、规划等有权部门批准的。

（8）在进行承包、租赁、联营、合并（兼并）、合作、分立、产权有偿转让、股份制改造等体制变更过程中，未清偿、落实原有债务或未对其清偿债务提供足额担保的。

（9）有其他严重违法或危害银行贷款资金安全行为的。

（10）列入银行不良信用记录黑名单的。

8. 客户申请贷款应提供哪些材料

对符合企业贷款资格要求的客户，受理人员向客户发送《企业借款申请书》和《企业贷款申请材料清单》，要求客户主要提供如下材料：

（1）客户基本材料。

①法人营业执照或营业执照（副本及影印件）。

②组织机构代码证书（副本及影印件）。

③法定代表人或负责人身份证明。

④财政部门核准或会计（审计）师事务所审计的近三个年度财务报告和审计报告及最近的报表。成立不足三年的企业，提交自成立以来的年度和近期报表；新设法人主要股东经财政部门核准或会计（审计）师事务所审计的前三个年度财务报告（如有）和审计报告（如有）及背景、新设法人的验资证明。

⑤税务部门年检合格的税务登记证明。

⑥公司章程或企业组织文件（原件及影印件）。

⑦企业董事会成员和主要负责人、财务负责人名单和签字样本等。

⑧贷款业务由授权委托人办理的，需提供企业法定代表人授权委托书

（原件）。

⑨客户为有限责任公司、股份有限公司、合资合作企业或承包经营企业，要求提供依照公司章程或组织文件规定的权限，由有权机构（人）出具的同意申请贷款业务的决议、文件或具有同等法律效力的文件或证明。

⑩银行要求提供的其他材料。

（2）企业贷款业务材料。根据各贷款业务品种的操作规定，要求客户提供有关材料。

（3）担保材料。按照《贷款担保》的规定，要求客户提供材料。

（4）质押贷款材料。质押贷款业务（亦称为低风险业务）的材料可以按有关规定适当简化。低风险业务是指交存100%保证金（含银行定期存单、国库券、银行承兑汇票、金融债券、企业债券等质押）及银行信用支持与承诺全额覆盖的贷款业务。

银行信用支持与承诺全额覆盖的贷款业务包括：

①用银行认可的银行承兑汇票全额（含本息）质押的贷款业务。

②符合人民银行规定的银行承兑汇票贴现、再贴现；银行已经作过信用评级并在有效期内的客户以及与银行有过贷款往来的客户，如客户基本材料中的部分材料无变更的，可不要求客户重复提供。

9. 收到客户申请材料后如何进行

受理人员收到客户申请材料后，按银行《企业贷款申请材料清单》清点材料是否齐全，对材料的完整性、合法性、规范性、真实性和有效性进行初步审查。

10. 初步审查哪些内容

具体审查内容为：

（1）基本资料审查。

①《企业借款申请书》。

a. 贷款业务品种、币种、期限、金额、担保方式、借款用途与协商的内容相符。

b. 加盖的公章清晰，与营业执照上的企业名称二者一致。

②财务报表。

a. 加盖的公章清晰，与营业执照上的企业名称二者一致。

b. 有会计（审计）师事务所的审计报告。

c. 税务登记证有税务部门年审的防伪标记。

③股东会或董事会决议。

a. 内容应包括：申请贷款业务用途、期限、金额、担保方式及委托代理人等。

b. 达到公司合同章程或组织文件规定的有效签字人数。

④营业执照及其他有效证明经年审合格。

（2）贷款业务材料的初步审查。根据各贷款业务品种的规定对客户提供的贷款业务材料进行初步审查。

（3）担保材料的初步审查。根据《贷款担保》的有关规定对客户提供的担保材料进行初步审查。

11. 客户申请材料审核后如何处理

客户申请材料审核后，如不合格，经办人员将申请材料退还客户，并做好解释工作；如合格，经办人员将用于核对的原件退回客户，在《中小微贷款材料岗位交接清单》上填写受理时间并签字，进入调查阶段。整个受理过程，应在 3 个工作日内完成。

第三节　企业贷款调查评价

12. 如何进行调查评价

进入调查评价阶段，如果客户需要银行出具贷款意向书，首先进行初步调查工作，若初步调查不合格，应及时将材料退回客户；若初步调查合格，则先出具贷款意向书，再进行全面深入的调查；如果客户不需要出具贷款意向书，则直接进行调查评价工作。

13. 如何调查评价和撰写报告

调查评价包括客户信用评级、业务评价及担保评价三部分。由直接评价人员、评价审查人员与评价审定人员共同完成。

（1）客户信用评级。对公司类客户，根据客户信用评级办法有关规定进行综合分析，并填写客户信用评级报告（《客户信用评级》）。如已经作过客户信用评级并在有效期内的，使用前次客户信用评级报告及近期《贷款资产检查报告》

作为本次对客户的评价。对仅申请办理低风险业务的客户，可以不作客户信用评级。

（2）业务评价。按照不同的贷款业务品种的要求和方法对贷款业务的风险点和成本效益进行分析评价。对固定资产贷款、房地产开发贷款等品种，需要对贷款的项目进行全面评估。项目评估的内容和方法参照房地产开发类贷款、项目评估的有关规定执行。

其他类型贷款业务的评价主要包括以下内容：

①用途及还款来源。用途是否与申请的贷款业务、项目一致，还款来源是否落实并足以履约等。

②确定贷款业务的期限、利率、费率和金额。具体确定利率与费率时，应考虑国家金融政策的有关规定、客户的具体情况、业务的风险、同业竞争、与客户的关系、银行的资金筹集成本等因素，并按照银行的有关规定确定。

③本笔贷款业务给银行带来的附带效益。从存款、结算、中间业务、提高经济效益等方面定性定量相结合加以分析。

④风险分析。分析该笔业务的风险点，贷款业务发放后的主要风险因素和防范措施。

（3）担保评价。参照《贷款担保》的方法、要求、内容对担保人和担保物进行调查和评价，并撰写担保评价报告。

14. 调查评价阶段完成后如何移交

调查评价阶段应填写《受理评价工作交接单》，确保落实责任到人。直接评价人员按上述要求在各类评价报告中签署表明同意的倾向性意见后，交评价审查人员与评价审定人员进行审核。

15. 如何审定评价报告

（1）评价审查人员审核直接评价人员撰写的各类评价报告。如评价审查人员发现基础资料的真实性和准确性以及评价程序、评价方法存在问题，有权要求直接评价人员进行修改；对于判断不一致的问题，要在评价报告相应的地方写明意见。评价审查人员对评价程序的公正性和合理性、评价方法的正确性负责。

（2）评价审定人员审定评价报告（对于客户信用评级报告，评价审定人员是贷款审批部门的有关人员）。如评价审定人员发现基础资料的真实性和准确性以及评价程序、评价方法和评价质量存在问题，有重大错误，有权要求直接评价人员、评价审查人员重新评价。对于判断不一致的问题，应在评价报告相应的地方填写意见。评价审定人员应对贷款审查材料的合规性、完整性负责，并对调查材料中的潜在风险进行揭示。

16. 如何进行信用等级审定

原则上银行应先对客户进行信用评级，再对其办理具体贷款业务。在办理额度授信或单笔业务之前，贷款人员应将客户信用评级报告及有关附件等材料报有权审批贷款的审批部门进行信用等级审定。

17. 哪些客户不必审定信用等级

如客户存在下述情况之一的，可以不必审定信用等级：

（1）信用等级在有效期内。

（2）额度授信内使用额度的。

（3）仅办理低风险贷款业务的。

（4）银行目前无法对客户进行信用评级，且无法取得银行认可的外部评级机构信用评级的。

18. 如何申报审批

认定客户信用等级后，经办部门或支行应按贷款授权规定的权限组织贷款业务申报材料，报有权审批人审批。

（1）申报审批授信额度。经办部门或支行应首先申报审批额度授信，再申报审批单笔具体贷款业务。

申报审批额度授信的情况如下：

①客户在银行无授信额度。

②原授信额度到期。

③原授信额度需要调整。

④授信额度虽在有效期内，但客户发生银行规定需重新申报审批额度授信的其他情况。

（2）授信项下单笔贷款业务申报审批。已确定授信额度且在有效期内的客户，经办部门或支行应按贷款授权规定的权限组织贷款业务申报材料确定，报有权审批人审批。

（3）对符合银行规定可不予进行额度授信的客户，可直接申报审批单笔贷款业务，不必先审批授信额度。

第四节　企业贷款审批

19. 企业贷款按照什么规定受理审批

有权审批人按照《法人授权书》或转授权文件规定的贷款授权权限受理审批贷款业务，包括报批材料合规性审查和审批。

20. 如何进行合规性审查

（1）贷款风险合规性审查人员应在收到报批材料后 2 个工作日内，完成合规性审查并提出审查意见。

（2）经合规性审查合规的贷款项目填写合规性审查意见单；审查不合规的申报材料，合规性审查人员有权要求有关人员修改和补充至符合要求为止。合规性审查人员应将不合规的审查意见通知有关人员，并退还其材料。合规性审查合格的贷款项目原则上在 3 个工作日内提交审批。

21. 审批方式有哪些

审批方式分为贷款审批人会议、会签、单签审批，原则上各类企业贷款应通过审批人会议审批。各类贷款业务具体的审批方式依照贷款授权方案及其他相关规定确定。

22. 如何进行审批

贷款审批人员在阅读审查申报材料的基础上，根据国家有关方针政策、法律法规和银行的贷款规章，审查贷款业务的技术、经济和商业可行性，分析申报项目的主要风险点及其风险规避和防范措施，依据该笔贷款业务预计给银行带来的风险和收益决定是否批准该笔贷款业务。贷款审批人必须独立审批决策，不得受包括申请人在内的任何其他人的不正当影响。

23. 如何做出审批结论

审批结论分为同意（含附加条件同意）、不同意和续议三种。

（1）审批结论为同意（含附加条件同意）的，应满足审批牵头人同意（含附加有条件同意）并有超过（大于）2/3 全部参加当次审批的贷款审批人同意

（含附加有条件同意）。

（2）审批结论为不同意的，同意（含附加条件同意）、续议的票数之和未超过 2/3 全部参加当次审批的贷款审批人人数，或审批牵头人不同意。

（3）审批结论为续议的，申请的贷款业务未被否决，但同意（含附加条件同意）的票数未超过 2/3 全部参加当次审批的审批人人数，或审批牵头人的意见为续议的。

24. 审批结论如何反馈

审批结束后，有权审批人和贷款审批部门负责整理归纳审批结论及全体审批人意见，并将结论及审批意见及时通知申报部门或支行。

（1）审批结论为同意（含附加条件同意）的，申报部门或支行可直接进入发放环节。

（2）审批结论为续议的，申报部门或支行可按银行的相关规定准备申报材料提请续议。原则上同一笔贷款业务只允许续议一次。

（3）审批结论为不同意的，通知申报部门或支行告知客户，并退还相关材料。如申报部门或支行提出申请复议，可按银行的相关规定准备申报材料申请复议。如无特殊情况，一笔贷款业务只能复议一次。

第五节　企业贷款发放

25. 企业贷款发放有几个步骤

贷款业务的发放包括五个步骤：

（1）落实贷前条件。

（2）签订合同。

（3）落实用款条件。

（4）贷款支用。

（5）贷款登记。

26. 如何落实贷前条件

经审批同意发放的贷款业务，在签订合同前贷款人员应与客户积极协商，落实审批文件确定的贷前条件。贷前条件落实以后，贷款人员提交《落实贷前条件情况报告》，提交贷款主管签字。

27. 如何签订合同

（1）落实贷前条件后，及时与申请人签订有关合同。在签订合同之前，贷款人员应将经贷款主管签字的《落实贷前条件情况报告》和已填写完整但尚未经双方或多方签字的合同文本交信贷部门审查岗进行审核。经审查无误后，贷款人员才能办理签订合同的具体手续。

（2）合同一般采用标准格式文本。特殊情况下需使用非标准格式文本的，参照《贷款法律文书》的有关规定办理。

（3）合同的填写、签订、审核等其他具体要求，参照《贷款法律文书》的有关规定。

28. 如何落实用款条件

根据审批决策意见和与客户签订的合同条款，与客户协商落实用款条件。用款条件包括：

（1）客户已按照有关法律法规规定，办妥与贷款业务有关的批准、登记、交付及其他法定手续。

（2）设有担保的，担保合同或其他担保方式已生效。

（3）客户没有发生双方约定的任一违约事项。

（4）其他约定条件已经满足。

29. 贷款如何支用

合同生效后，贷款人员办理有关手续，特别要注意与财会部门的工作衔接。对贷款业务，主要按以下要求办理，其他贷款业务品种根据各贷款业务操作的有关规定办理。

（1）核定指标。贷款人员持借款合同、经贷款主管签字的《落实贷前条件情况报告》到信贷部门审查岗办理《贷款发放通知单》。

信贷部门审查岗在填写《贷款发放通知单》时，应注意：

①借款合同号、贷款币种、核定金额、期限、利率、借款人等要素填写准确无误。

②签发人员、填写人员等要素填写清楚。

③加盖经办部门或支行公章。

（2）办理贷款支用手续。合同签订、担保落实登记、贷款发放通知取得后，贷款人员通知客户到会计柜台办理贷款支用手续。

①贷款人员通知客户填写《借款借据》凭证一式五联，交会计柜台。

②会计柜台凭借款借据、借款合同和贷款发放通知单办理贷款开户、贷款转存等会计记账手续。

③《借款借据》凭证两联留会计柜台记账，一联交贷款人员存档，一联作为五级分类，一联送客户。

30. 如何进行贷款登记

（1）贷款台账登记。贷款业务发生后，贷款人员应及时登记贷款业务台账。

（2）及时、准确录入贷款管理信息系统。

第六节　企业贷款贷后管理

31. 贷后管理包括哪些内容

贷后管理包括对贷款资产的检查、回收、展期、借新还旧及不良资产管理等内容。

32. 如何对贷款资产检查和分析

贷款资产检查参照银行贷款资产检查的有关规定办理。对企业贷款客户应多做以下分析：

（1）对客户情况的分析。一是客户对相关的证照是否进行年检，了解客户是否存在，并将年检资料存档，录入银行信贷管理系统。二是关注客户注册变更信息资料。对股东发生变化要特别关注，因为申报材料中可能明确有股东须对银行债务承担连带责任保证，一旦发生股东变更后，原股东因银行未及时书面通知而使担保可能流于形式。

（2）对客户财务和经营情况的分析。从银行存款账户、会计报表、纳税金额、销售收入、结算量、实现收入等方面进行分析，从中掌握客户经营情况。

（3）对客户信用状况的分析。一是及时登录个人及企业征信系统。通过人民银行组织的征信系统检查，有的企业未及时登录系统的情况，要通过其他渠道了解其信用状况。二是正常贷款有无欠息的情况发生。三是了解客户的商业合同的履约情况，可向客户的上下游客户电话调查后再下结论。

（4）对客户对外投资及重大建设的分析。关注资金流向，有无短贷长用、多头贷款、多头投资、重复建设的现象。

（5）对早期预警信号的分析。注意以下四个方面：

①未经银行同意，擅自处置抵押物。

②对检查中发现的问题和纠正意见持不理睬或应付态度。

③无正当理由不按时报送财务报表，经多次提醒但不纠正或敷衍了事。

④持续向银行提供虚假财务报表等经营信息或隐瞒重要事实的资产负债表、损益表等财务资料，并以难以自圆其说的理由进行搪塞。

33. 正常贷款如何回收

（1）发送贷款到期通知书。在贷款期限截止日前，贷款人员应向借款人发送《贷款到期通知书》，督促借款人主动归还贷款。

（2）会计账务处理。贷款利率及费率按合同规定及银行利率、费率相关规定执行。贷款到期时，贷款经营部门通知会计部门办理还款手续。贷款归还后，贷款经营部门将有关还款凭证归档。

（3）退还抵（质）押物权利凭证。贷款全部本息收回后，贷款人员应按规定及时向借款人退还抵押物权利凭证（他项权利凭证）、质物，并协助客户办理解除担保的有关手续。

（4）贷款台账登记。贷款回收后，贷款人员应及时进行台账登记。

34. 如何提前归还贷款

（1）申请。贷款提前归还有两种情况：

①借款人要求提前归还贷款。银行对具备下列条件的借款人可同意其提前还款：

一是借款人提前30日向经办部门或支行递交《提前归还借款申请书》。

二是借款人已结清提前还款日之前的所有到期贷款本息。

三是借款人同意支付贷款人一定的损失赔偿金。

四是借款人提前归还贷款人部分贷款的，提前还款金额应符合经办部门或支行的最低额度要求（最低额度由经办部门或支行根据该笔贷款的金额按照方便计算、有利于防止借款人多次提前还款的原则自行确定）。

五是合同另有约定的按合同约定执行。

②银行要求借款人提前归还贷款。

贷款期间借款人有下列行为之一的，经办部门或支行停止支付借款人尚未使用的贷款，并按合同约定，要求借款人提前归还贷款：

a. 拒绝接受银行贷后检查的。

b. 提供虚假或者隐瞒重要事实的资产负债表、损益表等财务资料，拒不改正，情节严重的。

c. 挤占、挪用贷款，拒不改正的。

d. 用贷款资金在有价证券、期货等方面从事投机经营的。

e. 未依法取得经营房地产资格的借款人用贷款经营房地产业务的。

f. 依法取得经营房地产资格的借款人，用贷款从事房地产投机的。

g. 套取贷款相互借贷，牟取非法收入的。

h. 借款人或担保人未经同意发生兼并、合资等或即将停产、停止经营、解散、关闭、清理整顿、破产清算、卷入或即将卷入重大诉讼或仲裁及其他法律纠纷的。

i. 借款使用的建设项目被取消或缓建等。

j. 其他严重的违法、违约行为。

（2）审批。贷款人员提出提前还款意见，报贷款主管批准，同时通知贷款经营主责任人。

（3）发送提前归还贷款通知书。经批准同意后，贷款人员填写《提前归还贷款通知书》一式四份，签章后一份送借款人，一份送担保人，一份送会计柜台作为办理会计记账手续的依据，一份留贷款经营部门归档。若不同意客户提出的提前还款申请，应及时通知客户并做好解释工作。对银行要求借款人提前还款的，整个申请、审批、发送通知的过程不得超过 3 个工作日。

（4）会计账务处理。利率及费用按合同或中国人民银行和商业银行等关于利率及借款人提前归还贷款的规定执行。

35. 贷款展期有哪些条件

凡符合下列条件之一的，银行可受理借款人提出的借款展期申请：

（1）由于国家调整价格、税率或贷款利率等因素影响借款人经济效益，造成其现金流量明显减少，还款能力下降，不能按期归还贷款的。

（2）因不可抗拒的灾害或意外事故无法按期偿还贷款的。

（3）因受国家经济、金融、财政、贷款政策影响，银行原应按借款合同发放贷款而未按期发放贷款，影响借款人的生产经营，致使其不能按期还款的。

（4）借款人生产经营正常，贷款原定期限过短，不适应借款人正常生产经营周期需要的。

（5）本金无逾期。

（6）其他符合银行贷款政策及有关规定的情况。

36. 贷款展期程序有哪些

贷款展期要经过受理、调查、审查、审批等程序，并要求依照有关企业贷款业务基本操作流程办理。

37. 贷款展期应递交哪些材料

不能按期归还贷款的借款人，应在贷款到期日前一个月，提出申请，填写《借款展期申请书》，并递交下列材料：

（1）会计（审计）师事务所审计的上年度及最近一期的财务报表（原件或影印件）。

（2）国家调整价格、税率、税种的有关文件（影印件）。

（3）有关部门出具的灾害或意外事故的证明材料（原件或影印件）。

（4）国家有关部门调整项目投资计划，批准停缓建的文件（原件或影印件）。

（5）保证人的保证意向书（原件）。

（6）产权所有人（包括全体共有人）的抵押、质押意向书（原件）。

（7）银行要求提供的其他材料。

38. 贷款展期还有哪些要求

（1）贷款展期操作要经过受理、调查、审查、审批程序和要求依照企业贷款业务基本操作流程办理。

（2）贷款人员调查后，填写《贷款展期调查评价报告》一式两份，并附原客户信用评级报告、担保评价报告、贷款资产检查报告。

（3）原贷款是担保贷款的，须取得原保证人或抵押人、出质人的同意，或重新落实担保。

（4）经审批同意贷款展期的，及时与借款人签订《展期还款协议书》和担保合同，原担保合同约定自动展期的，可不再签。

（5）贷款只能展期一次。短期贷款展期期限累计不得超过原贷款期限；中期贷款展期期限累计不得超过原贷款期限的一半；长期贷款展期期限累计不得超过 3 年。国家另有规定的除外。

（6）贷款的展期期限加上原期限达到新的利率期限档次时，从展期之日起，贷款利息按新的期限档次利率计收。

39. 非固定资产类借新还旧的类型及条件有哪些

（1）贷款期限不匹配的借新还旧。指借款人具备较强的还款能力，但由于原贷款期限或还款方式设定不合理，与客户生产、经营周期或现金流量不符造成客户还款困难。此种情况的借新还旧，必须同时满足以下三个条件：

①贷款期限调整到与客户生产、经营周期或现金流量相符，贷款借新还旧后客户能偿还贷款。

②客户信用等级在 A 级以上（含），还款来源有保证，能按时付息，无不良还款记录。

③贷款风险分类结果为正常类或关注类。

（2）清收贷款利息的借新还旧。指借款人生产经营基本正常，具备一定的还款能力，但无法足额偿还贷款本息，且还款意愿一般，往往是以偿还部分利息或全部利息为条件，要求借新还旧。

此种情况的借新还旧必须同时符合以下条件：

①借款人生产经营正常。

②借款人要先归还部分或全部欠息。

③借新还旧后借款人能逐步归还剩余的欠息，能按时归还新贷款本息。

（3）以保全资产为目的的借新还旧。以保全资产为目的的借新还旧，主要是指对已丧失、悬空债权的贷款进行保全，如保全诉讼时效、担保时效，完善抵押、担保手续等。

此种贷款借新还旧必须符合以下条件：

①原签订借款合同或担保、抵押、质押合同存在法律缺陷，银行贷款资产面临较大的现实或潜在风险，需要弥补。

②贷款资产丧失或将要丧失诉讼时效、担保时效等需要中断。

40. 固定资产贷款借新还旧的条件是什么

（1）贷款涉及项目正常建设或投产，能够按期支付利息，同时原贷款到期能够归还本金 30% 以上的，对暂未归还的贷款，到期（含展期后到期）时可以转为中、短期贷款，其中，短期贷款期限不超过 1 年，中期贷款期限不超过 3 年。

（2）贷款涉及的未建成项目继续建设，预计投产（使用）时不会发生停产和贷款损失，对这一类到期（含展期后到期）未归还贷款，允许重新贷款归还部分或全部贷款，但重新贷款只能一次，而且期限不超过3年。

41. 办理借新还旧具体操作中应注意哪些问题

（1）贷款手续要齐全、完善。

①完善格式合同，如实填写借新还旧贷款的真实用途，贷款申请书和借款合同的“贷款用途”项应直接写明：“本贷款用于偿还×××合同项下借款人所欠贷款人债务”，并同时在附款中增加一条约定：“按照国家关于切实减轻企业负担和债务重组的有关精神，经借贷双方友好协商，签订本借款合同。”

②原合同已经采取担保方式的，各行在办理贷款借新还旧手续时，要与担保人重新签订担保合同并办理有关担保登记手续。

③如借新还旧只归还原借款合同项下部分款项的，无论是新担保人还是原担保人提供担保，均不得免除原借款合同项下担保人对未清偿部分款项的担保责任。在此种情况下，如是原担保人继续提供担保的，还应在新的担保合同中明确约定：本担保人承诺，本担保合同的签订，并不免除本担保人对原____号借款合同附属的____号____担保合同的担保责任。

④原贷款办理借新还旧后，如原合同项下仍有欠息时，应在借新还旧合同的附款中再增加一款约定：“本合同借款用于偿还×××合同项下借款人所欠贷款人借款本金，对于原×××合同项下借款人仍欠贷款人利息×××元，借款人将继续遵守原合同约定的利息计算方法，并继续履行清偿义务。”

⑤资金要实际划付，不得采取空转的方式。在借款人归还贷款本息时，一般不宜采取扣款方式，而应以借款人主动开出支票等方式还款。

（2）对借新还旧金额、期限要严格控制。贷款借新还旧额度应控制在对客户的一般授信额度内，且不应大于原贷款余额。借新还旧期限原则上不能超过原贷款期限。

（3）借新还旧的业务操作程序。借新还旧业务的受理、调查、审查、审批程序和有关要求应按照企业贷款业务基本操作流程办理。

42. 贷款出现不良如何催收和管理

贷款逾期、欠息或表外业务垫款发生后的一周内（含五个连续工作日），贷款人员应向借款人、担保人发送加盖贷款业务公章的《逾期贷款（垫款）催收通知书》，及时进行催收，并取得送达回执。贷款资产转为不良后，贷款人员应按照不良贷款资产经营管理的要求，加强不良贷款资产的经营和管理。

43. 贷款档案如何管理

贷款档案管理可参照银行制定的信贷档案管理规定的要求办理。

44. 附件

表一：企业借款申请书
表二：企业贷款客户调查表
表三：企业贷款调查审核审批表
表四：企业贷款材料岗位交接清单

表一

企业借款申请书

<table>
<tr><td rowspan="4">基本情况</td><td>企业名称</td><td colspan="5"></td><td>法定代表人</td><td></td></tr>
<tr><td>注册地址</td><td colspan="7"></td></tr>
<tr><td>注册时间</td><td></td><td>注册资本</td><td></td><td>营业面积</td><td></td><td>从业人数</td><td></td></tr>
<tr><td>主营业务</td><td></td><td>电话1（法人）</td><td colspan="2"></td><td>电话2</td><td colspan="2"></td></tr>
<tr><td rowspan="5">资产负债状况</td><td>总资产</td><td></td><td>流动资产</td><td colspan="2"></td><td>流动负债</td><td colspan="2"></td></tr>
<tr><td>企业总负债</td><td></td><td>1. 货币资金</td><td colspan="2"></td><td>1. 短期借款</td><td colspan="2"></td></tr>
<tr><td>所有者权益</td><td></td><td>2. 应收账款</td><td colspan="2"></td><td>2. 应付账款</td><td colspan="2"></td></tr>
<tr><td>当年销售收入</td><td></td><td>3. 存货</td><td colspan="2"></td><td>3. 应付工资</td><td colspan="2"></td></tr>
<tr><td>当年实现利润</td><td></td><td>固定资产价值</td><td>原值：</td><td>净值：</td><td>长期负债</td><td colspan="2"></td></tr>
<tr><td colspan="2">经营情况（经营策略、发展空间、经营创利等）</td><td colspan="7"></td></tr>
<tr><td rowspan="5">申请借款情况</td><td>借款金额</td><td></td><td>借款用途</td><td colspan="5"></td></tr>
<tr><td>借款期限</td><td>个月</td><td>还款来源</td><td colspan="5"></td></tr>
<tr><td>担保方式</td><td colspan="7">□保证　□抵押　□质押　□信用</td></tr>
<tr><td>借款支付方式</td><td colspan="7">□委托支付　□自主支付</td></tr>
<tr><td>还款方式</td><td colspan="7">□按月付息到期还本　□按季付息到期还本　□等额本息　□等额本金　□其他</td></tr>
<tr><td colspan="9">借款人声明</td></tr>
<tr><td colspan="9">1. 填写内容均属实，且报送给银行留存的资料全部属实。如资料失实或虚假，本公司和法定代表人愿意承担相应法律责任。
2. 本公司承认以上述资料作为向贵行借款的依据。报送的资料复印件可留存贵行作备查凭证。
3. 经贵行审查不符合规定的借款条件而未予受理或审批时减少额度时，本公司无异议。
4. 本公司保证在取得银行贷款后，按时足额偿还贷款本息。
5. 本公司无论任何原因逾期交付款项，导致贵行未能按时扣收贷款，本公司愿意按照借款合同约定支付逾期违约金等有关费用，并同意在本公司其他账户中扣除。

借款人（公章）：　　　　法定代表人（签章）：

年　月　日</td></tr>
</table>

注：此表格须由借款申请人本人填写。

表二

企业贷款客户调查表

__________行（部）　　　　　　　　　　　　　　　　　　年　　月　　日

一、企业及法定代表人基本情况

企业基本情况						
	企业名称			所属行业		
	成立日期		注册登记日期		营业执照到期日	
	注册地址				注册资本	
	办公地址				实收资本	
	联系电话		财务部联系方式		传真号码	
	营业执照号					
	基本户及开户行					

法定代表人基本情况								
	姓名		性别	□男　□女	文化程度		民族	
	身份证号					出生日期	年　月　日	
	家庭住址					户籍所在地		
	婚姻状况	□已婚有子女　□已婚无子女　□未婚　□离婚　□丧偶				电话		
	配偶姓名		联系电话			身份证号码		
	月收入		工作单位			工作地址		

高管信息	姓名	联系方式	担任职务	身份证号码	住址

资本构成信息	姓名	投资比例	金额	联系方式	工作单位	住址

资质与认证情况	认证与证书代码	认证与证书名称	认证结果	认证部门	认证日期	有效日期

对外投资信息	股权证号	投资企业名称	出资方式	是否实际控制人	股权比例	投资金额
	对外股本权益性投资占资产总额的百分比					

二、企业资信状况

1. 资产负债状况

总资产		流动资产		固定资产	
总负债		流动负债		长期负债	
所有者权益		当年销售收入		当年实现利润	

2. 企业征信状况

负债笔数		负债总额		欠息笔数		欠息总额	
□是　□否　存在由资产管理公司处置的债务				□是　□否　存在由担保及第三方代偿的债务			

续表

<table>
<tr><td>担保笔数</td><td></td><td>担保金额</td><td></td><td colspan="3">□是　□否　担保业务五级分类正常</td></tr>
<tr><td colspan="7">资产负债分析及信用评价：</td></tr>
<tr><td colspan="7">三、法定代表人资信状况</td></tr>
<tr><td>资产总额</td><td></td><td>年收入</td><td></td><td>年支出</td><td colspan="2"></td></tr>
<tr><td>贷款笔数</td><td></td><td>贷款金额</td><td></td><td>担保笔数</td><td colspan="2"></td></tr>
<tr><td>担保金额</td><td></td><td colspan="2">□是　□否　贷款正常清息、还本</td><td colspan="3">□是　□否　担保贷款五级分类正常</td></tr>
<tr><td colspan="7">四、企业经营情况</td></tr>
<tr><td>主营业务</td><td colspan="6"></td></tr>
<tr><td>从业人数</td><td></td><td>经营场地面积</td><td></td><td>经营场地所有权</td><td colspan="2">□自有　□租赁　□其他</td></tr>
<tr><td colspan="7">1. 主要合作商信息</td></tr>
<tr><td colspan="3">名称</td><td>合作方式</td><td>联系方式</td><td colspan="2">近一年交易额（万元）</td></tr>
<tr><td colspan="3"></td><td></td><td></td><td colspan="2"></td></tr>
<tr><td colspan="3"></td><td></td><td></td><td colspan="2"></td></tr>
<tr><td colspan="3"></td><td></td><td></td><td colspan="2"></td></tr>
<tr><td colspan="7">2. 生产经营产品</td></tr>
<tr><td>产品名称</td><td colspan="4">产品用途</td><td colspan="2">产品销售单价</td></tr>
<tr><td></td><td colspan="4"></td><td colspan="2"></td></tr>
<tr><td></td><td colspan="4"></td><td colspan="2"></td></tr>
<tr><td colspan="7">备注：</td></tr>
<tr><td colspan="7">生产设备、使用情况：</td></tr>
<tr><td colspan="7">生产安全及环保情况：</td></tr>
<tr><td colspan="7">经营情况及前景分析：</td></tr>
<tr><td colspan="7">五、担保措施</td></tr>
<tr><td colspan="7">1. 抵押担保</td></tr>
<tr><td>种类</td><td>权属人</td><td>权证号</td><td>是否为第三方抵押</td><td>土地性质</td><td>土地用途</td><td>具体位置</td></tr>
<tr><td></td><td></td><td></td><td></td><td></td><td></td><td></td></tr>
<tr><td>已使用年限</td><td>评估单价</td><td>面积（平方米）</td><td>评估价值</td><td>评估日期</td><td>评估人/机构</td><td>抵押物现状</td></tr>
<tr><td></td><td></td><td></td><td></td><td></td><td></td><td></td></tr>
<tr><td colspan="7">调查人员认为需要说明的其他事项：</td></tr>
</table>

续表

<table>
<tr><td colspan="9">2. 质押担保</td></tr>
<tr><td>质押物名称</td><td colspan="4"></td><td colspan="2">质押价值</td><td colspan="2">万元</td></tr>
<tr><td colspan="9">质押物详情：</td></tr>
<tr><td colspan="9">3. 自然人保证担保</td></tr>
<tr><td rowspan="5">保证人 1
情况</td><td>姓　　名</td><td></td><td>性别</td><td>□男　□女</td><td>年龄</td><td></td><td>婚姻状况</td><td></td></tr>
<tr><td>职业</td><td></td><td>联系方式</td><td></td><td>身份证号</td><td colspan="3"></td></tr>
<tr><td>工作单位</td><td colspan="3"></td><td colspan="3">与企业或企业主关系</td><td></td></tr>
<tr><td>工作地点</td><td colspan="7"></td></tr>
<tr><td>居住地址</td><td colspan="7"></td></tr>
<tr><td rowspan="5">保证人 2
情况</td><td>姓　　名</td><td></td><td>性别</td><td>□男　□女</td><td>年龄</td><td></td><td>婚姻状况</td><td></td></tr>
<tr><td>职业</td><td></td><td>联系方式</td><td></td><td>身份证号</td><td colspan="3"></td></tr>
<tr><td>工作单位</td><td colspan="3"></td><td colspan="3">与企业或企业主关系</td><td></td></tr>
<tr><td>工作地点</td><td colspan="7"></td></tr>
<tr><td>居住地址</td><td colspan="7"></td></tr>
<tr><td colspan="9">4. 法人保证担保</td></tr>
<tr><td>名称</td><td colspan="3"></td><td colspan="2">营业执照号</td><td colspan="3"></td></tr>
<tr><td>经营范围</td><td colspan="3"></td><td colspan="2">与借款人关系</td><td colspan="3"></td></tr>
<tr><td>法定代表人</td><td colspan="3"></td><td colspan="2">注册资本</td><td colspan="3"></td></tr>
<tr><td>经营地址</td><td colspan="3"></td><td colspan="2">成立日期</td><td colspan="3"></td></tr>
<tr><td>主要股东</td><td colspan="8"></td></tr>
<tr><td>担保原因</td><td colspan="8"></td></tr>
<tr><td colspan="9">六、综合评价</td></tr>
<tr><td>授信用途</td><td colspan="8"></td></tr>
<tr><td>还款能力评价</td><td colspan="8"></td></tr>
<tr><td>主要风险因素</td><td colspan="8"></td></tr>
<tr><td>风险防范措施</td><td colspan="8"></td></tr>
<tr><td colspan="9">七、结论</td></tr>
<tr><td>客户信用等级</td><td colspan="3"></td><td colspan="2">评估有效期限</td><td colspan="3"></td></tr>
<tr><td>建议授信额度</td><td></td><td>月利率</td><td>‰</td><td>期限</td><td>个月</td><td>担保方式</td><td colspan="2"></td></tr>
<tr><td>还款方式</td><td colspan="8"></td></tr>
<tr><td>调查人意见</td><td colspan="8">主调查：　　　　　　　　辅调查人：

年　　月　　日</td></tr>
</table>

表三

企业贷款调查审核审批表

<table>
<tr><td rowspan="7">贷款调查
申报意见</td><td>借款人</td><td></td><td>贷款金额</td><td></td></tr>
<tr><td>贷款期限</td><td></td><td>贷款月利率</td><td></td></tr>
<tr><td>贷款用途</td><td colspan="3"></td></tr>
<tr><td>担保方式</td><td colspan="3">□保证　□抵押　□质押　□信用</td></tr>
<tr><td>支付方式</td><td colspan="3">□受托支付　□自主支付</td></tr>
<tr><td>其他</td><td colspan="3"></td></tr>
<tr><td colspan="4">本人通过审核申请资料、与借款人关键人面谈、对借款人经营和资产情况实地考察等，对借款人身份真实性、偿还能力、信用状况、贷款用途、贷款担保等情况进行调查，认为该贷款申请符合业务制度，现提出以上申报意见。
主调查人：（签字）　辅调查人：（签字）
年　月　日</td></tr>
<tr><td rowspan="4">负责人
审核意见</td><td>材料是否完整</td><td>□是　□否</td><td>材料是否合规</td><td>□是　□否</td></tr>
<tr><td colspan="2">材料与申请内容是否一致</td><td colspan="2">□是　□否</td></tr>
<tr><td colspan="2">贷前调查人意见、调查意见是否完整合规</td><td colspan="2">□是　□否</td></tr>
<tr><td colspan="4">经对借款人申请资料的完整性、真实性、合规性和借款人资信状况及调查人的意见进行审核，提出如下意见：
贷款审核人：（签章）　年　月　日</td></tr>
<tr><td>审批受理
意见</td><td colspan="4">贷款审批受理人：（签章）　年　月　日</td></tr>
<tr><td rowspan="2">审批决策
意见</td><td>贷款审批人意见</td><td colspan="3">（签字）　年　月　日</td></tr>
<tr><td>信贷审批委员会意见</td><td colspan="3">（签字）　年　月　日</td></tr>
</table>

表四

企业贷款材料岗位交接清单

企业贷款所需材料	受理岗	调查岗	信息录入岗	贷款审核岗	审批受理岗	贷款审批岗	签约岗	抵押岗	贷款放行岗	会计岗	档案管理岗
企业借款申请书											
营业执照（原件及复印件）											
机构信用代码证（原件及复印件）											
开户许可证（原件及复印件）											
公司章程或企业组织文件（复印件）											
企业信用报告和法人或实际控制人信用报告（原件）											
身份证明及其他必要信息（原件及复印件）											
企业财务报表和审计报告（原件）											
股东会同意申请贷款的决议（原件）											
法人授权委托书（原件）											
担保人提供公司基本情况、信用报告、经营情况											
股东会同意担保的决议（原件）											
抵（质）押物权属证明（原件）											
抵（质）押物所有人资料及同意担保的决议（原件）											
信用评级认定表（原件）											
企业贷款客户调查报告（表）											
抵（质）押物评估报告或价值确认书（原件）											
借款合同											
抵押登记证明或质权设定证明											
开立贷款账户通知书											
贷款发放通知单											
借款借据											
交接人签名并盖章											
日期											

第七章　银行企业借款合同管理

第一节　企业借款合同的设置和原则

1. 企业借款合同的封面如何设置

银行企业借款合同封面一般设置为：左上方放置银行行徽行名（LOGO 图标）；中间放置《企业（　）借款合同（保证□　抵押□　质押□　担保合同）》或与保证、抵押、质押担保合同合为一体（四合一合同）及合同编号等字样；下方为借款人和贷款人。

2. 企业借款合同的封里应写明哪些敬请注意事项

为了维护您的利益，请您在签署本合同前，仔细阅读如下注意事项：

（1）您已阅读本合同所有条款，并已悉知其含义。

（2）您已确保提交给银行的有关证件及资料是真实、合法、有效的。

（3）您已确认自己有权在本合同上签字，并知悉签署本合同后享有的权利和承担的义务。

（4）您已确知任何欺诈、违约行为均要承担相应的法律责任。

（5）您将本着诚实、信用的原则，自愿签订并依约履行本合同。

（6）请您使用签字笔工整地填写需要您填写的内容。

如您对本合同还有疑问之处，您可在签署之前向银行各级分支机构咨询。

3. 企业借款合同有哪些立约人

企业借款合同立约人有：借款人、贷款人（银行）、保证人、抵押人和出质人。

4. 企业贷款合同的原则是什么

企业贷款合同各方本着平等自愿、诚实信用的原则，根据有关法律、法规和规章，经协商一致，订立本合同并承诺严格履约。

5. 企业贷款合同由哪些内容组成

企业贷款合同（四合一合同）由借贷条款、担保条款、违约责任条款、其他约定条款和特别签订条款等内容组成。

第二节 企业借款合同借贷条款

6. 借款用途如何约定

借款人应将借款用于什么，未经贷款人书面同意，借款人不得改变借款用途。

7. 借款金额如何约定

对借款金额约定，借款人借款本金为大写人民币____元（￥____元）。

8. 借款期限如何约定

对借款期限约定，借款期限为大写多少个月（即年　月　日至　年　月　日）。

本合同所载的借款期限起始日与贷款支付凭证所载日期不一致的，借款期限起始日（即起息日）以首次划款时的贷款支付凭证所载实际放款日期为准，借款到期日根据借款期限相应调整。贷款支付凭证为本合同的组成部分，与本合同具有同等法律效力。

9. 贷款利率如何约定

本合同项下的贷款利率为____（月/年）利率，执行下列第____种：

壹：固定利率，即在借款期限内，贷款利率保持不变。根据人民银行利率政策和现行基准利率，固定利率约定为________，若本合同签订后贷款发放前，人民银行调整基准利率或利率政策发生重大变化时，该利率需进行重新约定。

贰：固定利率，即起息日基准利率____（上浮/下调），在借款期限内，该利率保持不变。

叁：浮动利率，即在基准利率水平上____（上浮/下调）。该利率自起息日起至贷款本息全部清偿之日止依据利率调整日当日的基准利率及上述上浮/下调幅度，在本合同约定的每个利率调整日调整一次。

肆：其他____。

10. 罚息利率如何约定

（1）借款人未按本合同约定用途使用借款的，罚息利率为在本合同所执行贷款利率的水平上上浮____%。贷款利率按照本条第一款约定调整的，罚息利率根据调整后的贷款利率及上述上浮幅度同时进行相应调整。

（2）本合同项下借款逾期的，罚息利率为在本合同所执行贷款利率的水平上上浮____%。贷款利率按照本条第一款约定调整的，罚息利率根据调整后的贷款利率及上述上浮幅度同时进行相应调整。本合同中借款逾期是指借款人未在本合同约定的时限前足额偿还任意一期借款本息的行为。

11. 利率的调整如何约定

本合同所称贷款市场报价利率（LPR）是由具有代表性的报价行，根据本行对最优质客户的贷款利率，以公开市场操作利率加点形成的方式报价，由人民银行授权全国银行间同业拆借中心计算并公布的基础性的贷款参考利率。

本合同项下首次发放借款时，利率按借款起息日的利率确定。本合同项下贷款利率或罚息利率依本条约定调整时，利率按利率调整日当日的利率确定。

本合同项下贷款的利率调整日于每年的 1 月 1 日调整或于每年的某月某日调整。

如按照中国人民银行的新利率政策和贷款市场报价利率（LPR），对于贷款利率商业银行在一定幅度内可自行决定适用标准的，贷款人有权在该规定幅度内选择某一利率标准适用于本合同，借款人同意遵守该标准，按该标准履行义务。

12. 借款的发放与支用如何约定

对借款的发放与支用的约定：

（1）发放借款的前提条件。

除贷款人全部或部分放弃外，只有满足下列前提条件，贷款人才有义务发放借款：

①本合同设有担保的，符合贷款人要求的担保已生效且持续有效。

②借款人没有发生本合同所约定的任一违约事项。

③法律、法规、规章或有权部门不禁止且不限制贷款人发放本合同项下的借款。

④贷款人与借款人约定的其他发放借款的前提条件：________。

（2）贷款人在借款人满足上述放款前提条件后，将款项划入下列第____项约定的账户：

壹：借款人在贷款人开立的活期存款账户，账户户名：________，账号：________，划入金额：________。

贰：________（第三方）在贷款人开立的存款账户，账户户名：________，账号：________，划入金额：________。

叁：____________。

13. 贷款计息、结息如何约定

贷款利息自划款之日起计算，按日计息。在计息时，每月的计息天数按 30 天计算，日利率、年利率、月利率三者之间的关系为：日利率 = 年利率/360 = 月利率/30，但贷款人与借款人另有特殊约定的除外。

对于本合同项下借款，贷款人将依照约定的还款法及当期应执行的利率在每期约定还款日的前一日结计借款人当期应还本金、利息及罚息（如有）。借款人应当在每期还款时限前足额偿还当期应还本息。借款到期后如仍有未偿清的本金、利息或罚息的，贷款人将按照与借款到期前相同的结息频率，在每个约定还款日的前一日结计借款人当期应还本金、利息及罚息，直至全部应还本金、利息及罚息清偿完毕。但对于到期一次还本付息的借款，借款到期后如仍有未偿清的本金、利息或罚息的，贷款人将按照每月一次的结息频率，于约定还款日的前一日在每月的对日结计借款人当期应还本金、利息及罚息。

14. 还款原则是什么

本合同项下借款人的还款首先用于偿还本合同约定应由借款人承担而由贷款人垫付的各项费用以及贷款人实现债权的费用，剩余款项按照下列原则偿还：

（1）对于本金逾期超过九十天仍未收回的借款，或者利息逾期超过九十天仍未收回的借款，或者法律、法规或规章另有规定的借款，按照先还本后还息的原则偿还。

（2）对于除上述（1）以外情形的借款，按照先还息后还本、息随本清的原则偿还。

15. 约定还款日

本合同项下借款的约定还款日为：　年　月　日。

16. 还款方式如何约定

借款人可以采用委托扣款或柜面还款方式还款：

（1）委托扣款方式：借款人授权贷款人直接从借款人在贷款人系统开立的企业结算账户中扣收应还款项。如该委托扣款账户为借款人之外的第三人名下账户，则该第三人应签发授权书，授权贷款人从该账户中扣收借款人应还款项。

委托扣款方式下，借款人最迟应在每期约定还款日的前一日柜面营业终了前将当期应还款项足额存入指定委托扣款账户内。

借款人未能在约定还款日前一日柜面营业终了前将应还款项足额存入指定委托扣款账户造成借款拖欠的，贷款人有权自约定还款日开始计收逾期罚息和复利，并有权在该期约定还款日及此后的任意时间直接从借款人在银行系统开立的任何账户中扣划应还款项，但该扣划并不构成贷款人的义务。

（2）柜面还款方式：借款人直接到贷款人指定的营业柜台以现金、支票、银行卡等方式办理还款。对于每一期应还款项，借款人最迟应在当期约定还款日的前一日到贷款人指定的营业柜台办理还款手续。

借款人未能在约定还款日的前一日足额偿还应还款项的，贷款人有权自约定还款日开始计收逾期罚息和复利。

若借款人在约定还款日前一日之前，到贷款人指定营业柜台足额偿还当期应还款项，贷款人将按照“按日计息”原则将借款人因提前偿还当期款项而多还的利息结转至下期（但贷款人对该部分多还的利息不计付存款息），用于抵扣借款人下期应还款项中相同数额的利息。

17. 还款方法如何约定

借款人可选择以下还款方法之一偿还借款：

（1）一次还本付息还款法（仅限借款期限为1年（含）以内的）。

（2）按月付息一次还款法（仅限借款期限为1年（含）以内的）。

（3）按季付息一次还款法（仅限借款期限为1年（含）以内的）。

（4）其他经贷款人同意的还款方法。

18. 提前还本如何约定

借款人提前还本，须事先向贷款人提出申请，经贷款人同意，方可提前偿还部分或全部本金。但借款期限在 1 年以内（含 1 年）的，原则上不得提前部分还本。

借款人在还清拖欠款项的前提下方可提前还本。借款人提前部分还本的，还须先结清当期应还本息。借款人提前偿还本金的，贷款人按照提前还本时本合同执行的贷款利率、提前还本的金额以及当期的实际用款天数计收利息，此前已计收的借款利息不再调整。

借款人提前还本，须到贷款人指定的营业柜台办理还本手续。

借款人提前偿还部分或全部本金的，贷款人有权收取提前还本违约金。借款人申请提前还本时，可同时申请缩短借款期限。申请经贷款人书面同意后方生效，贷款人有权要求借款人因此支付一定数额的缩短借款期限违约金。

19. 借款期限、还款方法的变更如何约定

对于本合同项下借款期限在一年以上（不含一年）的借款，借款人可以申请展期或缩短借款期限，但应事先向贷款人提出申请，经贷款人批准后，双方签订借款期限变更的相关协议并办理相关手续。借款期限变更后达到新的利率期限档次时，从变更之日起，贷款利率、罚息利率根据新档次的基准利率和本合同约定的规则确定（双方另有约定的除外）。但已计收的利息不再调整。

借款人在借款期限内可以申请变更还款方法，但应事先向贷款人提出申请，经贷款人批准后，双方签订还款方法变更的相关协议并办理相关手续。

借款人申请变更借款期限或还款方法的，贷款人可以因此要求借款人缴纳一定的费用。

20. 借款人有哪些主要权利和义务

（1）有权要求贷款人按合同的约定发放借款。

（2）有权要求贷款人对借款人提供的有关公司资产、财务资料、生产经营方面的资料予以保密，但法律法规和规章另有规定及本合同另有约定的除外。

（3）应按贷款人要求提供有关身份、还款能力及信用的资料，保证其向贷款人提供的有关资料、文件和信息完整、准确、真实、有效、合法。

（4）应按本合同约定的用途使用借款，不得将借款挪作他用。

（5）应向贷款人提供符合要求的已向合作方支付款的证明材料。

（6）应按本合同的约定按期足额归还借款本息、缴纳本合同约定的各类费用。

（7）如要为他人债务提供担保，应当书面通知贷款人并征得贷款人书面同意。

（8）应接受贷款人及其授权代理人通过合理方式对借款使用情况进行检查。

（9）采用委托扣款方式还款的，借款人应按以下要求确保贷款人有效扣款：

①提供真实合法的委托扣款账户资料。

②按约定将每期还款额足额存入委托扣款账户中。

③借款人如变更委托扣款账户的，应在约定还款日之前15个工作日到贷款人指定的柜面办理变更手续。

④如委托扣款账户出现冻结、扣划、变更、余额不足等情况而造成贷款人无法足额扣款的，借款人应及时向贷款人另行提供合法有效的扣款账户，或及时补足账户余额并向贷款人申请扣款，或及时到贷款人指定的营业柜台还款。

（10）借款人应在知悉下列事项发生或可能发生之日起十个工作日内以书面形式通知贷款人：

①抵押财产被列入拆迁范围、强制征用、强制报废等可能造成抵押财产灭失情形的。

②抵押人、出质人与第三人就抵押财产、质押财产（质押权利）发生任何纠纷的。

③对借款人履行还款义务产生或可能产生重大不利影响的诉讼、仲裁或行政措施等的。

④在借款全部清偿前，借款人经营状况发生变化，可能对其债务清偿能力造成不利影响的。

⑤借款人作为控股股东或实际控制人的企业发生合并、分立、股权变动、增减资本、合资、联营等情形的。

⑥发生其他对借款人履行还款义务产生或可能产生重大不利影响的事件。

（11）借款人不得将借款用于有价证券、期货买卖及股本权益性投资。

21. 贷款人有哪些主要权利和义务

（1）应按合同约定及时足额发放贷款，但因借款人原因造成迟延的除外。

（2）应对借款人提供的有关资料予以保密，但银行业务需要使用、征信使用或法律法规和规章另有规定的除外。

（3）应妥善保管抵（质）押权属证明及其他有关文件资料。

（4）有权了解、核实借款人及其法定代表人身份、还款能力、信用和财务状况，要求借款人提供与借款申请、使用有关的资料、文件。

（5）有权对借款人提供的资料、文件的合法性、真实性、有效性、准确性以及借款的使用情况进行调查。

（6）有权要求借款人按期偿还贷款本金、利息和费用，有权行使本合同约定的其他各项权利，要求借款人履行其在本合同项下的其他各项义务。

（7）借款人未按期足额偿还其在本合同项下任何应付款项的，贷款人有权从借款人在银行系统开立的任一账户中划收人民币或其他币种的相应款项，且无须提前通知借款人。

第三节　企业借款合同担保条款

22. 担保方式有几种

本合同项下担保方式有保证、抵押、质押三种担保方式。

23. 保证人保证范围有哪些

（1）保证人在本合同项下提供的保证为连带责任保证。

（2）保证人在本合同项下的保证范围包括本合同第二条所列的借款本金、利息（包括复利和罚息）、违约金、赔偿金、借款人应向贷款人支付的其他款项、贷款人为实现债权与担保权利而发生的相关费用（包括但不限于诉讼费、仲裁费、财产保全费、差旅费、律师费、执行费、评估费、拍卖费、公证费、送达费、邮寄费、公告费等）。

24. 保证期间有哪些约定

（1）保证期间为本合同保证条款生效之日起至本合同项下借款人的债务履行期限届满之后两年。如合同项下债务分期履行的，则每期债务的保证期间均至合同项下最后一期债务履行期限届满之日后两年。贷款人与借款人就合同项下债务履行期限达成期限变更协议的（如为债务展期，应经保证人同意），保证期间至双方约定的新的债务履行期限届满之日后两年。若贷款人根据合同约定，宣布债务提前到期的，保证期间至贷款人宣布的债务提前到期日后两年。

（2）保证期间为本合同保证条款生效之日起至抵押登记已办妥且抵押财产的他项权利证书、抵押登记证明文件正本及其他权利证书交由贷款人核对无误、收执之日。

（3）其他约定。

25. 保证条款效力有何独立性

本保证条款的效力独立于合同其他条款，合同其他条款不生效、无效或部分无效、被撤销、被解除并不影响本条款的效力。如借贷合同关系被确认为不成立、不生效、全部或部分无效、被撤销、被解除，则保证人对于借款人因返还财产或赔偿损失而形成的债务也承担连带责任。

26. 保证责任有哪些

（1）如果本合同项下债务到期或者贷款人根据本合同的约定或法律规定宣布债务提前到期，借款人未按时足额履行，或者借款人违反本合同的其他约定，保证人应在保证范围内立即承担连带保证责任。

（2）无论贷款人对本合同项下的债权是否拥有其他担保（包括但不限于保证、抵押、质押、保函等担保方式），不论上述其他担保何时成立、是否有效、是否为借款人自己所提供、贷款人是否向其他担保人提出权利主张，也不论是否有第三方同意承担本合同项下的全部或部分债务，保证人在本合同项下的保证责任均不因此减免，贷款人均可直接要求保证人依照本合同约定在其保证范围内承担保证责任，保证人不提出任何异议。

（3）如果保证人只对本合同项下的部分债务提供保证，则保证人同意，即使因借款人清偿、贷款人实现其他担保权利或任何其他原因导致本合同项下的债务部分消灭，保证人仍应按照本合同的约定在保证范围内对尚未消灭的债务承担保证责任。

（4）如果保证人只为本合同项下的部分债务提供保证，且在其承担保证责任后本合同项下的债务仍未获完全清偿，则保证人承诺，其向借款人或其他担保人主张（包括预先行使）代位权或追偿权，不应使贷款人利益受到任何损害，并同意本合同项下债务的清偿优先于保证人代位权或追偿权的实现。

具体而言，在贷款人债权未被全部清偿前：

①保证人同意不向借款人或其他担保人主张代位权或追偿权。如因任何原因，保证人实现了上述权利，则应将所获款项优先用于清偿贷款人尚未获偿的债权。

②本合同项下的债务如有物的担保，保证人同意不以行使代位权为由或任何其他原因对该担保物或其处分后所得价款提出权利主张，上述担保物及所得价款应优先用于清偿贷款人尚未获偿的债权。

③若借款人或其他担保人为保证人提供了反担保，则保证人基于上述反担保而获得的款项应优先用于清偿贷款人尚未获偿的债权。

（5）保证人已充分认识到利率风险。如果贷款人根据本合同的约定或者国家的利率政策变化而调整利率水平、计息或结息方式，导致借款人应偿还的利息、罚息、复利增加的，对增加部分，保证人也承担连带保证责任。

（6）保证人依据本合同偿付的任何款项，贷款人有权决定将该款项优先用于抵偿贷款人为实现债权而发生的相关费用。

（7）如有多个保证人为本合同项下债务提供保证的，上述保证人共同对本合同项下债务承担连带共同保证责任，但保证人与贷款人双方另有约定的除外。

27. 保证人有哪些义务

如保证人为自然人的：

（1）保证人应对借款人借款使用情况（包括用途）进行监督。

（2）保证人应如实向贷款人提供其财产情况和企业信用等有关资料，并保证上述资料的准确、真实、完整与有效。未经贷款人书面同意，保证人不得向第三方提供超出其自身负担能力的担保。

（3）保证人发生国籍变更、住所地变更、婚姻情况变动、重大疾病、受到行政或刑事处罚、涉及重大民事法律纠纷、财务状况恶化，或者因任何原因丧失或可能丧失担保能力，应立即书面通知贷款人，并按照贷款人要求落实本合同项下保证责任的承担、转移或承继，或者为本合同的履行提供贷款人认可的新担保。

（4）保证人作为控股股东或实际控制人的企业发生合并、分立、股权变动、增减资本、合资、联营等情形，保证人应及时通知贷款人，且保证人的保证责任不因此而减免。

如保证人为法人或其他组织的：

（1）保证人应对借款人借款使用情况（包括用途）进行监督，并接受贷款人对保证人资金、财产和经营状况的监督。保证人应根据贷款人的要求提供财务报表等有关信息、文件、资料，并保证其准确、真实、完整与有效。未经贷款人书面同意，保证人不得向第三方提供超出其自身负担能力的担保。

（2）保证人发生承包、托管（接管）、租赁、股份制改造、减少注册资金、投资、联营、合并、兼并、收购重组、分立、合资、（申请）停业整顿、申请解散、被撤销、（被）申请破产、控股股东/实际控制人变更或重大资产转让、停产、歇业、被有权机关施以高额罚款、被注销登记、被吊销营业执照、法定代表人或主要负责人无法正常履行职责、涉及重大法律纠纷、生产经营出现严重困难或财务状况恶化，或者因任何原因丧失或可能丧失担保能力，保证人应立即书面通知贷款人，并按照贷款人要求落实本合同项下保证责任的承担、转移或承继，或者为本合同的履行提供贷款人认可的新担保。

（3）保证人发生名称、法定代表人（负责人）、住所、经营范围、注册资本金或公司（企业）章程等工商登记事项变更的，应当在变更后五个工作日内书面通知贷款人，并附变更后的相关材料。

（4）保证人保证不存在为筹集资金或其他原因，以借款人的名义向贷款人借款套取银行资金的情形。

28. 保证人违约贷款人应采取哪些措施

保证人违反本合同的任一约定或陈述与保证的事项存在任何虚假、错误、遗漏，贷款人有权采取以下一项或多项措施：

（1）要求保证人限期纠正违约行为。

（2）要求保证人提供新的担保。

（3）要求保证人赔偿损失。

（4）法律许可的其他救济措施。

29. 如何设定抵押

抵押人以本合同“抵押财产清单”所列之财产设定抵押。

抵押财产因故换发新的所有权或其他权利证书（明），导致“抵押财产清单”或者贷款人收执的他项权利（抵押权）证书或抵押权证明文件与上述新的权利证书（明）或登记机关的登记簿相关记载不一致的，抵押人不得以此为由拒绝承担担保责任。

除非抵押人和贷款人另有约定或法律另有规定，抵押财产上因附合、混合、加工、改建等原因而新增的物也作为贷款人债权的抵押担保，抵押人应根据贷款人的要求办理必要的抵押登记等手续。

如果抵押财产因自然因素或者第三人行为毁损、灭失、被侵害、价值减少、脱离抵押人控制，抵押财产权属发生争议或权利证书（明）被注销，抵押人均应立即通知贷款人，并按照贷款人要求提供新的担保。

30. 抵押担保范围有哪些

抵押担保范围包括本合同所列的借款本金、利息（包括复利和罚息）、违约金、赔偿金、借款人应向贷款人支付的其他款项、贷款人为实现债权和抵押权而发生的相关费用（包括但不限于诉讼费、仲裁费、财产保全费、差旅费、律师费、执行费、评估费、拍卖费、公证费、送达费、公告费、邮寄费等）。

31. 如何进行抵押登记

本抵押条款签订后，抵押人应在贷款人要求的时限内到相应的登记部门办理抵押登记手续。抵押人应于抵押登记完成之日将抵押财产的他项权利证书、抵押登记文件正本原件及其他权利证书交贷款人持有。

32. 抵押财产如何保管

（1）抵押人应妥善地对抵押财产进行占有、保管和维修保养，合理使用抵押财产，维持抵押财产完好，按时缴纳与抵押财产相关的各项税费。贷款人有权对抵押财产进行检查，并可要求抵押人将抵押财产权利凭证的正本交贷款人保管。

（2）抵押人委托或同意第三方占有、保管、使用抵押财产的，应当告知该第三方贷款人抵押权的存在，并要求其保持抵押财产的完好、接受贷款人对抵押财产的检查以及不妨碍贷款人实现抵押权。抵押人不因此免除前项中的义务，同时应对该第三方的行为承担责任。

（3）抵押财产造成人身或财产损害的，应由抵押人自行承担赔偿责任。如果贷款人因此遭到索赔而承担了责任，或为抵押人垫付了赔偿金，则贷款人有权向抵押人追偿。

33. 抵押财产的保险如何约定

（1）除本合同另有约定外，抵押人应根据有关法律及贷款人指定的险种、保险期限、投保金额办理抵押财产的保险。保险人应当具备法定资质和良好信誉。

（2）保险单内容应当符合贷款人的要求，不得附有损害贷款人权益的限制性条件。保险单上应特别注明：贷款人为保险赔偿金的优先受偿人（即第一受益人）；变更保险单应经过贷款人书面同意；一旦发生保险事故，保险人应将保险赔偿金直接划付至贷款人指定的账户。如抵押财产已保险，但未注明上述内容的，应当对保险单作出相应的批注或变更。

（3）抵押人应确保保险连续有效，不得以任何理由致使保险中断、撤销、失效，或者致使保险人减免赔偿责任，或者不经贷款人同意变更保险单。如果保险期间届满时，抵押人担保的债权未全部受偿的，抵押人应当续保，对保险期间作相应延长。

（4）抵押人应于本抵押条款签订之日（抵押财产续保的，则为续保完成之日）起五个工作日内将抵押财产的保险单正本交付贷款人，并且在贷款人处预留有关保险索赔或保险权益转让所必需的文件。

（5）就抵押财产取得的保险赔偿金，贷款人有权选择下列方法进行处理，抵押人应协助办理有关手续：

①经贷款人同意，用于修复抵押财产，以恢复抵押财产价值。

②按照贷款人要求转为动产质押或权利质押，用于担保本合同项下的债务。

③清偿或提前清偿本合同项下债务本息及相关费用。

④抵押人提供符合贷款人要求的新的担保后，由抵押人自由处分。

34. 抵押财产出现第三方妨碍如何约定

（1）如果抵押财产被国家征收、征用、拆除、没收、无偿收回，抵押人与第三人就抵押财产发生任何纠纷，或者抵押财产被第三方查封、冻结、扣押、监管、留置、拍卖、强行占有、毁损或者进行其他处置，抵押人应当立即通知贷款人，并及时采取制止、排除或补救措施，防止损失扩大。若贷款人提出要求，抵押人应提供符合贷款人要求的新担保。

（2）抵押财产发生前项情形后的剩余部分仍作为贷款人债权的抵押担保。抵押人因上述原因取得的赔偿金或补偿金，应存入贷款人指定的账户。贷款人有权选择约定的任一方法对上述款项进行处理，抵押人应协助办理有关手续。

（3）抵押财产被列入拆迁范围的，抵押人应在知悉之日起 10 个工作日内书面通知借款人与贷款人。

抵押人获得交换产权作为补偿的，抵押人应就交换产权所得的房屋为贷款人在本合同项下债权重新设定抵押权。拆迁人对抵押人实行作价补偿的，贷款人有权选择约定的任一方法对上述价款进行处理，抵押人应协助办理有关手续。

35. 抵押人处分抵押财产如何限制

（1）未经贷款人书面同意，抵押人不得以任何方式处分抵押财产，包括但不限于放弃、赠予、转让、出租（包括原租赁合同到期后续租或修改租赁合同）、出资、重复担保、迁移、改为公益用途、与其他物添附或改建、分割等。

（2）抵押人经贷款人书面同意处分抵押财产的，处分抵押财产而获得的价款或其他款项应当存入贷款人指定的账户。贷款人有权选择约定的任一方法对上述价款进行处理，抵押人应协助办理有关手续。

36. 抵押权如何实现

（1）借款人未足额履行本合同项下到期债务（包括依照本合同约定被宣布提前到期的债务），或违反本合同的其他约定，贷款人有权行使抵押权利。

（2）本条款“抵押财产清单”记载的或双方另行约定的抵押财产价值（暂定价值），无论是否记载于登记机关的登记簿，均不表明抵押财产的最终价值，其最终价值为处分抵押财产所得价款在扣除各项税费后的净额。

若以抵押财产抵偿贷款人债权的，上述暂定价值并不作为抵押财产抵偿贷款人债权的依据，届时抵押财产的价值应由双方协商一致或依法公平评估确定。

（3）贷款人处分抵押财产所得价款，在支付变卖或拍卖过程中的费用（包括但不限于保管费、评估费、拍卖费、过户费、税款、国有土地使用权出让金等）后，优先用于清偿抵押财产担保的债务，剩余价款退还抵押人。

（4）抵押人与借款人为同一人的，贷款人可以对抵押人的抵押财产之外的财产申请强制执行，且不以放弃抵押权或必须先处分抵押财产为前提条件。

（5）抵押人不得以任何方式（包括作为或不作为）妨碍贷款人实现抵押权。

（6）无论贷款人对本合同项下的债权是否拥有其他担保（包括但不限于保证、抵押、质押、保函、备用信用证等担保方式），不论上述其他担保何时成立、是否有效、不论其他担保是否由借款人自己所提供、贷款人是否向其他担保人提出权利主张，也不论是否有第三方同意承担本合同项下的全部或部分债务，抵押人在本合同项下的担保责任均不因此减免，贷款人均可直接要求抵押人依照本合同约定在其担保范围内承担担保责任，抵押人不提出任何异议。

（7）如果抵押人只对本合同项下的部分债务提供担保，则抵押人同意，即使因借款人清偿、贷款人实现其他担保权利或任何其他原因导致本合同项下的债务部分消灭，抵押人仍应按照本合同的约定在担保范围内对尚未消灭的债务承担担保责任。

（8）如果抵押人只对本合同项下的部分债务提供担保，且在其承担担保责任后本合同项下的债务仍未获完全清偿，则抵押人承诺，其向借款人或其他担保人主张（包括预先行使）代位权或追偿权，不应使贷款人利益受到任何损害，并同意本合同项下债务的清偿优先于抵押人代位权或追偿权的实现。

具体而言，在贷款人债权未被全部清偿前：

①抵押人同意不向借款人或其他担保人主张代位权或追偿权。如因任何原因，抵押人实现了上述权利，则应将所获款项优先用于清偿贷款人尚未获偿的

债权。

②本合同项下的债务如有物的担保，抵押人同意不以行使代位权为由或任何其他原因对该担保物或其处分后所得价款提出权利主张，上述担保物及所得价款应优先用于清偿贷款人尚未获偿的债权。

③若借款人或其他担保人为抵押人提供了反担保，则抵押人基于上述反担保而获得的款项应优先用于清偿贷款人尚未获偿的债权。

（9）如果本合同项下借贷合同关系被确认为不成立、不生效、无效或部分无效、被撤销、被解除，且抵押人与借款人不是同一人，则抵押人对于借款人因返还财产或赔偿损失而形成的债务也承担连带责任。

（10）抵押人已充分认识到利率风险。如果贷款人根据本合同的约定或者国家的利率政策变化而调整利率水平、计息或结息方式，导致借款人应偿还的利息、罚息、复利增加的，对增加部分，抵押人也承担担保责任。

37. 抵押人违约责任及处理如何约定

（1）抵押人违反本合同的任一约定或陈述与保证的事项存在任何虚假、错误、遗漏，贷款人有权采取以下一项或多项措施：

①要求抵押人限期纠正违约行为。

②要求抵押人提供新的担保。

③要求抵押人赔偿损失。

④处分抵押财产。

⑤法律许可的其他救济措施。

（2）贷款人有权选择约定的任一方法对处分抵押财产所得价款进行处理，抵押人应协助办理有关手续。

（3）如果因抵押人过错导致抵押权未有效设立，或者导致抵押财产价值减少，或者导致贷款人未及时且充分实现抵押权，且其与借款人不是同一人，贷款人有权要求抵押人对借款人在本合同项下的债务承担连带责任。

38. 贷款人违约责任如何约定

如果贷款人因过错遗失抵押人交付的抵押财产权利证书，或者本合同项下债务清偿完毕，贷款人不及时返还抵押财产权利证书或在抵押人提出申请后不依法协助办理抵押登记注销手续，抵押人有权相应采取以下措施：

（1）要求贷款人承担抵押财产权利证书的补办费用。

（2）要求贷款人限期返还抵押财产的权利证书，或依法协助抵押人注销抵押财产登记。

39. 质押如何设定

出质人以本合同“质押权利清单”所列之权利设定质押。

如果“质押权利清单”记载的权利与贷款人实际接受的权利凭证、质权证书或质押证明文件或登记机关质押登记簿所表明的权利不一致的，贷款人实际接受的权利凭证、质权证书或质押证明文件或登记机关质押登记簿所表明的权利为质押权利。

若质押权利因故换发新的所有权或其他权利证书（明），导致“质押权利清单”或者贷款人收执的质权证书或质押证明文件与上述新的权利证书（明）或登记机关的登记簿相关记载不一致的，出质人不得以此为由拒绝承担担保责任。

出质人应以最大的谨慎维持质押权利的有效性和价值，防止因为超过规定的期限或任何其他事由导致质押权利失效或贬值。质押权利价值增加，增加的部分仍作为贷款人债权的质押担保。

质押权利的孳息由贷款人收取。孳息作为质押权利的一部分用于贷款人债权的质押担保，但应优先用于清偿收取孳息的费用。

如果质押权利或其项下动产因第三人行为或者自然因素而毁损、灭失、被侵害、价值减少，或质押权利或其项下动产权属发生争议或权利证书（明）被注销，出质人均应立即通知贷款人，并应按照贷款人要求提供新的担保。

40. 质押担保范围有哪些

质押担保的范围包括本合同约定的借款本金及利息（包括复利和罚息）、违约金、赔偿金、借款人应向贷款人支付的其他款项、贷款人实现债权和质权而发生的费用（包括但不限于诉讼费、仲裁费、律师代理费、财产保全费、差旅费、执行费、评估费、拍卖费、公证费、送达费、公告费、邮寄费等）。

41. 质押权利如何登记或交付

（1）依法需要办理质押登记（含记载、备案）的，出质人应于本质押条款签订后在贷款人要求的时限内到相应的登记部门办理质押登记。出质人应于质押登记完成当日将质权证书、质押登记文件正本原件及其他权利证书交贷款人持有。

（2）依法不需要办理质押登记的，出质人应于本质押条款签订后在贷款人要求的时限内将质押权利的凭证交付给贷款人。依法需要背书的，出质人应在权利凭证上完成背书后交付贷款人。

（3）质权的实现需要第三方履行义务的，出质人应当将质押事实书面通知该第三方。

42. 质押权利出现第三方妨碍如何约定

（1）国家或者其他第三方对质押权利或其项下动产进行注销、没收、强制收回、查封、冻结、扣押、监管、扣划、留置、拍卖、强行占有、毁损，出质人知悉后应当立即通知贷款人，并及时采取必要的措施，防止损失扩大，如果贷款人提出要求，出质人应提供符合贷款人要求的新担保。

（2）质押权利发生前项情形后的剩余部分仍作为贷款人债权的质押担保。出质人因上述原因取得的赔偿金、补偿金，应存入贷款人指定账户。贷款人有权选择下列①至④项约定的任一方法进行处理，出质人应协助办理有关手续：

①经贷款人同意，用于修复质押权利项下的动产，以恢复该动产价值。

②清偿或提前清偿本合同项下债务本息及相关费用。

③按照贷款人要求转为动产质押或权利质押，用于担保本合同项下的债务。

④出质人提供符合贷款人要求的新的担保后，由出质人自由处分。

43. 质押权利先于借贷合同关系项下债务到期如何约定

如质押权利存在兑现或提货日期，并且该日期先于借贷合同关系项下债务到期日的，贷款人有权在借贷合同关系项下债务到期日之前要求兑现或提货。所兑现资金或提取的动产应存放于贷款人指定的账户或场所。贷款人有权选择下列各种方法进行处理，出质人应协助办理有关手续：

（1）将提取的动产代替质押权利用于质押或抵押。

（2）将兑现的资金，或者提取动产进行变卖或拍卖所得的价款，用于清偿或提前清偿质押权利担保的债务，或者按照贷款人要求转为动产质押或权利质押，用于担保本合同项下的债务。

（3）出质人提供符合贷款人要求的新的担保后，由出质人自由处分兑现的资金或提取的动产。

44. 质权的实现如何约定

（1）借款人不履行本合同项下到期债务（包括依照本合同约定被宣布提前到期的债务），或违反本合同的其他约定，贷款人有权行使质权。

（2）本合同“质押权利清单”记载的或双方另行约定的质押权利价值（暂

定价值），均不表明质押权利的最终价值，其最终价值为处分质押权利所得价款在扣除各项税费后的净额。

若以质押权利抵偿贷款人债权的，上述暂定价值并不作为质押权利抵偿贷款人债权的依据，届时质押权利的价值应由双方协商一致或依法公平评估确定。

（3）贷款人实现质押权利所得价款，在支付变卖或拍卖过程中的费用（包括但不限于保管费、评估费、拍卖费、过户费、税款等）后，优先用于清偿质押权利所担保的债务，剩余价款退还出质人。

（4）出质人与借款人为同一人的，贷款人可以对出质人的质押权利之外的财产申请强制执行，且不以放弃质权或先处分质押权利为前提条件。

（5）出质人不得以任何方式（包括作为或不作为）妨碍贷款人实现质权。

（6）无论贷款人对本合同项下的债权是否拥有其他担保（包括但不限于保证、抵押、质押、保函、备用信用证等担保方式），不论上述其他担保何时成立、是否有效、不论其他担保是否由借款人自己所提供、贷款人是否向其他担保人提出权利主张，也不论是否有第三方同意承担本合同项下的全部或部分债务，出质人在本合同项下的担保责任均不因此减免，贷款人均可直接要求出质人依照本合同约定在其担保范围内承担担保责任，出质人不提出任何异议。

（7）如果出质人只对本合同项下的部分债务提供担保，则出质人同意，即使因借款人清偿、贷款人实现其他担保权利或任何其他原因导致本合同项下的债务部分消灭，出质人仍应按照本合同的约定在担保范围内对尚未消灭的债务承担担保责任。

（8）如果出质人只对本合同项下的部分债务提供担保，且在其承担担保责任后本合同项下的债务仍未获完全清偿，则出质人承诺，其向借款人或其他担保人主张（包括预先行使）代位权或追偿权，不应使贷款人利益受到任何损害，并同意本合同项下债务的清偿优先于出质人代位权或追偿权的实现。

具体而言，在贷款人债权未被全部清偿前：

①出质人同意不向借款人或其他担保人主张代位权或追偿权。如因任何原因，出质人实现了上述权利，则应将所获款项优先用于清偿贷款人尚未获偿的债权。

②本合同项下的债务如有物的担保，出质人同意不以行使代位权为由或任何其他原因对该担保物或其处分后所得价款提出权利主张，上述担保物及所得价款应优先用于清偿贷款人尚未获偿的债权。

③若借款人或其他担保人为出质人提供了反担保，则出质人基于上述反担保而获得的款项应优先用于清偿贷款人尚未获偿的债权。

（9）如果本合同项下借贷合同关系被确认为不成立、不生效、无效或部分无效、被撤销、被解除，且出质人与借款人不是同一人，则出质人对借款人因返还财产或赔偿损失而形成的债务与借款人承担连带责任。

（10）出质人已充分认识到利率风险。如果贷款人根据本合同的约定或者国家的利率政策变化而调整利率水平、计息或结息方式，导致借款人应偿还的利息、罚息、复利增加的，对增加部分，出质人也承担担保责任。

（11）出质人保证，质押权利的权利凭证真实、完整、合法、有效。如果贷款人实现质权须第三方履行义务（包括但不限于存单、仓单、提单、票据、应收账款质押），则出质人保证，该第三方不会主张抵销、留置或其他任何抗辩，且该第三方与出质人之间的任何约定不会限制贷款人质权的实现。

45. 质押权利凭证的返还如何约定

在质押权利担保的债务清偿完毕且出质人支付了本合同项下应由出质人承担的各项费用后，出质人有权要求贷款人及时与出质人共同办理质押登记注销手续，或要求贷款人返还质押权利凭证。贷款人返还质押权利凭证时，出质人应当场验收，如有异议应当场提出，否则视为出质人无异议。

46. 出质人违约责任如何约定

（1）出质人违反本合同的任一约定或陈述与保证的事项存在任何虚假、错误、遗漏，贷款人有权采取以下一项或多项措施：

①要求出质人限期纠正违约行为。

②要求出质人提供新的担保。

③要求出质人赔偿损失。

④处分质押权利。

⑤法律许可的其他救济措施。

（2）贷款人有权选择约定的任一方法对处分质押权利所得价款进行处理，出质人应协助办理有关手续。

（3）如果因出质人过错导致质权未有效设立，或者导致质押权利价值减少，或者导致贷款人未及时且充分实现质权，且其与借款人不是同一人，贷款人有权要求出质人对借款人在本合同项下的债务承担连带责任。

47. 贷款人违约责任如何约定

如果贷款人因故意或重大过失致使质押权利凭证毁损、灭失，出质人有权要求贷款人承担补办凭证的费用。

如在质押权利担保的债务清偿完毕且出质人支付了本合同项下应由出质人承担的各项费用后，贷款人不及时返还质押权利的凭证，或者不依法协助出质人办理质押登记注销，出质人有权要求贷款人及时返还被质押权利的凭证或依法协助办理质押登记注销手续。

48. 合同条款的变更担保人如何遵守

（1）如果贷款人与借款人协议变更合同其他条款（包括但不限于变更偿还币种、还款方式、贷款账号、还款账号、用款计划、还款计划、起息日、约定还款日、在债务履行期限不延长的情况下债务履行期限的起始日或截止日变更），担保人同意仍对变更后的本合同项下债务承担担保责任。

但未经担保人同意，贷款人与借款人协议延长债务履行期限或增加债权本金金额的，担保人仅依照担保条款的约定对变更前的合同债务承担担保责任。

（2）担保人的担保责任不因出现下列任一情况而减免：

①贷款人发生改制、合并、兼并、分立、增减资本、合资、联营、更名等情形。

②贷款人委托第三方履行其在本合同项下的义务。

（3）本合同项下债权转移给第三人的，担保人应协助贷款人及该第三人办理相应的担保变更手续。

（4）本合同项下债权或债务的转移行为未生效、无效、被撤销、被解除，担保人仍按照担保条款约定对贷款人承担担保责任。

49. 抵押人和出质人承担哪些费用

与抵押条款及抵押条款项下抵押财产有关的一切费用（包括但不限于占有、管理、处置、登记、公证、保险、运输、仓储、保管、估价、维修、保养、拍卖、过户等费用），均由抵押人承担，双方另有约定的除外。

与质押条款及质押条款项下质押权利有关的一切费用（包括但不限于占有、管理、处置、登记、公证、保险、运输、仓储、保管、估价、维修、保养、拍卖、过户等费用），均由出质人承担，双方另有约定的除外。

50. 应付款项的划收如何约定

对于担保人在本合同项下的全部应付款项，贷款人有权从担保人在银行系统开立的任一账户中划收人民币或其他币种的相应款项，且无须提前通知担保人。

51. 担保人信用信息的使用如何约定

担保人为自然人的，担保人同意贷款人向中国人民银行企业信用信息基础数据库及信贷征信主管部门批准建立的企业信用数据库或有关单位、部门及企业查询担保人的信用状况，查询获得的信用报告限用于中国人民银行颁布的《企业信用信息基础数据库管理办法》规定用途。担保人还同意贷款人将担保人信用信息提供给中国人民银行企业信用信息基础数据库及信贷征信主管部门批准建立的企业信用数据库。

担保人为法人或其他组织的，担保人同意贷款人向中国人民银行及信贷征信主管部门批准建立的信用数据库或有关单位、部门查询担保人的信用状况，并同意贷款人将担保人信用信息提供给中国人民银行及信贷征信主管部门批准建立的信用数据库。

52. 公告催收如何约定

对担保人从事违法违规行为，拒不承担担保责任或发生其他违约情形，贷款人有权向有关部门或单位予以通报，有权通过新闻媒体进行公告催收。

53. 贷款人记录的证据效力如何约定

除非有可靠、确定的相反证据，贷款人有关本金、利息、费用和还款记录等内容的内部账务记载，贷款人制作或保留的借款人办理提款、还款、付利息等业务过程中发生的单据、凭证及贷款人催收贷款的记录、凭证，均构成有效证明本合同项下债权关系的确定证据。担保人不能仅因为上述记录、记载、单据、凭证由贷款人单方制作或保留，而提出异议。

54. 权利保留如何约定

贷款人在本合同项下的权利并不影响和排除其根据法律、法规和其他合同所享有的任何权利。任何对违约或延误行为施以任何宽容、宽限、优惠或延缓行使本合同项下的任何权利，均不能视为对本合同项下权利、权益的放弃或对任何违反本合同行为的许可或认可，也不影响、阻止和妨碍对该权利的继续行使或对其任何其他权利的行使，也不因此导致贷款人对担保人承担义务和责任。

即使贷款人不行使或延缓行使本合同项下的任何权利或未用尽本合同项下的任何救济，担保人在本合同项下的担保责任并不因此减免，但是贷款人若减免本合同项下债务，担保人在本合同项下的担保责任相应减免。

55. 担保人如发生不同情况如何约定

担保人如发生分立、解散、进入破产程序、被撤销、被注销工商登记、被吊销营业执照等情形，担保人均应立即通知贷款人。担保人发生解散或破产的，即使贷款人在本合同项下债权尚未到期，贷款人也有权参加担保人清算或破产程序，申报债权。

56. 担保人的陈述与保证如何约定

（1）担保人清楚地知悉贷款人的经营范围、授权权限。

（2）担保人已阅读本合同所有条款。应担保人要求，贷款人已经就本合同做了相应的条款说明。担保人对本合同条款的含义及相应的法律后果已全部通晓并充分理解。

（3）担保人具备作为担保人的合法资格，担保人在本合同项下的担保行为符合法律、行政法规、规章规定，担保人签署本合同或履行担保人在本合同项下的义务不违反担保人订立的任何其他协议。若担保人为法人或其他组织的，担保人在本合同项下的担保行为符合担保人章程或内部组织文件的规定，且已获得公司（机构、组织）内部有权机构及/或国家有权机关的批准。因担保人无权签署本合同而产生的一切责任均由担保人承担，包括但不限于全额赔偿贷款人因此遭受的损失。

（4）担保人提供给贷款人的全部资料、文件和信息均是真实、合法、准确、完整、有效的。

（5）担保人确认自己对借款人的资产、债务、经营、信用、信誉等情况、是否具备签订本合同的主体资格和权限已经充分了解。

（6）抵押人、出质人各自保证：

①抵押人、出质人分别合法拥有用于抵押、质押的抵押财产或质押权利，并对之享有所有权或处分权，抵押财产或质押权利并非公益性质、禁止（或限制）流通与转让的财产或财产权利，不存在任何权属争议，也不存在任何未书面告知贷款人的瑕疵或负担，包括但不限于抵押财产或质押权利（或质押权利项下动产）被查封、被扣押、被监管、被出租、被留置、存在拖欠购置价款、维修费用、建设工程价款、国家税款、土地使用权出让金、损害赔偿金等情形或者抵押财产或质押权利已为第三人设定担保。

②抵押财产或质押权利不存在其他共有人，或者虽然存在其他共有人，但该担保行为已经获得其他共有人的书面同意。

第四节　企业借款合同违约责任条款

57. 借款人违约情形有哪些

（1）借款人发生下列任一情况，均构成违约：

①借款人不按本合同约定按时足额偿还借款本息或其他应付款项。

②借款人未按合同约定用途使用贷款的。

③借款人向贷款人提供虚假的、无效的或不完整的信息、文件或资料的。

④借款人拒绝或阻碍贷款人对其收入或信用情况进行检查的。

⑤借款人卷入重大的诉讼或仲裁程序及其他法律纠纷，贷款人认为可能或已经对其偿债能力造成不利影响的。

⑥借款人低价转让、无偿转让或隐藏财产、减免第三方债务、怠于行使债权或其他权利，贷款人认为可能危及本合同项下债权安全的。

⑦借款人未履行对银行负有的其他到期债务，或贷款人发现借款人有其他拖欠债务的行为的。

⑧借款人的还贷能力出现其他重大变化，贷款人认为可能或已经对其偿债能力造成不利影响，且借款人未追加贷款人认可的担保的。

⑨借款人发生其他足以对其偿还债务能力造成不利影响的事件，或借款人明确表示或以其行为表明将不履行本合同项下的义务。

⑩借款人违反本合同约定的其他义务。

（2）保证期间内，保证人发生下列情况之一，借款人未提供符合贷款人要求的新的担保的，构成借款人违约：

①违反本合同任一约定或陈述与保证的事项存在任何虚假、错误、遗漏的。

②作为保证人的法人或其他组织发生承包、托管（接管）、租赁、股份制改造、减少注册资本金、投资、联营、合并、兼并、收购重组、分立、合资、（申请）停业整顿、申请解散、（被）申请破产、控股股东/实际控制人变更或重大资产转让、低价或无偿转让财产、减免第三方债务、怠于行使债权或其他权利、停产、歇业、被有权机关施以高额罚款、被注销登记、被吊销营业执照、法定代表人或主要负责人无法正常履行职责、涉及重大法律纠纷、生产经营出现严重困难或财务状况恶化，可能影响保证人承担保证责任的能力的。

③保证人拒绝贷款人对其资金和财产状况进行监督的。

④保证人向第三方提供超出其自身负担能力的担保的。

⑤保证人丧失或可能丧失保证能力的其他情形。

（3）抵押或质押期间内，抵押或质押发生下列情况之一，借款人未提供符合贷款人要求的新的担保的，构成借款人违约：

①因第三人行为、国家征收、没收、征用、无偿收回、拆迁、市场行情变化或任何其他原因导致抵押财产或质押财产（质押权利）毁损、灭失、价值减少。

②抵押财产或质押财产（质押权利）被查封、扣押、冻结、扣划、留置、拍卖、行政机关监管，或者权属发生争议。

③抵押人或出质人违反本合同任一约定或陈述与保证的事项存在任何虚假、错误、遗漏的。

④可能危及贷款人抵押权或质权实现的其他情形。

（4）担保未生效、无效、被撤销、被解除，担保人违约或者明确表示或以其行为表明将不履行其担保责任，或担保人出现部分或全部丧失担保能力、担保物价值减少等贷款人认为可能危及本合同项下债权安全的其他情形，借款人未按贷款人要求提供新的担保的，视为借款人违约。

58. 违约救济措施有哪些

出现上述任一违约情形，贷款人有权行使下述一项或几项权利：

（1）停止发放本合同项下的借款。

（2）宣布贷款立即到期，要求借款人立即清偿借款本息及相关费用。

（3）解除与借款人的借贷关系。

（4）向借款人收取违约金。

（5）借款人未按合同约定用途使用贷款的，对借款人挪用的部分，自未按合同约定用途使用借款之日起至本息全部清偿之日按本合同约定规则计算出的挪用罚息利率和约定的结息方式计收罚息和复利。

（6）对于借款人未按时还清的任意一期借款本金和利息（包括被贷款人宣布全部或部分到期的借款本金和利息），自借款逾期之日起至拖欠本息全部清偿之日，按本合同约定规则计算出的借款逾期罚息利率和约定的结息方式计收罚息和复利。对于既逾期又未按本合同约定用途使用借款的，择较重者计收罚息和复利，不予并处。

（7）本合同项下执行浮动利率的借款，借款人存在不按期足额还清借款本息情形的，贷款人有权对借款人尚未归还的全部借款上浮贷款利率、罚息利率，具体按贷款人制定的利率定价标准执行。

（8）从借款人在银行系统开立的任何账户上划收任何币种的款项用于抵偿借款人应付款项。

（9）要求借款人限期纠正违约行为并赔偿相应损失。

（10）要求借款人对本合同项下所有债务提供符合贷款人要求的新的担保。

（11）行使担保权利。

（12）委托第三方或通过任何公众媒体发布公告等方式进行催收或追偿。

（13）以法律手段追偿借款本息及由此产生的一切费用。

（14）有权采取的其他救济措施。

第五节　企业借款合同其他约定条款

59. 借款人与抵押人相同如何约定

本合同项下借款人与抵押人相同的，借款人同意贷款人在保证人履行完毕保证义务后，有权将借款人交付的相关证书、资料原件及复印件交付于保证人，借款人保证对该交付行为无异议。

60. 费用如何承担

除合同另有约定外，本合同项下与借款有关的登记、评估、保管、鉴定、公证、律师服务、保险等费用（如有）以及依据法律法规规章规定贷款人可以向借款人收取的费用，由借款人承担。

贷款人为实现债权而实际发生的全部费用（包括但不限于诉讼费、仲裁费、财产保全费、差旅费、执行费、评估费、拍卖费、公证费、送达费、公告费、律师费等）均由借款人承担。

61. 公告催收如何约定

对借款人从事违法违规行为，拖欠借款本息或发生其他违约情形，贷款人有权向有关部门或单位予以通报，有权通过新闻媒体进行公告催收。

62. 贷款人记录的证据效力如何约定

除非有可靠、确定的相反证据，贷款人有关本金、利息、费用和还款记录等内容的内部账务记载，贷款人制作或保留的借款人办理提款、还款、付利息等业务过程中发生的单据、凭证及贷款人催收贷款的记录、凭证，均构成有效证明借贷双方之间债权债务关系的确定证据。借款人不能仅因为上述记录、记载、单据、凭证由贷款人单方制作或保留，而提出异议。

63. 借款人信用信息的使用如何约定

借款人同意贷款人向中国人民银行信用信息基础数据库及信贷征信主管部门批准建立的信用数据库或有关单位、部门及查询借款人的信用状况，查询获得的信用报告限用于中国人民银行颁布的信用信息基础数据库管理办法规定用途。借款人还同意贷款人将借款人信用信息提供给中国人民银行信用信息基础数据库及信贷征信主管部门批准建立的信用数据库。

64. 权利保留如何约定

贷款人在本合同项下的权利并不影响和排除其根据法律、法规和其他合同所享有的任何权利。对违约或延误行为施以任何宽容、宽限、优惠或延缓行使本合同项下的权利，均不能视为对本合同项下权利、权益的放弃或对任何违反本合同行为的许可或认可，也不限制、阻止和妨碍对该权利的继续行使或对其任何其他权利的行使，也不因此导致贷款人对借款人承担义务和责任。

65. 借款人的陈述与保证如何约定

（1）借款人清楚地知悉贷款人的经营范围、授权权限。

（2）借款人已阅读本合同所有条款。应借款人要求，贷款人已经就本合同做了相应的条款说明。借款人对本合同条款的含义及相应的法律后果已全部通晓并充分理解。

（3）借款人有权签署本合同。

66. 合同争议解决方式如何约定

凡因本合同引起的或与本合同有关的任何争议，可以通过协商解决，提交仲裁委员会，按照申请仲裁时该会现行有效的仲裁规则进行仲裁。仲裁裁决是终局的，对双方均有约束力。协商不成，向贷款人住所地人民法院起诉。

在诉讼或仲裁期间，本合同不涉及争议部分的条款仍须履行。

67. 合同的生效如何约定

（1）本合同除担保条款以外条款满足以下条件后生效：

①借款人或其授权代理人签字并加盖公章。

②贷款人负责人或授权代理人签字（或盖企业名章）并加盖合同专用章。

（2）本合同保证条款、担保人通用条款、合同争议解决方式条款、合同的变更条款、通知条款及合同份数条款满足以下条件后对保证人和贷款人生效：

①保证人为自然人的，经保证人或其授权代理人签字。保证人为法人或其他组织的，经其法定代表人（负责人）或授权代理人签字并加盖公章。

②贷款人负责人或授权代理人签字（或盖企业名章）并加盖合同专用章。

（3）本合同抵押条款、担保人通用条款、合同争议解决方式条款、合同的变更条款、通知条款及合同份数条款满足以下条件后对抵押人和贷款人生效：

①抵押人为自然人的，经抵押人或其授权代理人签字。抵押人为法人或其他组织的，经其法定代表人（负责人）或授权代理人签字并加盖公章。

②贷款人负责人或授权代理人签字（或盖企业名章）并加盖合同专用章。

（4）本合同质押条款、担保人通用条款、合同争议解决方式条款、合同的变更条款、通知条款及合同份数条款满足以下条件后对出质人和贷款人生效：

①出质人为自然人的，经出质人或其授权代理人签字。出质人为法人或其他组织的，经其法定代表人（负责人）或授权代理人签字并加盖公章。

②贷款人负责人或授权代理人签字（或盖企业名章）并加盖合同专用章。

68. 合同的变更如何约定

本合同生效后，如需变更，经当事方协商一致，须另行签订变更协议。本合同另有约定的除外。

69. 如何传递给其他各方的通知

本合同任何一方当事人传递给其他各方的通知，须按本合同所列的通讯地址、联系电话或其他联系方式进行。

借款人、担保人通讯地址、联系方式如有变动，应于发生变动之日起五个工作日内以书面形式通知其他各方，因未及时通知而造成的损失由变动方承担。贷款人发生需通知借款人、担保人的事项时，也可采用在贷款人网点张贴公告、网上银行、电话银行、手机银行、短信和微信等方式通知。

70. 合同份数如何约定

合同份数根据实际需要约定，本合同一式几份，具有同等法律效力。

第六节 企业借款合同特别签订条款

71. 合同编号确认

合同编号可为银行英文或拼音缩写加年份及序号（XXXXYH2020Q0001），与《企业（ ）借款合同（保证□ 抵押□ 质押□ 担保合同)》是不可分割的组成部分。

72. 立约人信息

（一）借款人信息

借款人：________________

住所：__________________

通讯地址及邮政编码：________

联系电话：__________________ 其他信息：

（二）贷款人信息

贷款人：××××银行股份有限公司（××支行）

住所：____________

通讯地址及邮政编码：____________

联系电话：____________ 其他信息：

（三）保证人信息

信息项目 \ 保证人名称（或姓名）		
（法人或其他组织的）法定代表人或负责人姓名		
身份证件名称及号码		
住所（户籍所在地）		
通讯地址及邮政编码		
联系电话及微信号		
其他信息		

（四）共同抵押人信息

抵押人名称（或姓名） 信息项目		
（法人或其他组织的） 法定代表人或负责人姓名		
身份证件名称及号码		
住所（户籍所在地）		
通讯地址及邮政编码		
联系电话及微信号		
其他信息		

（五）出质人信息

出质人名称（或姓名） 信息项目		
（法人或其他组织的） 法定代表人或负责人姓名		
身份证件名称及号码		
住所（户籍所在地）		
通讯地址及邮政编码		
联系电话及微信号		
其他信息		

73. 对借款用途的约定

借款人应将借款用于什么，未经贷款人书面同意，借款人不得改变借款用途。

74. 对借款金额的约定

借款人借款本金为人民币（大写）________元。¥____元。

75. 对借款期限的约定

借款期限为（大写）____个月（即　　年　月　日至　　年　月　日）。

76. 对贷款利率的约定

对贷款利率的约定，本合同项下的贷款利率为____（月/年）利率，执行下列第____种：

壹：固定利率，即在借款期限内，贷款利率保持不变。根据人民银行利率政策和贷款市场报价利率（LPR），固定利率约定为，若本合同签订后贷款发放前，人民银行利率政策和贷款市场报价利率（LPR）发生重大变化时，该利率需进行重新约定。

贰：固定利率，即起息日基准利率（上浮/下调），在借款期限内，该利率保持不变。

叁：浮动利率，即在贷款市场报价利率（LPR）水平上（上浮/下调）。该利率自起息日起至贷款本息全部清偿之日依据利率调整日当日的基准利率及上述上浮/下调幅度，在本合同约定的每个利率调整日调整一次。

肆：其他，____。

77. 对罚息利率的约定

（1）借款人未按本合同约定用途使用借款的，罚息利率为在本合同所执行贷款利率的水平上上浮____%。贷款利率按照约定调整的，罚息利率根据调整后的贷款利率及上述上浮幅度同时进行相应调整。

（2）本合同项下借款逾期的，罚息利率为在本合同所执行贷款利率的水平上上浮____%。贷款利率按照约定调整的，罚息利率根据调整后的贷款利率及上述上浮幅度同时进行相应调整。本合同中借款逾期是指借款人未在本合同约定的时限前足额偿还任意一期借款本息的行为。

78. 对利率调整的约定

本合同所称贷款市场报价利率（LPR）是由具有代表性的报价行，根据本行对最优质客户的贷款利率，以公开市场操作利率加点形成的方式报价，由人民银行授权全国银行间同业拆借中心计算并公布的基础性的贷款参考利率。

本合同项下首次发放借款时，利率按借款起息日的利率确定。本合同项下贷款利率或罚息利率依本条约定调整时，利率按利率调整日当日的利率确定。

本合同项下贷款的利率调整日于每年的1月1日调整或于每年的某月某日调整。

如按照中国人民银行的新利率政策和贷款市场报价利率（LPR），对于贷款利率商业银行在一定幅度内可自行决定适用标准的，贷款人有权在该规定幅度内选择某一利率标准适用于本合同，借款人同意遵守该标准，按该标准履行义务。

79. 对借款发放与支用的约定

（1）发放借款的前提条件。

除贷款人全部或部分放弃外，只有满足下列前提条件，贷款人才有义务发放借款：

①本合同设有担保的，符合贷款人要求的担保已生效且持续有效。

②借款人没有发生本合同所约定的任一违约事项。

③法律、法规、规章或有权部门不禁止且不限制贷款人发放本合同项下的借款。

④贷款人与借款人约定的其他发放借款的前提条件：____________。

（2）贷款人在借款人满足上述放款前提条件后，将款项划入下列第____项约定的账户：

壹：借款人在贷款人开立的活期存款账户，账户户名：____________，账号：____________，划入金额：____________。

贰：____________（第三方）在贷款人开立的存款账户，账户户名：____________，账号：____________，划入金额：____________。

叁：____________。

80. 对还款的约定

（1）约定还款日为：____________。

（2）借款人选取下列第____种方式还款：

壹：柜面还款方式。

贰：委托扣款方式。

其他约定为：________。

（3）借款人的还款方法为：________。

（4）关于提前还本违约金的约定为：________。

（5）关于缩短借款期限违约金的约定为：________。

81. 对担保方式的约定

本合同项下担保方式为以下第____种：

壹：保证。

贰：抵押。

叁：质押。

肆：________。

82. 对保证期间的约定

关于保证期间的约定为以下第____种：

壹：保证期间为本合同保证条款生效之日起至本合同项下借款人的债务履行期限届满之后两年止。如合同项下债务分期履行的，则每期债务的保证期间均至合同项下最后一期债务履行期限届满之日后两年止。贷款人与借款人就合同项下债务履行期限达成期限变更协议的（如为债务展期，应经保证人同意），保证期间至双方约定的新的债务履行期限届满之日后两年止。若贷款人根据合同约定，宣布债务提前到期的，保证期间至贷款人宣布的债务提前到期日后两年止。

贰：保证期间为本合同保证条款生效之日起至抵押登记已办妥且抵押财产的他项权利证书、抵押登记证明文件正本及其他权利证书交由贷款人核对无误、收执之日止。

叁________________。

83. 对抵押财产清单和保险的约定

（1）本合同项下的抵押财产清单如下：

抵押财产清单

抵押财产名称	权属证书及其他有关证书编号	处所	面积或数量（平方米）	抵押财产的价值（元）	已经为其他债权设定抵押的金额（元）	备注

（2）本合同项下的抵押财产保险的约定为：____________。

84. 对第十四条质押权利清单的约定

本合同项下的质押权利清单如下：

质押权利清单

质押权利名称	权利凭证及其他有关证书编号	面值（价值）	数量	权利到期日	已经为其他债权设定质押的金额（元）	付款人或交货人	备注

85. 对担保人的约定

保证人与贷款人约定的其他条款为：____________。
抵押人与贷款人约定的其他条款为：____________。
出质人与贷款人约定的其他条款为：____________。

86. 对违约金的约定

本合同违约金的计收方法为：____________。

87. 对借款人与贷款人的其他约定

借款人与贷款人约定的其他条款为：
（1）____________________________。
（2）____________________________。

88. 对合同争议的约定

凡因本合同引起的或与本合同有关的任何争议，可以通过协商解决，协商不成，按以下第____种方式解决：

壹：向贷款人住所地人民法院起诉。

贰：提交____仲裁委员会（仲裁地点为________），按照申请仲裁时该会现行有效的仲裁规则进行仲裁。仲裁裁决是终局的，对双方均有约束力。

在诉讼或仲裁期间，本合同不涉及争议部分的条款仍须履行。

89. 对合同份数的约定

本合同一式____份，具有同等法律效力。

90. 立约人签章

<table>
<tr><td>借款人（公章）：
法定代表人（负责人）或授权代理人（签字盖企业名章）：
年 月 日</td></tr>
<tr><td>贷款人（合同专用章）：
负责人或授权代理人（签字盖企业名章）：
年 月 日</td></tr>
<tr><td>保证人为自然人的：
共同保证人或其授权代理人（签字手印）：
保证人为法人或其他组织的：
保证人（公章）：
法定代表人（负责人）或授权代理人（签字盖企业名章）：
年 月 日</td></tr>
<tr><td>抵押人为自然人的：
共同抵押人或其授权代理人（签字手印）：
抵押人为法人或其他组织的：
抵押人（公章）：
法定代表人（负责人）或授权代理人（签字盖企业名章）：
年 月 日</td></tr>
<tr><td>出质人为自然人的：
出质人或其授权代理人（签字手印）：
出质人为法人或其他组织的：
出质人（公章）：
法定代表人（负责人）或授权代理人（签字盖企业名章）：
年 月 日</td></tr>
</table>

第八章　银行信贷审批委员会议事规则管理

第一节　信贷审批委员会议事规则的依据和原则

1. 制定信贷审批委员会议事规则的目的和依据是什么

为健全银行信贷审批委员会（简称“贷审会”）议事规则，进一步规范信贷审批流程，提高信贷决策水平，有效防范信贷风险，依据《贷款通则》《银行授权管理办法》相关规定，结合银行实际，制定信贷审批委员会议事规则。

2. 议事规则审议哪些内容

议事规则审议内容包括：各类贷款、客户信用等级评审、客户统一授信、贷款质量的认定、不良贷款的处置、利率水平的执行、尽职调查情况等。

3. 信贷业务审批应坚持什么原则

信贷业务审批应坚持“审贷分离、分级审批和审批责任到人”的原则。

第二节　信贷审批委员会的组成和职责

4. 贷审会如何组成

贷审会由行长、主管信贷业务的副行长和风险合规部门负责人、信贷管理部门负责人及主管和专职审批人等组成。其中：行长任贷审会主任。贷审会依据《银行授权管理办法》对上报的贷款进行审批。

5. 贷审会由谁主持

贷审会是按照银行制定的信贷政策、信贷经营方针和信贷管理规章制度，原则上由贷审会主任主持，贷审会主任外出由主管信贷的副行长主持，审查各项信贷业务，并就审议事项中属于授权范围内的信贷业务提出审批意见。

贷审会成员不得无故缺席，因故不能参加会议者应提前向主任请假。贷审会主任可以授权主管信贷的副行长主持召开贷审会。

6. 贷审会办公室承担哪些工作职责

贷审会办公室设在信贷管理部门，承担贷审会各项准备，收集整理审议项目的资料，并提前发送给贷审会成员；确定开会时间、地点；负责做好贷审会审议内容的记录和审查结论的反馈等日常事务。

7. 贷审会审查职责有哪些

（1）审议授权范围内的各项信贷业务。

（2）审议客户信用等级评价。

（3）审议客户综合授信方案。

（4）审议银行重大信贷经营决策、信贷营销方案、上报开发新业务品种、贷款质量的分类认定、逾期贷款、不良资产的处置、贷款利率的制定与调整等。

（5）其他需要审议的对象。

8. 贷款有权审批人有哪些审批权限

（1）根据贷款授权权限规定，属于贷审会主任审批的贷款，由贷审会主任主持召开，主任外出有事，可授权主管信贷的副行长主持召开。

（2）根据贷款授权权限规定，属主管信贷副行长审批的贷款，向贷审会主任报备后，由其主持对贷款进行审议、审批。

（3）根据贷款授权权限规定，属于专（兼）职审批人审批的贷款，可单签或双签审批贷款。

第三节　信贷审批委员会议事规则

9. 贷审会何时召开

贷审会议实行例会制度，对急需提交贷审会的信贷项目，在调查清楚、数据核实、条件成熟的前提下可随时召开贷审会。

10. 贷审会议如何主持

贷审会议由主任负责召集，也可授权主管信贷的副行长召集。主任在主持贷审会时，不应在表决前发表引导性或主导性意见，避免影响其他成员在贷款审议过程中的正确判断和独立决策。

11. 贷审会议应由哪些人参加并表决

召开贷审会至少有三分之二以上审贷委员出席，参会的审贷委员对本部门上报的贷款无表决权，可对贷款进行阐述、解释。列席人员不具有表决权。

根据审议事项需要，会议召集人可以决定聘请有关方面专家列席，接受咨询，其他与审议项目无关的人员一律不得以任何形式参会，包括客户代表。

12. 贷审会议有哪些流程

（1）按照信贷管理部门制定的贷审会项目表排列的顺序依次轮流上会，如遇特殊情况，上会顺序可做调整。

（2）主办客户经理向与会贷审会成员介绍信贷业务情况。其他待上会项目的主办客户经理在会议室外等待，不得参加与自己无关项目的审议。

（3）贷审会成员提出质询，主办客户经理解答；主办客户经理应如实解答，并对解答的真实性、准确性负责。

（4）主办客户经理在解答完贷审会成员提出的问题之后，立即退出会场，然后与会贷审会成员进行讨论并表决。

（5）贷审会记录人员记录表决结果及贷款办理的限制性条件。

（6）主持人当场宣布信贷业务通过或未通过，并提出审查决策意见。

第四节　信贷审批委员会会议表决

13. 贷审会议如何表决

贷审会决议事项实行多数决定制，表决意见分为同意、不同意、弃权三种。出席成员一人一票，表决权相等。审查通过的事项，须经到会成员三分之二以上的投票同意才能通过。董事长对贷审会会议审查同意的事项如有不同意见可以行使一票否决权，但对贷审会会议审查未通过的事项，即使同意，对本笔贷款也不产生效力。

14. 贷审会议通过或未通过的事项如何处理

贷审会议通过表决的事项，贷审会办公室（信贷部门）应及时将会议表决意见通知给上报部门和支行网点，主办客户经理应及时通知客户办理相关手续。

当同意票数少于参加会议成员半数时贷款不得通过，主办客户经理应将相关资料退回借款人，并向其说明原因。对会议提出需要进一步调查补充的问题和资料，主办客户经理要限期完成，待下次贷审会复议表决，同一笔贷款只允许复议一次。

15. 贷审会议记录哪些内容

贷审会秘书记录的主要内容如下：

（1）开会时间、地点、主持人和参加会议人员。

（2）审议项目情况，包括贷款用途、期限、利率、还款来源。申请人的经营及财务状况，资信状况和偿债能力。抵（质）押、保证等第二还款来源情况。审议结论。

（3）与会成员的质询、讨论发言和不同意见。

（4）信贷业务审议表决形式、表决结果，以及限制性条件、补充的资料和提出的要求等内容，并反馈至上报部门。

（5）审贷人员中途退场时，应在主持会议的行长同意后，方可离开。同时，应做好记录。会后，与会成员应在《贷审会记录本》上签名。贷审会记录本必须标注页码。

第九章 银行信贷业务贷后管理

第一节 贷后管理的目的和原则

1. 贷后管理的目的是什么

为提高银行信贷资产质量，规范并加强信贷业务的贷后管理，有效防范和控制信贷业务过程风险，根据国家有关法律法规以及银行《信贷管理办法》相关制度，结合实际情况和特点，应制定银行贷后管理操作规程。

2. 什么是贷后管理

贷后管理是指从贷款发放或其他信贷业务发生后直到贷款本息收回或信用结束的全过程信贷管理行为的总和。包括贷后管理职责、贷后检查、贷款本息回收管理、贷款风险分类、逾期贷款处置、不良贷款管理、贷款档案管理和贷后管理责任制等操作环节。它是以贷款风险管理为核心，通过对贷款跟踪检查，客户经营状况和贡献形态的变化分析，达到防范和降低贷款风险，清收、化解不良贷款，提高贷款资产质量和效益的目的。

3. 贷后管理必须坚持什么原则

贷后管理必须坚持“检查到位、及时预警、快速处理”的原则。对因贷后管理不力而导致信贷风险的相关人员进行责任追究，保证贷后管理效果、有效提高资产质量，对于在贷后管理的相关环节实施有效控制的，适用尽职免责原则。

4. 贷后管理应配备哪些管理人员

贷后管理应配备和明确相应的贷后管理人员，建立严格的贷后管理责任制。

客户经理及相关信贷人员（贷款催收岗、审查岗和检测岗）是贷后管理工作的具体执行者，并根据信贷业务贷后管理操作形成记录。

5. 贷后管理操作规程适用哪些范围

贷后管理操作规程适用于银行各部门、各分支机构和在总分行授权范围内和经总分行审批发放的信贷管理。

第二节　贷后管理职责

6. 谁负有贷款的管理责任

各分支机构负有对权限范围内自行审理发放的贷款和报经总分行审批发放的贷款的管理责任。

7. 贷后管理实行什么管理制度

贷后管理实行分工负责与部门合作的管理制度，有关人员承担相应的管理职责。

8. 贷后管理的主要角色包括哪些

在贷后管理的过程中执行贷后管理的角色主要包括客户经理、分支机构信贷负责人、信贷管理部门负责人及分管领导、贷款审查岗、贷款检测岗、贷款催收岗、风险合规部门负责人及分管领导等。

9. 客户经理在贷后管理中的主要职责是什么

各分支机构客户经理是贷后管理的主要执行者，其主要职责：

（1）负责对借款人进行贷后检查和本息催收。

（2）收集借款人各种经营管理信息，分析其生产经营、资产负债变化情况。

（3）监督借款人存款情况，主动从借款人存款账户中扣划应收利息及到期贷款本金。

（4）登录贷款台账和“银行信贷系统”。

（5）按要求起草借款人贷后检查分析报告，并报送本级负责人认定。

（6）落实对借款的各项监管措施。

10. 信贷负责人在贷后管理中的主要职责是什么

各分支机构信贷负责人负责督促、组织本级的贷后管理工作，其主要职责：

（1）负责监管贷款资金的使用情况。

（2）对本级贷后管理工作的效果情况负责，并重点掌握本级借款大户的贷后管理工作。

（3）对贷后检查结果签字认定，并对检查出的问题提出解决措施。

（4）对贷后检查中发现的重要问题向主管领导及总分行汇报。

（5）对涉及信贷资产保全的问题，要及时与总分行风险合规部门沟通。

（6）负责本级信贷资产质量的监测、借款客户兼并、破产等转制过程中的银行债权保全工作。

（7）对贷款风险较大，不良贷款和欠息增加、亏损加大以及挤占挪用信贷资金的借款客户，逐户研究制定防范和化解贷款风险以及服务优秀客户的具体措施，并组织实施和对落实情况监督检查。

11. 信贷审查岗在贷后管理中负有什么职责

信贷审查岗负责对贷后管理相关报告进行审查，并不定期参与贷后检查，及时发现风险。

12. 贷款检测岗在贷后管理中负有什么职责

贷款检测岗负责对在贷项目贷后管理实施过程控制，负责打印贷款检查清单，记录贷款检查情况并归档，建立银行拖欠贷款台账，及时发出贷后风险预警提示，出具《贷款贷后监测报告》。

13. 贷款催收岗在贷后管理中负有什么职责

贷款催收岗负责催收逾期贷款，对催收情况进行统计与分析，制订进一步催收方案。

14. 信贷管理部门负责人及分管领导在贷后管理中负有什么职责

信贷管理部门负责人及分管领导负责对本部门在贷项目贷后管理进行指导、监督。

15. 风险合规部门负责人及分管领导在贷后管理中负有什么职责

风险合规部门负责人及分管领导负责贷后管理的结果控制。

16. 各分支机构在贷后管理工作中负有什么职责

各分支机构负责本级信贷业务贷后管理工作，负责本级贷后自查、本息催收和贷后监管措施落实等。

17. 总分行信贷管理部门在贷后管理工作中负有什么职责

总分行信贷管理部门负责对各分支机构贷款档案的集中统一管理，对贷后检查过程中形成的重要资料及时归档，并对各分支机构提出的有关信贷问题及时予以答复。

18. 总分行风险合规部门在贷后管理工作中负有什么职责

总分行风险合规部门负责组织检查各分支机构贷后管理工作，负责贷后管理制度的起草、贷后管理的监督、逾期催收方案的制订与执行，负责监督研究处理有关部门提出的法律问题，及时答复并提供法律支持。

19. 如何做好贷后管理工作

各分支机构、总分行信贷管理部门和风险合规部门及银行其他部门等要密切合作，共同做好贷后管理工作。

第三节　贷后检查

20. 分支机构如何对贷款进行监管

贷款发放后，各分支机构要认真监管信贷资金的使用与支付。对需重点监管的贷款，在贷款发放的同时，要依据约定，向借款人开户的各分支机构提出具体的监管要求，从贷款入账时开始监管借款人资金使用。要及时了解借款人用款情况，发现问题及时采取措施。

21. 客户经理在贷后检查过程中应做好哪些工作

贷后检查的主要环节包括：首次检查、间隔期检查。在贷后检查过程中客户经理应做好客户信息的收集、分析，并写出贷后检查报告。

22. 如何按照操作流程进行贷后检查

贷款检测岗根据银行《信贷管理办法》及贷款相关规定，建立信贷项目贷后检查要求台账，负责打印贷款检查清单，递交分支机构通知客户经理进行贷后检查，客户经理须在当月内完成对在管客户的贷后检查工作，并及时写出《贷后检查报告》，分支机构信贷负责人和贷款审查岗须对《贷后检查报告》进行审查并签署后续检查意见。

23. 首次跟踪检查哪些内容

贷款发放后 15 个工作日内应进行首次跟踪检查，并在检查后 2 个工作日内填写《首次跟踪检查表》，主要包括以下内容：

（1）客户的基本情况。

（2）借款金额、业务种类、贷款起止日期、担保种类。

（3）信贷资金实际用途与申请用途是否一致，限制性条件是否落实。

（4）其他需要说明的情况等。

对于借款人有改变贷款资金用途的，客户经理应在《首次跟踪检查表》中予以说明并将情况上报部门负责人及分管领导。

24. 如何在贷款使用过程中进行检查

在贷款使用过程中，各分支机构信贷人员要深入借款客户，按照检查间隔期和检查内容进行贷后检查。

25. 检查间隔期多长

除贷款发放后 15 个工作日对借款客户进行首次跟踪检查外，以后每 60 天检查一次，最长不超过 90 天，并填写《贷后跟踪检查表》。

26. 间隔期检查哪些内容

（1）法人客户贷后检查的一般性内容：

①借款人生产经营情况、财务状况、资产负债及其结构变化是否正常。

②保证人经营及财务状况是否正常、资产负债有无重大变化，是否具备持续担保能力。

③抵（质）押物的完整性和安全性，抵（质）押物的价值是否减损或灭失，抵（质）押权是否受到侵害。

④借款人、担保人信用状况，是否存在拖欠其他金融机构本息情况等。

⑤其他影响信贷资产安全的因素。借款人有项目贷款的，需检查项目建设运行情况。项目资金是否按时足额到位，贷款是否被挤占挪用，工程进展是否正常，项目的市场和效益预测是否发生较大变化，预售情况及预售款使用情况等。

（2）自然人客户贷后检查的一般性内容：

①了解客户信用状况、健康状况、婚姻状况、家庭住址、联系方式等基本信息是否发生变动。

②其他事项参照法人客户进行检查。

（3）间隔期检查频次按照信贷项目主担保措施的不同，间隔期检查除需落实前述内容外，应重点关注以下内容，并按照检查频次要求严格进行现场贷后检查：

①信用贷款。每两个月至少一次实地检查客户的生产经营、财产变化情况，客户家庭成员人数及健康状况、家庭收入支出情况，其他融资渠道融资情况及对外担保，是否涉诉等影响还款能力和还款意愿的情况等。

②抵押贷款。

a. 房地产抵押贷款：每三个月进行一次实地走访，检查抵押物存续状况及使用状况，抵押物价值是否出现波动，抵押人有无擅自出租或者其他处分抵押物的情形，抵押物是否存在毁损灭失的情况，是否存在抵押人其他债务优先于银行受偿的情况，抵押物是否因抵押人等涉诉被司法机关查封或存在查封可能性等，并写出书面报告。

b. 其他类抵押贷款。重点核查抵押物的状态是否正常、价值是否足值。对于存货类可变动抵押物应每月不少于一次到现场查看库存情况，提交存货清单，并形成书面报告；对于机器设备类抵押物，应每三个月进行一次现场检查，查看抵押设备的账面价值，并现场查看设备的存续状态、使用状态，清点设备数量，是否存在报废、耗损情况，并形成书面报告。

③应收账款质押贷款。客户经理应每月向第三方监管企业询证应收账款余额，并进行应收账款变化情况统计，分析应收账款余额波动情况及其原因，填列《应收账款变动情况表》，实地走访客户，调查客户实际生产经营情况、资产负债及其结构变化等，并写出书面报告；贷款到期前 10 日由客户经理向客户及第三方监管方询证应收账款余额。

④股权质押贷款。每三个月进行一次现场检查，并重点关注质押人资产及负债的变化情况，是否存在重大资产处置情况，是否进行重大融资行为，及其他影响股权价值的情形。

⑤保证贷款。每三个月要对保证人进行一次走访面谈，查看了解担保人资

产负债变化情况，是否有能力继续履行担保职责。

（4）对于贷款期限为三个月以内的信贷项目，贷后检查应至少进行一次。

（5）如借款人在贷款期间内出现本息逾期情况的，应立即进行重点检查，并核实借款人逾期原因，评价借款人后续还款能力与还款意愿。

（6）在贷后检查过程中，如发现借款人或保证人出现影响银行信贷安全的情况及行为或《风险预警信号监控表》中所列事项的，应及时上报总分行采取相应对策及时化解风险。

27. 贷款检查后还要做哪些工作

贷款检查后要及时填写检查记录，登记《借款人检查表》和《保证人检查表》，并在3个工作日内写出检查报告。当发生欠息、贷款逾期及银行因开具银行承兑汇票、信用证等发生垫付资金时，要立即进行特别检查，查明原因，采取措施。

28. 客户经理对各项检查中的问题如何处理

各分支机构客户经理对上述各项检查中的问题，要及时向上级领导汇报，并制定处理措施。客户经理对实施处理后的实际效果要进行回访性检查，检查时间应在处理措施实施后的10个工作日内进行。

29. 贷款到期前需进行哪些工作

贷款到期前一个月或计划还款期内，各分支机构信贷部门要对贷款客户的各项收入状况、还款能力和还贷资金落实情况进行检查，并通知贷款客户筹款。如贷款客户到期无法按时归还贷款，需申请展期的，各分支机构须在贷款到期日前15天报总分行审批。

30. 何时发出催收贷款通知书

贷款到期前，各分支机构信贷部门向借款人、保证人发出《催收贷款通知书》。借款双方在同一城市的，《催收贷款通知书》在贷款到期前10天发出，借贷双方不在同一城市的，《催收贷款通知书》在贷款到期前15天发出。

31. 如何加强银行贷后管理的内部检查

（1）总分行风险合规部门每季度至少要对各分支机构进行一次信贷检查。检查可采取专题检查或综合检查、抽查或全面检查等方式，对检查中发现的突出问题，要进行通报，并提出整改措施。

（2）总分行风险合规部门对各分支机构贷款检查内容包括：

①贷款的投向及效果。

②各分支机构有无超越权限发放贷款行为。

③贷款资料是否完整、合规。

④借款合同、抵（质）押合同、保证合同等贷款手续是否合法、完备。

⑤贷后检查报告是否翔实，贷款风险分类结果是否准确。

⑥各分支机构对贷款的贷后管理及日常管理情况。

⑦贷款台账和银行信贷登记咨询系统的信息录入的及时性和准确性。

⑧信贷档案的管理情况。

⑨不良贷款的清收措施及计划完成情况。

第四节 贷款本息收回管理

32. 如何催收贷款利息

各分支机构信贷部门应在距结息日前 10 日向借款人发出付息通知书，提示其准备资金并按时付息。结息日当天，借款人开户分支机构直接从其存款账户划收贷款利息，并向信贷部门提供欠息客户名单，由信贷部门再次向借款人发出催收通知，通告银行可能采取的制裁措施，敦促借款人偿还利息。对贷款已到期的借款人，贷款本息催收同步进行。

33. 如何扣收欠款利息

对欠息贷款，各分支机构要密切监督借款人存款账户，发现借款人有资金入账或账户有存款时，要首先扣收所欠利息。对连续发生欠息的借款人，实行见款即扣，直至所欠利息还清为止。

34. 对欠息客户应采取哪些措施

（1）对欠息大户，各分支机构要及时研究借款人发展态势，拟定资产保全措施。

（2）对欠息数额较大，且态度恶劣、拒不合作的借款人，各分支机构可上报总分行，由总分行与有关部门、人员协调，采取相应措施。

（3）对有欠息行为的借款人的新增贷款要从严控制，在未归还欠息前，不再增加新贷款。

（4）严禁对欠息客户以发放贷款形式收取欠息。

（5）对借款人的停、减、缓、免利息须严格按照《贷款通则》有关规定执行，未经批准任何人、任何单位都无权擅自决定。

35. 如何做好到期贷款的催收工作

客户经理应按照借款合同的约定，随时关注客户还款能力的变化，并做好到期贷款的催收工作。

（1）每月初，分支机构信贷部门应将本月到期信贷项目通知客户经理，由客户经理在贷款到期 10 日前向借款人、担保人送达《贷款到期提示函》，了解客户还款意愿及资金筹措情况。

（2）《贷款到期提示函》须当面送达并取得签收回执（如遇外地客户等特殊情况无法当面送达，可采取邮寄方式并取得回执）。

（3）还款方式为等额本息、等额本金、分期还息、到期还本类贷款项目均需进行到期提示。

36. 如何发出贷款提前到期通知书

如贷款期限内发生合同约定事项导致贷款提前到期的或需解除合同的，应上报银行风险合规部门，经同意后，由风险管理部拟定并由客户经理向借款人和担保人发出书面《贷款提前到期通知书》，并办理相关还款手续。

37. 如何办理贷款结清手续

贷款结清后，分支机构会计部门应在 5 日内向客户出具《贷款结清证明》，对担保方式为抵（质）押的，应在贷款结清后 10 日内同客户经理协助抵（质）押人办理抵（质）押物登记注销手续。

第五节 贷款风险分类

38. 银行贷款实行几级分类管理

贷款风险分类是贷后管理全过程中的一个常规性环节。按照监管部门要求银行贷款实行五级分类管理，划分为正常、关注、次级、可疑、损失五类。各银行也可在五级分类管理基础上，结合本行实际细划分类标准，实行多级分类管理。

39. 贷款风险分类遵循什么原则

银行贷款风险分类遵循“分级认定、常规管理、超限核准、归口负责”原则，严格按照贷款质量五级分类标准、方法和程序，按照《银行贷款五级分类操作规程》的要求，审慎分类，准确揭示风险。

第六节 逾期贷款处置

40. 逾期贷款如何催收

信贷管理部门、风险合规部门应协同合作，共同对逾期贷款进行催收，贷款催收应择优选择催收方式，最大限度回收债权。逾期 30 日内的逾期贷款催收由各分支机构进行，信贷管理部门和风险合规部门予以必要支持与配合；凡逾期 30 日以上的贷款项目、风险较大逾期项目，风险合规部门和信贷管理部门应及时介入催收，制订催收方案并指定专人协助各分支机构进行催收；需采取司法手段催收的项目，由风险合规部门负责进行处置，信贷管理部门予以配合。

41. 逾期贷款催收应遵守哪些原则

（1）逾期 3 日内客户经理应向客户送达《贷款逾期通知书》，《贷款逾期通知书》须同时向借款人、担保人当面送达并取得回执，并初步调查借款人逾期原因、还款意愿、是否有还款计划及资金安排等情况，提出解决措施并上报部门负责人及分管领导后执行。

（2）逾期 3—15 日：

①客户经理对借款人经营情况、对外负债情况、资金周转情况及其他必要信息等进行详细调查，客观评价借款人还款能力，调查担保人经营情况及抵（质）押物状态，评价担保人担保能力，并将调查结果上报部门负责人及分管领导共同制订催收方案。

②与借款人商谈还款方案，如客户提出可靠还款方案，应要求客户出具《还款承诺书》。

③在谈判过程中应尽量摸清借款人、担保人的财产线索及状态，取得相关

权证资料、银行账户信息等，并尽量追加抵押担保措施，增加客户违约成本，完善申请担保物权特别程序和强制执行公证等司法催收所需法律要件。

（3）逾期15—30日，客户经理应向担保人送达《要求履行担保责任通知书》。如有必要再次向借款人送达《贷款逾期通知书》或《律师函》，要求债务人、担保人尽快履行还款义务，告知违约后果的严重性，要求借款人提出可行的、经银行认可的还款方案。

（4）逾期30天，风险合规部门应及时介入并在3个工作日内组织各相关人员研究制定处置预案，由风险合规部门与信贷管理部门共同执行。

42. 借款人已丧失还款能力或担保人丧失担保能力的情形如何处置

在催收过程中，如发现借款人已丧失还款能力，或担保人丧失担保能力的情形，以及其他影响该笔贷款最终偿还的重大风险因素，应立即上报，由风险合规部门制订处置方案并指定专人负责跟进、执行。

第七节　不良贷款管理

43. 如何做好不良贷款的登记工作

各分支机构要按照《贷款通则》及有关规定做好不良贷款的登记工作。对到期无法按时归还的贷款于贷款到期日次日转入逾期贷款科目核算，并收到相应的罚息；对逾期一年（含一年）以上的贷款和虽未逾期或逾期不满一年但生产经营已终止的贷款转入呆滞贷款户；对符合财政部有关规定对呆账贷款认定条件的，转入呆账贷款户。

44. 借款人不按期归还贷款如何处置

借款人不按期归还贷款的，要依照有关规定，直接从借款人和保证人账户划收。对逾期贷款、呆滞贷款，要每季度向借款人和保证人发送一次催收通知书并留回执。对不按期归还贷款的借款人及其保证人，要注意借款合同和保证合同的诉讼时效，必要时对借款人和保证人提起诉讼。

45. 如何加强不良贷款的清收工作

加强对不良贷款、欠息贷款的监管、清收工作，密切监督借款人或保证人存款账户，及时扣收贷款本息，或依法处置抵（质）押物。

46. 如何维护银行的正当权益

加大不良贷款的清收力度，做好不良贷款的清收、化解工作，每年年初由总分行制订出总体不良贷款清收计划，各分支机构负责实施并将清收责任落实到人，严密监督不良贷款情况，严防借款人以各形式逃废债务，依法维护银行正当权益。

第八节　贷款档案管理

47. 贷款档案管理哪些原始资料

建立统一的贷款档案管理制度。贷款档案资料在发放过程中由客户经理负责管理，集中保管贷款原始资料。贷款原始资料包括：

（1）借款人及保证人营业执照、验资报告、特种经营许可证、法定代表人身份证、公司章程、财务报表复印件；借款人及保证人经营状况、市场变化趋势等信息资料；以及经“银行信贷系统”查询后的信息资料。

（2）借款人提交的借款申请书；保证人担保资料；抵（质）押人担保资料；抵押物品评估报告；财产所有权或使用权证书复印件；借款人还款计划或还款承诺。

（3）银行内部的贷前调查报告；贷款审查（审批）书；借贷双方签订的借款（担保）合同、借据及其附件等；抵押物的抵押登记手续。

（4）贷后检查记录及分析报告；信贷部门向借款人发送的催收贷款本息通知书及其回执。

48. 贷款发放后如何移交保管贷款档案资料

（1）贷款发放后，各分支机构客户经理要在 15 个工作日内整理好贷款原始资料，并装订成册，移交信贷管理部门贷款档案管理人员集中保管。对贷后管理中的有关原始资料也要及时、规范、完整地移交档案管理人员。

（2）贷款档案移交档案管理人员保管时，由档案管理人员与送交人签字接交。档案以借款人为单位，按贷款发放时间顺序排列归档。

49. 贷款档案如何借阅

（1）各分支机构客户经理及其上级领导借阅贷款档案时，由档案管理人员和借阅人双人签字，并约定归还时间，档案管理人员届时催收。

（2）客户经理及其上级领导以外的人借阅贷款档案时，要经信贷部门负责人签字同意。

（3）档案管理人员对保密工作负责，不得违章借出贷款档案或透露档案内容。

50. 客户经理调换岗位时贷款档案如何交接

客户经理调换岗位时，要对其管理的借款人的贷款档案逐件核实，对散失不全的进行补救；新任客户经理对其要接管的借款人的贷款档案签字认定。

第九节　贷后管理责任制

51. 如何实行贷后管理责任制

贷后管理实行责任制，分工明确、落实到人，贷后管理责任部门包括分支机构、信贷管理部门、风险合规部门，责任人包括客户经理、分支机构信贷负责人、信贷管理部门负责人及分管领导、贷款审查岗、贷款检测岗、贷款催收岗、风险合规部门负责人及分管领导。

52. 如何追究贷后管理责任

各分支机构及总分行相关部门要严格遵照本操作规则进行贷后管理，对有以下情形之一的，银行将根据相关规定对有关责任人的责任进行评议，并按有关规定追究责任。经查实后，给予通报批评，责令限期整改，并视情况对责任人采取批评教育、扣发工资奖金、调离岗位等措施；对情节严重的，给银行造成较大损失的，要给予行政纪律处分，触犯法律的要依法追究刑事责任。

（1）未按规定进行贷后检查。

（2）对不良贷款监管不严，清收不力，造成信贷资产质量恶化。

（3）不及时催收贷款本息，致使保证人免除保证责任，或贷款超过诉讼时效。

（4）以贷收息或不积极催收贷款利息。

（5）遗失贷款原始资料，对银行利益造成危害。

（6）在贷后管理中，发现的重大问题隐瞒不报或不及时汇报发现的问题，不及时处理有关信贷方面的报告和请示，造成贷款风险增大或形成信贷资金损失的。

（7）对到期、逾期贷款清收转化不力，造成信贷资产质量恶化的。

（8）对其他危及银行信贷资产安全行为发现不报或不采取有效措施的。

（9）没有按照本操作规则的要求进行贷后管理。

（10）其他影响信贷资产安全的违规行为。

53. 附件

表一：企业贷后检查表

表二：个人贷后检查表

表三：贷后首次跟踪检查表

表四：企业风险预警信号监控表

表五：个人风险预警信号监控表

表一

企业贷后检查表

贷款行：　　　　　　　　　　　　检查日期：　　　　　　　　年　　月　　日

<table>
<tr><td colspan="5">一、基本情况</td></tr>
<tr><td colspan="2">借款企业全称</td><td colspan="3"></td></tr>
<tr><td colspan="2">企业规模（人数）</td><td></td><td>合同编号</td><td></td></tr>
<tr><td colspan="2">成立日期</td><td></td><td>注册资本</td><td></td></tr>
<tr><td colspan="2">法定代表人</td><td></td><td>联系电话</td><td></td></tr>
<tr><td colspan="2">财务负责人</td><td></td><td>联系电话</td><td></td></tr>
<tr><td colspan="2">贷款期限</td><td></td><td>贷款利率</td><td></td></tr>
<tr><td colspan="2">合同金额</td><td>（大写）</td><td>借款用途</td><td></td></tr>
<tr><td colspan="2">企业经营范围</td><td colspan="3"></td></tr>
<tr><td colspan="2">办公经营地点</td><td colspan="3"></td></tr>
<tr><td colspan="2">企业代码证号</td><td colspan="3"></td></tr>
<tr><td colspan="2">检查方式</td><td colspan="3">□电话检查　□实地检查　□其他</td></tr>
<tr><td colspan="2">检查原因</td><td colspan="3">□日常检查　□特殊检查　□其他</td></tr>
<tr><td colspan="2">客户是否配合检查</td><td colspan="3">□配合　□一般　□不配合</td></tr>
<tr><td rowspan="7">股东情况</td><td>姓名</td><td>出资金额（万元）</td><td>股权比率（%）</td><td>联系方式</td></tr>
<tr><td></td><td></td><td></td><td></td></tr>
<tr><td></td><td></td><td></td><td></td></tr>
<tr><td></td><td></td><td></td><td></td></tr>
<tr><td></td><td></td><td></td><td></td></tr>
<tr><td></td><td></td><td></td><td></td></tr>
<tr><td></td><td></td><td></td><td></td></tr>
<tr><td colspan="4">借款企业基本情况检查</td><td>贷后检查结果</td></tr>
<tr><td>1</td><td colspan="3">营业执照是否在有效期内是否按合同约定使用贷款</td><td></td></tr>
<tr><td>2</td><td colspan="3">经营活动状态</td><td></td></tr>
<tr><td>3</td><td colspan="3">近期是否在新的行业或新的地区开展业务</td><td></td></tr>
<tr><td>4</td><td colspan="3">近期是否涉及偷、逃、骗税等经营违法行为受到税务机关惩处</td><td></td></tr>
<tr><td>5</td><td colspan="3">近期是否涉及重大法律事件</td><td></td></tr>
<tr><td>6</td><td colspan="3">是否失去不可替代的关键原材料供应商或主要产品销售商</td><td></td></tr>
<tr><td>7</td><td colspan="3">厂房和设备是否得到正常维修保养</td><td></td></tr>
<tr><td>8</td><td colspan="3">是否因遭遇重大灾害等原因不能获得赔偿而导致重大损失</td><td></td></tr>
<tr><td>9</td><td colspan="3">是否发生重要人事变动，如最主要领导者发生疾病或死亡，或陷入诉讼纠纷，无法正常履行职责</td><td></td></tr>
<tr><td>10</td><td colspan="3">管理层对行业中的变化是否反应迟缓</td><td></td></tr>
<tr><td>11</td><td colspan="3">管理层对企业的发展是否缺乏战略性行为，缺乏足够的行业经验和管理能力</td><td></td></tr>
<tr><td>12</td><td colspan="3">借款企业的主要股东、关联企业或母子公司等是否发生重大的不利变化</td><td></td></tr>
<tr><td>13</td><td colspan="3">需要补充说明的其他情况</td><td></td></tr>
</table>

续表

<table>
<tr><td colspan="4">二、信用记录</td></tr>
<tr><td>借款企业还款意愿</td><td colspan="3">□良好　□一般，但能够主动与银行联系
□较差，还款被动，采取回避措施　□有逃废债行为或迹象</td></tr>
<tr><td>有无欠息</td><td>□有　□无</td><td>欠息金额</td><td></td></tr>
<tr><td>有无表外欠息记录</td><td>□有　□无</td><td>表外欠息金额</td><td></td></tr>
<tr><td colspan="4">三、财务状况检查</td></tr>
<tr><td>一、资产负债情况</td><td colspan="2">本期（　）月末</td><td>较年初增减额</td></tr>
<tr><td>（一）资产总额</td><td colspan="2"></td><td></td></tr>
<tr><td>1. 流动资产合计</td><td colspan="2"></td><td></td></tr>
<tr><td>其中：货币资金</td><td colspan="2"></td><td></td></tr>
<tr><td>应收账款</td><td colspan="2"></td><td></td></tr>
<tr><td>存货</td><td colspan="2"></td><td></td></tr>
<tr><td>2. 固定资产合计</td><td colspan="2"></td><td></td></tr>
<tr><td>（二）负债总额</td><td colspan="2"></td><td></td></tr>
<tr><td>1. 流动负债合计</td><td colspan="2"></td><td></td></tr>
<tr><td>其中：短期借款</td><td colspan="2"></td><td></td></tr>
<tr><td>应付账款</td><td colspan="2"></td><td></td></tr>
<tr><td>其他应付款</td><td colspan="2"></td><td></td></tr>
<tr><td>2. 长期负债合计</td><td colspan="2"></td><td></td></tr>
<tr><td>（三）所有者权益</td><td colspan="2"></td><td></td></tr>
<tr><td>其中：实收资本</td><td colspan="2"></td><td></td></tr>
<tr><td>未分配利润</td><td colspan="2"></td><td></td></tr>
<tr><td>二、销售及利润变动情况</td><td colspan="2">本期（　）月末</td><td>较年初增减额</td></tr>
<tr><td>1. 销售收入</td><td colspan="2"></td><td></td></tr>
<tr><td>2. 销售利润</td><td colspan="2"></td><td></td></tr>
<tr><td>3. 净利润</td><td colspan="2"></td><td></td></tr>
</table>

续表

<table>
<tr><th colspan="6">四、担保情况检查</th></tr>
<tr><td rowspan="4">□
保
证
人
检
查</td><td>姓名</td><td colspan="2">户籍地址</td><td>工作单位</td><td>联系方式</td></tr>
<tr><td></td><td colspan="2"></td><td></td><td></td></tr>
<tr><td></td><td colspan="2"></td><td></td><td></td></tr>
<tr><td colspan="5">1. 是否对担保人进行检查：　□是　□否
2. 生产经营或工作情况：　□良好　□一般　□较差
3. 收入情况：　□良好　□一般　□较差
4. 是否配合检查：　□配合　□一般　□不配合
5. 担保意愿：　□良好　□一般　□较差
6. 是否存在资产转移：　□是　□否
7. 是否涉及重大法律纠纷：　□是　□否
8. 如借款人不能履约，预计能否顺利代偿：　□是　□否
9. 需要补充说明的情况：________________</td></tr>
<tr><td rowspan="6">□
抵
（质）
押
物
检
查</td><td>抵（质）押人姓名</td><td>抵（质）押物地址</td><td>房产证号</td><td>土地证号</td><td>质押单证号</td></tr>
<tr><td></td><td></td><td></td><td></td><td></td></tr>
<tr><td></td><td></td><td></td><td></td><td></td></tr>
<tr><td></td><td></td><td></td><td></td><td></td></tr>
<tr><td></td><td></td><td></td><td></td><td></td></tr>
<tr><td colspan="5">1. 抵押物状态：　□正常　□价值下降　□被出租
□被转移　□被变卖　□毁损灭失
□抵押品丢失　□存在纠纷
2. 质押物状态：　□正常　□伪造质押物　□变造质押物
□虚开质押物　□质押品丢失　□存在纠纷
3. 需要补充说明的情况：________________</td></tr>
<tr><th colspan="6">五、检查结论</th></tr>
<tr><td colspan="2">风险状况的总体评价</td><td colspan="4">□无风险　□风险较小　□风险较大　□已形成损失</td></tr>
<tr><td colspan="2">本次检查建议五级分类</td><td colspan="4">□正常　□关注　□次级　□可疑　□损失</td></tr>
<tr><td colspan="2">检查结果
及建议采取的措施</td><td colspan="4">□借款人资信状况正常
□借款人资信状况出现一些潜在风险，但不影响正常还款，建议予以关注
□借款人资信状况或担保物价值发生明显下降，建议更换担保单位，补足抵（质）押物
□借款人资信状况已恶化，建议收回已发放的贷款、处置抵（质）押物或启动司法程序</td></tr>
<tr><td colspan="2">检查人意见</td><td colspan="4">签字：
年　月　日</td></tr>
<tr><td colspan="2">负责人意见</td><td colspan="4">签字：
年　月　日</td></tr>
</table>

表二

个人贷后检查表

贷款行：　　　　　　　　　　检查日期：　　　　　年　　月　　日

<table>
<tr><td rowspan="6">业务检查</td><td>借款人姓名</td><td></td><td>合同编号</td><td></td></tr>
<tr><td>联系电话</td><td></td><td>担保方式</td><td></td></tr>
<tr><td>贷款期限</td><td></td><td>贷款利率</td><td></td></tr>
<tr><td>合同金额</td><td>（大写）</td><td>借款用途</td><td></td></tr>
<tr><td>主营业务或工作单位</td><td colspan="2"></td><td>是否更换：□是　□否</td></tr>
<tr><td>家庭住址</td><td colspan="2"></td><td>是否变化：□是　□否</td></tr>
<tr><td rowspan="3">检查情况</td><td>检查方式</td><td colspan="3">□电话检查　□实地检查　□约见借款人　□其他</td></tr>
<tr><td>检查原因</td><td colspan="3">□日常检查　□特殊检查　□其他</td></tr>
<tr><td>客户是否配合检查</td><td colspan="3">□配合　□一般　□不配合</td></tr>
<tr><td>借款人基本情况检查</td><td colspan="4">1. 健康情况：□健康　□一般　□不健康
2. 婚姻状况：□稳定　□不稳定
3. 信用状况：□好　□一般　□较差
4. 是否按合同约定使用贷款：□是　□否（实际用途：________）
5. 主营业务是否发生变化：□是________　□否
6. 生产经营状况：□良好　□一般　□较差
7. 收入情况：□良好　□一般　□较差
8. 还款能力是否出现重大变化：□是　□否
9. 是否涉及政治风波或经济、法律纠纷，被有关部门冻结存款账户：□是　□否
10. 是否有新增大幅负债，新增的负债是否影响对银行借款的偿还能力：□是　□否
11. 需要补充说明的情况：____________________</td></tr>
<tr><td rowspan="3">信用记录</td><td>借款人还款意愿</td><td colspan="3">□良好　□一般，但能够主动与银行联系
□较差，还款被动，采取回避措施　□有逃废债行为或迹象</td></tr>
<tr><td>有无欠息</td><td>□有　□无</td><td>欠息金额</td><td></td></tr>
<tr><td>有无表外欠息记录</td><td>□有　□无</td><td>表外欠息金额</td><td></td></tr>
<tr><td rowspan="5">保证人检查</td><td>姓名</td><td>家庭住址</td><td>工作单位</td><td>联系方式</td></tr>
<tr><td></td><td></td><td></td><td></td></tr>
<tr><td></td><td></td><td></td><td></td></tr>
<tr><td></td><td></td><td></td><td></td></tr>
<tr><td></td><td></td><td></td><td></td></tr>
</table>

续表

<table>
<tr><td>保证人检查</td><td colspan="5">1. 生产经营或工作情况：□良好　□一般　□较差
2. 收入情况：□稳定　□一般　□不稳定
3. 配合检查情况：□配合　□一般　□不配合
4. 担保意愿：□良好　□一般　□较差
5. 是否存在资产转移：□是　□否
6. 是否涉及重大法律纠纷：□是　□否
7. 如借款人不能履约，预计保证人能否顺利代偿：□是　□否
8. 需要补充说明的情况：________</td></tr>
<tr><td rowspan="6">抵（质）押物检查</td><td>抵（质）押人姓名</td><td>抵（质）押物地址</td><td>房产证号</td><td>土地证号</td><td>质押单证号</td></tr>
<tr><td></td><td></td><td></td><td></td><td></td></tr>
<tr><td></td><td></td><td></td><td></td><td></td></tr>
<tr><td></td><td></td><td></td><td></td><td></td></tr>
<tr><td></td><td></td><td></td><td></td><td></td></tr>
<tr><td colspan="5">1. 抵押物状态：□正常　□价值下降　□被出租
□被转移　□被变卖　□毁损灭失
□抵押品丢失　□存在纠纷
2. 质押物状态：□正常　□伪造质押物　□变造质押物
□虚开质押物　□质押品丢失　□存在纠纷
3. 需要补充说明的情况：________</td></tr>
<tr><td colspan="6">本期检查结论</td></tr>
<tr><td colspan="2">风险状况的总体评价</td><td colspan="4">□无风险　□风险较小　□风险较大　□已形成损失</td></tr>
<tr><td colspan="2">本次检查建议五级分类</td><td colspan="4">□正常　□关注　□次级　□可疑　□损失</td></tr>
<tr><td colspan="2">检查结果
及建议采取的措施</td><td colspan="4">□借款人资信状况正常
□借款人资信状况出现一些潜在风险，但不影响正常还款，建议予以关注
□借款人资信状况或担保物价值发生明显下降，建议更换担保单位，补足抵（质）押物
□借款人资信状况已恶化，建议收回已发放的贷款、处置抵（质）押物或启动司法程序</td></tr>
<tr><td colspan="2">检查人意见</td><td colspan="4">签字：
年　月　日</td></tr>
<tr><td colspan="2">负责人意见</td><td colspan="4">签字：
年　月　日</td></tr>
</table>

表三

贷后首次跟踪检查表

贷款行：　　　　　　　　　　检查日期：　　年　　月　　日　　　　　　　单位：万元

<table>
<tr><td>客户名称</td><td colspan="5"></td></tr>
<tr><td>现住址</td><td colspan="5"></td></tr>
<tr><td>合同编号</td><td></td><td>合同金额</td><td></td><td>借款期限</td><td></td></tr>
<tr><td>联系方式</td><td></td><td>担保方式</td><td></td><td>借款用途</td><td></td></tr>
<tr><td>检查方式</td><td colspan="5">□电话检查　　□实地检查</td></tr>
<tr><td rowspan="9">检查内容</td><td colspan="5">1. 贷款是否为借款人本人使用：　□是　□否</td></tr>
<tr><td colspan="5">2. 是否按合同约定使用贷款：□是　□否（实际用途：________）</td></tr>
<tr><td colspan="5">3. 截至检查日，是否发生资金回流等情况：□是　□否</td></tr>
<tr><td colspan="5">4. 生产经营情况：　□良好　□一般　□较差</td></tr>
<tr><td colspan="5">5. 保证人是否丧失保证资格：　□是　□否</td></tr>
<tr><td colspan="5">6. 抵（质）押物价值：　□升值　□正常　□贬值</td></tr>
<tr><td colspan="5">7. 抵押物是否被出租、转移、变卖：　□是　□否</td></tr>
<tr><td colspan="5">8. 其他风险因素：□有：__________　□无</td></tr>
<tr><td colspan="5">9. 对银行贷后检查的态度：□配合　□一般　□不配合</td></tr>
<tr><td colspan="6">本期检查结论</td></tr>
<tr><td colspan="3">一、对借款人信贷资金使用的总体评价</td><td colspan="3">□良好　□一般　□较差</td></tr>
<tr><td colspan="6">二、建议采取的措施：
□按常规实施贷后管理和检查
□列为特殊关注对象，加大贷后检查频率
□停止办理新增业务
□其他措施：</td></tr>
<tr><td colspan="6">三、风险综合评价，主要问题及处理建议：

检查人签字：
年　月　日</td></tr>
<tr><td>四、负责人意见</td><td colspan="5">签字：
年　月　日</td></tr>
</table>

表四

企业风险预警信号监控表

贷款行：　　　　　　　　　　　　　年　　月　　日　　　　　　　　　　　单位：万元

借款人		合同编号	
贷款余额		贷款起止日期	
序号	预警信号	发生信号（打✓）	具体情况说明
一、	**经营风险预警**		
1	经营活动发生显著变化，处于停产、半停产或经营停止状态		
2	业务性质发生变更		
3	主要数据在行业统计中呈现不利的变动和趋势		
4	兼营不熟悉的业务、新的业务或在不熟悉的地区开展业务		
5	丧失一批稳定且重要的客户		
6	存在转移资产等异常行为		
7	对存货、生产和销售的控制能力下降		
8	出售、变卖主要的生产、经营性固定资产		
9	厂房设备维修不善，设备更新缓慢，且关键产品生产线未能正常运转		
10	建设项目的可行性存在偏差，或计划执行出现较大的调整，如基建项目的工期延长，或处于停缓状态，或该预算调整		
11	产品质量和服务水平下降		
12	遇到重大生产事故或台风、火宅、地震等不可抗力因素		
二、	**经营管理预警**		
1	财务状况恶化，资产负债比率超过90%		
2	产品开始积压，存货周转率下降		
3	应收账款金额和比例突增，账龄时间增长		
4	流动资产占总资产的比例下降		
5	销售额下降，成本提高，收益减少，经营亏损		
6	不按时报送财务报表或提供虚假资料，有严重欺诈行为		
三、	**经营管理预警**		
1	主要负责人行为产生变化，患病死亡，或陷入诉讼，或长期离职，无法正常履行职责		
2	发生非正常重要人事变动		
3	未能实现预定的盈利目标		
4	领导层不团结，职能部门矛盾尖锐，不互相配合		
5	经营者投机心理过重		
6	劳资双方情绪对立，工作懈怠		
四、	**借贷预警**		
1	发生资金回流等情况		

续表

2	对短期贷款需求过多，并要求展期		
3	各项贷款已经超过其偿付能力		
4	还款来源欠保障		
5	利息还付困难，贷款到期不能按期归还		
6	频繁向其他企业拆借资金		
7	客户信用等级、贷款风险分类下降		
8	未按规定用途使用贷款资金		
五、	**法律方面预警**		
1	陷入重大诉讼、仲裁案件		
2	陷入重大索赔事件		
3	高管人员卷入经济或刑事案件		
4	被公、检、法机关立案侦查		
5	欠税过多被立案		
6	发生重大违法违规经营事件		
7	发生重大劳资纠纷		
8	借款单位未能通过年检		
六、	**担保情况预警**		
1	保证人保证能力下降，出现财务风险、支付风险		
2	保证人存在转移资产等异常行为		
3	保证人及家人涉及重大法律纠纷		
4	保证人账户被有关机关冻结、扣划		
5	抵押物价值明显下降		
6	抵押物被出租、转移或变卖		
7	抵押物毁损或灭失		
8	抵押物存在法律纠纷		
9	抵押物被有关机关查封、扣押		
七、	需要补充说明的其他预警		
1			
2			
客户经理意见	签字： 年　月　日		
网点负责人意见	签字： 年　月　日		
风险部门意见	签字： 年　月　日		

表五

个人风险预警信号监控表

贷款行： 年 月 日 单位：万元

借款人		合同编号	
发放起期		贷款到期日	
贷款余额		联系电话	

序号	预警信号	发生信号（打✓）	具体情况说明
一、	**基本情况预警**		
1	身体不健康或有严重疾病		
2	家人有重大疾病		
3	居住不稳定		
4	家庭不和、离异或有多次婚姻史		
5	与父母、大部分兄弟姐妹及亲戚关系恶劣		
6	品行较差，有欺诈或欺骗行为		
7	有不良嗜好，如好赌、涉毒、涉黄等		
8	存在转移资产等异常行为		
二、	**借贷情况预警**		
1	贷款非借款人本人使用		
2	发生资金回流等情况		
3	未按合同约定使用贷款资金		
4	利息还付困难		
5	对短期贷款需求过多，并要求展期		
6	各项贷款已经超过其偿付能力		
7	还款来源欠保障		
8	客户信用等级、贷款风险分类下降		
9	存在大量民间借贷，特别是有高利贷		
10	新增大幅负债，新增的负债影响对银行借款的偿还能力		
三、	**经营情况预警**		
1	频繁更换工作单位		
2	收入不稳定		
3	资金链断裂，无法正常经营		
4	主营业务成本费用大幅增加		
5	主营业务盈利较小，净利润低，甚至处于亏损状态		
6	应收账款收款期长、余额大、收款困难		

续表

四、	**法律方面预警信号**		
1	发生重大诉讼或仲裁、重大事故或重大赔偿		
2	涉及政治风波或经济、法律纠纷，被冻结存款账户		
3	被公、检、法机关立案侦查		
4	发生重大违法违规经营事件		
五、	**担保情况预警**		
1	保证人保证能力下降，出现财务风险、支付风险		
2	保证人存在转移资产等异常行为		
3	保证人及家人涉及重大法律纠纷		
4	保证人账户被有关机关冻结、扣划		
5	抵押物价值明显下降		
6	抵押物被出租、转移或变卖		
7	抵押物毁损或灭失		
8	抵押物存在法律纠纷		
9	抵押物被有关机关查封、扣押		
六、	**需要补充说明的其他预警**		
1			
2			
3			
客户经理意见	签字： 年　月　日		
网点负责人意见	签字： 年　月　日		
风险部门意见	签字： 年　月　日		

第十章　银行贷款风险分类管理

第一节　贷款风险分类管理的目标和原则

1. 什么是贷款风险分类

贷款风险分类是指商业银行按照风险程度将贷款划分为不同档次的过程，其实质是判断债务人及时足额偿还贷款本息的可能性。

2. 贷款风险分类的目标是什么

银行通过贷款分类应达到以下目标：

（1）揭示贷款的实际价值和风险程度，真实、全面、动态地反映贷款质量。

（2）及时发现信贷管理过程中存在的问题，加强贷款管理。

（3）为判断贷款损失准备金是否充足提供依据。

3. 贷款风险分类应遵循什么原则

银行贷款风险分类应遵循以下原则：

（1）真实性原则。分类应真实客观地反映贷款的风险状况。

（2）及时性原则。应及时、动态地根据借款人经营管理等状况的变化调整分类结果。

（3）重要性原则。对影响贷款分类的诸多因素，要根据风险分类的核心定义确定关键因素进行评估和分类。

（4）审慎性原则。对难以准确判断借款人还款能力的贷款，应适度下调其分类等级。

4. 在贷款分类中应当做到哪些

银行在贷款分类中应当做到：

（1）制定和修订信贷资产风险分类的管理政策、操作实施细则或业务操作流程。

（2）开发和运用信贷资产风险分类操作实施系统和信息管理系统。

（3）保证信贷资产分类人员具备必要的分类知识和业务素质。

（4）建立完整的信贷档案，保证分类资料信息准确、连续、完整。

（5）建立有效的信贷组织管理体制，形成相互监督制约的内部控制机制，保证贷款分类的独立、连续、可靠。

银行高级管理层要对贷款分类制度的执行、贷款分类的结果承担责任。

5. 如何制定贷款风险分类制度

银行应按照中国银行保险监督管理委员会《贷款风险分类指引》的标准和要求，根据自身实际制定贷款分类制度，细化分类方法，并与“指引”的贷款风险分类方法具有明确的对应和转换关系。

银行制定的贷款分类制度应向中国银行保险监督管理委员会或其派出机构进行报备。

6. 为什么把贷款分类纳入日常的贷款管理

贷款风险分类是评价贷款风险状态的一种方法。严格按照贷款风险分类标准、方法和程序对银行的贷款风险进行评价和揭示，并及时提取贷款损失准备金，是防范经营风险的重要手段，因此必须把贷款风险分类纳入日常贷款管理工作。

7. 银保监部门通过什么方式对贷款分类进行监管

中国银行保险监督管理委员会及其派出机构通过现场检查和非现场监管对贷款分类及其质量进行监督管理。

8. 银行应向银保监部门报送贷款分类的资料吗

银行应当按照相关规定，向中国银行保险监督管理委员会及其派出机构报送贷款分类的数据资料。

9. 银行如何披露贷款分类信息

银行应依据有关信息披露的规定，披露贷款分类方法、程序、结果及贷款损失计提、贷款损失核销等信息。

第二节　贷款风险分类的标准及特征

10. 贷款风险分类应划分为几类

贷款风险分类按贷款收回的可能性即风险程度应将贷款划分为正常、关注、次级、可疑和损失五个类别，其中，次级、可疑和损失类合并称为不良贷款。

11. 贷款风险分类应考虑哪些因素

银行对贷款风险分类，应主要考虑以下因素：

（1）借款人的还款能力。

（2）借款人的还款记录。

（3）借款人的还款意愿。

（4）贷款项目的盈利能力。

（5）贷款的担保。

（6）贷款偿还的法律责任。

（7）银行的信贷管理状况。

12. 贷款风险分类要以什么为核心

银行在对贷款进行分类时，要以评估借款人的还款能力为核心，把借款人的正常营业收入作为贷款的主要还款来源，贷款的担保作为次要还款来源。

借款人的还款能力包括借款人现金流量、财务状况、影响还款能力的非财务因素等。

不能用客户的信用评级代替对贷款的分类，信用评级只能作为贷款分类的参考因素。

13. 什么是贷款风险分类的重要参考指标

逾期天数是贷款风险分类的重要参考指标。银行应加强对贷款的期限管理。

14. 什么是正常贷款

正常贷款是借款人能够履行，没有足够理由怀疑贷款本息不能按时足额偿还。

15. 正常贷款有哪些主要特征

正常贷款主要表现为以下特征：

（1）借款人贷款本息未逾期。

（2）借款人生产、经营稳定，近两年经营收入稳定增长，盈利水平稳定，无大起大落现象。

（3）借款人正常经营活动产生的现金流量能正常还本付息，银行对借款人最终还款有充分把握。

（4）借款人贷款资料齐全。

16. 什么是关注贷款

关注贷款是尽管借款人目前有能力偿还贷款本息，但存在一些可能对偿还产生不利影响的因素。

17. 关注贷款有哪些主要特征

关注贷款主要表现为以下特征：

（1）借款人本金和利息虽尚未逾期，但借款人有利用兼并、重组、分立等形式恶意逃避银行债务的嫌疑。

（2）借新还旧（展期），或者需通过其他融资方式偿还。

（3）贷款本息已经逾期。

（4）借款人出现流动资金不足的早期征兆，如还款时间出现延误、净现金流量明显降低等。

（5）同一借款人对本行或其他银行的部分债务已经不良。

（6）贷款担保出现问题，如抵（质）押物价值明显降低、抵（质）押物控制权出现问题等。

（7）借款人信用状况出现可疑征兆，如未能及时取得适当的资料和文件、借款人不合作或难以联络等。

（8）其他可能影响借款人财物状况的重大事件，如借款人或借款企业主要负责人健康状况出现问题、借款人或借款企业涉及法律诉讼等。

18. 什么是次级贷款

次级贷款是借款人的还款能力出现明显问题，完全依靠其正常营业收入无法足额偿还贷款本息，即使执行担保，也可能会造成一定损失。

19. 次级贷款有哪些主要特征

次级贷款主要特征表现为：

（1）贷款本息逾期（含展期）超过 3 个月。

（2）借款人的经营状况出现明显问题，营业收入、财务状况、现金流量等重要指标出现恶化趋势，如销售收入大幅下降、经营亏损增大、现金净流量为负值，借款人已不能正常归还贷款本息，还款需要执行担保。

（3）担保的价值可能不足以保证贷款本息的足额偿还。

（4）借款人贷款记录或还款记录不佳，或在向其他债权人还款方面出现困难。

（5）贷款资料不全、重要文件缺失，可能影响借款人还款及担保的法律责任。

（6）借款人还款意愿较差，有明显的逃废债务企图。

（7）借款人借债过多，负债比例较高。

（8）借款人将贷款挪作他用，影响正常还款。

（9）借款人出现其他影响还款的非财务性重大事件。

（10）预计贷款损失率在 30% 以下。

20. 什么是可疑贷款

可疑贷款是借款人无法足额偿还贷款本息，即使执行担保，也肯定要造成较大损失。

21. 可疑贷款有哪些主要特征

可疑贷款主要特征表现为：

（1）贷款本息逾期超过 6 个月。

（2）贷款担保价值严重不足。

（3）已知借款人失踪、死亡或实际破产。

（4）借款人已停业或即将停业或准备清盘。

（5）已知借款人恶意逃废债务且追索困难。

（6）借款人的还款责任出现法律纠纷且已进入诉讼程序。

（7）预计损失率在 30%—90%。

22. 什么是损失贷款

损失贷款是在采取所有可能的措施或一切必要的法律程序之后，本息无法收回，或只能收回很少部分。

23. 损失贷款有哪些主要特征

损失贷款主要特征表现为：

（1）经法院强制执行未能收回的贷款。法院终审判决银行全额败诉的贷款。虽胜诉但未在规定时间内向法院申请执行，或借款人无财产收入可执行，或因其他不可抗力无法执行而损失的贷款。

（2）根据贷款企业的净资产的确认，贷款无法收回或只能收回极少部分的贷款。

（3）贷款主合同已超过诉讼时效，借款人对任何主张债权的文件不予确认，通过所有可能的措施和必要的法律程序无法收回的贷款。

（4）未与借款人签订贷款合同（协议），或贷款合同（协议）原件灭失，以任何方式主张债权，借款人均不予确认贷款。

（5）债务人和保证人依法宣告破产、解散、被撤销（关闭），并终止法人资格，银行对债务人和保证人进行追偿后，未能收回的债权。

（6）借款人和保证人虽未依法宣告破产、解散、被撤销（关闭），但已完全停止经营活动，被工商行政管理部门依法吊销营业执照，终止法人资格，银行对债务人和保证人进行追偿后，未能收回的债权。

（7）借款人没有任何还款能力和资产，而且贷款保证已过保证期间，保证人拒不履行保证责任的贷款；或保证人企业已破产、被公告注销、被撤销（关闭）；或保证人经营状况恶化，财务亏损，严重资不抵债，已完全不能履行保证责任的贷款。

（8）借款人死亡，或者按照《中华人民共和国民法通则》的规定宣告失踪或者死亡，银行依法对其财产或遗产进行清除，并对保证人进行清偿和对保证人进行追偿后，未能收回的债权。

（9）借款人遭受重大自然灾害或意外事故，损失巨大且不能获得保险赔偿，或者接受保险赔偿后，确实偿还部分或全部债务，银行对其财产或遗产进行清偿和对保证人进行追偿后，未能收回的债权。

（10）借款人触犯刑律，依法受到制裁，其财产不足归还所借债务，又无其他债务承担者，银行经追偿后确实无法收回的债务。

（11）借款人已不能偿还到期债务，银行对依法取得的抵债资产，按评估确认的市场公允价值入账后，扣除抵债资产接收费用，小于债权的差额，经追偿后无法收回的债权。

（12）预计贷款损失率在90%以上。

第三节　贷款风险分类的特别规定

24. 哪些贷款应归为关注类

下列贷款应至少归为关注类：

（1）本金和利息虽尚未逾期，但借款人有利用兼并、重组、分立等形式恶意逃废银行债务的嫌疑。

（2）借新还旧，或者需通过其他融资方式偿还。

（3）改变贷款用途。

（4）本金或者利息逾期。

（5）同一借款人对本行或其他银行的部分债务已经不良。

（6）违反国家有关法律和法规发放的贷款。

25. 哪些贷款应归为次级类

下列贷款应至少归为次级类：

（1）逾期（含展期后）超过一定期限、其应收利息不再计入当期损益。

（2）借款人利用合并、分立等形式恶意逃废银行债务，本金或者利息已经逾期。

26. 哪些重组的贷款应归为次级类

需要重组的贷款应至少归为次级类。

重组贷款是指银行由于借款人财务状况恶化，或无力还款而对借款合同还款条款作出调整的贷款。

重组后的贷款（简称重组贷款）如果仍然逾期，或借款人仍然无力归还贷款，应至少归为可疑类。

重组贷款的分类档次在至少6个月的观察期内不得调高，观察期结束后，应严格按照规定进行分类。

27. 对零售贷款如何划分风险类别

银行对零售贷款如自然人和小企业贷款主要采取脱期法，依据贷款逾期时间长短直接划分风险类别。对农户、农村微型企业贷款可同时结合信用等级、担保情况等进行风险分类。

28. 同一笔贷款可否拆分分类

同一笔贷款不得进行拆分分类。

29. 如何进行贷款风险分类

贷款风险分类必须严格按照分类的标准、程序、方法进行初分和认定，并按审批权限进行审批。

30. 什么时间对贷款进行分类

银行应至少每季度对全部贷款进行一次分类。

如果影响借款人财务状况或贷款偿还因素发生重大变化，应及时调整对贷款的分类。

对不良贷款应严密监控，加大分析和分类的频率，根据贷款的风险状况采取相应的管理措施。

31. 如何对贷款以外的各类资产分类

银行对贷款以外的各类资产，包括表外项目中的直接信用替代项目，也应根据资产的净值、债务人的偿还能力、债务人的信用评级情况和担保情况划分为正常、关注、次级、可疑、损失五类，其中后三类合称为不良资产。

分类时，要以资产价值的安全程度为核心，具体可参照贷款风险分类的标准和要求。

32. 什么是贷款风险分类的客观标准

贷款本息逾期时间是贷款风险分类中十分重要的客观标准。如无充足的理由，该项贷款的分类不应高于基于逾期时间的分类级别。

33. 如何确定贷款风险分类结果

正常、关注、次级、可疑类贷款的基本特征是各类贷款的风险表现形式，除特别规定外，它们只是贷款分类的重要参考因素，而不是唯一的决定因素。分类时，关键是要把握借款人的还款能力和贷款的损失程度，对照核心定义，确定分类结果。

34. 贷款本息逾期时间未达标准如何分类

即使贷款本息逾期时间未达到某类别的标准，如贷款符合该类别的其他主要特征，该项贷款的分类也不应高于该类别。

35. 贷款符合多项类别的如何分类

如贷款符合多项类别的分类标准，则该贷款的分类应归入这些类别的最低一档。

36. 重组贷款如何分类

重组贷款是指因借款人无法正常还款而对还款条件做出调整的贷款，包括直接转期的借新还旧贷款和为盘活资产而追加的贷款。需要重组贷款的分类不得高于次级类。重组贷款如按修订后的还款条件正常还款（其中按月正常还款6个月以上的，按季或半年正常还款6个月以上的，按季或半年正常还款一年以上的，按年正常还款2年以上），可考虑升级至关注或正常类。

37. 违反规定发放的贷款如何分类

违反国家有关法律法规和严重违反银行内部规章制度发放的贷款，分类应比照同等情况一般贷款下调一级分类。

38. 恶意逃废债务的贷款如何分类

对借款人利用破产、解散、分立、兼并、租赁、转让、承包等形式恶意逃废债务的，如贷款本息未逾期，则其分类不得高于次级类。

39. 非银行意愿的贷款如何分类

非银行意愿、因政府行政干预发放的贷款，其风险分类应比照同等情况一般贷款下调一级分类。

40. 信用贷款和保证贷款如何分类

除非有足够的理由，信用贷款和保证贷款应比照同等情况一般贷款下调一级分类。

41. 同一借款人有多笔贷款的如何分类

对同一借款人有多笔贷款的，如果担保条件完全相同，在不影响总的分类结果的前提下，可以将多笔贷款合并后进行风险分类。对能够明确界定可能偿还比例的单笔贷款，可以按偿还可能性拆分成多笔进行风险分类。

42. 低风险贷款如何分类

对于存单（国债、银行承兑汇票）质押贷款、银行承兑汇票贴现等低风险贷款，存单票据真实、资料授权健全，则划分为正常类，质权、票据有问题或存在其他影响还款的特殊因素则按照分类标准和特征逐笔分类。

43. 自然人和企业贷款如何分类

（1）按季结息、一次性还本的自然人、企业贷款，包括流动资金贷款和消费贷款，按照以下标准进行分类（见表一）：

表一

贷款方式 \ 逾期及欠息情况		逾期30天以下或欠息1季	逾期31—90天或欠息2季	逾期91—180天或欠息3季	逾期180天或欠息4季
消费贷款		正常	关注	次级	可疑
流动资金贷款	抵押	正常	关注	关注/次级	次级/可疑
	保证	关注	次级	可疑	可疑
	信用	关注	次级	可疑	可疑

（2）自然人、企业损失类贷款按照相关标准执行。

第四节 贷款风险分类的基本流程

44. 贷款风险分类的基本流程为几个阶段

银行贷款风险分类的基本流程为：分类准备、初步分类、分类认定、分类结果审批、提出改进意见五个阶段。

45. 如何做好分类准备

（1）整理、收集贷款档案资料。银行由各分支机构收集借款人基本信息，为贷款风险分类做好准备。

（2）录入贷款信息系统。银行各分支机构负责借款人信息资料的信息录入。

（3）及时补充、更新借款人资料。

46. 如何做好初步分类

银行各分支机构分析借款人资料，按照五级分类的标准、方法和要求，撰写初步分类意见报告，上报信贷管理部门。信贷风险部门应与各分支机构充分沟通，对分类初步意见充分讨论后，提出审查意见，提交有权人审批。

47. 如何做好分类认定

银行信贷管理部门根据分类资料进行综合判断，提出分类认定意见。

48. 如何做好分类结果审批

根据贷款风险分类的审批权限规定，由各有权人对贷款风险分类结果进行审批。

49. 如何提出改进意见

银行贷款审查委员会、贷款风险管理部门及其他相关部门在分类、认定和审批过程中，应对贷款经营和管理中存在的问题提出意见并及时反馈给各分支机构。

第五节　贷款风险分类的操作方法

50. 为保证分类准确如何阅读和收集信息

银行进行贷款风险分类，应全面阅读信贷档案资料，并结合宏观经济政策、行业政策、行业信息、经济环境等综合经济信息，确定类别。为保证分类准确，分类前应广泛收集信息（包括日常贷款管理及贷后管理资料）。

51. 贷款风险分类应了解哪些信贷资料

贷款风险分类应全面了解信贷档案资料，主要包括：

（1）客户基本情况。

①借款人的营业执照、组织机构代码证、税务登记证、特殊行业生产许可证、公司章程、法定代表人身份有效证明等资料的原件或复印件。

②组织结构、业主和高级管理人员的情况以及附属机构的情况。

③借款人的经营历史、信用等级、客户类别、授信内容，以及保证人的基本情况。

（2）借款人和保证人的财务信息。

借款人和保证人的资产负债表、损益表、现金流量表、外部审计的报告、借款人其他财务信息。

（3）重要文件。

①借款人的申请。

②银行信贷调查、审查、贷审会审议、董事会审议等文本资料。

③贷款的法律文件，包括借款合同、借据、抵押合同、质押合同、保证合同、物权凭证，以及依法办理的有关登记文件等。

④借款人还款计划和还款承诺。

（4）借款人还款记录和银行催收通知。

（5）贷款检查报告，包括定期、不定期的各类贷款检查分析。

（6）以前分类资料。

52. 贷款风险分类应分析哪些因素

银行使用贷款风险分类方法对贷款质量进行分类，实际上是判断借款人及时足额归还贷款本息的可能性。应分析的主要因素：

（1）借款人的还款能力。借款人的还款能力是决定贷款本息是否能及时收回的主要因素，需要分析借款人财务状况、现金流量、影响还款能力的非财务因素，同时还要考虑影响借款人还款能力的行业和政策风险等。

（2）借款人的还款记录。借款人的还款记录能够反映贷款的偿还状况和逾期状况，以判断借款人的偿债能力和信用状况等。

（3）借款人的还款意愿。应根据借款人的品行和信用记录等因素综合判断借款人的还款意愿。

（4）贷款的担保。贷款担保是贷款本息偿还的第二还款来源，其重要性仅次于借款人的还款能力分类时应注意分析担保合法的有效性、抵（质）押的充足性、抵（质）押物变现的可能性等。

53. 贷款风险分类应按什么原则进行

银行贷款风险分类应按“及时认定、按月监测，按季清分”的原则进行。

（1）及时认定、按月监测。新发放贷款，除特殊情况，一般列入正常类，如不能列入正常类的，由银行在贷款批复中确定本笔贷款的具体形态；在日常的信贷管理中，各分支机构要按有关规定进行贷后检查，如果发现影响借款人财务状况或贷款偿还的因素发生变化，要根据贷款风险分类的定义、特征、方法，及时进行贷款形态的认定和调整，并按规定上报有权部门审批。有权审批部门要在五个工作日内审核认定并下达批复。

（2）按季清分。每年 3 月 31 日、6 月 30 日、9 月 30 日和 12 月 31 日对以前的贷款余额进行一次全面清分。

54. 贷款风险分类时对哪些贷款可分别进行捆绑处理

银行可根据部分贷款业务特点，为简化操作，贷款风险分类时对以下贷款可分别进行捆绑处理：

（1）将非异常情况的“存单（国债、承兑汇票质押）质押贷款”余额合计和其他余额合计分别作为一笔贷款划分为正常类，结果可直接填入《贷款风险分类认定表》。

（2）非存单（国债、承兑汇票质押）质押的自然人贷款的分类依据分类标准，按照个人消费贷款的品种和个人流动资金贷款和分类结果进行捆绑处理，可填写《贷款风险分类认定表》。

55. 哪些贷款分类不能通过捆绑处理

贷款分类情况特殊不能通过捆绑处理的个人贷款（包括个人损失类贷款）逐笔进行分类，填写《个人贷款分类认定表》（附件表一）。

法人客户逐笔分类，填写《企业贷款分类认定表》（附件表二）。

56. 贷款分类每次清分时应填写哪些汇总表

贷款分类每次清分时，应填写以下汇总表：

（1）贷款风险分类汇总表——贷款质量分布表。

（2）贷款分类汇总表——关注类。

（3）贷款分类汇总表——次级类。

（4）贷款分类汇总表——可疑类。

（5）贷款分类汇总表——损失类。

57. 如何计提贷款损失准备

银行应在贷款分类的基础上，根据有关规定及时足额计提贷款损失准备，核销贷款损失。

第六节　贷款风险分类审批

58. 贷款风险分类要按照什么制度进行审批

贷款风险分类要按照“分级授权、分级审批”的制度进行审批，保证贷款风险分类的有序进行。

59. 谁负责贷款风险初步分类和认定工作

银行各分支机构负责本部门经营全部贷款分类资料的收集、贷款风险初步分类和参加分类认定工作。

60. 谁负责贷款风险分类管理和审批工作

为明确贷款风险分类责任，加强贷款的日常风险管理，银行应设置贷款风险管理部门和有权审批人，负责贷款的风险管理和审批工作。

（1）银行单户金额×××万元以下的正常和关注类贷款的风险分类可由主管信贷的行长进行认定，不再提交银行贷审会审议认定。

（3）银行各分支机构认定结果中单户金额×××万元以下的不良（次级、可疑、损失）贷款进行上报，信贷管理部门提出意见。

（3）信贷管理部门负责贷款风险分类的组织工作，对单户余额×××万元以下贷款的正常、关注、次级和可疑、损失类进行审查，并将全部分类结果上报贷款审查委员会审议审批。

第七节　贷款风险分类的部门及职责

61. 贷款风险分类工作涉及银行哪些部门

贷款风险分类工作涉及银行各分支机构、信贷管理部门、风险合规部门、会计财务部门等相关部门。

62. 分支机构主要职责是什么

银行分支机构主要职责：

（1）负责收集借款人信息并及时补充更新贷款档案资料，并对分类基础的真实、完整和及时负责。

（2）负责贷款风险分类的初分，参与分类的认定。

（3）建立和保管客户资料、分类台账，进行系统录入。

（4）对分类后贷款进行检测，风险发生变化的贷款要及时进行调增。

（5）落实贷款风险管理等部门提出的分类整改意见。

（6）上报各类贷款分类汇总表。

63. 信贷管理部门的主要职责是什么

银行信贷管理部门的主要职责是：

（1）全面负责贷款风险分类的组织实施和培训。

（2）审查和分析各分支机构提供的借款人贷款资料、分类资料的真实性、准确性和完整性。

（3）对各分支机构的初分结果进行复审。

（4）根据审批权限对分类结果进行认定和审批。

（5）向监管部门提供贷款风险分类信息。

（6）负责分类材料的存档和管理。

（7）对贷款风险结果进行连续检测、考核及检查指导。

64. 风险合规部门的主要职责是什么

银行风险合规部门的主要职责：

（1）负责审查贷款风险分类政策、制度是否符合有关法律法规，是否足够审慎。

（2）负责审查贷款风险分类的操作是否符合规定的标准、方法、程序和审批权限。

（3）负责审查贷款损失准备金的提取是否符合规定的标准、方法、程序和审批权限。

（4）负责审查分类基础资料是否真实、准确和完整。

65. 会计财务部门的主要职责是什么

银行会计财务部门的主要职责：

（1）负责制订贷款损失准备金的提取方案。

（2）参与贷款损失准备金提取的审批。

（3）对批准的分类结果和贷款损失准备金提取进行相关财务处理。

第八节　贷款风险分类的管理

66. 贷款风险分类结果纳入银行的考核吗

贷款风险分类结果将逐步纳入银行全行的考核内容。

67. 贷款风险分类后的管理措施有哪些

银行在贷款风险分类后要根据风险状况及特点采取有针对性的管理措施。

（1）对正常类贷款，要注意加强风险预警。

（2）对关注类贷款，要密切跟踪潜在风险因素的变化情况，分析评价其对贷款安全的影响，在风险因素未好转之前，不得增加贷款。

（3）对次级类贷款，要加强贷款本息的催收，保证贷款诉讼时效，密切注意贷款保证及抵（质）押物情况的变化，必要时对债务实施重组，并尽可能地压缩贷款。

（4）对可疑类贷款，要利用法律措施催收，依法追究担保人责任和行使抵押权，并加强对借款资产的监控，密切注意与借款人有关的合并、重组等不确定因素，采取相应的资产保全措施，防止借款人资产的流失。

（5）对损失类贷款，要及时足额申报债权，依法参与破产清算，采取一切必要的手段清收，尽可能地减少贷款损失。

68. 如何对贷款风险分类进行检查和评估

银行内部审计部门应对信贷资产分类政策、程序和执行情况进行检查和评估，将结果向银行或董事会作出书面汇报，并报送中国银行保险监督管理委员会或其派出机构。检查、评估的频率每年不得少于一次。

69. 贷款风险分类后的检查内容有哪些

银行风险合规部门应将贷款风险分类的检查列入日常工作，应以定期和不定期、现场和非现场相结合的形式进行检查，主要检查以下内容：

（1）贷款风险分类政策、制度是否符合有关法律法规，是否足够审慎。

（2）贷款风险分类的操作是否符合规定的标准、方法、程序和审批权限；贷款分类结果是否准确。

（3）贷款损失准备金的提取是否符合规定的标准、方法、程序和审批权限；准备金提取是否准确。

（4）分类基础资料是否真实、准确和完整。

70. 如何对贷款风险分类的责任进行认定

银行应对存在下列行为的责任人，进行责任认定，并根据性质和情节给予通报批评直至纪律处分：

（1）由于主观原因，未按规范程序操作，导致分类不准确。

（2）不真实反映贷款风险分类结果。

（3）因主观原因，未按时上报贷款风险分类数据及资料，影响全行贷款的审查、上报、认定和汇总分析。

（4）未将贷款风险分类列入常规审计、检查，或在审计检查过程中蓄意隐瞒存在问题。

（5）对贷款风险分类工作审查不严、检查敷衍了事。

（6）部门之间互相推诿影响贷款风险分类工作正常进行。

71. 如何做好贷款风险分类材料的档案管理

（1）各分支机构进行初分时资料应一式两份，初分、认定后全部上报，经有权部门批复后，返还营销部、支行一份，信贷管理部保存一份。

（2）各分支机构五级分类资料归档。

①各分支机构应将逐笔认定的贷款质量分类认定资料存入该客户的档案，作为贷后资料。

②原件按照档案管理的要求，编写目录、打号后装订成册入档。

③档案排列顺序：全面清分的资料按贷款风险分类报告、汇总表、认定表（每个客户贷款分类认定过程中的其他资料附于认定表后）进行排列；平时进行检测管理过程中进行贷款质量分类调整的，按调整时间顺序排列进行装订归档。

（3）银行信贷管理部门对贷款风险分类的全部资料按照要求存档。

72. 附件

表一：个人贷款分类认定表

表二：企业贷款分类认定表

表一

个人贷款分类认定表

贷款行：　　　　　　　　　　　　　　　　　　　　　　单位：元

借款人名称			贷款行业投向	
贷款用途			贷款金额	
贷款起止日期			贷款方式	
调查项目 \ 调查日		年　月　日	年　月　日	年　月　日
贷款基本情况	是否按约定用途使用贷款			
	贷款逾期情况			
	贷款欠息情况			
财务状况	资产总额			
	负债总额			
	其中：在银行借款			
	预计年经营收入			
	预计年净收益			
非财务因素	生产经营情况			
	销售及货款回笼			
	经营管理能力			
	借款人还款意愿			
	有无不良行为			
担保情况	担保合同是否有效			
	保证人代偿能力			
	抵（质）押物及其价值			
	抵（质）押物的变现能力			
其他情况说明				
分类日期		年　月　日	年　月　日	年　月　日
客户经理分类理由和初分结果		经办人：	经办人：	经办人：
各支行、网点或市场营销部门初分结果		负责人签章：	负责人签章：	负责人签章：
信贷管理部门认定结果				
总分行认定结果				

表二

企业贷款分类认定表

贷款行：　　　　　　　　　　认定日期　　　　　　　　　　单位：万元

<table>
<tr><td>借款人名称</td><td colspan="3"></td><td>借款人性质</td><td></td><td colspan="2">借款人的主管部门或母公司</td><td colspan="2"></td><td>法定代表人</td><td></td><td colspan="2">企业建立日期</td><td colspan="2"></td></tr>
<tr><td>经营地址</td><td colspan="3"></td><td>注册资本</td><td colspan="2"></td><td>经营项目</td><td colspan="2"></td><td>主营业务收入</td><td></td><td colspan="2">基本户开户行</td><td colspan="2"></td></tr>
<tr><td rowspan="2">借款合同号</td><td rowspan="2">借款种类</td><td rowspan="2">贷款方式</td><td rowspan="2">贷款
合同金额</td><td rowspan="2">起止时间</td><td rowspan="2">展期后
到期日</td><td colspan="2">贷款用途</td><td rowspan="2">保证人
名称</td><td rowspan="2">抵（质）
押物
名称</td><td rowspan="2">抵（质）押物
现值或
评估价值</td><td rowspan="2">抵（质）
押比率
（%）</td><td rowspan="2">是否办理
抵押登记</td><td rowspan="2">本息逾
期情况</td><td rowspan="2">欠息
金额</td><td rowspan="2">信用
等级</td></tr>
<tr><td>合同确定用途</td><td>实际用途</td></tr>
<tr><td></td><td></td><td></td><td></td><td></td><td></td><td></td><td></td><td></td><td></td><td></td><td></td><td></td><td></td><td></td><td></td></tr>
<tr><td></td><td></td><td></td><td></td><td></td><td></td><td></td><td></td><td></td><td></td><td></td><td></td><td></td><td></td><td></td><td></td></tr>
<tr><td></td><td></td><td></td><td></td><td></td><td></td><td></td><td></td><td></td><td></td><td></td><td></td><td></td><td></td><td></td><td></td></tr>
<tr><td>合　　计</td><td></td><td></td><td></td><td></td><td></td><td></td><td></td><td></td><td></td><td></td><td></td><td></td><td></td><td></td><td></td></tr>
<tr><td rowspan="4">借款人
固定资产
状　况</td><td>资产名称</td><td>实际面积
（平方米）</td><td>已办证面积
（平方米）</td><td>评估价值</td><td>抵押
状况</td><td colspan="3" rowspan="4">担保分析：</td><td colspan="3">目前还款来源</td><td colspan="4" rowspan="4">其他事项说明：</td></tr>
<tr><td>土地使用权</td><td></td><td></td><td></td><td></td><td colspan="3">首先：</td></tr>
<tr><td>房　　产</td><td></td><td></td><td></td><td></td><td colspan="3">其次：</td></tr>
<tr><td>主要设备
及交通工具</td><td></td><td></td><td></td><td></td><td colspan="3">其他：</td></tr>
</table>

续表

<table>
<tr><td>主要财务指标</td><td>年　月</td><td>年　月</td><td>年　月</td><td>年　月</td><td colspan="4" rowspan="4">财务分析：</td></tr>
<tr><td>净现金流量</td><td></td><td></td><td></td><td></td></tr>
<tr><td>经营性净现金流量</td><td></td><td></td><td></td><td></td></tr>
<tr><td>投资活动净现金流量</td><td></td><td></td><td></td><td></td></tr>
<tr><td>筹资活动净现金流量</td><td></td><td></td><td></td><td></td><td colspan="4" rowspan="4">非财务分析：</td></tr>
<tr><td>流动比率</td><td></td><td></td><td></td><td></td></tr>
<tr><td>资产负债率（%）</td><td></td><td></td><td></td><td></td></tr>
<tr><td>销售利润率（%）</td><td></td><td></td><td></td><td></td></tr>
<tr><td>资产利润率（%）</td><td></td><td></td><td></td><td></td><td colspan="4" rowspan="3">风险评级理由及初步分类意见：

经办人签章：</td></tr>
<tr><td>应收款周转率（次/年）</td><td></td><td></td><td></td><td></td></tr>
<tr><td>存货周转率（次/年）</td><td></td><td></td><td></td><td></td></tr>
<tr><td colspan="3">营业部、各支行或市场营销部门分类意见：

负责人签章：</td><td colspan="3">信贷管理部门分类意见：

负责人签章：</td><td>总分行分类意见：

负责人签章：</td><td>分类
结果</td><td></td></tr>
</table>

第十一章　银行信贷档案管理

第一节　信贷档案管理的目的和原则

1. 信贷档案管理的目的是什么

银行信贷档案管理的目的是规范和加强信贷业务档案资料管理工作，切实做好信贷风险控制基础工作，合理有效地保管和使用档案资料。银行应制定信贷档案管理的规章制度。

2. 什么是信贷业务档案

信贷业务档案是指银行提供、管理、收回各类信用全过程的真实记录资料，包括客户和担保人基础资料、贷后管理资料、法律文件和信贷运作资料的纸质和电子档案。

3. 什么是信贷档案资料

信贷档案资料是指银行在贷款受理、调查、审批、发放和贷后管理过程中形成的，具有凭证依据作用和参考利用价值或史料价值的信贷经营管理专业技术材料的总称。

4. 什么是信贷档案资料管理

信贷档案资料管理是指移交档案管理部门归档前信贷档案资料收集、整理、保管、使用、移交归档的过程。

5. 信贷档案管理要遵循哪些原则

银行信贷档案管理要遵循以下原则：

一是集中统一管理原则；二是及时完整、真实有效原则；三是方便实用原则；四是保密性原则；五是规范管理原则。

信贷档案管理要做到原始资料账册化，资料内容标准化，档案移交制度化，档案管理电子化。

第二节　信贷档案管理职责分工

6. 信贷档案管理如何分工

银行信贷档案实行分支机构、信贷部门和档案管理部门（综合办公室）分段集中管理。

分支机构负责贷款受理至贷款审批前的档案资料的保管；信贷部门负责贷款发放（额度生效）后至贷款本息结清或信贷业务执行完毕的档案资料集中保管；档案管理部门（综合办公室）负责移交归档后的档案管理。

7. 信贷部门的职责是什么

信贷部门职责：负责信贷档案资料移交档案管理部门之前的集中管理，并对档案资料的完整性、准确性、合规性、安全性负责。

信贷部门须设档案管理岗，负责信贷档案资料的接收、整理、入库保管、借阅、移交归档等工作。贷款受理、调查、审批、签约、抵押登记、发放、贷后服务、检查、催收等与信贷档案资料形成相关的岗位，负责业务办理过程中所要求的纸质资料的收集、整理等。

8. 分支机构的职责是什么

分支机构职责：负责对不良贷款催收、诉讼、核销等处置过程中形成档案资料的收集、整理，并及时交信贷部门或档案管理部门集中保管。

9. 会计部门的职责是什么

会计部门职责：负责对重要物品及单证的收集及保管。

10. 档案管理部门的职责是什么

档案管理部门职责：档案管理部门负责移交归档后的档案保管及销毁。

第三节　信贷档案保管范围

11. 信贷档案资料如何分类

（1）信贷档案资料按性质可分为重要物品及单证和一般档案资料。

重要物品及单证是指信贷业务中贷款抵押、质押过程中获得的重要权证，包括房屋他项权利证明、抵押权预告登记证明、权利质押的权利证明、保险单、机动车登记证、存单、凭证式国债及其他应作为重要物品及单证保管的抵押权利证明和质押权利凭证等。

一般档案资料指除重要物品及单证以外的所有在办理贷款业务中形成的专业技术资料。

（2）信贷档案资料按载体不同分为纸质档案资料和电子档案资料。

纸质档案资料是指在贷款管理过程中形成的书面档案资料。

电子档案资料又可分为影像扫描资料和电子文档类档案资料。

影像扫描资料是指将纸质档案资料进行扫描等影像化处理后形成的影像档案资料。

电子文档类档案资料是指贷款管理过程中在计算机系统中以电子化方式产生和存在，且不需打印为纸质文档的档案资料。

（3）信贷档案资料按信贷资料形成和利用特点，可分为经营类档案资料和管理类档案资料。

经营类信贷档案资料，主要包括贷款资料和重要物品及单证等属于经办项目的信贷档案资料。

管理类信贷档案资料，主要包括合作机构资料、呆账核销资料等属于管理项目的信贷档案资料。

12. 信贷档案的保管范围是什么

保管范围：凡是银行和各支行在管理和经办信贷业务中形成的有查考价值的信贷专业技术材料，均属于信贷档案资料的保管范围，均应按照规定建立信贷档案。

13. 纸质资料保管哪些内容

一般档案资料：包括个人贷款资料、企业贷款资料和呆账核销资料等。

重要物品及单证：包括房屋他项权证、机动车辆登记证、有价证券等。

14. 个人贷款资料具体内容有哪些

个人贷款资料具体有以下内容：

（1）借款人（包括共同借款人）基本情况资料。

①合法有效的身份证件（复印件）。

②婚姻状况证明（复印件）。

③配偶的合法有效身份证件（复印件）。

④偿还能力证明（原件）。

⑤个人征信查询相关资料（原件）（如个人信用报告、个人征信查询授权书、个人征信记录表等）。

⑥其他。

（2）担保证明资料。

①抵押或质押方式所需材料。

A. 银行认可的评估机构出具的抵押物评估报告或价值确认书（原件）。

B. 有处分权人同意抵押（质押）的证明文件，包括：董事会或股东会同意抵（质）押的决议或具有同等效力的证明、第三人同意提供抵（质）押的书面声明、全体共有人同意抵（质）押的证明等（原件）。

C. 抵（质）押人有关身份证明（复印件）。

D. 抵押登记证明或质权设定证明（复印件）。

②第三方提供保证所需材料。

A. 保证人（个人保证）的身份证明（复印件）、偿还能力证明（原件或复印件）、个人信用报告（原件）。

B. 保证人（法人保证）的合法生产及经营能力证明，包括：营业执照及法人组织机构代码证（复印件）、法定代表人身份证明（复印件）、贷款证（卡）（复印件）、公司章程（复印件）、客户按业务规定提交相应的财务报告（原件或复印件）、担保评价报告（原件）。

C. 保证人（法人保证）的股东会或董事会等有权机构同意提供保证的决议或具有同等效力的书面证明（原件）。

③其他。

（3）贷款发放及变更资料。

①从借款申请受理到发放阶段形成的档案资料。

A. 个人借款申请书（原件）。

B. 面谈记录（原件）。

C. 调查表。

D. 个人贷款调查报告。

E. 个人信贷业务申报审批表（原件）。

F. 借款合同、保证合同、抵押合同、质押合同（原件）。

G. 个人贷款支付凭证（原件）。

H. 开立贷款账户通知书（原件）。

I. 贷款用途证明材料（如购房合同或协议、首付款证明、购车协议、购车发票、住房装修协议、商品购物发票、借款人经营实体的销售协议或商品订单合同等）（复印件）。

J. 支用申请相关材料（原件）。

K. 其他。

②贷款发放后至回收期间形成的档案资料。

A. 调整利率通知书（原件，人民银行统一调整利率的除外）。

B. 提前还款申请审批表（原件）。

C. 提前归还贷款通知书（原件）。

D. 贷款变更申请书及调查、审批材料（原件）。

E. 贷款变更协议书（原件）及相关担保资料。

F. 贷款催收及不良处置相关资料。

G. 贷后检查报告（原件）。

H. 贷款结清证明（原件）。

I. 其他。

15. 企业贷款资料具体内容有哪些

（1）借款企业基本情况资料。

①借款申请书。

②营业执照、法人代码证书、税务登记证、开户许可证复印件。

③同意贷款的股东会或董事会决议。

④生产经营许可证复印件。

⑤法定代表人（代理人）身份证明书及身份证复印件。

⑥企业征信系统、法人代表个人征信系统信用报告及其授权委托书。

⑦验资报告。

⑧公司章程。

⑨近三年年报及前一期财务报表。

⑩企业有效资产证明及偿还能力证明。

⑪在有效期内的资信等级评估证书复印件。

⑫银行及主要结算行交易流水、完税资料证明。

（2）担保证明资料。

①抵押或质押方式所需材料。

A. 银行认可的评估机构出具的抵押物评估报告或价值确认书（原件）。

B. 有处分权人同意抵押（质押）的证明文件，包括：董事会或股东会同意抵（质）押的决议或具有同等效力的证明、第三人同意提供抵（质）押的书面声明、全体共有人同意抵（质）押的证明等（原件）。

C. 抵（质）押人有关身份证明（复印件）。

D. 抵押登记证明或质权设定证明（复印件）。

②第三方提供保证所需材料。

A. 保证人（法人保证）的合法生产及经营能力证明，包括：营业执照及法人组织机构代码证（复印件）、法定代表人身份证明（复印件）、贷款证（卡）（复印件）、公司章程（复印件）、客户按业务规定提交相应的财务报告（原件或复印件）、担保评价报告（原件）。

B. 保证人（法人保证）的股东会或董事会等有权机构同意提供保证的决议或具有同等效力的书面证明（原件）。

C. 保证人（个人保证）的身份证明（复印件）、偿还能力证明（原件或复印件）、个人信用报告（原件）。

③其他。

（3）贷款发放及变更资料。

①从借款申请受理到发放阶段形成的档案资料。

A. 借款申请书（原件）。

B. 贷款调查报告（原件）。

C. 信贷业务申报审批表（原件）。

D. 借款合同、保证合同、抵押合同、质押合同（原件）。

E. 贷款支付凭证（原件）。

F. 开立贷款账户通知书（原件）。

G. 贷款用途证明材料（如装修协议、商品购物发票、销售协议或商品订单合同等）（复印件）。

H. 支用申请相关材料（原件）。

I. 其他。

②贷款发放后至回收期间形成的档案资料。

A. 调整利率通知书（原件，人民银行统一调整利率的除外）。

B. 提前还款申请审批表（原件）。

C. 提前归还贷款通知书（原件）。

D. 贷款变更申请书及调查、审批材料（原件）。

E. 贷款变更协议书（原件）及相关担保资料。

F. 贷款催收及不良处置相关资料。

G. 贷后检查报告（原件）。

H. 贷款结清证明（原件）。

I. 其他。

16. 呆账核销资料具体内容有哪些

按照银行关于呆账核销资料的有关规定执行。

（1）共性材料。

①呆账核销项目请示文件（原件）。

②呆账核销申报书（原件）。

③呆账核销调查报告（原件）。

④资产分类认定审批表（原件）。

⑤呆账资产损失责任认定报告（原件）。

⑥呆账资产责任人处理文件（有主管责任，如要件遗失、丧失诉讼时效等）（原件）。

⑦债务人存款账户查询证明（原件）。

⑧项目批复文件（原件）。

⑨账务处理凭证（原件）。

（2）个性材料。

①终结、终止（中止）执行类。

A. 强制执行申请证明（原件）。

B. 法院裁定终结、终止（中止）裁定书（原件）。

②驳回起诉、裁定免责类。

法院驳回起诉的证明或法院裁定免除（或部分免除）债务人责任的判决书、裁定书或民事调解书（原件）。

③要件遗失。

A. 台账、贷款审批单等旁证材料（原件）。

B. 追索记录、情况说明（原件）。

C. 法律事务部门出具法律意见书（原件）。

④丧失诉讼时效类。

法律事务部门出具法律意见书或法院判决书（原件）。

⑤强制执行类。

A. 强制执行申请证明（原件）。

B. 法院下达的执行通知书、执行裁定书或能够证明法院启动强制执行程序的文件（未取得法院下达的强制执行文件的，由法律事务部门出具法律意见书）（原件）。

⑥追索类。

A. 连续1年或2年以上的追索记录，包括电话追索、信函追索和上门追索等原始记录，并由经办人和业务负责人共同签字确认，或通过法律手段追索的相关法律文件（原件）。

B. 涉农贷款证明（涉农贷款核销提供）（原件）。

⑦自然灾害、意外事故类。

A. 气象、水文、消防、公安等部门出具的借款人遭受重大自然灾害或意外事故的证明（原件或复印件）。

B. 保险部门赔偿证明（原件或复印件）。

C. 财产清偿证明（原件）。

⑧死亡、宣告失踪或死亡类。

A. 公安部门出具的死亡证明书或法院宣告失踪、死亡的判决书（原件或复印件）。

B. 财产或遗产清偿证明（原件）。

⑨案件损失类。

A. 公检法部门出具的法律证明材料（原件或复印件）。

B. 营业执照复印件等相关证明（因债务人法定代表人或主要负责人涉嫌违法犯罪的项目提供）（复印件）。

⑩触犯刑律类。

A. 法院对借款人的判决书（复印件）。

B. 财产清偿证明（原件或复印件）。

⑪丧失完全民事行为能力、丧失劳动能力。

A. 司法部门出具的丧失完全民事行为能力证明或县级以上医院出具的丧失

劳动能力证明（原件）。

B. 财产清偿证明（原件或复印件）。

17. 以房屋为抵押的个人贷款重要物品及单证具体内容有哪些

（1）房屋（土地）他项权证（原件）。

（2）与保险相关的材料（包括保单正本、保单条款、保险批单等）。

（3）其他重要权证。

18. 以汽车为抵押的个人贷款重要物品及单证具体内容有哪些

（1）机动车辆登记证（原件）。

（2）机动车辆保险单（包括保单正本、保单条款、保险批单等）（原件）。

（3）机动车辆保险费发票（原件）。

（4）其他重要权证。

19. 以权利凭证为质押的个人贷款重要物品及单证具体内容有哪些

（1）存单。

（2）凭证式国债。

（3）保险保单。

（4）其他重要权证。

20. 信贷档案管理台账如何建立

管理台账的建立。信贷档案资料应建立管理台账（包括电子台账），登记档案资料的保管、使用、清退、移交等处理事项。纸质资料的保管、移交归档应当与电子资料的保管移交归档同步进行。

第四节 信贷一般档案资料的管理

21. 一般档案资料如何收集

一般档案资料的收集。信贷管理部门对受理的贷款申请，应逐笔单独设立专用档案资料袋，将贷款受理、调查、审批、发放和贷后管理等各环节形成的信贷资料（档案资料清单格式参见附件 1、附件 2）存放于该档案资料袋内，并在袋上注明类别、客户名称、贷款品种、项目名称、金额、合同编号、合同起止日期等项目。

实行电子化管理的，档案资料袋中的资料应与计算机登记项目保持一致。

22. 一般档案资料如何接收

一般档案资料的接收。贷款发放或额度生效后，信贷管理部门档案管理岗位人员将需要立卷保管的一般档案材料从相关岗位接收过来，并办理交接手续；交接之后形成的档案资料，由相关岗位人员负责随时移交档案管理人员。

（1）档案资料交接内容见第三节《信贷档案保管范围》。

（2）档案资料移交人应对移交的信贷档案资料逐笔登记，形成个人信贷档案资料移交清单（格式参见附件3）。对经档案管理人员审查符合要求的信贷档案资料，由档案移交人、档案管理人员同时在移交清单上签字，一份由档案移交人员保留，一份由档案管理人员专夹保管以备查。

23. 一般档案资料如何核查

一般档案资料的核查：

（1）档案管理人员对接收的信贷档案资料，应审核档案资料清单内容是否完整，并确认每份档案资料是否为符合要求的原件或复印件。

（2）对有缺项或缺少份数的档案资料，档案管理人员应要求相关岗位人员及时补齐。因特殊情况不能补齐的，相关岗位人员须在清单“缺项原因”中注明。

（3）一份文件如果既属于信贷档案资料保管范围又属于文书档案归档范围，其原件首先应满足文书档案归档需要，信贷档案资料可采用副本或复印件归档，经办人应在副本或复印件上注明原件的去处。

24. 一般档案资料如何整理

一般档案资料的整理。档案管理人员接收信贷档案资料后，应及时整理。贷款资料按照借款人基本情况资料、担保证明资料和贷款发放及变更资料三部分内容分别整理，其中担保证明资料和贷款发放及变更资料按照贷前、贷中、贷后业务操作流程，按顺序排列。

25. 一般档案资料如何扫描和质检

一般档案资料的扫描和质检：

（1）档案管理人员应将完整无误的档案资料在整理完毕后进行扫描。

（2）委托外部公司扫描的，档案管理人员须打印移交清单，经双方确认无误、办理交接签字手续后各自留存备查。档案管理人员接收外部公司扫描完毕的档案资料时，应对照移交清单逐笔核对，对于有问题的档案资料应及时退回整改，如确认档案资料完整无误后由双方共同在移交清单上签字确认。

（3）档案管理人员应对影像档案资料进行质量检查，核实扫描图像质量是否符合标准、是否有漏扫描、是否有资料错位、索引信息录入是否正确、是否有档案资料信息录错、贷后资料是否及时补充扫描等情况，保证影像档案资料与纸质档案资料完全一致。

26. 一般档案资料如何立卷

一般档案资料的立卷。档案管理人员对经核查整理的档案资料应及时进行立卷。

（1）贷款档案资料以单笔贷款为单位组卷。

（2）贷款档案资料采用档案资料袋或软卷皮方式立卷（格式参见附件4、附件5、附件6），并可通过粘贴、折叠、缩小、扩大等方法尽量做到纸张大小的统一以便于保管和查阅。

（3）按照案卷的排列顺序编制归档号。归档号按“银行机构号＋贷款发放（合同签订）年度＋类别号＋档案归集顺序号”进行编号。编号规则为：1—3位为银行机构号；4—8位为贷款发放（合同签订）年度，年度取4位数字，如：2020；2位为类别号，A为个人类，B为公司类；10—15位为档案归集顺序号，区分类别从1开始编号，共6位。

（4）按以下要求逐卷核对或填写案卷封面和卷盒背脊各项目，其中全宗号、目录号、案卷号、卷内件数、卷内张数待向档案管理部门移交时再据实填写。

①全宗名称：“全宗名称”一栏填写银行全称，或将银行全称印制在固定位置。

②经办部门：填写营销受理机构名（包括各网点名）。

③客户名称：企业类客户填写单位全称，个人类客户填写姓名。

④贷款品种。

⑤项目名称。

⑥档案类别：填写“企业类”或“个人类”信贷档案资料。

⑦金额：填写贷款金额。

⑧合同编号。

⑨合同生效日和到期日：填写信贷合同正式生效日和规定期限的到期日。

⑩归档号：填写本部门统一编制的档案资料归档号。

⑪盒号：填写档案盒排列的顺序号（如有）。

（5）对于贷款发放至全部本息回收期间的后续资料，按规定进行影像扫描后，档案管理人员应及时在“信贷档案资料清单”中进行登记并归入案卷保管，最后一份档案资料应标明起止页码。

27. 一般档案资料如何保管

（1）档案资料保管过程中应严密防火、防潮、防尘、防盗、防蛀、防腐蚀。档案管理人员一旦发现有丢失、毁损、违章使用等情况的，除及时采取必要的补救措施外，应根据情况的严重程度迅速报告本部门负责人。

（2）档案管理人员不得违反规定提供、利用、移交档案资料；档案借阅人员应自觉爱护档案；任何人不得篡改档案内容，不得损毁、涂改、调换、抽取档案。

对于已经装订入库的档案资料，未经允许不得拆取、更换其中的资料。如遇将办证资料装订、资料放错、修改相关档案等确需重新拆装资料的必须经信贷管理部门负责人审核同意后办理。

（3）建立档案管理人员变更交接制度。由于机构调整或人员变动，需要进行档案交接时，须办理交接手续，采用第三人见证制度。移交人和接收人在监交人的见证下，核对无误后在“信贷档案资料交接表”（格式参见附件7）上签字，一份由移交人留存，一份存信贷部门或接收部门，并专夹保管。

28. 一般档案资料如何使用

（1）借阅档案资料，借阅人应填写“信贷档案资料借阅单”（格式参见附件8），经借阅部门负责人和信贷管理部门负责人批准后方能借阅。档案管理人员应在“信贷档案资料借阅登记表”（格式参见附件9）上，对借阅档案资料的情况做概要记录，并由借阅人签字确认。未经批准，档案管理人员有权拒绝借阅。原则上借阅人只限于在现场查阅、复印或摘记相关内容，不得将档案资料原件带走，复印资料不得擅自外传。如因工作需要，确需借出档案资料原件，须由信贷管理部门负责人批准。

（2）外部单位（如人民银行、银保监局、审计、法院、税务等）因工作需要查阅和借用信贷档案资料，牵头接洽部门应持上级主管机构的书面文件或外部单位介绍信等相关证明文件，经牵头接洽部门和信贷管理部门负责人批准后，参照本条（1）办理借阅手续。

（3）内部部门（如审计、监察、风险、业务部门等）查阅和借用信贷档案资料，应凭相关通知参照本条（1）办理借阅手续。

（4）信贷档案资料借阅人在借阅期间，应保证资料的安全性、完整性和有效性，应遵守对客户信息保密的有关规定，借阅人不得对档案资料涂改、拆取、标注、伪造、损毁、遗失和对外公开。

（5）出借的信贷档案资料归还时，档案管理人员负责清点归档，并在“信贷档案资料借阅登记表”上登记注销。

29. 一般档案资料如何清退

一般档案资料的清退。贷款本息结清后，一般档案资料原则上不退还借款人。因特殊原因，档案资料需退还借款人的，经办机构应说明原因并报信贷管理部门负责人审批同意后办理清退。清退档案资料应保留复印件，并填写“信贷档案资料清退确认书”（格式参见附件 10）补充进入贷款档案资料中进行管理。

30. 一般档案资料如何盘点抽查

档案管理人员应对所保管的贷款档案资料进行定期盘点，检查贷款档案资料是否存在丢失、错位、长久外借未及时收回等问题。原则上贷款档案资料应每年进行一次全面盘点，不定期进行抽查。

全面盘点应双人完成，一人初盘、一人复盘，对账实不符的，应及时查找原因，保证贷款档案资料的完整、安全。盘点后应填写盘点结果报告，初盘和复盘人员共同签字后报行领导审阅并专夹保管。

抽样盘点不定期进行，原则上要求每次抽查笔数不低于100 笔，抽盘人应在“信贷档案资料抽查记录表”（格式参见附件 11）上记录抽盘情况并签名，如发现问题应及时报告上级领导。

第五节　信贷重要物品及单证的管理

31. 重要物品及单证管理模式是什么

重要物品及单证管理模式。贷款重要物品及单证资料由会计部门实行档案资料登记人员（以下简称“登记人员”）和实物保管人员（以下简称“保管人员”）双人管理。登记人员负责管理档案资料登记簿，包括收到保管物品时的初点、领（转）出的复点、档案资料登记簿的登记、办理保管物品的交接手续及专夹保管有关通知书；保管人员负责管理实物，包括收到保管物品时的复点、领（转）出时的初点、档案资料登记簿的复核及有关物品的日常保管。

32. 重要物品及单证如何移交

重要物品及单证移交。信贷相关人员应在贷款办妥抵（质）押等手续后及时将重要物品及单证资料移交会计部门人员保管，不得遗漏或丢失、毁损。

33. 重要物品及单证如何接收

重要物品及单证的接收。会计部门人员收到重要物品及单证资料，需复核资料的完整性，建立重要物品及单证资料登记簿（格式参见附件 12）。

采用计算机系统建立台账并管理重要物品及单证的，应及时登记电子台账，定期（按月或按季）做好备份。登记人员可与保管人员共用一个登记簿，但必须做好相应的记录（或签字）。

34. 重要物品及单证如何保管

（1）会计部门应设置专门的档案库房或保险柜用于保管重要物品及单证资料。档案库房原则上应设有监控，非档案管理人员未经会计部门负责人同意不得进入档案库房。未设监控的档案柜应上锁，钥匙应妥善保管。

（2）重要物品及单证登记人员应对每笔档案资料按归集顺序设立归档号，并在档案资料袋封面注明经办机构、借款人、抵押人、出质人、归档号、合同号等相关信息，填制“信贷业务押品权证收妥通知书”（格式参考附件 13）一并放入档案资料袋中。

（3）重要物品及单证保管人员应按归档号顺序排放重要物品及单证以备调阅及统计。

（4）对属于存单、国债等有价证券的重要物品及单证，须由双人签封存入保险柜或专门的档案库房保管。质押期间，除处分质押权利凭证还贷或法律另有规定外，任何人不得擅自动用。

（5）重要物品及单证资料保管部门原则上应每年至少进行一次重要物品及单证的账（重要物品及单证资料登记簿，下同）实（实物，下同）核对工作，每月应对当月发生的权证记录进行账实核对，保证账实一致，并就核对情况填写“抵

（质）押物权证核对登记簿”（格式参见附件 14），由核对人员共同签字确认。

（6）由于机构调整或人员变动，需要进行重要物品及单证交接时，必须采用第三人见证方式办理交接手续。移交人和接收人在监交人的见证下，按照信贷档案资料交接表核点重要物品及单证，账实相符后列出移交清单并签字确认。

35. 重要物品及单证如何查阅

重要物品及单证查阅。重要物品及单证的查阅人员仅限于借款人、抵（质）押人及因工作需要可以进行查阅的人员。现场查阅情况须在重要物品及单证资料登记簿上进行登记。

36. 重要物品及单证如何领用与退回

重要物品及单证领用与退回。因诉讼及其他工作需要，经信贷管理部门审批后可以领用重要物品及单证资料。

领用时，领用单位应填制“信贷业务押品权证领用、退回通知书”（格式参见附件 15），由经办人和负责人分别签章后送重要物品及单证资料保管部门审核；保管部门负责人审核同意后，登记人员和保管人员共同办理重要物品及单证的出库，并在通知书上签字，一联专夹保管，一联交领用部门，并在重要物品及单证资料登记簿上进行登记。

退回时，领用部门与保管部门应做好交接登记。由领用部门填制“信贷业务押品权证领用、退回通知书”，由经办人签字后连同领用的重要物品及单证资料送保管部门，保管部门将领用、退回通知书与退回的重要物品及单证核对相符后，在领用、退回通知书上签字，一联专夹保管，一联退领用部门，并在重要物品及单证资料登记簿上进行登记。

37. 重要物品及单证如何借出与退回

重要物品及单证借出与退回。抵押人因办理户口、公积金支取等原因确实需要借出产权证等重要物品及单证原件的，经信贷管理部门审批后可以借出。质押权利凭证不得借出。

借出时，借出人应填写“信贷业务押品权证外借申请审核表”（格式参见附件 16），管理部门审核同意后参照办理重要物品及单证领用、退回手续。

38. 重要物品及单证如何核查

重要物品及单证核查。重要物品及单证资料管理人员应每月核查一次外借或领用单证资料的归还情况，领用期限由银行根据实际情况确定，特殊情形下领用需要超过规定期限的，需由银行负责人签字批准。对逾期未还的，应及时进行催还并将未还客户名称、逾期时间报告部门负责人。

39. 重要物品及单证如何清退

重要物品及单证清退。贷款本息结清或信贷业务执行完毕后，重要物品及单证资料需退还借款人的，分支机构开具“信贷档案资料清退确认书”，由抵押人或其受托人或其他合法第三人在确认书上签收后，在档案资料登记簿中登记清退日期。贷款结清证明、信贷业务押品权证转出通知书（格式参见附件 17）、办理人身份证明等文件交重要物品及单证资料保管人员专夹保管，定期归入一般档案资料中。

第六节 信贷档案资料的移交归档

40. 移交归档时间如何确定

移交归档时间。信贷管理部门应在贷款本息结清或信贷业务执行完毕后，于次年 3 月底之前向档案管理部门办理信贷档案资料移交归档手续。

41. 移交时档案管理人员应填写哪些内容

移交时，信贷管理部门档案管理人员应按要求填写全宗号、目录号、案卷号、卷内件数、卷内页数、信贷业务办结日期、结清年度等案卷封面内容，并按案卷排列顺序装箱单独存放，箱体标明箱号、目录号、起止案卷号。

42. 移交时档案管理人员如何填写案卷目录

移交时，信贷管理部门档案管理人员应按照案卷排列顺序填写“信贷档案案卷目录（格式参见附件 18）”一式两份、“银行档案移交单（格式参见附件 19）”一式两份，经移交部门负责人、经手人和档案管理部门接收人签字后，由移交部门和档案管理部门各执一份。“信贷档案案卷目录”一份留移交部门备查，另一份和“信贷档案资料移交单”一起随贷款档案资料一同交给档案管理部门，并将与纸质档案对应的案卷级与文件级电子目录一同归档。

43. 移交归档后保管期限多长

信贷档案的保管期限为 5 年。保管期限从贷款本息结清或信贷业务执行完毕的下一年开始计算。

已核销资产档案资料的保管期限，按照“账销案存”的原则，对保留追索权的，在贷款没有最终收回之前，档案资料不能移交、销毁；对不保留追索权和贷款全部回收的已核销资产档案资料，保管期限为 5 年。

第七节　信贷档案库房规范

44. 档案库房如何规范

银行档案管理部门应设档案库房，也可设贷款档案专柜，由信贷管理部门负责管理至贷款履约完毕。

45. 档案库房规范如何执行

有关贷款档案库房基本条件的相关要求，应按银行的有关规定执行。

第八节　信贷档案管理附件

46. 信贷档案资料实现电子化后如何管理

信贷档案资料实现电子化管理后应制定相应的实施细则，做到电子档案资料管理的安全、完整、有效。

47. 信贷档案管理有哪些附件

附件：

（1）个人信贷档案资料清单

（2）企业信贷档案资料清单

（3）信贷档案资料移交清单

（4）信贷档案资料袋封面（式样）

（5）信贷档案资料案卷封面（式样）
（6）信贷档案资料盒（式样及规格）
（7）信贷档案资料交接表
（8）信贷档案资料借阅单
（9）信贷档案资料借阅登记表
（10）信贷档案资料清退确认书
（11）信贷档案资料抽查记录表
（12）重要物品及单证资料登记簿
（13）信贷业务押品权证收妥通知书
（14）抵（质）押物权证核对登记簿
（15）信贷业务押品权证领用、退回通知书
（16）信贷业务押品权证外借申请审核表
（17）信贷业务押品权证转出通知书
（18）信贷档案案卷目录
（19）信贷档案移交单

附件 1

个人信贷档案资料清单

借款人：	
贷款金额：　　　　元	合同日期：　　年　　月　　日至　　年　　月　　日
项目名称：	

资料名称	有√无×	页码	缺项原因	备注
一、借款人基本情况资料				
1. 借款人合法有效的身份证件（复印件）				
2. 婚姻状况证明（复印件）				
3. 配偶的合法有效身份证件（复印件）				
4. 偿还能力证明（原件）				
5. 个人信用报告（原件）				
6. 个人征信查询授权书（原件）				
7. 个人征信记录表（原件）				
8. 共同借款人基本情况资料				
9. 其他				
(1)				
(2)				
(3)				
(4)				
二、担保证明资料				
1. 抵押物或质押权利清单				
2. 抵（质）押权属证明文件（复印件）				
3. 有处分权人同意抵（质）押的书面证明（原件）				
4. 抵（质）押物评估报告或价值确认书（原件）				
5. 抵（质）押人有关身份证明（复印件）				
6. 抵押登记证明或质权设定证明（复印件）				
7. 保证人（个人保证）的身份证明（复印件）				
8. 保证人担保能力证明（原件）				
9. 保证人（法人保证）的合法生产机构经营能力证明（复印件）				
10. 保证人（法人保证）的股东会或董事会同意提供保证的决议或具有同等效力的证明（原件）				

续表

11. 其他：				
(1)				
(2)				
(3)				
(4)				
三、贷款发放及变更资料				
(一) 从申请受理到发放阶段				
1. 个人借款申请书（原件）				
2. 面谈记录（原件）				
3. 贷款调查表				
4. 个人贷款调查审核审批表（原件）				
5. 借款合同（原件）				
6. 保证合同（原件）				
7. 抵押合同（原件）				
8. 质押合同（原件）				
9. 贷款用途证明材料（如：合法有效的购房合同或协议、首付款证明、购车协议、购车发票、住房装修协议、商品购物发票、借款人经营实体的销售协议或商品订单合同等）（复印件）				
10. 开立信贷账户通知书（原件）				
11. 个人贷款支付凭证（原件）				
12. 支用申请相关材料（原件）				
13. 其他				
(1) 个人贷款资料岗位交接清单				
(2)				
(3)				
(4)				
(二) 信贷发放后至回收期间				
1. 调整利率通知书（原件）				
2. 提前还款申请审批表（原件）				
3. 提前归还信贷通知书（原件）				
4. 催收利息通知书（原件）				
5. 催还逾期信贷通知书及回执（原件）				
6. 调整信贷期限申请书及调查、审批报告（原件）				
7. 调整信贷期限协议书及担保文件（原件）				
8. 变更抵（质）押物申请书及调查、审批报告（原件）				
9. 抵（质）押物变更协议（原件）				

续表

10. 贷后检查报告（原件）				
11. 起诉通知书回执（原件）				
12. 诉讼、裁决、调解等法律文件（原件）				
13. 贷款结清证明（原件）				
14. 其他				
(1)				
(2)				
(3)				
四、呆账核销资料				
1. 呆账核销项目请示文件（原件）				
2. 呆账核销申报书（原件）				
3. 呆账核销调查报告（原件）				
4. 资产分类认定审批表（原件）				
5. 呆账资产损失责任认定报告（原件）				
6. 呆账资产责任人处理文件（原件）				
7. 债务人存款账户查询证明（原件）				
8. 项目批复文件（原件）				
9. 账务处理凭证（原件）				
10. 终结、终止（中止）执行类				
(1) 强制执行申请证明（原件）				
(2) 法院裁定终结、终止（中止）裁定书（原件）				
11. 驳回起诉、裁定免责类				
法院驳回起诉的证明或法院裁定免除（或部分免除）债务人责任的判决书、裁定书或民事调解书（原件）				
12. 要件遗失				
(1) 台账、贷款审批单等旁证材料（原件）				
(2) 追索记录、情况说明（原件）				
(3) 一级分行法律合规部门出具的法律意见书（原件）				
13. 丧失诉讼时效类				
一级分行法律合规部门出具的法律意见书或法院判决书（原件）				
14. 强制执行类				
(1) 强制执行申请证明（原件）				
(2) 法院下达的执行通知书、执行裁定书能够证明法院启动强制执行程序的文件（未取得法院下达的强制执行文件的，由一级分行法律事务部门出具法律意见书）（原件）				

续表

15. 追索类				
(1) 连续1年或2年以上的追索记录，包括电话追索、信函追索和上门追索等原始记录，并由经办人和业务负责人共同签字确认，或通过法律手段追索的相关法律文件（原件）				
(2) 涉农贷款证明（原件）				
16. 自然灾害、意外事故类				
(1) 气象、水文、消防、公安等部门出具的借款人遭受重大自然灾害或意外事故的证明（原件或复印件）				
(2) 保险部门赔偿证明（原件或复印件）				
(3) 财产清偿证明（原件）				
17. 死亡、宣告失踪或死亡类				
(1) 公安部门出具的死亡证明书或法院宣告失踪、死亡的判决书（原件或复印件）				
(2) 财产或遗产清偿证明（原件）				
18. 案件损失类				
(1) 公检法部门出具的法律证明材料（原件或复印件）				
(2) 营业执照复印件等相关证明（因债务人法定代表人或主要负责人涉嫌违法犯罪的项目提供）（复印件）				
19. 触犯刑律类				
(1) 法院对借款人的判决书（复印件）				
(2) 财产清偿证明（原件或复印件）				
20. 丧失完全民事行为能力、丧失劳动能力				
(1) 司法部门出具的丧失完全民事行为能力证明或县级以上医院出具的丧失劳动能力证明（原件）				
(2) 财产清偿证明（原件或复印件）				
21. 其他				
(1)				
(2)				
(3)				
(4)				

附件 2

企业信贷档案资料清单

借款企业：	
贷款金额：　　　　元	合同日期：　　年　　月　　日至　　年　　月　　日
项目名称：	

资料名称	有√无×	页码	缺项原因	备注
一、借款企业基本情况资料				
1. 借款申请书				
2. 营业执照、法人代码证书、税务登记证、开户许可证复印件				
3. 同意贷款的股东会或董事会决议				
4. 生产经营许可证复印件				
5. 法定代表人（代理人）身份证明书及身份证复印件				
6. 企业征信系统、法人代表个人征信系统信用报告及其授权委托书				
7. 验资报告				
8. 公司章程				
9. 近三年年报及前一期财务报表				
10. 企业有效资产证明及偿还能力证明				
11. 在有效期内的资信等级评估证书复印件				
12. 银行及主要结算行交易流水、完税资料证明				
13. 其他				
（1）				
（2）				
（3）				
（4）				
二、担保证明资料				
1. 抵押物或质押权利清单				
2. 抵（质）押权属证明文件（复印件）				
3. 有处分权人同意抵（质）押的书面证明（原件）				
4. 抵（质）押物评估报告或价值确认书（原件）				
5. 抵（质）押人有关身份证明（复印件）				
6. 抵押登记证明或质权设定证明（复印件）				

续表

7. 保证人（个人保证）的身份证明（复印件）				
8. 保证人担保能力证明（原件）				
9. 保证人（法人保证）的合法生产机构经营能力证明（复印件）				
10. 保证人（法人保证）的股东会或董事会同意提供保证的决议或具有同等效力的证明（原件）				
11. 其他：				
(1)				
(2)				
(3)				
(4)				
三、贷款发放及变更资料				
（一）从申请受理到发放阶段				
1. 借款申请书（原件）				
2. 贷款调查表				
3. 贷款调查报告				
4. 企业贷款调查审核审批表（原件）				
5. 借款合同（原件）				
6. 保证合同（原件）				
7. 抵押合同（原件）				
8. 质押合同（原件）				
9. 贷款支付凭证（原件）				
10. 开立贷款账户通知书（原件）				
11. 贷款用途证明材料（如装修协议、商品购物发票、销售协议或商品订单合同等）（复印件）				
12. 支用申请相关材料（原件）				
13. 其他				
(1) 企业贷款资料岗位交接清单				
(2)				
(3)				
(4)				
（二）信贷发放后至回收期间				
1. 调整利率通知书（原件）				
2. 提前还款申请审批表（原件）				
3. 提前归还信贷通知书（原件）				
4. 催收利息通知书（原件）				
5. 催还逾期信贷通知书及回执（原件）				

续表

6. 调整信贷期限申请书及调查、审批报告（原件）				
7. 调整信贷期限协议书及担保文件（原件）				
8. 变更抵（质）押物申请书及调查、审批报告（原件）				
9. 抵（质）押物变更协议（原件）				
10. 贷后检查报告（原件）				
11. 起诉通知书回执（原件）				
12. 诉讼、裁决、调解等法律文件（原件）				
13. 贷款结清证明（原件）				
14. 其他				
(1)				
(2)				
(3)				
四、呆账核销资料				
1. 呆账核销项目请示文件（原件）				
2. 呆账核销申报书（原件）				
3. 呆账核销调查报告（原件）				
4. 资产分类认定审批表（原件）				
5. 呆账资产损失责任认定报告（原件）				
6. 呆账资产责任人处理文件（原件）				
7. 债务人存款账户查询证明（原件）				
8. 项目批复文件（原件）				
9. 账务处理凭证（原件）				
10. 终结、终止（中止）执行类				
(1) 强制执行申请证明（原件）				
(2) 法院裁定终结、终止（中止）裁定书（原件）				
11. 驳回起诉、裁定免责类				
法院驳回起诉的证明或法院裁定免除（或部分免除）债务人责任的判决书、裁定书或民事调解书（原件）				
12. 要件遗失				
(1) 台账、贷款审批单等旁证材料（原件）				
(2) 追索记录、情况说明（原件）				
(3) 一级分行法律合规部门出具的法律意见书（原件）				
13. 丧失诉讼时效类				
一级分行法律合规部门出具的法律意见书或法院判决书（原件）				
14. 强制执行类				

续表

(1) 强制执行申请证明(原件)				
(2) 法院下达的执行通知书、执行裁定书能够证明法院启动强制执行程序的文件(未取得法院下达的强制执行文件的,由一级分行法律事务部门出具法律意见书)(原件)				
15. 追索类				
(1) 连续1年或2年以上的追索记录,包括电话追索、信函追索和上门追索等原始记录,并由经办人和业务负责人共同签字确认,或通过法律手段追索的相关法律文件(原件)				
(2) 涉农贷款证明(原件)				
16. 自然灾害、意外事故类				
(1) 气象、水文、消防、公安等部门出具的借款人遭受重大自然灾害或意外事故的证明(原件或复印件)				
(2) 保险部门赔偿证明(原件或复印件)				
(3) 财产清偿证明(原件)				
17. 死亡、宣告失踪或死亡类				
(1) 公安部门出具的死亡证明书或法院宣告失踪、死亡的判决书(原件或复印件)				
(2) 财产或遗产清偿证明(原件)				
18. 案件损失类				
(1) 公检法部门出具的法律证明材料(原件或复印件)				
(2) 营业执照复印件等相关证明(因债务人法定代表人或主要负责人涉嫌违法犯罪的项目提供)(复印件)				
19. 触犯刑律类				
(1) 法院对借款人的判决书(复印件)				
(2) 财产清偿证明(原件或复印件)				
20. 丧失完全民事行为能力、丧失劳动能力				
(1) 司法部门出具的丧失完全民事行为能力证明或县级以上医院出具的丧失劳动能力证明(原件)				
(2) 财产清偿证明(原件或复印件)				
21. 其他				
(1)				
(2)				
(3)				
(4)				

附件3

信贷档案资料移交清单

序号	业务类型	项目名称	借款人	合同号	合同起始日期	经办人员 （信贷机构）

移交人（签字）：　　　　　　　　　　年　　月　　日

接收人（签字）：　　　　　　　　　　年　　月　　日

附件 4

信贷档案资料袋封面（式样）

<table>
<tr><td colspan="6" align="center">（全宗名称）</td></tr>
<tr><td colspan="6" align="center">（经办部门）</td></tr>
<tr><td colspan="6">档案类别：□经营　□管理</td></tr>
<tr><td colspan="6">客户（合作机构）名称：</td></tr>
<tr><td colspan="6">项目名称：</td></tr>
<tr><td colspan="6">贷款品种：</td></tr>
<tr><td colspan="3">合作期限：</td><td colspan="3">收件日期：</td></tr>
<tr><td colspan="3">贷款金额：</td><td colspan="3">合同编号：</td></tr>
<tr><td colspan="3">合同生效日期：　　年　　月　　日</td><td colspan="3">合同到期日期：　　年　　月　　日</td></tr>
<tr><td colspan="3">信贷业务办结日期：　年　　月　　日</td><td colspan="3">归档号：</td></tr>
<tr><td colspan="3">结清年度：</td><td colspan="3">保管期限：5 年</td></tr>
<tr><td colspan="3">卷内件数：</td><td colspan="3">卷内页数：</td></tr>
<tr><td>全宗号</td><td></td><td>目录号</td><td></td><td>案卷号</td><td></td></tr>
</table>

附件 5

信贷档案资料案卷封面（式样）

<table>
<tr><td colspan="6">（全宗名称）</td></tr>
<tr><td colspan="6">（经办部门）</td></tr>
<tr><td colspan="6">档案类别：经营类</td></tr>
<tr><td colspan="6">客户名称：</td></tr>
<tr><td colspan="6">项目名称：</td></tr>
<tr><td colspan="6">贷款品种：</td></tr>
<tr><td colspan="3">贷款金额：</td><td colspan="3">合同编号：</td></tr>
<tr><td colspan="3">合同生效日期：　　年　　月　　日</td><td colspan="3">合同到期日期：　　年　　月　　日</td></tr>
<tr><td colspan="3">信贷业务办结日期：　　年　　月　　日</td><td colspan="3">归档号：</td></tr>
<tr><td colspan="3">结清年度：</td><td colspan="3">保管期限：5 年</td></tr>
<tr><td colspan="3">卷内件数：</td><td colspan="3">卷内页数：</td></tr>
<tr><td>全宗号</td><td></td><td>目录号</td><td></td><td>案卷号</td><td></td></tr>
</table>

附件 6

信贷档案资料盒（式样及规格）

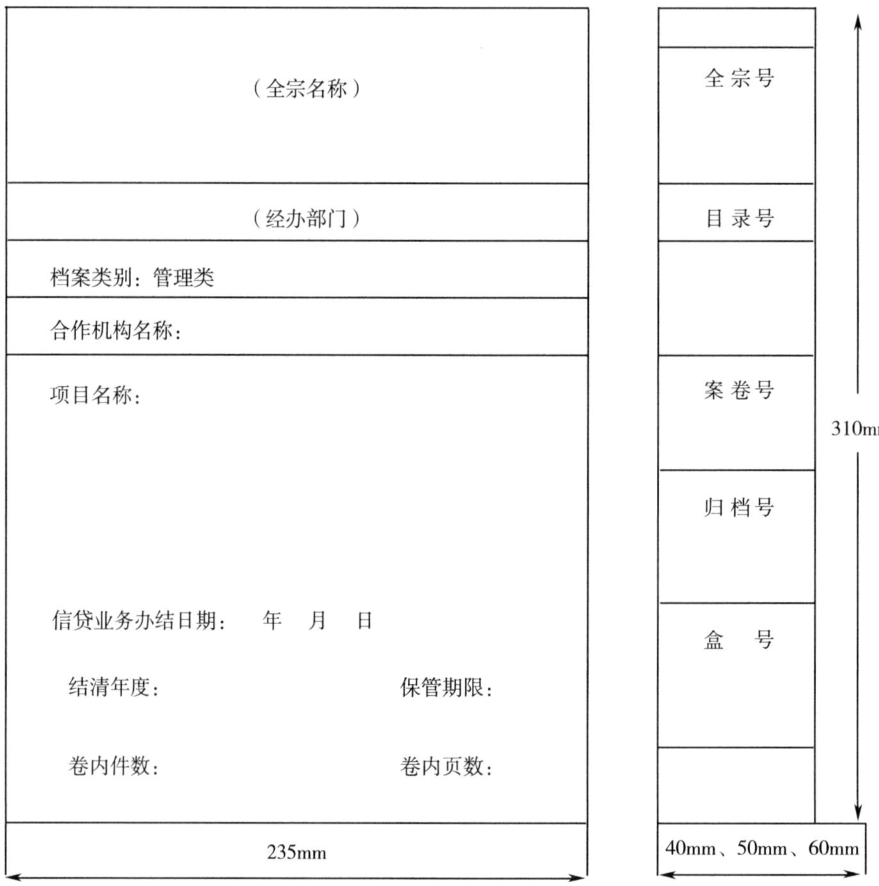

（a）盒封面式样及规格　　（b）盒脊式样及规格

附件 7

信贷档案资料交接表

序号	借款人	归档号	备注

移交人（签字）：　　　　　　　　　　年　月　日

接收人（签字）：　　　　　　　　　　年　月　日

监交人（签字）：　　　　　　　　　　年　月　日

附件 8

信贷档案资料借阅单

行别：　　　　　　　　　　　　　　　　　　　　　　　　　编号：

<table>
<tr><td>借阅部门</td><td colspan="2"></td><td>借阅人</td><td colspan="2"></td></tr>
<tr><td>借阅时间</td><td colspan="2"></td><td>联系电话</td><td colspan="2"></td></tr>
<tr><td>行内邮箱</td><td colspan="2"></td><td>证件号码</td><td colspan="2"></td></tr>
<tr><td>借阅目的</td><td colspan="5">□工作查考　□审计检查　□司法协查与诉讼仲裁　□监管部门检查　□税务部门
□其他</td></tr>
<tr><td>借阅方式</td><td colspan="5">□查阅　□借出　□摘录　□传真　□复印　□打印　□其他</td></tr>
<tr><td rowspan="2">拟借阅档案内容</td><td>客户名称</td><td>归档年度</td><td>归档号</td><td>主要内容</td><td>其他</td></tr>
<tr><td></td><td></td><td></td><td></td><td></td></tr>
<tr><td colspan="2">借阅部门负责人审批</td><td></td><td colspan="2">信贷管理部门负责人审批</td><td></td></tr>
<tr><td>复/打印页数</td><td></td><td>借出日期</td><td></td><td>借阅人确认</td><td></td></tr>
<tr><td>调档人</td><td></td><td>归还日期</td><td></td><td>接收人</td><td></td></tr>
<tr><td>备注</td><td colspan="5"></td></tr>
</table>

注意事项：

（1）借阅人应按照档案借阅管理规定办理借阅手续。

（2）借阅档案的时间一般不得超过约定时间；若要延长借阅时间，应再次办理借阅手续。

（3）借阅人应妥善保管所借档案，不得将所借档案转借他人。

附件 9

信贷档案资料借阅登记表

序号	借阅登记						归还登记	
	借款人	归档号	借阅时间	用途	借阅人签字	调档人签字	归还时间	接收人签字

附件 10

信贷档案资料清退确认书

借款人已经还清________号《借款合同》项下贷款本息，现将以下资料退还借款人，双方清点无误，特此确认。

资料名称	编号	备注

借款人（抵（质）押人）：　　　　经办人：　　　　年　月　日

受托人或第三人：　　　　经办部门（签章）：　　　　年　月　日

附件 11

信贷档案资料抽查记录表

抽查时间	抽查人（签字）	部门负责人（签字）	主管负责人（签字）	抽查结果				
				抽查笔数	账实相符笔数	丢失笔数	错位笔数	到期未还笔数

存在问题具体情况					
借款人	合同号	存在问题（打✓）			备注
		丢失	错位	外借到期未还	

附件 12

重要物品及单证资料登记簿

资料信息								内部移交		领用登记		退回登记		清退登记	
序号	收妥日期	借款人	抵（质）押人	重要物品及单证资料名称	贷款种类	归档号	抵（质）押编号	移交日期	接收人	领用（借出）日期	领用（借出）人	退回日期	退回人	清退日期	经办人

附件 13

信贷业务押品权证收妥通知书

行名：　　　　　　　　　　　　　　　　　　　　　　　　　　　　年　　　第　　号

根据________号《抵押合同》（《质押合同》、双方协议、法院判决）的约定，本行已将________（借款人或第三人）的抵押物权证收妥，金额_______________元。具体内容见下表：

借款人（或第三人）	押品权证名称	押品价值（金额）	权证号码	合同（协议、判决书）编号	贷款（额度）账号	备注

经办人：

负责人：

业务部门（签章）：　　　　　　　　　　　　　　　　　　　　年　　月　　日

经办人：

保管部门（签章）：　　　　　　　　　　　　　　　　　　　　年　　月　　日

借款人或第三人（签字）：　　　　　　　　　　　　　　　　　年　　月　　日

附件 14

抵（质）押物权证核对登记簿

核对日期：　　年　月　日

<table>
<tr><td>核对的主要内容：
1. 登记簿所记载的权证明细笔数与实存权证明细笔数；
2. 登记簿所记载的权证明细的要素内容与实存权证明细的要素内容（要素内容指权属人、权证编号、抵（质）押物名称、抵押物数量、抵押物价值）；
3. 实存权证的完好情况。</td></tr>
<tr><td>核对结果：
1. 本次核对的登记簿所记载权证明细笔数为________笔，实存权证明细笔数为________笔（若不一致，请说明原因）

2. 本次核对的登记簿所记载的权证明细的要素内容与实存权证明细的要素内容是否一致
是（　）
否（　）请说明不相符的内容和原因

3. 本次核对的实存权证完好情况描述，主要包括是否完整和是否有严重破损情况。

4. 其他需要说明的情况
保管人：　　　　核对人：
监督人：
年　月　日</td></tr>
</table>

附件 15

信贷业务押品权证领用、退回通知书

　　年　第　　号

因________，需领用（退回）下述重要权证或文件。具体内容见下表：

借款人姓名	重要资料名称	重要资料编号	领用时间	领用期限	领用人	退回时间	退回人

经办人：　　　　　　　　　　　　经办人：

部门负责人：　　　　　　　　　　部门负责人：

接收（领用）部门：　　　　　　　移出（保管）部门：

年　月　日　　　　　　　　　　　年　月　日

附件 16

信贷业务押品权证外借申请审核表

<table>
<tr><td rowspan="5">借用人申请栏</td><td>申请人</td><td>抵押人：__________ 代理人：__________</td></tr>
<tr><td>用　途</td><td>请在选项前打“✓”
(　　)办理户口 (　　)办理产权证 (　　)支取公积金
(　　)入学 (　　)__________________________</td></tr>
<tr><td>借　用
期　限</td><td>___个月（天），自___年___月___日至___年___月___日
(　　)续借至：___年___月___日</td></tr>
<tr><td>借　用
资　料</td><td>请在选项前打“✓”，多项资料可另附清单。
(　　)产权证，_____份，编号：__________________________
(　　)购房合同，____份，编号：__________________________
(　　)商品房预告登记证明，____份，编号：________________
(　　)_______，____份，编号：__________________________
(　　)_______，____份，编号：__________________________</td></tr>
<tr><td>借用人
声　明</td><td>本人/本单位同意按贵行规定外借权利凭证，并保证在借用期限内及时归还所借抵押物权利凭证。

借用人签字：
（单位加盖公章）
日期：</td></tr>
<tr><td>银行
审核栏</td><td colspan="2">经审查，借用人外借抵押物权利凭证申请符合本行相关规定，同意外借上表所列权利凭证。

受理人（签字）： 审核人（签字）：
日期：　年　月　日</td></tr>
</table>

附件 17

信贷业务押品权证转出通知书

行名：　　　　　　　　　　　　　　　　　　　　　　　　　　年　　第　　号

因借款人已按时归还贷款（或因借款人变更押品，或因依法将押品拍卖、变卖），本行将下列押品权证退还抵押（出质）人，金额________元。具体内容见下表：

借款人（或第三人）	押品权证名称	押品价值（金额）	权证号码	合同（协议、判决书）编号	贷款（额度）账号	备注

分管行长审批意见：

年　月　日

业务部门经办人：　　　　　　　　　　　　　　保管部门经办人：

业务部门负责人：

业务部门公章：　　　　　　　　　　　　　　　保管部门公章：

年　月　日　　　　　　　　　　　　　　　　　年　月　日

会计部门经办人：　　　　　　　　　　　　　　借款人或第三人：

会计部门公章：

年　月　日　　　　　　　　　　　　　　　　　年　月　日

附件 18

信贷档案案卷目录

目录号	案卷号	归档号	箱号	经办部门	档案类别	客户名称	项目名称	信贷业务办结日期	件数

附件 19

信贷档案移交单

<table>
<tr><td>移交单位</td><td colspan="4"></td></tr>
<tr><td>档案类别</td><td></td><td>所属年代</td><td colspan="2"></td></tr>
<tr><td rowspan="3">移交数量</td><td rowspan="3"></td><td colspan="3">其　　中</td></tr>
<tr><td>经营类</td><td>管理类</td><td></td></tr>
<tr><td></td><td></td><td></td></tr>
<tr><td>备　　注</td><td colspan="4"></td></tr>
<tr><td colspan="5">移交单位经办人姓名：　　　　联系电话：　　　　移交日期：</td></tr>
<tr><td colspan="3">移交单位负责人：</td><td colspan="2">移交单位公章：</td></tr>
<tr><td colspan="3">接收单位经办人：</td><td colspan="2">接收日期：</td></tr>
<tr><td colspan="3">接收单位负责人：</td><td colspan="2">接收单位公章：</td></tr>
</table>

填表说明：

（1）档案类别：填写“贷款档案”。

（2）所属年代：填写贷款档案结清年度。

第十二章　银行信贷业务违规管理

第一节　信贷业务违规管理的依据和原则

1. 信贷业务违规管理的目的和依据是什么

为促进银行信贷业务的规范有序发展，有效防范和规避贷款风险，切实提高信贷资产质量，减少信贷人员操作差错，杜绝各类违规违章现象的发生，增强信贷业务人员的责任意识，依据国家金融法律法规和银行制定的《信贷管理办法》《个人贷款管理办法》《个人贷款操作规程》《企业贷款管理办法》《企业贷款操作规程》《信贷审批委员会议事规则》和《信贷业务贷后管理操作规程》等规章制度，结合实际，应制定银行《信贷业务违规管理》的规定。

2. 信贷业务违规管理适用哪些范围

银行信贷业务违规管理适用于银行各营业网点和个人违反国家金融法规和信贷各项规章制度但未构成犯罪行为的处罚。

3. 贷款责任人有哪些

贷款审批责任人，指本行行长、主管副行长、支行行长（或负责人）、部门负责人及有权审批人（含信贷管理系统审批人）。

贷款经营责任人，指主管副行长、支行行长（或负责人）、部门负责人及相关责任人。

贷款经办责任人，指贷前受理和调查人员、贷款审核人员、贷款审批受理人员、贷款发放人员、会计岗人员、贷后管理人员及相关责任人等。

4. 违规行为如何认定

对违规违章行为和业务差错的认定，以事实为依据，与当事人承担的责任相适应。

5. 责任认定与处理的基本原则是什么

责任认定与处理的基本原则是“依法合规、公正公开，事实清楚、责任明晰，违规必惩、尽职免责”。

6. 责任认定及处理的基本程序是什么

责任认定及处理的基本程序为“严格检查、自主申辩、分级组织、集体审议、建档管理、持续跟踪”。

7. 违规行为如何处理和处罚

违规违章行为，依照有关金融法规、信贷各项规章制度的规定予以下列相应的处理和处罚：

（1）责令限期纠正违规事项。

（2）通报批评。

（3）经济处罚。

①没收违规违章所得。

②扣减工资及绩效收入。

③赔偿经济损失。

④罚款等。

（4）其他处罚

①批评教育。包括：责令书面检查、离岗清收、诫勉谈话、撤销荣誉称号。

②组织处理。包括：调离原岗位、停职、免职、责令辞职、解聘、限期调离等。

③变更劳动关系。即与案件责任人依法解除劳动合同、辞退。

以上处罚可以并处，同一业务不同环节违规的按就重不就轻的原则实施处罚。

第二节　受理环节违规行为处理

8. 未准确地向客户介绍贷款产品造成不良影响和后果的如何处理

在规定的业务范围内，未准确地向客户介绍贷款条件、所需申请材料、利率、期限、用途、银行可接受的担保方式、可供选择的还款方式、办理程序、所需承担的各项费用、违约处理等有关规定，造成不良影响和后果的，给予贷款经办责任人通报批评或经济处罚。

9. 贷款资料收集不齐全的如何处理

未按规定对申请贷款客户资料进行完整性的收集；或对于客户提交的材料存在不完整或不符合规范的，未及时要求客户补齐材料或重新提供材料就将贷款申请等材料交至贷款调查人员进行调查，形成部分无效调查或影响后面环节进度等问题的，每缺少一份资料，给予贷款经办人员一定的经济处罚。

10. 未确保留存复印件与原件一致的如何处理

未对客户提供相关基础资料（包括借款人及配偶身份证明、婚姻证明、信用报告、收入证明、资产证明、财务报表、贷款用途、担保材料和银行要求提供的其他材料等）的完整性、规范性进行初步核实确认，并未确保留存复印件与原件一致（且加盖“与原件核对一致”章）的，给予贷款经办责任人适当的经济处罚。

第三节　调查环节违规行为处理

11. 贷款受理资料交接缺少的如何处理

调查人员不得接收不完整的受理资料，缺少的资料要求受理人员进行补充完善，若交接每缺少一份材料，给予调查贷款经办责任人适当的经济处罚。

12. 未按贷前双人尽职调查的如何处理

未按规定对客户进行贷前双人尽职调查（本行规定的额度内除外），包括借款人主体资格、资信、经营、财务状况调查不细不实，导致第一还款来源调查失真的，给予贷款经办责任人适当的经济处罚。

13. 未对客户贷款用途的真实性进行调查核实的如何处理

未对客户贷款用途的真实性进行调查核实或协助、默许客户编造虚假贷款用途、使用虚假购销合同及虚假证明材料，同时与客户串通或与外部中介机构串通等骗取贷款的问题，给予贷款经办责任人一定的经济处罚。

14. 未对客户异常情况进行调查反映的如何处理

瞒报、篡改客户不良信用记录；未对客户出现的异常情况和明显风险信号（包括不良信用记录）等进行调查反映，误导信贷决策的，给予贷款经办责任人一定的经济处罚。

15. 未按规定调查保证人或抵（质）押物的如何处理

未按规定调查保证人的保证能力和保证意愿；或未按规定调查抵押物、质押物权属的真实性和价值充足性的，给予贷款经办责任人一定的经济处罚。

16. 未对集团客户及关联客户的相关信息进行调查的如何处理

未对集团客户及关联客户的相关信息和关联关系等重要信息进行调查；或未对客户是否符合国家产业、环保政策（含绿色贷款）等情况进行调查或未如实反映的，给予贷款经办责任人适当的经济处罚。

17. 未按规定撰写贷前调查报告或撰写虚假调查报告的如何处理

未按规定撰写贷前调查报告，致使贷前调查报告不真实、不准确、不完善，主要包括未对借款人基本情况（含健康良好）、经营状况、资信、贷款用途及支付方式、还款来源、担保情况、风险因素和调查结果及贷款意见等进行全面、客观的评价和分析及认定；或撰写虚假调查报告的。而上报审查、上会的，导致审查与决策失误，造成贷款风险或者损失的，给予贷款经办责任人一定的经济处罚。

18. 贷前调查相关资料缺失或因重要关联信息出现遗错的如何处理

贷前调查环节相关资料缺失或其他原因，致使录入信贷管理系统的客户信息、财务数据等重要关联信息出现遗漏或错误的，给予贷款经办责任人一定的经济处罚。

19. 隐瞒重大问题或真实情况的如何处理

伪造、编造贷款资料或将虚假客户信息、数据等内容录入信贷管理系统，隐瞒重大问题或真实情况的，给予贷款经办责任人一定的经济处罚。

20. 对客户信息资料不核准就录入信贷管理系统的如何处理

对客户提供修改个人信息资料的真实性、有效性不核准就录入信贷管理系统的，给予贷款经办责任人一定的经济处罚。

21. 其他贷前调查环节失职或违规行为如何处理

其他贷前调查环节的失职或违规行为，给予贷款经办责任人一定的经济处罚。

第四节 审核环节违规行为处理

22. 未认真审核信贷资料的如何处理

未对调查人员提交信贷资料要件的完整性、真实性、合规性进行审核的；或私自销毁、隐匿、篡改借款人资料；或授意调查人员或借款人对相关情况进行修改或隐瞒；或不尽职履行审核的审查工作，未通过审核环节有效核实借款人主体资格、资信、借款用途、借款方式、利率、期限、金额、还款来源等重点审核内容；或在审核环节参与、默许弄虚作假；或审核发现自然人借款、法人借款或担保基本资料明显欠缺，未提出意见的。给予贷款经营责任人和贷款经办责任人相应的经济处罚。

23. 审核中发现或未发现上报材料错误不规范更改的如何处理

审核中发现或未发现《个人贷款材料岗位交接清单》《个人借款申请书》《个人贷款客户调查表》《个人贷款客户面谈记录》《个人贷款调查审核审批表》《小额贷款调查审核审批表》、“调查报告”和“其他借款资料”中（但除借款人、借款金额、利率、期限、借款用途、担保方式、日期和调查人签章以外其他内容可以更改）的内容要素填写不全、漏写、漏签字、错写或不规范更改的；或审核人审核后未在贷款相应材料位置处签字或盖章的。每缺少一处，给予贷款经营责任人和贷款经办责任人适当的经济处罚。

24. 未签字盖章或不规范的如何处理

审核中发现或未发现信贷资料中“与原件核对一致”（含“核对人”未签

字)、“个人条形章、方章”“有关部门章”等的印章（红色）未加盖、加盖不清楚和不规范加盖的；或信贷资料中留存要件不规范（比如：扫描件、照片打印件、购销合同为原件等）的。每缺少一处，给予贷款经营责任人和贷款经办责任人适当的经济处罚。

25. 审核意见不明确的如何处理

未提出明确审核意见的；或未按规定对不同意的报备项目反馈报备审核意见的；或违反规定对未经有权调查部门调查的信贷业务进行审核，并转入下一信贷业务环节的；或未对不符合国家产业政策、信贷政策和贷款条件的信贷业务按规定进行风险提示的。给予贷款经营责任人和贷款经办责任人相应的经济处罚。

26. 审核通过抵（质）押品不符合规定或担保能力不足的如何处理

审核通过抵（质）押品或抵（质）押率不符合规定的信贷业务，且无充分理由、未做书面风险提示；或对不符合担保管理规定或担保能力明显不足的情况未提出书面意见。给予贷款经营责任人和贷款经办责任人一定的经济处罚。

27. 审核未审核查出调查环节问题的如何处理

审核通过对客户明显的经营、财务风险（包括不良信用记录）未提出书面意见；或没有审核调查报告和评估报告中明显遗漏点和风险点；或应审核未审核查出调查环节明显遗漏点和风险点；或应反映未反映贷款项目中的重大风险因素，误导审议、审批工作。给予贷款经营责任人和贷款经办责任人相应的经济处罚。

28. 其他审核环节中的失职或违规行为如何处理

其他审核环节中的失职或违规行为，给予贷款经办责任人一定的经济处罚。

第五节　审批环节违规行为处理

29. 在审批受理中未按规定审查的如何处理

在审批受理中，未按规定对营业网点报送的贷款材料是否齐全、内容是否完整和是否合规等问题进行全面、细致的审查；或不坚持独立审查原则，按领导或有关方面授意违规进行审查，造成严重后果的；或向有权审批人提供虚假审查意见，误导审议、审批工作等。给予贷款经营责任人和贷款经办责任人相应的经济处罚。

30. 审批受理中对需补齐没有补齐手续的如何处理

审批受理中对已经发生的不完整、不真实和不规范手续可以补齐的，但没有要求或退还报批人员进行补齐手续的，给予贷款经营责任人和贷款经办责任人相应的经济处罚。

31. 审批受理时发现或未发现伪造虚假资料的如何处理

审批受理时发现或未发现伪造虚假信贷申请资料报审、报批的，给予贷款经营责任人和贷款经办责任人相应的经济处罚。

32. 审批受理中发现较大隐患而隐瞒不报的如何处理

在贷款业务审批受理的检查过程中，发现较大隐患而隐瞒不报或报告迟延、遗漏的，给予贷款经营责任人和贷款经办责任人相应的经济处罚。

33. 未建立审批受理台账造成一定影响的如何处理

通过审查后，未逐笔建立审批受理台账，造成一定的影响和后果的，给予贷款经办责任人一定的经济处罚。

34. 其他审批受理中的失职或违规行为如何处理

其他审批受理中的失职或违规行为，给予贷款经办责任人一定的经济处罚。

35. 超越权限或变相越权审批信贷业务的如何处理

超越权限或变相越权审批信贷业务（包括应上贷审会的未上会、应由行长或主管副行长签批的未签批、应备案发放的未备案等）的，给予贷款审批责任人一定的经济处罚。

36. 不符合贷审会议事规则行为的如何处理

审议发生以下违规情况，包括但不限于：按规定应进行审议而未审议；参会人员或人数不符合有关规定；贷审会表决不符合有关规定；主持人误导或压制不同意见；违反复议规定对信贷事项进行复议；未记录贷审会情况；或篡改、伪造会议记录或纪要；其他不符合贷审会工作规则的行为。给予贷审会成员相关责任人相应的经济处罚。

37. 未按有关规定和程序审批信贷业务的如何处理

未按有关规定和程序（包括信贷业务制度规定和信贷管理系统操作程序）审批信贷业务的，即审批通过未经（调查、审核、审查）程序的信贷业务、审批通过贷审会否决的信贷业务、直接审批需履行但未履行贷审会程序的信贷业务；或对本行明显风险提示不予落实或坚持签批的信贷业务；或逆程序或变相逆程序审批信贷业务；或擅自篡用他人信贷管理系统密码进行信贷业务审批操作的。给予贷款审批责任人一定的经济处罚。

38. 审批不符合信贷业务发放条件的如何处理

对明显不符合发放条件，且贷审会已否决的信贷业务审批发放的；或审批发放不符合信贷政策和贷款条件的信贷业务；或违规签批抵（质）押品或抵（质）押率不符合规定的信贷业务；或违规签批对严重不良记录客户的新增贷款；或不采纳贷审会审议意见、调查或审查人员意见，主观决策，签批信贷业务形成不良贷款的。给予贷款审批责任人一定的经济处罚。

39. 审批签署与审议结果不符的如何处理

依据未经核实的信息、资料审批信贷业务；或审批信贷业务时未明确签署意见；或贷款审批表未明确签署贷款业务种类、担保方式、贷款金额、贷款利率、贷款期限、贷款用途等限定性信息的贷款要素；或审批签署与审议结果不符的。给予贷款审批责任人一定的经济处罚。

40. 违规审批发放异地贷款的如何处理

违规审批发放异地贷款的，给予贷款审批责任人一定的经济处罚。

41. 违反规定审批贷款的如何处理

违反规定，利用职务之便发放多人承贷少数人使用（即垒大户）或私贷公用；或审批同意发放不符合借新还旧、还旧借新条件的贷款，造成不良后果的贷款。给予贷款审批责任人一定的经济处罚。

42. 不按规定权限审批核销呆账贷款的如何处理

不按规定权限审批核销呆账贷款，伪造材料，虚报、隐瞒实际情况核销呆账贷款的，给予贷款审批责任人一定的经济处罚。

43. 其他审批环节的失职或违规行为如何处理

其他审批环节的失职或违规行为，给予相关责任人一定的经济处罚。

第六节　发放环节违规行为处理

44. 未按规定执行贷款面签制度的如何处理

未按照规定严格执行贷款面签制度，给予贷款经办责任人一定的经济处罚。

45. 借款借据要素填写不齐全的如何处理

未按规定审核借款借据中（包括借款人、借款方式、借款金额、借款用途、利率、日期、还款方式等重要信息）的要素填写是否不全、错写、不规范涂改或印章加盖不全和不规范等问题发生的。给予贷款经营责任人和贷款经办责任人相应的经济处罚。

46. 未按规定审核担保和前提条件未落实而核准放款的如何处理

未按规定严格审核担保和前提条件未落实而核准放款的：包括未按规定核实抵（质）押物的真实性、权属的合法性、价值评估的合理性和充足性，形成无效抵（质）押的；或质押单证未办理止付手续被支取，质押单证未经所有人书面承诺、签字形成无效质押的；或未及时办理抵（质）押手续形成重复抵（质）押和未按规定办理抵（质）押，仅保存相关权证，造成严重后果的；或存单、他项权利证明、车辆抵押登记手续等抵（质）押权利凭证未入库保管或保管不善的；或未核实保证人担保能力或超出保证人担保能力发放个人贷款的；或与他人串通提供虚假他项权利证明（书）而发放贷款的。给予贷款经营责任人和贷款经办责任人相应的经济处罚。

47. 未经有权人审批而发放贷款的如何处理

未经有权人审批而发放的贷款，责令限期收回，给予贷款经营责任人和贷款经办责任人一定的经济处罚。

48. 未办理抵押登记手续而擅自审批发放贷款的如何处理

须经审批发放登记生效的抵押贷款，但未办理抵押登记手续，而擅自审批发放的贷款，给予贷款审批责任人和贷款经办责任人一定的经济处罚。

49. 抵（质）押物的期限未涵盖贷款期限的如何处理

抵（质）押物的期限未涵盖贷款期限，给予贷款经办责任人一定的经济处罚。

50. 未按审批意见和程序发放贷款的如何处理

未按审批决策意见发放贷款，造成不良后果的；或信贷业务逆流程操作，未严格落实执行授权要求发放贷款；或未落实贷款审批（发放）条件就发放贷款；或贷款相关法律文件未生效就发放贷款的。给予贷款经营责任人和贷款经办人一定的经济处罚。

51. 未按照规定进行贷款支付的如何处理

未按照规定进行贷款支付（借款人自主支付、贷款人受托支付），或实际支付方式与借款合同文本不符（含受托支付账户名称、账户、开户行等）；或以化整为零方式规避受托支付的。给予贷款经办责任人一定的经济处罚。

52. 未按规范业务操作而发放贷款的如何处理

未按规定在信贷管理系统中实施规范业务操作（含录入、审查、审核、审批）。若其中一个环节未精准填写、核查（主要是信贷管理系统中包括但不限于借款人名称、金额、利率、期限、担保方式、贷款用途、业务类型、贷款投向或必录项等重要信息）而发放，视其情节轻重，给予贷款经营责任人和贷款经办责任人一定的经济处罚。

53. 未按合同文本要求填写的如何处理

未按规定审核借款合同文本（含担保合同），致使借款合同文本条款中包括借款人、借款方式、借款金额、借款用途、利率、日期、还款方式、担保人、抵（质）押人、抵（质）押物和贷款支付等重要信息的要素填写（填选含签字）不全、错写、漏写、不规范填写（或涂改且使用非红色涂改）；或未加盖、不规范加盖“合同专用章”（含骑缝加盖）、“手印”“负责人或授权代理人方章”；或未装订、不规范装订和装订中缺少借款合同文本特别条款事项及页的；或无充分理由擅自删除、修改借款合同文本中特别条款事项等问题发生，致使合同法律效力受损，或损害银行正当权益，或造成不良后果的，责令立即纠正和赔偿损失，并给予贷款审批责任人、贷款经营责任人和贷款经办责任人一定的经济处罚。

54. 未按规定签订借款合同或擅自变更合同的如何处理

未按规定签订借款合同等法律性文件，致使法律性文件无效或者出现对贷款人不利的条款的，或贷款发放后不按规定报经批准而擅自变更合同的，给予贷款经营责任人一定的经济处罚。

55. 只凭借款借据发放贷款的如何处理

会计人员未审核借款合同资料、抵（质）押品（原件和他权权证）和贷款发放通知单，只凭借款借据发放贷款的，给予贷款经办人员一定的经济处罚。

56. 未按规定或按领导授意发放贷款的如何处理

未坚持独立核准放款原则，按照领导或有关方面授意进行放款核准；或擅自篡用他人密码进行信贷业务系统的放款核准的；或未按规定对信贷业务的合法性、合规性及信贷资金使用的合理性进行审核。给予贷款经办责任人适当的经济处罚。

57. 当天还款当天发放贷款的如何处理

针对当天还款的借款人当天发放贷款的，给予贷款经营责任人、贷款经办责任人一定的经济处罚。

58. 发放假名贷款或以贷收贷的如何处理

发放假（借）名、冒名贷款、以贷收贷、以贷收息或预收利息的，除责令无条件限期收回贷款本息外，给予贷款经营责任人和贷款经办责任人一定的经济处罚。

59. 发放关联贷款的如何处理

未经信贷分管领导同意，擅自发放关系户（指亲戚、同学、朋友）贷款；

或向关系人审批发放信用贷款或以优于他人的条件向关系人发放担保贷款；或发放互保贷款的。给予贷款经营责任人和贷款经办责任人相应的经济处罚。

60. 向有风险贷款或保证人发放贷款的如何处理

向有次级以上风险贷款或已核销贷款的企业或自然人发放贷款的，除责令责任人收回贷款外，给予贷款经营责任人和贷款经办责任人一定的经济处罚。保证企业或保证人未代偿又以其提供保证而发放贷款的，给予贷款经营责任人和贷款经办责任人一定的经济处罚。

61. 其他放款审核环节的失职或违规行为如何处理

其他放款审核环节的失职或违规行为，给予相关责任人适当的经济处罚。

第七节　贷后管理环节违规行为处理

62. 未建贷款台账或不规范的如何处理

未及时登记贷款台账、漏登贷款台账、登记贷款台账数据反映不清的或登记不规范的；或农户小额贷款经济档案未建立且未进行动态管理和及时更新的，或基础性工作未有效开展的。给予贷款经办责任人适当的经济处罚。

63. 未建抵（质）押物台账或不真实的如何处理

未按规定建立抵（质）押物登记台账，或建立登记台账不真实，要素不齐全，给予贷款经办责任人适当的经济处罚。

64. 随意涂改或销毁重制原始凭据的如何处理

在贷款发放后，原始借款借据、借款支付凭证和借款合同（含担保合同）文本不得随意涂改或销毁重制。如有发生，视情节轻重，给予贷款经营责任人和贷款经办责任人一定的经济处罚。

65. 在贷款发放中存在吃拿卡要现象的如何处理

在贷款发放中存在吃拿卡要现象，经查实的，解除相关责任人劳动合同；情节严重的移交司法机关进行处理。

66. 未按规定对信贷档案资料管理的如何处理

未按规定对信贷档案资料的完整性、合规性、有效性进行审查、审核并在规定时间内移交信贷档案管理部门；或未按规定收集、建立、保管贷款档案的；或信贷业务档案未按规定进行保管、调阅、交接、销毁，未严格执行有关保管期限，保管期满后销毁前的整理、销毁的审批、销毁等环节未按规定操作的。给予贷款经办责任人适当的经济处罚。

67. 未按规定保管信贷资料的如何处理

未按规定保管借款合同等信贷资料、抵押物（质物）的权利凭证、质物、保险单据等；或没有做好信贷档案保密工作，造成不良影响的；或因管理不善、违规操作等原因导致抵（质）押物、权利证书被挪用或致使重要资料、物品丢失、损毁、更换和抽走的，使贷款风险增大。除责令其纠正和赔偿损失外，并给予保管经办人一定的经济处罚。

68. 未按规定进行贷后检查或检查时发现问题未纠正的如何处理

在贷款发放后未按规定进行贷后检查或及时更新客户数据资料的，给予贷款经营责任人和贷款经办责任人相应的经济处罚；或检查时发现贷款存在重大风险隐患未及时在贷后检查报告中反映，致使未能及时发现借款人违约或者严重影响其偿还能力的其他情况，给予贷款经营责任人和贷款经办责任人相应的经济处罚；或发现贷款存在重大风险，但没有按照规定及时报告信贷分管领导或风险控制部门或由于自身原因未采取适当应对措施的；或发现抵押、质押贷款手续办理不合规、不合法而导致抵押、质押已失效或部分失效；或发现抵押物转移、毁损、变质等情况未及时采取有效措施。给予贷款经营责任人一定的经济处罚。

69. 未对信贷资金使用进行监测或借款人改变借款用途知情不报的如何处理

贷款发放后，未对信贷资金使用与支付进行监测，或借款人改变借款用途将贷款用于其他而未检查出或检查出而隐瞒情况不上报的，给予贷款经营责任人和贷款经办责任人一定的经济处罚。

70. 对到期贷款催收不力的如何处理

对到期贷款未及时发出催收通知；或贷款到期，因未及时催贷而导致贷款逾期的；或利息到期，因未及时催收而导致利息逾期的；或贷款逾期5天，未按时上报逾期情况的。给予贷款经营责任人和贷款经办责任人相应的经济处罚。

71. 对逾期贷款未按规定办理其他催款手续的如何处理

对逾期贷款未按规定发送贷款到期通知书或者办理其他催款手续的，对已中断诉讼时效的逾期贷款在诉讼时效内未继续采取资产保全或其他催款措施的，给予贷款经营责任人和贷款经办责任人一定的经济处罚。

72. 未按时进行贷款五级分类的如何处理

在贷款风险分类中，不执行不良贷款的认定标准和程序的，给予贷款经营责任人和贷款经办责任人相应的经济处罚；故意低估或者高估贷款风险，或者违规调整分类结果，造成贷款分类结果严重失真的，给予贷款经营责任人和贷款经办责任人相应的经济处罚；未按时进行贷款五级分类，且无分类台账的，给予贷款经营责任人和贷款经办责任人相应的经济处罚。

73. 在处置抵债资产过程中有哪些情形需要处理

在接受、管理、处理抵债资产过程中，有下列情形之一的，给予贷款经营责任人和经办责任人一定的经济处罚。

（1）擅自动用抵债资产的。

（2）越权接受、处理抵债资产的。

（3）接受抵债资产时故意高估价格或者处理抵债资产时故意低估价格的。

（4）玩忽职守，不按规定处理抵债资产的，致使抵债资产损毁或灭失的。

（5）未经批准，擅自将抵债资产据为自用的。

74. 违规办理解抵（质）押手续的如何处理

未认真审查和核准提取抵（质）押物申请，造成抵（质）押物有关权证提前释放；未达到解抵（质）押要求，违规提前办理解抵（质）押手续的。给予贷款经营责任人和经办责任人一定的经济处罚。

75. 检查人员未检查出而被外部机构检查出的问题如何处理

对总部安排信贷业务专项检查，检查人员未检查出而被外部机构检查出的问题，给予检查人员一定的经济处罚。

第八节　处罚的管理

76. 按规定给予处罚的如何处理

对营业网点和个人违反规章制度的行为，应按规定给予处罚的，必须查明事实；违规事实不清的，不得给予处罚。

77. 作出处罚决定之前如何处理

作出处罚决定之前，应当告知被处罚单位及责任人违规事实、处罚依据及其应享有的权利。

78. 被处罚责任人提出陈述如何处理

被处罚单位及责任人有权进行陈述和申辩，对被处罚单位及责任人提出的事实、理由和证据，处罚部门应当复核；被处罚单位及责任人提出的事实、理由或者证据成立的，处罚部门应当采纳。处罚部门不得因责任人申辩而加重处罚。

79. 银行对贷款的责任人认定实行什么原则

银行对贷款的责任人认定实行“尽职免责、失职追责”的原则，在贷款形成不良或造成损失后，经查实有违规行为的，其责任人包括违规行为的决定人员和直接经办人员。

（1）谁直接违规，谁就是责任人。

（2）单位领导或上级部门责任人指令经办人员违规办理业务，领导或上级部门责任人为责任人；经办人员在办理过程中未提出异议或不抵制、不报告的，经办人员同为责任人。

（3）由于经办人员、营业网点或部门提供情况不实，导致决策失误，经办人员、提供情况的营业网点或部门的主要责任人为责任人；应由决策人进行事前调查而未履行职责，偏听下级提供情况导致决策失误的，决策人为责任人。

（4）经过集体研究的违规行为，参加研究的主要责任人为责任人，其他人员为次责任人。

（5）凡发生违规行为责任不清时，经办人员与其直接上级的主要责任人同为责任人。

(6) 凡是银行员工引荐的贷款，其引荐人为第一责任人。

80. 哪些违规情况应从重处罚

有下列情况之一者，应从重处罚：

(1) 严重违规造成重大经济损失或严重后果的。

(2) 拒不执行处罚决定的。

(3) 直接或变相破坏、抗拒、阻挠检查的。

(4) 明知故犯或屡查屡犯的。

(5) 嫁祸于人，打击报复的。

81. 哪些违规情况应从轻处罚

有下列情况之一者，应从轻处罚：

(1) 违规问题轻微的。

(2) 积极配合检查的。

(3) 自己主动检查并及时纠正的。

82. 处罚意见如何执行

信贷业务违规处罚依据检查报告作出处罚意见，须经本行行务会议研究决定后执行，由稽核审计部门监督执行，任何单位或个人不得干预或拒绝检查处罚决定。被处罚单位或个人对处罚结果不服的，可在接到处罚决定后 15 日之内向银行行务会或董事会申请复议，复议期间仍按原处罚决定执行。

83. 信贷业务违规处罚款如何管理

信贷业务违规处罚收缴的罚没款一律划转至银行财务会计部门指定账户进行统一核算，不得截流、挪用，更不得退还给被处罚人。

84. 被处罚者如何交纳罚款

被处罚者要主动交纳罚款；逾期不交的，处罚单位采取强制扣款措施。个人罚款数额较大，一次交纳有困难的，经做出处罚决定的部门同意，可分期交纳。

85. 经济处罚额度如何掌握

经济处罚金额的多少，应视违规情节轻重而定。经济处罚不是目的，只是通过经济处罚这一手段，从而促其达到遵守规章制度的目的。

第十三章 银行不良贷款管理

第一节 不良贷款管理的依据和原则

1. 不良贷款管理的目的和依据是什么

为适应现代商业银行风险管理的需要，规范银行不良贷款管理，防范和化解经营风险，提高不良贷款处置效率，确保不良贷款价值回收，最大化保持信贷业务持续稳健经营发展，依据国家法律法规、金融规章以及本行相关信贷管理制度，结合本行实际，银行应制定不良贷款管理制度。

2. 什么是不良贷款

不良贷款是指银行信贷资产按照五级分类标准认定的次级、可疑、损失类信贷资产，或对公司类客户按照十级分类标准认定的次级 1、次级 2、可疑、损失类贷款，以及已核销贷款。

3. 不良贷款管理应遵循哪些原则

不良贷款管理坚持“真实反映、处置减损、专业合规、及时监测、损失补偿和责任追究”的原则。

（1）真实反映原则。要真实、准确、客观地统计和反映不良贷款分类、认定、调查、估价、问责等工作情况。

（2）处置减损原则。不良贷款形成后应通过调查和完善手续等手段防止不良贷款价值贬损并及时清收、转化和处置实现不良贷款价值回收最大化。

（3）专业合规原则。将不良贷款根据划定的范围，移交专门机构进行管理。管理与处置必须严格遵守国家有关法律、法规、政策及本行相关规定规范操作，防范道德风险和操作风险。

（4）及时监测原则。建立风险监测指标体系，及时、动态地掌握不良贷款的实际价值和风险变化，准确地反映信贷资产质量。

（5）损失补偿原则。对不良贷款要按照损失程度提取风险拨备，并及时处理与消化损失。

（6）责任追究原则。对造成不良贷款的相关责任单位或个人，以及未按规定管理不良贷款的责任单位或个人，通过经济、行政、法律及其他手段，追究相应责任。

第二节　不良贷款的管理职责

4. 不良贷款管理工作应由谁负责

（1）不良贷款可实行层级管理。分支机构应建立、完善贷款质量监管制度，对不良贷款进行认定分类、登记和催收；总分行风险管理部门对分支机构不良贷款的管理情况进行监督、检查和考核。

（2）分工负责。清收责任人、信贷主管、支行行长（网点负责人）、总分行风险管理部门在不良贷款管理中，按照各自的职责履行不良贷款管理责任。

5. 什么是清收责任人

清收责任人是指不良贷款形成时，分支机构贷款经营管理人（客户经理）或借款借据上签字确认的贷款调查人或其责任接收人。

6. 清收责任人履行哪些职责

银行清收责任人一般由客户经理兼任，客户经理岗实行一岗双责。除全面负责正常贷款的日常管理工作外，还要负责不良贷款的清收盘活工作。具体工作职责包括：

（1）负责不良贷款诉讼前的催要清收工作及诉讼后应积极配合的职责。

（2）协助本行风险管理部门清收已划转的不良贷款。

（3）负责未划转的不良贷款的清收盘活工作，并完成年度清收盘活任务。

（4）定期向上级报送不良贷款情况。

（5）定期与贷款对象对账确认债权，以确保诉讼时效的连续性。

（6）定期和不定期对清收盘活工作进行分析、总结，并报告上级主管部门。

7. 信贷主管履行哪些职责

信贷主管在不良贷款管理中，主要履行以下职责：

（1）负责不良贷款信贷档案及日常管理工作。

（2）接受总分行风险管理部门的指导，在支行行长的领导下，负责不良贷款的保全、盘活、清收、处置和变现等工作。

（3）负责发放和收回不良贷款催还通知单有效回执，确保不良贷款的法律时效性。

（4）负责抵债资产的保管。

（5）提出对不良贷款进行诉讼、以资抵债及处置变现的建议并负责实施。

（6）报送相关不良贷款报表及调查资料等。

（7）按规定负责不良贷款相关责任人的考核。

（8）接受相关职能部门对其不良贷款管理的考核。

8. 支行行长履行什么职责

支行行长在不良贷款管理中，主要负责对清收责任人和信贷主管的责任认定和不良贷款的处置工作，以及对清收责任人（客户经理）和信贷主管的督办工作。

9. 风险管理部门履行哪些职责

总分行风险管理部门在不良贷款管理中，主要履行以下职责：

（1）负责组织辖内不良贷款管理工作。

（2）制订全行不良贷款清收方案和对不良贷款进行考核。

（3）根据上级的有关规定，建立和完善各项工作制度，明确部门内部的岗位分工和职责。

（4）负责全行不良贷款管理的法律咨询服务，对辖内各支行各类诉讼案件提供法律服务和支持。

（5）指导全行不良贷款的保全、盘活、清收、处置和变现等工作，提出贷款责任人的处理意见。

（6）统一指导或直接办理不良贷款诉讼执行工作。

（7）对划转的大额不良贷款进行专业清收。

（8）对抵债资产进行管理以及转让、出租和变现。

(9) 负责不良贷款责任认定的调查工作。

(10) 负责对支行的督办工作，对清收责任人和辖内各支行分解落实目标任务，并建立相应的考核台账。

(11) 负责统计上报各类统计报表和分析报告。

(12) 宣传报道不良贷款管理工作，并向上级报告情况。

(13) 监测、检查辖内不良贷款管理工作进度和日常管理工作。

(14) 对辖内不良贷款管理结果进行考核，并实施奖惩。

第三节　个人类不良贷款的划分标准

10. 什么是个人类不良贷款

个人类不良贷款是指自然人（农户和非农户）借款未能按原定的贷款协议按时偿还银行的贷款本息，或者已有迹象表明借款人不可能按原定的贷款协议按时偿还银行的贷款本息而形成的贷款。个人类不良贷款也指非正常贷款或有问题贷款。

11. 个人类不良贷款如何划分

按照贷款五级分类的核心定义，将次级贷款、可疑贷款和损失贷款划分为个人类不良贷款。

个人类不良贷款可根据本行具体实际分别对农户和其他自然人进行划分。

12. 什么是次级贷款

债务人的偿债能力出现明显问题，完全依靠其正常营业收入无法足额偿还贷款本息，即使执行担保，也可能会造成一定损失。

13. 什么是可疑贷款

债务人无法足额偿还贷款本息，即使执行担保，也肯定要造成较大损失。

14. 什么是损失贷款

在采取所有可能的措施或一切必要的法律程序之后，贷款本息仍然无法收回，或只能收回极少部分。

15. 自然人次级贷款的划分标准是什么

有下列情况之一的划入次级贷款：

（1）借款人经营亏损，支付困难并且难以获得补充来源，经营活动的现金流量为负数。

（2）借款人不能偿还其他债权人债务。

（3）借款人已不得不通过出售、变卖主要的生产、经营性固定资产来维持生产经营，或者通过拍卖抵押品、履行保证责任等途径筹集还款资金。

（4）借款人采用隐瞒事实等不正当手段取得的贷款。

（5）借款人内部管理出现问题，对正常经营构成实质性损害，妨碍债务的及时足额清偿。

（6）信贷档案不齐全，重要法律性文件遗失，并且对还款构成实质性影响。

（7）借款人在其他金融机构贷款被划为可疑类。

（8）本金或利息逾期 91 天至 180 天（含）的贷款或表外业务垫款 31 天至 90 天（含）。

16. 自然人可疑贷款的划分标准是什么

有下列情况之一的划入可疑贷款：

（1）借款人处于停产、半停产状态，固定资产贷款项目处于停、缓建状态。

（2）借款人实际已资不抵债。

（3）借款人进入清算程序。

（4）借款人或其法定代表人涉及重大案件，对借款人的正常经营活动造成重大影响。

（5）借款人改制后，难以落实银行债务或虽落实债务，但不能正常还本付息。

（6）经过多次谈判，借款人明显没有还款意愿。

（7）已诉诸法律追收贷款。

（8）借款人在其他金融机构贷款被划为损失类。

（9）本金或利息逾期 181 天以上的贷款或表外业务垫款 91 天以上。

17. 自然人损失贷款的划分标准是什么

有下列情况之一的应划入损失贷款：

（1）符合财政部门有关金融企业呆账核销管理规定认定为呆账的信贷资产。

（2）借款人无力偿还贷款，即使处置抵（质）押物或向担保人追偿也只能收回很少的部分，预计贷款损失率超过 90%。

（3）借款人已完全停止经营活动且复工无望，或者产品无市场，严重资不抵债濒临倒闭，银行依法对其财产进行清偿，并对其担保人进行追偿后未能收回的贷款。

18. 农户不良贷款如何分类

农户不良贷款主要依据贷款的五级分类标准的核心定义，结合借款农户的信用评级等级、担保因素和逾期时间进行分类。其中，农户信用评定等级依照各行的有关规定进行评定。

19. 农户信用评定等级为优秀档次的如何分类

农户信用评定等级为优秀档次的，按照以下分类：

（1）信用担保方式，次级贷款本金或利息逾期 91—180 天，可疑贷款本金或利息逾期 181 天以上。

（2）保证担保方式，次级贷款本金或利息逾期 91—270 天，可疑贷款本金或利息逾期 271 天以上。

（3）抵押担保方式，次级贷款本金或利息逾期 181—270 天，可疑贷款本金或利息逾期 271 天以上。

（4）质押担保方式，次级贷款本金或利息逾期 181—360 天，可疑贷款本金或利息逾期 361 天以上。

具备 17 问所列情况之一的农户贷款划为损失类贷款。

20. 农户信用评定等级为较好档次的如何分类

农户信用评定等级为较好档次的，按照以下分类：

（1）信用担保方式，次级贷款本金或利息逾期 91—180 天，可疑贷款本金或利息逾期 181 天以上。

（2）保证担保方式，次级贷款本金或利息逾期 91—180 天，可疑贷款本金或利息逾期 181 天以上。

（3）抵押担保方式，次级贷款本金或利息逾期 91—180 天，可疑贷款本金或利息逾期 181 天以上。

（4）质押担保方式，次级贷款本金或利息逾期 181—270 天，可疑贷款本金或利息逾期 271 天以上。

具备 17 问所列情况之一的农户贷款划为损失类贷款。

21. 农户信用评定等级为一般或未参加农户信用等级评定的如何分类

农户信用评定等级为一般或未参加农户信用等级评定的，按照以下分类：

（1）信用担保方式，次级贷款本金或利息逾期 91—180 天，可疑贷款本金或利息逾期 181 天以上。

（2）保证担保方式，次级贷款本金或利息逾期 91—180 天，贷款本金或利息逾期 181 天以上。

（3）抵押担保方式，次级贷款本金或利息逾期 91—180 天，贷款本金或利息逾期 181 天以上。

（4）质押担保方式，次级贷款本金或利息逾期 91—270 天，贷款本金或利息逾期 271 天以上。

具备 17 问所列情况之一的农户贷款划为损失类贷款。

22. 分期还款的个人消费贷款如何分类

分期还款的个人消费贷款可按照五级分类标准划分：

（1）次级贷款，借款人连续违约期数达 4—6 次，贷款本金或利息逾期 91—180 天。

（2）可疑贷款，借款人连续违约期数达 7 次以上，贷款本金或利息逾期 181 天以上。

（3）损失贷款，具备 17 问所列情况之一的贷款划为损失类贷款。

第四节 企业类不良贷款的划分标准

23. 什么是企业类不良贷款

企业类不良贷款是指企业借款人未能按原定的贷款协议按时偿还银行的贷款本息，或者已有迹象表明借款人不可能按原定的贷款协议按时偿还银行的贷款本息而形成的贷款。企业类不良贷款也指非正常贷款或有问题贷款。

24. 什么是信贷资产

银行机构对公司类客户发放的信贷资产，包括表内信贷资产（包括本外币贷款、贴现、贸易融资、各类信用垫款等），以及表外信贷资产（包括银行承兑、信用证、银行保函、贷款承诺等）。对表外信贷资产分类时，要将客户近期表内信贷资产分类情况作为重要参考依据。原则上同一客户表外信贷资产分类不得高于其近期表内信贷资产的分类类别。

25. 企业类不良贷款如何划分

根据企业类客户信贷资产的不同特点，将其分为以下两种类型进行风险分类。

（1）一般企业信贷资产风险分类，适用于在同一单位的授信余额在一定额度以上的公司类客户的信贷资产。

（2）小企业信贷资产风险分类，适用于在同一单位的授信余额在一定额度以下的公司类客户的信贷资产。对于低风险授信业务、重组贷款等符合特别规定情形的，遵从特别规定进行分类。

26. 企业类信贷资产风险分类应考虑哪些因素

对企业类信贷资产进行风险分类，要以评估借款人的还款能力为核心，应主要考虑以下因素：

（1）借款人的还款能力。包括借款人的现金流量、财务状况、影响还款能力的非财务因素等。

（2）借款人的还款记录。

（3）借款人的还款意愿。

（4）信贷资金的使用效益或贷款项目的盈利能力。

（5）贷款的担保。

（6）贷款偿还的法律责任。

（7）信贷管理状况。

27. 依据什么判定信贷资产风险类别

银行要通过现场、非现场查阅和分析，获取借款人的财务、现金流量、担保、非财务等方面信息，将影响借款人还款能力的各种因素综合评估结论，作为判定信贷资产风险类别的主要依据。

28. 什么是财务状况的评估

财务状况的评估是指在对借款人经营状况和资金实力实地调查了解的基础

上，对借款人财务报表中有关数据资料进行确认、比较，重点研究和分析借款人长短期偿债能力、盈利能力和营运能力等，综合评估借款人的财务状况。

29. 什么是现金流量分析

现金流量分析是指根据借款人现金流量表中现金及现金等价物的信息，评估借款人产生、使用现金和现金等价物的能力、时间和确定性，判断借款人经营活动和筹融资活动的净现金流量变化对还款能力的影响。

30. 什么是担保分析

担保分析是对由借款人或第三人提供的债权保障措施（分为保证、抵押和质押三种方式）进行分析。主要从法律上的有效性、价值上的充足性、担保续存期间的安全性和执行上的可变现性进行评估，判断担保作为第二还款来源对借款人还款能力的影响。

31. 什么是非财务因素分析

非财务因素分析包括借款人的行业风险因素（包括成本结构、行业的成长阶段、行业的经济周期性、行业的盈利性和依赖性、产品的替代性、法律政策、经济和技术环境等）、经营风险因素（包括借款人规模、所处发展阶段、产品多样化程度、经营策略、产品与市场分析、生产与销售环节分析等）、管理风险因素（包括借款人组织形式、管理层素质和经验、管理层的稳定性、员工素质等）、自然社会因素、还款记录（含在其他银行偿还记录）、还款意愿、债务偿还的法律责任以及银行的信贷管理。

32. 信贷资产风险十级分类有哪些类别

十级分类分为：正常 1、正常 2、正常 3，关注 1、关注 2、关注 3，次级 1、次级 2，可疑，损失。

33. 十级分类与五级分类如何对应

十级分类与五级分类的对应关系：

（1）正常 1、正常 2、正常 3 对应原五级分类的正常类。

（2）关注 1、关注 2、关注 3 对应原五级分类的关注类。

（3）次级 1、次级 2 对应原五级分类的次级类。

（4）可疑、损失分别对应原五级分类中的可疑、损失类。

（5）次级1、次级2、可疑和损失合称为不良信贷资产。

34. 十级分类的核心定义是什么

（1）正常1：借款人经营状况良好，连续保持良好的信用记录。借款人在行业中享有较高声誉，产品市场份额较高，所在行业前景好。借款人能够履行合同，有充分把握按时足额偿还贷款本息。

（2）正常2：借款人经营状况稳定，连续保持良好的信用记录。借款人处于良性发展状态，规模适中，所在行业前景好。借款人能够履行合同，有能力按时足额偿还贷款本息。

（3）正常3：借款人经营状况稳定，连续保持良好的信用记录。所在行业发展具有一定不确定性。借款人能够履行合同，没有足够理由怀疑贷款本息不能按时足额偿还。

（4）关注1：借款人有能力偿还贷款本息，但借款人经营稳定性一般，对借款人的持续偿债能力需加以关注。

（5）关注2：借款人目前有能力偿还贷款本息，但借款人经营稳定性和所在行业一般，存在可能影响借款人偿债能力的不利因素。

（6）关注3：借款人目前有能力偿还贷款本息，但借款人经营效益、经营性现金流量连续下降，存在可能影响借款人偿债能力的不利因素。

（7）次级1：借款人目前的还款能力不足或抵押物不足值。此类贷款存在影响贷款足额偿还的明显缺陷，如果这些缺陷不能及时纠正，银行贷款遭受损失的可能性较大。

（8）次级2：借款人的还款能力出现明显问题，完全依靠其正常营业收入无法足额偿还贷款本息，即使执行担保，也可能造成一定损失。

（9）可疑：借款人无法足额偿还贷款本息，即使执行担保，也肯定要造成较大损失。

（10）损失：在采取所有可能的措施和一切必要的法律程序后，贷款本息仍然无法收回，或只能收回极少部分。

35. 一般企业信贷资产分类标准是什么

（1）下列情况划入正常1类：

①借款人经营管理状况良好，产品（商品）市场充分。

②企业处于成长状态，货款及时回笼，盈利能力较强。还款意愿良好，能正常还本付息，连续保持良好的还款记录。

③被分类的信贷资产属于低风险业务。范围为：全额存单质押、全额凭证式国债质押、全额银行承兑汇票质押、全额保证金项下授信业务、银票贴现、银行保证。

（2）下列情况划入正常2类：

①借款人经营管理状况良好，产品（商品）有市场。

②企业处于良性发展状态，利润继续保持增长。

③借款人能够履行合同，有能力足额偿还贷款本息。

（3）下列情况划入正常3类：

①借款人经营管理状况较好。

②财务状况、盈利能力和现金流量比较好，企业与产品的生命周期已处于顶峰或开始下滑。

③对借款人最终偿还贷款有充分把握。

（4）有下列情况之一的一般划入关注1类：

①借款人有能力偿还贷款本息，但借款人经营稳定性一般，对借款人的持续偿债能力需加以关注。

②借款人或有负债（如对外担保、签发商业汇票等）过大或与上期相比有较大幅度上升。

（5）有下列情况之一的一般划入关注2类：

①借款人目前有能力偿还贷款本息，但借款人经营稳定性和所在行业一般，存在可能影响借款人偿债能力的不利因素。

②借款人改制（如分立、兼并、租赁、承包、合资、股份制改造等）对贷款偿还可能产生不利影响。

③借款人的主要管理层发生重大变化，对企业的未来经营可能产生不利影响。

④法定代表人和主要经营者的品行出现了不利于贷款偿还的变化。

⑤贷款的抵（质）押物价值下降，可能影响贷款归还。保证人与借款人有关联关系，可能影响保证责任的履行。

⑥贷款本金或利息逾期30天以内的贷款或已发生表外业务垫款。或连续逾期3期（含）以下的抵押贷款。

（6）有下列情况之一的一般划入关注3类：

①借款人目前有能力偿还贷款本息，但借款人经营效益、经营性现金流量连续下降，存在可能影响借款人偿债能力的不利因素。

②借款人的主要股东、关联企业或母子公司等发生了重大的不利于贷款本

息偿还的变化。

③借款人经营管理存在问题，或未按合同约定用途使用贷款。

④借款人的固定资产贷款项目出现重大的不利于贷款偿还的因素（如基建项目工期延长、预算调增过大）。

⑤贷款的抵（质）押物价值下降至低于贷款发放时的评估价值，可能影响贷款归还。保证人的财务状况出现负面变化，可能影响保证责任的履行。

⑥本金或利息虽未逾期，但借款人还款意愿差，或有利用兼并、重组、分立等形式恶意逃废银行债务的嫌疑。

⑦贷款本金或利息逾期31—90天以内的贷款或表外业务垫款30天以内。或连续逾期3—6期（含6期）的抵押或按揭贷款。

⑧借款人之直接关联公司的贷款被列为次级或以下。

⑨借款人涉及对其财务状况或经营可能产生重大不利影响的未决诉讼。

⑩借款人在其他金融机构的贷款被列入次级或涉及重大诉讼。

（7）有下列情况之一的一般划入次级1类：

①借款人目前的还款能力不足或抵押物不足值，存在影响贷款本息足额偿还的明显缺陷。

②借款人已不得不通过出售、变卖主要的生产和经营性固定资产来维持生产经营，或者通过拍卖抵押品、履行保证责任等途径筹集还款资金。

③借款人内部管理出现问题，对正常经营构成实质损害，妨碍债务的及时足额清偿。

（8）有下列情况之一的一般划入次级2类：

①借款人的还款能力出现明显问题，完全依靠其正常营业收入无法足额偿还贷款本息，即使执行担保，也可能造成一定损失。

②借款人经营出现巨额亏损，支付困难并且难以获得补充资金来源。

③借款人不能偿还其他债权人债务。

④借款人采用隐瞒事实等不正当手段取得贷款。

⑤借款人有重大违法经营行为。

⑥信贷档案不齐全，重要法律性文件遗失，并且对还款构成实质性影响。

⑦贷款本金或利息逾期91天至180天的贷款或表外垫款31天至90天。

（9）有下列情况之一的一般划入可疑类：

①借款人处于停产、半停产状态，固定资产贷款项目处于停建、缓建状态。

②借款人实际已严重资不抵债。

③借款人进入清算程序。

④借款人或其法定代表人涉及重大案件，对借款人的正常经营活动造成重大影响。

⑤借款人改制后，难以落实债务或虽落实债务，但不能正常还本付息。

⑥经过多次谈判借款人明显没有还款意愿。

⑦已诉诸法律追收贷款本息。

⑧本金或利息逾期 181 天以上的贷款或表外垫款 91 天以上。

（10）有下列情况之一的一般划入损失类：

A. 符合财政部门有关金融企业呆账核销管理规定的被认定为呆账条件之一的信贷资产。包括：

a. 借款人和担保人依法宣告破产、关闭、解散或撤销，并终止法人资格，金融企业对借款人和担保人进行追偿后，未能收回的债权。

b. 借款人遭受重大自然灾害或者意外事故，损失巨大且不能获得保险补偿，或者以保险赔偿后，确实无力偿还部分或者全部债务，金融企业对其财产进行清偿和对担保人进行追偿后，未能收回的债权。

c. 借款人和担保人虽未依法宣告破产、关闭、解散、撤销，但已完全停止经营活动，被县级及县级以上市场监管部门依法注销、吊销营业执照，金融企业对借款人和担保人进行追偿后，未能收回的债权。

d. 借款人和担保人虽未依法宣告破产、关闭、解散、撤销，但已完全停止经营活动或下落不明，未进行工商登记或连续两年以上未参加工商年检，金融企业对借款人和担保人进行追偿后，未能收回的债权。

e. 借款人触犯刑律，依法受到制裁，其财产不足归还所借债务，又无其他债务承担者，金融企业经追偿后确实无法收回的债权。

f. 由于借款人和担保人不能偿还到期债务，金融企业诉诸法律，借款人和担保人虽有财产，经法院对借款人和担保人强制执行超过 2 年以上仍未收回的债权；或借款人和担保人无财产可执行，法院裁定执行程序终结或终止（中止）的债权。

g. 金融企业对债务人诉诸法律后，经法院调解或经债权人会议通过，并与债务人达成和解协议或重整协议，在债务人履行完还款义务后，金融企业无法追偿的剩余债权。

h. 对借款人和担保人诉诸法律后，因借款人和担保人主体资格不符或消亡等原因，被法院驳回起诉或裁定免除（或部分免除）债务人责任；或因借款合同、担保合同等权利凭证遗失或丧失诉讼时效，法院不予受理或不予支持，金融企业经追偿后仍无法收回的债权。

i. 由于上述 a 至 h 项原因借款人不能偿还到期债务，金融企业依法取得抵债资产，抵债金额小于贷款本息的差额，经追偿后仍无法收回的债权。

j. 开立信用证、办理承兑汇票、开具保函等发生垫款时，凡开证申请人和保证人由于上述 a 至 i 项原因，无法偿还垫款，金融企业经追偿后仍无法收回的垫款。

k. 金融企业经批准采取打包出售、公开拍卖、转让等市场手段处置债权或股权后，其出售转让价格与账面价值的差额。

l. 对于小额的对公贷款，经追索 2 年以上，仍无法收回的债权。

m. 金融企业因案件导致的资产损失，经公安机关立案 2 年以上，仍无法收回的债权。

n. 经国务院专案批准核销的债权。

B. 借款人无力偿还贷款，即使处置抵（质）押物或向担保人追偿也只能收回很少的部分，预计贷款损失率超过 90%。

36. 小企业信贷资产分类标准是什么

（1）下列情况划入正常 1 类：

①借款人经营状况良好。

②按时还本付息。

③被分类的信贷资产为出让土地的房地产抵押贷款或低风险担保贷款。

（2）下列情况划入正常 2 类：

①借款人经营管理状况良好。

②按时还本付息。

③被分类的信贷资产为国有划拨房地产抵押贷款、在建工程抵押贷款。

（3）有下列情况之一的一般划入正常 3 类：

①借款人经营管理状况正常，按时还本付息，被分类的信贷资产属于以上述资产外的其他资产进行抵（质）押担保的贷款、保证贷款和信用贷款。

②借款人经营管理状况正常，如被分类的信贷资产为保证贷款或抵（质）押贷款的，贷款本金或利息逾期的天数在 30 天以内。

③借款人经营管理状况正常，如被分类的信贷资产为低风险担保贷款的，贷款本金或利息逾期的天数在 90 天以内。

（4）下列情况划入关注 1 类：

被分类的信贷资产为信用贷款的，贷款本金或利息逾期的天数在 30 天以内。

（5）下列情况划入关注 2 类：

被分类的信贷资产为保证、抵押贷款的，贷款本金或利息逾期的天数为31天（含）以上，90天以下。

（6）下列情况划入关注3类：

被分类的信贷资产为抵（质）押贷款的，贷款本金或利息逾期的天数为91天（含）以上，180天以下。或表外业务垫款30天以内。

（7）有下列情况之一的一般划入次级1类：

①被分类的信贷资产为信用贷款的，贷款本金或利息逾期的天数为31天（含）以上，90天以内。

②被分类的信贷资产为保证贷款的，贷款本金或利息逾期的天数为91天（含）以上，180天以内。

（8）下列情况划入次级2类：

被分类的信贷资产为抵（质）押贷款的，贷款本金或利息逾期的天数为181天（含）以上，360天以下。或表外业务垫款31天至90天。

（9）有下列情况之一的一般划入可疑类：

①被分类的信贷资产为信用贷款的，贷款本金或利息逾期天数为91天（含）以上，360天以下。

②被分类的信贷资产为保证贷款的，贷款本金或利息逾期天数为181天（含）以上，360天以下。

③被分类的信贷资产为抵（质）押贷款的，贷款本金或利息逾期天数为361天（含）以上。

④表外业务垫款91天（含）以上。

（10）有下列情况之一的一般划入损失类：

①被分类的信贷资产为信用或保证贷款的，贷款本金或利息逾期天数为361天（含）以上。

②符合“一般企业”规定的被认定为损失条件之一的贷款。

37. 企业信贷资产分类有哪些特别规定

（1）低风险授信业务：凡符合低风险的授信业务，如全额存单质押、全额凭证式国债质押、金融债质押、黄金质押、全额银行承兑汇票质押、全额保证金项下授信业务、银票贴现、银行保证、中国出口信用担保公司担保的贷款，授信业务逾期未超过90天，操作手续合法合规，可划为“正常3”类；否则要根据风险程度至少分为“关注2”（含）以下（如出现项目严重超支、设计变更、建设工期延长、资本金不能按时足额到位等）。

（2）固定资产和在建工程项目贷款：该类贷款，应综合贷款期限、预期效益、项目按计划进行情况、现金流量与预测数是否一致、能否保证贷款如期偿还等因素来评估贷款的风险程度。各方面情况正常，预期经济效益可以实现的贷款，可归为“正常1”或“正常2”；出现了重大不利于贷款偿还因素的，最高划为“关注3”（含）。

（3）资本金不到位：借款企业有虚假验资、抽逃资本金或资本金未按约定到位情况的，分类结果下调一级。

（4）社团贷款：社团贷款无论各成员单位额度大小，均应按一般企业贷款标准进行分类，原则上参照社团牵头社对该贷款的分类结果，且参与社的分类结果不高于牵头社。银行对牵头社反馈的五级分类结果应根据十级分类核心定义进行细分，确定十级分类级次。

（5）集团下属企业：子公司在财务、经营上有高度自主性和独立性，可直接分类；如子公司与母公司关联程度较高，母公司对子公司的控制性强，在分类时要对子公司与母公司分别分类，原则上子公司分类结果不得高于母公司（子公司贷款有足值、易变现抵（质）押品的，不在此限）。

（6）关系人贷款：对符合《中华人民共和国商业银行法》规定的关系人所发放的贷款，如贷款条件优于一般贷款的最高划分为“关注2”。

（7）违规贷款：违反国家法律法规和信贷管理的有关制度规定、未经正常贷款审批程序而形成的信贷资产，至少归为“关注2”（含）以下。

（8）挪用贷款：凡属挪用贷款，即使从眼前看贷款的偿还有充分保证，也至少归为“关注2”（含）以下。如属明知借款人会挪用仍发放的贷款，结合被挪用贷款的用途，至少划分为“关注3”（含）以下。

（9）借新还旧贷款：需通过借新还旧，或者其他融资方式偿还，至少划为“关注2”（含）以下。为清收贷款本息、保全资产等目的发放的借新还旧贷款至少划分为“次级1”（含）以下。

（10）重组贷款：重组贷款是指借款人财务状况恶化，或无力还款而对借款合同还款条款作出调整的贷款。重组贷款至少分为“次级类”。重组后仍然逾期，或借款人仍然无力归还贷款，应至少划分为“可疑类”。重组后借款人经营性现金流量确实可以完全满足还款要求，并经过六个月观察期后或正常分期归还本金两期以上、付息正常的，可不再视为重组贷款，按相关规定进行分类。以盘活为目的而追加投放的新增贷款最高仅可划入“关注类”。

（11）担保贷款：多户企业贷款由同一保证人给予担保，如保证人对其中一笔到期贷款不予代为偿付的，则由该保证人担保的贷款分类均应下调一级。担保公司担保贷款应在“正常2”（含）以下分类。

（12）信贷资料缺失：对借款企业信贷档案资料缺少，导致无法了解借款人的借款合法性、经营状况、固定资产及在建工程项目进度状况等情况时，对分类判断造成影响的，分类结果至少下调一级。

（13）表外授信业务垫款：根据垫款金额和担保方式，参照表内贷款十级分类相应档次分类标准进行分类。

（14）政府融资平台贷款：对投资公司、国有资产经营管理公司等政府融资平台贷款，区分两类情况进行认定：

①借款人自身有经营性收入，不依赖政府财政作为还款来源的，按项目贷款标准进行分类，如有足值抵押担保，最高划为“正常2”（含）。

②借款人自身无经营性收入，以政府财政作为还款来源的，应以财政偿债能力及本行贷款份额作为分类依据。地方可用财力充足，且本行贷款份额占借款人融资总额比例在20%以内，最高划为“正常3”（含）。

（15）事业单位贷款：对学校、医院、交通等事业单位贷款，应区分还款资金来源及本行贷款份额作为分类依据：

①借款人以在其他金融机构融资作为还款来源（包括偿还他行贷款）的，至少在“关注3”（含）以下分类。

②还款来源为自身经营现金流，且本行贷款占借款人融资总额比例在20%以内的，依据份额比例在“正常2”（含）以下分类。份额在20%—50%的，依据份额比例在“关注1”（含）以下分类。份额在50%以上的，至少在“关注3”（含）以下分类。

（16）组合担保贷款：对于采取组合担保方式发放的贷款和在担保基础上增加风险控制措施的贷款，应区分情况认定：

①由于单项担保不能覆盖贷款风险，在增加其他担保条件后发放的贷款（组合担保贷款），应以各项担保措施中风险保障程度最低的担保方式作为分类依据。

②对于担保条件已覆盖贷款风险，另外增加相关风险控制措施的贷款，应主要以担保条件作为分类认定依据。

38. 以合同风险分类如何掌握

以合同为单位进行风险分类，对同一客户的多笔贷款分类结果原则上应相同，且分类结果就低不就高。但存单、国债质押等低风险授信业务除外。

39. 什么是风险分类的重要参考指标

逾期天数是风险分类的重要参考指标，银行应加强贷款的期限管理。

第五节　不良贷款的认定

40. 不良贷款如何认定

不良贷款必须严格按照规范的程序进行认定，以保证不良贷款形态真实。不良贷款的认定由基层行信贷员进行初分，风险分类小组对信贷员初分建议进行讨论，形成初分意见，经基层行有关负责人审核签字。报上级行风险管理部门审核，经会议审议通过，形成最终认定结果。

41. 不良贷款认定应遵循什么原则

不良贷款的认定应遵循“本级负责，超限核准，动态管理，检查评价”的原则。支行对本级的信贷资产质量分类认定的真实性负最终责任；对超过本级认定权限的要报上级风险管理部门审核认定；将不良贷款分类认定纳入日常管理工作，根据信贷资产风险变化情况进行实时监控和调整；对不良贷款的认定标准和认定程序的执行情况要进行检查和评价。

42. 不良贷款的认定程序是什么

不良贷款的认定程序包括认定申请、审查和审批。

43. 支行提出分类认定申请时应提供哪些资料

支行提出初步分类意见和级次调整意见的申请时应提供以下资料：

（1）基本情况。包括债务人基本资料、业务审批书、有关合同和协议等。

（2）财务状况。包括债务人和保证人最近一期资产负债表、损益表、现金流量表以及有关财务分析资料。

（3）担保文件。包括担保合同、抵（质）押物所有权证、评估报告或作价依据、已办理抵（质）押登记的他项权证或有关证明文件、保险单据等。

（4）分析报告。包括贷款质量变化情况、贷款风险形成的原因分析及责任认定情况、清收转化预案等。

（5）分类认定所需要的其他相关资料。

44. 损失类贷款的认定应提供哪些资料

损失类贷款的认定，还应提供以下资料：

（1）本行风险管理部门对拟认定为损失类贷款的专题文字分析材料。

（2）内审部门的审计意见。

（3）总分行对损失类贷款的责任划分及责任人处理意见。

45. 不良贷款的认定及调整如何执行

次级、可疑、损失类贷款的认定，不良贷款级次间的调整，以及由不良转为正常信贷资产的认定，要严格按照规定程序和权限执行。

46. 对不良贷款认定情况检查哪些内容

各行应按季对不良贷款认定情况进行检查，检查包括以下内容：

（1）不良贷款的认定是否按规定的标准和程序进行，是否存在违规认定不良贷款行为。

（2）不良贷款反映是否真实，是否存在虚报、瞒报、漏报行为。

（3）对不良贷款责任人是否按规定处理，对各级检查、审计发现的问题及整改意见是否落实到位。

（4）对须上报备案的材料是否按规定上报。

（5）不良贷款管理责任及清收盘活措施是否落实。

第六节　不良贷款的保全、清收与盘活

47. 如何保全不良贷款

各行要加大不良贷款的清收与盘活力度，逐步降低信贷风险。在对不良贷款规范管理的基础上运用各种方式进行清收、转化和盘活，最终实现不良贷款回收和减损。要按照依法合规、集体决策、规范操作的原则，根据预计损失率大小、保全时效性高低和保全难易程度，有步骤地组织开展不良贷款保全工作，争取不良贷款价值回收最大化。

48. 不良贷款的保全方式有哪些

不良贷款保全方式包括现金清收、重组转化、以物抵债和呆账核销等。

49. 如何进行现金清收

现金清收是不良贷款保全最直接和最有效的方式，是对不良贷款本息进行追偿、处置并最终收回现金的行为。

50. 如何进行重组转化

重组转化即对重组价值大于清算价值的不良贷款以债务人资产重组为基础采取兼并、收购、分立、合并、股份制等方式由债权人通过与债务人签订还款协议、调整贷款条件等手段对不良贷款实施重组以控制、转化或降低债权风险。

51. 如何进行以物抵债

以物抵债即债权到期、债务人无法用货币资金偿还债务或债权虽未到期、但债务人已出现严重经营问题或其他足以严重影响债务人按时足额用货币资金偿还债务或当债务人完全丧失清偿能力时担保人也无力以货币资金代为偿还债务经本行与债务人、担保人或第三人协商同意或经人民法院、仲裁机构依法裁决债务人、担保人或第三人以实物资产作价抵偿本行债权的行为。实施以物抵债应优先选择易保值、易变现的资产尽快实现处置回收入账并建立抵债资产减值准备制度。

52. 如何进行呆账核销

呆账核销即对经采取所有可能的措施均无法收回的不良贷款按照规定履行必要程序后利用呆账准备金予以冲销。呆账核销必须逐户、逐级上报、审核和审批报批时应确定不良贷款符合核销认定条件核销后必须对外保密坚持账销案存、继续追索原则。

53. 不良贷款实行什么管理模式

各银行可结合本行的实际情况，对不良贷款实行不同的管理模式。一般对不良贷款实行大额集中、小额分散的管理模式。支行将可疑、损失类贷款和已置换贷款中的大额贷款，以及拟采取依法起诉或以物抵债的不良贷款全部移交给上级风险管理部门统一管理，同时加强风险管理部门与支行之间的相互协作。

54. 如何保全诉讼时效

支行要加强对不良贷款的核对和催收，通过函证方式保全诉讼时效。对有担保的，要及时函证催收，保全从合同的诉讼时效。要加强不良贷款保全资料的档案管理，定期检查。

55. 如何清收盘活不良贷款

不良贷款清收盘活坚持现金清收为主、以物抵债为辅，积极探索让利清收、风险代理、债权拍卖等方式多法清收，并严格控制贷款借新还旧。

（1）因企业改制、破产等原因造成无法足额还清的不良贷款可以实行让利清收。对改制企业实行让利清收的，须提供县级及县级以上政府部门组织的有银行参加的协调会议纪要或有关正式文字资料。对破产企业实行让利清收的，须提供法院依法宣告破产的法律文书。

（2）对依法起诉后败诉的不良贷款、依法起诉后胜诉但两年内执行不到位的不良贷款、经法律咨询后认为难以胜诉的不良贷款以及可疑贷款或呆滞贷款、损失贷款或呆账贷款中基于抢救风险需要的，可实行风险代理。

（3）对其他难以收回的不良贷款，可以通过招标委托有资质的拍卖机构进行债权拍卖。委托的中介机构资质材料、委托合同及其他相关材料必须报总分行审批备案。

56. 贷款借新还旧如何办理

贷款借新还旧必须按规定进行办理。

（1）必须同时满足以下条件：

①利息结清。

②借款人生产经营正常，有还款能力和还款意愿，能按时支付利息。

③属于周转性贷款。

④办理了足额、有效的抵押手续。

（2）按权限申报审批。

（3）凡违反上述（1）、（2）项规定的，一律视为违规发放贷款，并对相关责任人实行责任追究。

57. 到期贷款如何展期

对到期贷款进行展期的，必须按照以下规定办理：

（1）利息结清至原到期之日。

（2）借款人生产经营正常，有还款能力和还款意愿，能按时支付利息。

（3）有担保合同的，必须由担保方参与签字，保持从合同的法律效力；原贷款责任人的责任不变。

（4）按正常贷款审批权限申报审批。

58. 难以偿还的贷款如何变更债务主体

银行对难以偿还的企业贷款、村组贷款、私贷公用等贷款通过向借款人的债务人或第三人求偿的方式变更债务主体的，必须按以下规定办理：

（1）新债务人必须同时满足以下条件：

①信用良好，有还款意愿。

②生产经营正常，有还款能力。

③签订合规合法贷款手续。

（2）变更债务主体的贷款根据原贷款金额，按正常贷款审批权限申报审批。

（3）凡违反上述（1）、（2）项规定的，一律视为违规发放贷款，并对相关责任人实行责任追究。

第七节　不良贷款的处置

59. 不良贷款的处置方式有哪些

不良贷款可采取催收、不良资产重组、抵（质）押物处置、单户债权转让和其他处置方式。

60. 如何进行催收

不良贷款催收包括司法催收、委外催收和常规催收。催收过程应形成书面记录，催收证据材料应留存备查。

（1）司法催收：对资产接收后尚未采取司法催收措施的已核销资产，如无特殊理由，经营机构需在资产接收后一个月内启动诉讼、仲裁、申请支付令、参与破产及破产重整程序、行使代位权、行使撤销权等司法催收措施。对已进入司法程序的，经营机构应跟踪推进司法程序各环节的进展，利用司法强制程序加大财产处置和现金回收力度。对于已经终结（中止）执行或终结本次执行程序的已核销资产，在获得财产线索证据后，应及时向法院申请恢复执行。在司法催收过程中，经营机构应充分运用法院等机构对失信被执行人的联合信用惩戒机制，提升司法催收成效。对于持有银行卡产品的债务人，可协同银行卡管理部门同步采取司法催收措施。

（2）委外催收：对于符合规定条件的已核销资产，可委托外部合法机构代理催收，具体要求和流程按照本行委外催收的相关制度执行。

（3）常规催收：确有特殊理由暂时不采取司法催收措施的，应充分运用各种催收管理平台，采取短信、电话、信函、上门等多种手段进行常规催收，督促债务人偿还贷款本息。采取上门催收方式时，应由两人及以上共同完成。常规催收无效果且具备司法催收条件时，应及时启动司法催收措施。

61. 如何对不良贷款重组

包括贷款减免、以物抵债、贷款期限调整、变更借款人、变更担保方式、保证责任免除、抵（质）押解除等处置方式。具体条件和操作要求按照本行不良资产重组的制度规定执行。重组方案应综合考虑公司类和个人类等各项债权，以整体回收最大化为目标。

62. 如何对抵（质）押物处置

优先选择公开方式（招标、拍卖、竞价等）处置抵（质）押物。选择非公开方式处置的应有充足理由，并在处置方案中作专项说明。具体条件和操作要求按照本行不良资产抵（质）押物处置的制度规定执行。

63. 如何对单户债权转让

单户债权转让必须采取买断型出让方式，受让主体需符合国家监管政策要求。具体条件和操作要求按照本行不良资产单户债权转让的制度规定执行。

64. 如何采取其他处置方式

包括不良资产批量转让、不良资产证券化等国家监管政策及本行制度允许采取的其他处置方式。

对已核销股权投资等投资类资产，按照表内投资类不良资产的处置要求和处置方式执行。

65. 如何制订处置计划

（1）在财产线索核查和财产监控的基础上，对于公司类已核销债权类资产，经营机构应于资产分类结束后 1 个月内按户制订处置计划方案，落实处置工作计划安排。处置计划方案具体包括计划处置方式、预计处置回收金额、预计处置费用、预计处置时间、预计还款来源等内容。

（2）经营机构应以债务人在本行对公和个人类整体债务为基础，综合考虑债务人的还款意愿、债务人有效财产线索情况、本行已采取的处置措施及效果、其他债权人已采取及拟采取的处置措施等因素，在对各项处置方式进行比较分析的基础上，制订可行的处置计划方案。制订处置计划方案过程中涉及与债务人及利益相关人谈判时，应由两人及以上参加，并形成谈判记录存档备查。

（3）制订处置计划方案应集体研究并形成书面记录。经营机构制订处置计划方案时应与不良资产诊断工作相结合，根据项目情况采用日常诊断和集中诊断方式对处置计划方案进行分析论证，增强处置方案的科学性、合理性、可行性。诊断工作按照本行不良资产诊断操作规程的要求执行。

（4）资产情况发生变化导致原计划方案无法执行或发生变化的应及时发起处置计划方案重检。处置计划方案制订或重检后一定的工作日内，资产保全客户经理负责将审定（含重检）的处置计划方案及项目诊断信息录入资产保全业务经营管理平台。

66. 处置方案如何申报与审批

经营机构应按照确定的处置计划方案开展催收处置工作。实施过程中涉及授权审批事项的，经营机构形成正式处置方案后通过资产保全业务经营管理平台发起处置方案申报流程。

已核销资产处置方案按照授权权限和有关业务管理规定由负责资产保全业务审批的机构进行审批。

67. 处置方案如何执行

处置方案经审批同意后，经营机构负责按照批复的方案组织实施。如确需变更且条件优于原方案的，应逐级上报至原审批机构备案；劣于原方案的，应重新上报审批。有附加条件的处置方案应落实条件后再实施。需要签署处置协议或相关法律文本的，按照相关授权规定对外签署。

已核销资产发生的回收，若无明确约定，应以债务人在本行对公和个人类整体债务为基础，优先偿还同一债务人其他已丧失诉讼时效及其他风险较大的债权，在此基础上，应先冲抵处置过程中的垫付费用，然后依次用于债权本金和利息还款。债权合同有明确约定还款顺序的，按约定顺序还款。对于在表内尚有不良债权的债务人还款，原则上应先偿还表内债权，再偿还已核销债权。

第八节　不良贷款的核销与账务处理

68. 不良贷款如何核销

贷款损失或贷款呆账的核销要认真执行国家有关政策，严格按照审批权限和核销程序办理，并报税务部门审批，维护银行的合法权益，最大限度地减少损失。

69. 不良贷款核销应提供哪些材料

支行对贷款损失或贷款呆账核销要认真调查取证，并提供以下证明材料：

（1）破产类需提供的证明材料：

①债务人或债权人向法院申请企业破产的报告。

②法院宣告企业进入破产还债程序的法律文书。

③申报支行向法院提交的债权申报书。

④企业申请破产前一个月的资产负债表。

⑤法院关于成立企业破产清算组的文件。

⑥清算组向法院提交的破产企业财产评估、清算、分配报告。

⑦债权人会议通过的重要决议。

⑧法院的破产终结法律文书。

⑨市场监管部门注销企业营业执照的证明。

⑩申报支行受偿财产（含抵押财产）清单及变现清单。

⑪担保人破产终结裁定书或县级以上市场监管部门批准关闭文件，财产分配结果或法院裁定担保效力的证明。

⑫借款合同、借据、受偿财产（含抵押财产）变现入账单等会计凭证。

⑬对造成损失贷款或呆账贷款的有关责任人的处理材料。

⑭其他证明材料。

（2）撤销、关闭、解散类需提供的证明材料：

①原审批机关批准借款人撤销、关闭、解散的证明文件。

②政府有关部门或会计（审计）师事务所对撤销、关闭、解散企业的财产进行清理的清算报告。

③市场监管部门注销或吊销企业营业执照的证明。

④申报支行受偿财产（含抵押财产）清单及变现清单。

⑤担保人破产终结裁定书或审批相关批准借款人撤销、关闭、解散文件，财产分配结果或法院裁定担保效力的证明。

⑥借款合同、借据、受偿财产（含抵押财产）变现入账单等会计凭证。

⑦对造成损失贷款或呆账贷款的有关责任人的处理材料。

⑧其他证明材料。

（3）灾害事故类需提供的证明材料：

①县以上气象、消防、公安、保险等部门出具的借款人遭受重大自然灾害或意外事故的证明。

②市场监管部门注销企业营业执照的证明。

③担保人破产终结裁定书或县级以上市场监管部门批准担保企业关闭文件、财产分配结果或法院裁定担保效力的证明。

④企业财产评估、清算、分配方案。

⑤贷款合同、借据、受偿财产（含抵押财产）变现入账单等会计凭证。

⑥借款人受灾或事故前一个月的资产负债表。

⑦其他证明材料。

（4）死亡失踪类需提供的证明材料：

①法院或公安部门出具的借款人死亡或依法宣告失踪、死亡的证明。

②财产的法定继承人用财产或遗产偿债的证明。

③借款合同、借据、受偿财产变现入账单等会计凭证。

④有担保人但已死亡的，出具①、②项规定的材料。

⑤其他证明材料。

70. 不良贷款的核销如何按程序操作

贷款损失或贷款呆账的核销按“申报→审核→审批→核销”程序进行操作。

（1）申报。由支行填制《银行贷款损失或呆账核销审批表》，写出书面报告，附借据复印件，报上级行审核。报告内容包括：借款人的基本情况、贷款发放的基本情况、对借款人和担保人的追索情况、造成损失或呆账的主要原因分析，以及对贷款责任人的认定及处理结论。必要时还须附贷款发放及贷后管理的档案资料。

（2）审核。由银行风险管理部门负责审核。

（3）审批。依据权限进行会议审批，参会人员应达参会人员三分之二方为有效，三分之二的参会人员同意方能批准核销。

（4）核销。本行财会部门根据批复报税务部门审批后，按有关会计核算的规定进行账务处理。在核销的同时，各支行要从原贷款科目中抽出借据，专夹保管，定期核对，永久保存。

71. 如何加强对不良贷款核销管理

银行要加强对不良贷款核销工作的检查和监督。对不按规定核销贷款损失或贷款呆账的，要追究相关责任人的责任。对在核销中弄虚作假的，从严追究。

银行对已核销的贷款实行内销外挂的管理办法。批准核销贷款损失或贷款呆账的文件是银行的商业秘密，不作为解除借贷双方债权债务关系的依据。除法院已裁定终结执行的，均应保留对借款人和担保人继续追索的权利，仍应继续组织催收，并可以按收回金额适当计提劳务费，具体比例由总分行确定，并报税务部门审批，同时报总分行备案。

72. 不良贷款的账务如何处理

不良贷款增加、不良贷款级次改变、不良贷款核销、不良贷款清收与盘活的账务核算严格按照本行财务管理规定进行处理。

第九节 不良贷款的考核与奖惩

73. 不良贷款如何考核

银行要根据不良贷款的不同类型分类考核。清收盘活任务要纳入全年业务经营考核体系，与工资奖金挂钩考核。

不良贷款考核可采取双向考核制。即每年年初，由总分行风险管理部门根据总分行整体经营管理目标，下达支行不良贷款清收任务并纳入支行经营目标责任制考核，并对支行行长、信贷主管和清收责任人按完成任务的比例兑现奖罚。

74. 对总分行和支行如何考核与奖惩

（1）总分行、支行领导班子绩效工资按一定比例与清收盘活任务挂钩，依率计酬。

（2）对完不成清收盘活年度任务的总分行行长、支行行长，通报批评。对清收盘活任务完成未过半的总分行行长、支行行长诫勉谈话。对连续两年未完成任务的总分行行长、支行行长给予通报批评或降职处分。

（3）对超额完成任务的，给予适当奖励。

75. 对员工个人如何考核与奖励

将清收盘活任务考核到人，根据完成情况依率计酬。为充分调动员工积极性，可依据结欠时间的长短、贷款利息含量的高低、收贷工作的难易程度，制定不同的奖励标准。对超额完成任务的，可另设单项奖。下欠任务的要给予经济处罚。

第十节　不良贷款的统计、监测与分析

76. 不良贷款的统计监测与分析的目的是什么

银行要加强对不良贷款的统计、监测和分析，对不良贷款的风险度和风险变化趋势进行量化反映，为科学决策提供依据。

77. 支行如何统计和上报不良贷款

支行要在规定的时间内及时、准确、全面统计和上报不良贷款管理的相关报表资料，做到会计报表与统计报表、不良贷款台账三者一致。

78. 总分行如何对统计数据进行检查

总分行风险管理部门应对统计数据的真实性和准确性进行检查。检查采取抽样方式，由上级对下级进行现场检查。

79. 不良贷款真实程度如何划分

对统计上报数据的准确性和真实性，根据不良贷款反映的真实程度进行量化考核。按照抽样推算结果与统计报表的差异，将不良贷款真实程度划分为基本真实、不够真实和严重失真三档：

（1）统计报表反映的不良贷款占比以及清收盘活占比与抽样推算结果均相差1个百分点（含）以内的，为基本真实。

（2）统计报表反映的不良贷款占比以及清收盘活占比与抽样推算结果相差1—3个百分点（含）的，为不够真实。

（3）统计报表反映的不良贷款占比以及清收盘活占比与抽样推算结果相差3个百分点以上的，为严重失真。

80. 如何对不良贷款进行重点监测

银行要采取有效方式对不良贷款实时监测。对重点单位和重点客户进行重点监测。

（1）重点单位包括：不良贷款率在本地排名前五名的支行；不良贷款余额不减反增或不良贷款率不降反升在本地排名前五名的支行；风险状况发生异动的支行。

（2）重点客户包括：各行不良贷款余额排名前十名的大户。

81. 不良贷款主要通过哪些指标监测

不良贷款的监测主要是通过一系列量化指标，对不良贷款风险进行准确的测算，并根据测算结果，采取相应的措施，对风险进行控制。量化指标包括贷款质量指标和不良贷款质量指标。

（1）贷款质量监测指标。主要包括关注类贷款比例、关注类贷款余额变化率、关注类贷款比例变化幅度、不良贷款比例、不良贷款比例变化、不良贷款余额变化、不良贷款余额变化率、不良贷款余额变化幅度、不良贷款比例变化幅度和现金清收比例。

①关注类贷款比例＝关注类贷款余额÷正常贷款余额×100%

②关注类贷款余额变化率＝（本期关注类贷款余额－上期关注类贷款余额）÷上期关注类贷款余额×100%

③关注类贷款比例变化幅度＝（本期关注类贷款比例－上期关注类贷款比例）÷上期关注类贷款比例×100%

④不良贷款比例＝不良贷款余额÷贷款余额×100%

⑤不良贷款比例变化＝本期不良贷款比例－上期不良贷款比例

⑥不良贷款余额变化＝本期不良贷款余额－上期不良贷款余额

⑦不良贷款余额变化率＝（本期不良贷款余额－上期不良贷款余额）÷上期不良贷款余额×100%

⑧不良贷款余额变化幅度＝（本期不良贷款变化－上期不良贷款变化）÷上期不良贷款变化×100%

⑨不良贷款比例变化幅度 =（本期不良贷款比例 - 上期不良贷款比例）÷上期不良贷款比例 ×100%

⑩现金清收比例 = 本期不良贷款现金清收额 ÷ 本期不良贷款收回总额 ×100%

（2）不良贷款质量监测指标。主要包括正常贷款迁徙率、次级类贷款迁徙率、可疑类贷款迁徙率、不良贷款风险值、不良贷款风险值变化、不良贷款风险值变化率、不良贷款风险值变化幅度和不良贷款资不抵债变化幅度。

①正常贷款迁徙率 =（期初正常类贷款中转为不良贷款的金额 + 期初关注类贷款中转为不良贷款的金额）÷（期初正常类贷款余额 - 期初正常类贷款期间减少金额 + 期初关注类贷款余额 - 期初关注类贷款期间减少金额）×100%

②次级类贷款迁徙率 = 期初次级类贷款向下迁徙金额 ÷（期初次级类贷款余额 - 期初次级类贷款期间减少金额）×100%

③可疑类贷款迁徙率 = 期初可疑类贷款向下迁徙金额 ÷（期初可疑类贷款余额 - 期初可疑类贷款期间减少金额）×100%

④不良风险值 = 不良贷款各科目余额与其风险系数乘积之和

⑤不良贷款风险值变化 = 本期不良贷款风险值 - 上期不良贷款风险值

⑥不良贷款风险值变化率 = 本期不良贷款风险值变化 ÷ 上期不良贷款风险值 ×100%

⑦不良贷款风险值变化幅度 =（本期不良贷款风险值变化 - 上期不良贷款风险值变化）÷上期不良贷款风险值变化 ×100%

⑧不良贷款资不抵债变化幅度 =（本期不良贷款资不抵债额变化 - 上期不良贷款资不抵债额变化）÷上期不良贷款资不抵债额变化 ×100%

82. 不良贷款分析报告主要包括哪些内容

银行要根据各项报表资料及各种检查资料对不良贷款实行按月监测，按季分析，对不良贷款风险状况和总体趋势作出判断和评价。对风险严重和变化明显的要重点说明，并形成分析报告。报告主要内容包括：

（1）基本本情。本期不良贷款余额、所有监测指标计算情况，对整体趋势、地区分布及重点行业分布方面出现重大变动和异常情况的，应对其原因进行重点分析。

（2）地区和客户结构情况。对重点机构和重点客户分别列表说明和分析。

（3）不良贷款清收转化情况。分别按现金清收、抵债清收、贷款核销以及其他方式进行分析。

（4）新发放贷款质量情况。对新发放贷款形成不良的监测和分析。

（5）新发生不良贷款的内、外部原因分析及典型案例。外部原因包括企业经营管理不善或破产、企业逃废债务、企业违法违规、地方政府行政干预等、内部原因包括违反贷款“三查”制度、违反贷款授权授信规定、违法等。

（6）对不良贷款的变化趋势进行预测，提出继续抓好不良贷款管理工作的措施和意见。

83. 不良贷款统计报表与分析报告何时上报

银行对不良贷款统计报表与分析报告上报的时间应统一要求。支行的月报随业务报表一同向总分行上报，季报和年报在每季度或年度终了的一定工作日内上报。

84. 不良贷款统计监测与分析结果如何披露

银行应及时对不良贷款统计、监测与分析结果进行内部披露，并严格遵守保密规定，重要信息的披露范围仅限于内部管理层及相关领导，需要扩大范围的，必须经有关领导批示。

第十一节　信贷风险准备金

85. 信贷风险准备金建立的目的是什么

为防范和控制银行在信贷管理过程中发生风险，应建立信贷风险准备金制度。对信贷从业人员应建立信贷风险准备金。

86. 信贷风险准备金如何构成

信贷风险准备金由银行提取的贷款损失准备金、信贷从业人员风险基金和个人因贷款责任所交罚款组成。

87. 什么是贷款损失准备金

贷款风险的过程实质上是银行对贷款预期损失的认定过程，也是对贷款实际价值的评估过程，计提贷款损失准备金是对贷款预期损失的抵补。银行一般提取的贷款损失准备金有三种：普通准备金、专项准备金和特别准备金。

88. 如何提取信贷从业人员贷款损失准备金

根据银行实际情况，每年对调查、审查、审议和审批人员按个人所发放贷款月均余额确定的一定比例，提取信贷从业人员贷款损失准备金。

89. 贷款损失准备金的计提方法和比例是多少

根据中国人民银行《银行贷款损失准备计提指引》规定，银行应按季计提一般准备，一般准备年末余额不得低于年末贷款余额的1%；银行可以参照以下比例按季计提专项准备：对于关注类贷款，计提比例为2%；对于次级类贷款，计提比例为25%；对于可疑类贷款，计提比例为50%；对于损失类贷款，计提比例为100%。其中，次级和可疑类贷款的损失准备，计提比例可以上下浮动20%。特种准备由银行根据不同类别（如国别、行业）贷款的特种风险情况、风险损失概率及历史经验，自行确定按季计提比例。

90. 信贷风险准备金有哪些用途

贷款损失准备金只用于核销或冲销不可抗力因素或信贷从业人员非违法违规因素形成的不良贷款损失。信贷从业人员的风险基金和个人因贷款责任所交的罚款部分可用于弥补信贷从业人员违法违规因素形成的不良贷款损失。

91. 信贷风险准备金使用的先后顺序

信贷风险准备金用于核销或弥补不良贷款损失的顺序是：先核销因不可抗力因素形成的不良贷款损失，再冲销信贷从业人员非违法违规因素形成的不良贷款损失，最后弥补因信贷从业人员违法违规因素形成的不良贷款损失。

92. 信贷风险准备金如何偿还

信贷人员退休、离职或离岗时，信贷风险准备金用于核销或弥补不可抗力因素或信贷从业人员人为因素造成的不良贷款损失后，有剩余的，经审核认定后，信贷从业人员的风险基金和个人因贷款责任所交的罚款部分予以一次性返还，虚拟提取的贷款损失准备金按余额的一定比例奖励给个人。

信贷从业人员的风险基金和个人因贷款责任所交的罚款部分不足以弥补信贷从业人员违法违规因素形成的不良贷款损失，信贷从业人员必须以现金一次性偿还。

93. 如何补充信贷从业人员风险基金

信贷风险准备金使用完毕后，信贷人员若仍从事信贷岗位工作，须补足信贷从业人员风险基金。

94. 信贷风险准备金如何管理使用

信贷风险准备金由风险管理部门管理。信贷风险准备金使用由信贷从业人员本人提出申请，经风险管理部门审核，贷款审查委员会审议，行领导审批。

第十二节　不良贷款的责任追究

95. 如何对不良贷款责任人进行责任追究

对不良贷款的责任人，要逐笔认定，严格进行责任追究，属于违法贷款的，要移交司法机关处理。

96. 如何对不良贷款责任人进行责任认定

行长离任前，由上一级审计部门对其任职期间不良贷款管理情况进行离任审计，并按有关规定进行责任认定。对以后年度发现其任职期间存在的不良贷款管理问题，追溯其应承担的责任，并追究离任审计人员责任。

97. 对不按规定进行不良贷款划分和认定如何处理

不按规定进行不良贷款划分和认定，有下列情况之一的，对主要负责人及相关责任人按相关规定给予纪律处分：

（1）弄虚作假，不如实反映不良贷款形态的。

（2）不满足展期条件，对贷款进行展期的。

（3）逆程序操作，不经调查、审查及有权部门审批，超权限认定不良贷款的。

（4）擅自放宽认定标准，掩盖不良贷款风险的。

（5）违规调整贷款形态的。

（6）其他违规行为。

98. 对未落实不良贷款清收管理责任和清收管理措施的如何处理

没有按要求落实不良贷款清收管理责任和清收管理措施，有下列情况之一的，对主要负责人和相关责任人按有关规定给予纪律处分，触犯刑律的，移交司法部门处理。

（1）不及时催收，导致贷款丧失诉讼时效的。

（2）对破产、改制企业不主动介入主张债权，导致债务悬空的。

（3）遗失借款合同或重要资料，导致债务无法落实的。

（4）因保管不善，致使抵押物毁损，导致贷款无法收回的。

（5）贷款未收回之前，擅自将抵（质）押物退回，导致贷款无法收回的。

（6）隐瞒问题或发现风险未及时报告或未按上级指示及时处理，造成风险加大的。

（7）其他人为因素导致债务无法落实的。

99. 对虚假清收盘活的如何处理

搞虚假清收盘活，有下列情况之一的，按有关规定对相关责任人给予纪律处分。有套取工资奖金的，退赔套取的全部工资奖金，并处相同金额的罚款。

（1）不满足借新还旧条件，对贷款进行借新还旧处理的。

（2）不满足贷款变更债务主体条件，对贷款变更债务主体的。

100. 对不按规定进行贷款核销的如何处理

对不按规定进行贷款核销的，责令限期整改，并视情节轻重按有关规定给予相关责任人纪律处分。

101. 对不良贷款统计监测和分析不真实的如何处理

对不良贷款统计、监测、分析的有关报表资料信息反映不够真实的，对相关责任人通报批评；对信息反映严重失真的，按有关规定对相关责任人给予纪律处分。

102. 对未经允许扩大信息披露范围的如何处理

未经允许扩大信息披露范围的，视情节轻重给予相关责任人纪律处分，触犯刑律的，依法追究法律责任。

第十四章　银行不良贷款责任追究管理

第一节　不良贷款责任追究的目的和方式

1. 不良贷款责任追究的目的是什么

为了规范银行贷款行为，强化贷款责任管理，明确岗位职责，增强责任制约，防范和化解信贷风险，全面提高信贷资产质量和效益，根据相关法律法规和银行信贷管理规章制度等有关规定，结合实际，对相关责任人进行责任追究。

2. 什么是信贷人员

信贷人员，是指从事信贷业务经营和管理的负责人及工作人员。包括各分支机构从事信贷业务拓展、授信、审批、风险防控等部门从事信贷业务操作和管理的所有相关岗位人员。

3. 什么是信贷业务

信贷业务是银行对客户提供的表内、外信用的总称，表内信贷业务包括贷款、项目融资、贸易融资、贴现、透支、保理、拆借和回购等；表外信贷业务包括贷款承诺、保函、信用证、票据承兑等。

4. 什么是贷款责任

贷款责任是指信贷人员因违反国家法律法规、违反银行规章制度或未尽职履职而应承担的贷款责任。包括工作责任、过失责任、违规责任、违法责任。

5. 贷款责任追究哪些范围

贷款责任追究的范围主要包括风险贷款、不良贷款、违章违规贷款以及银行认为需要追究责任的其他信贷业务。

6. 贷款责任追究的方式有哪些

贷款责任追究的方式包括违规积分、经济处罚、经济赔偿、纪律处分及其他处罚。情节严重、构成犯罪的，移送司法机关追究刑事责任。

7. 贷款责任追究领导小组由哪些人员组成

银行应成立贷款责任追究领导小组，具体负责贷款责任事项的评定追究工作。领导小组组长由行长担任，分管信贷业务副行长担任副组长，成员由零售、公司、授信、风险、审计、合规、监察、保卫和人力资源等部门负责人组成。

第二节　贷款责任追究原则

8. 贷款责任追究的原则是什么

贷款责任追究可实行尽职免责、追本溯源、违法违规严惩、“既往从宽、现在从严”“积极处置从轻、消极对待从重”和“违规积分、经济处罚、经济赔偿、纪律处分相结合”的原则。

9. 什么是尽职免责原则

凡责任人在贷款调查、授信、审批、用信、贷后管理过程中尽职履职，严格执行贷款“三查”制度，贷款手续合法、合规、完整、有效，确因借款人遭遇不可抗拒的自然灾害或难以预见的因素以及市场行情的突变而形成的不良贷款，可从轻或免除银行规定的贷款责任，但应承担后续管理、催收和清收责任。

10. 什么是追本溯源原则

按照实事求是的原则对贷款进行历史成因追溯，真实反映贷款发放的过程及不良贷款的成因，客观准确认定各贷款责任人应承担的相应责任，实行贷款责任终身追究。

11. 什么是违法违规严惩原则

对违法违规贷款，无论是否造成直接资金损失，一律严格追究责任人的相应责任。情节严重、构成犯罪的，移送司法机关追究刑事责任。

12. 什么是既往从宽、现在从严原则

从贷款行为或事实发生的时间上区分，以一定日期为限从严从重追究责任人新发生的违法违规贷款责任。

13. 什么是积极处置从轻、消极对待从重原则

对采取积极有效措施化解贷款风险、努力减少资产损失的责任人从轻处罚。对隐瞒不报、态度不积极、不及时采取有效措施降低贷款风险、导致损失扩大的责任人从重处罚。

14. 什么是违规积分、经济处罚、经济赔偿、纪律处分相结合原则

对认真清收、积极赔偿的责任人，可从轻或免予纪律处分。对态度恶劣、不认真清收，不吸取教训、赔偿不能按期和拒不赔偿的责任人，从严追究行政责任，直至解除劳动合同。

第三节　贷款责任追究范围

15. 贷款责任包括哪些责任

贷款责任包括工作责任、过失责任、违规违法责任。

16. 什么是工作职责

工作责任是指按照信贷岗位分工和银行管理要求，信贷人员必须执行法律法规和信贷管理规章制度，实现年度工作目标和任务。因时间及历史原因而形成的兼管类信贷业务，接手管理责任人具有清收的工作责任。

17. 什么是过失责任

过失责任是指贷款责任人因主观上工作不履职、不负责、业务能力存在重

大缺陷等原因严重失职或渎职而导致的贷款不良或资金损失。

（1）贷前调查不实。未按规定尽职调查，对借款人或担保人的调查情况与实际情况不符，出具不实的调查报告，误导信贷决策，导致贷款形成不良或造成损失。

（2）贷时审查不严。未按规定尽职审查，对调查资料明显缺失、明显风险点未能发现，对存在明显违规问题未能指出，审查意见不准确、不充分，误导信贷决策，导致贷款形成不良或造成损失。

（3）贷款决策失误。对贷款明显风险点或不合规情况未能发现，或不采纳调查人或审查人意见，主观臆断，决策失误，导致贷款形成不良或造成损失。

（4）贷后检查不力。未按规定监督资金使用、未按规定进行贷后检查，对借款人或担保人状况发生明显异常变化未能及时发现，未及时采取有效措施，导致贷款形成不良或造成损失。

（5）贷款清收不力。未按规定进行尽职催收、清收，导致丧失最佳有利清收时机，或导致贷款失去诉讼时效，造成损失。

（6）档案资料不全。未按规定收集信贷档案资料，丧失有利证据，导致诉讼或处置困难，造成损失。

（7）其他因未严格执行相关规定或未尽职履职而导致贷款形成不良或造成资金损失的行为。

18. 什么是违规违法责任

违规违法责任是指违反有关法律、法规、信贷业务管理规定以及银行信贷规章制度规定发放的贷款。主要包括：冒名贷款、借名贷款、假名贷款、超权限贷款、一户多名贷款、以贷还贷贷款、化整为零贷款、个人借款企业用贷款、夫妻父子保贷款、违反面谈面签贷款、故意编造虚假信息贷款、重大失职贷款和其他违规贷款。

19. 什么是冒名贷款

冒名贷款是指实际借款人冒他人之名借款。凭证署名借款人存在，但并不知情（或予以否认），本人也未在申请书及借款合同上签字确认，贷款责任人自身或内外勾结，利用所掌握的他人身份证明材料，骗取贷款的行为。

20. 什么是借名贷款

借名贷款是指借款人存在，合同借款人与资金实际使用人非同一人，但合同借款人知情并认可实际用款人以其名义贷款，清理时，借款人、实际用款人之一无条件、全额承接贷款债务（或两人无条件、分比例、全额承接贷款债务）。

具体可分两种情况：

（1）贷款由借款人本人办理，资金为他人（实际用款人）使用。

（2）贷款非借款人本人办理，贷款手续由实际用款人以借款人名义办理，合同借款人本人未在申请书及借款合同上签字，资金为合同借款人认可的他人（实际用款人）使用。

21. 什么是假名贷款

假名贷款是指凭证署名的借款人不存在，贷款责任人自身或内外勾结，以伪造、编造的虚假借款人身份信息材料，以虚假借款人名义骗取贷款的行为。

22. 什么是超权限贷款

超权限贷款是指贷款责任人违反银行授权授信管理制度，发放超过信贷审批权限或客户授信额度及条件的贷款，包括贷款责任人为逃避信贷检查监督而向借款人发放多笔累计超过贷款审批权限的贷款（含由借款人家庭成员或他人承借的贷款）。逆程序或缺程序贷款、未经授权的贷款处置行为，如擅自放弃诉讼、执行借款人或担保人，均视同超权限贷款。

23. 什么是一户多名贷款

一户多名贷款是指贷款责任人在借款人未归还所借贷款的前提下无特殊原因故意向借款人配偶、直系亲属、其他家庭成员等多人发放的贷款（同一家庭成员经营不同的项目，资产、负债、经营活动相对独立、单独核算的除外）。

24. 什么是以贷还贷贷款

以贷还贷贷款是指以贷收本、以贷收息、未还息而以贷还贷的贷款。贷款责任人对不能按期归还的贷款，采取发放超过原贷款金额的贷款于当日或隔日收回贷款本息的贷款；借款人因归还原贷款利息而发放的贷款；借款人无力归还原贷款利息而为其以贷还贷的贷款（因历史原因盘活的贷款除外）。

25. 什么是化整为零贷款

化整为零贷款是指贷款责任人为逃避信贷检查监督而向借款人发放多笔累

计超过贷款审批权限的贷款（包括由借款人家庭成员或他人承借的贷款）。

26. 什么是个人借款企业用贷款

个人借款企业用贷款是指企业有贷款，个人借款企业用的贷款。贷款责任人明知或应当知道企业已经在支行有贷款，而继续发放以个人名义用于企业经营的贷款。

27. 什么是夫妻父子保贷款

夫妻父子保贷款是指夫妻、父子相互担保的贷款。贷款责任人发放的贷款直接由借款人配偶、直系亲属担保但实际没有偿还能力的贷款（不共同居住、有独立收入的直系亲属担保贷款，以及贷款额度与家庭收入相匹配、为完善手续而担保的贷款除外）。

28. 什么是违反面谈面签贷款

违反面谈面签贷款是指贷款责任人在借款人或担保人未亲自到场的情况下，办理虚假借款担保签字手续而发放给借款人使用的贷款。

29. 什么是故意编造虚假信息贷款

故意编造虚假信息贷款是指贷款责任人故意编造虚假调查报告、故意更改或遗漏重要信息发放的贷款。

30. 什么是重大失职贷款

重大失职贷款是指贷款责任人因重大失职行为导致贷款形成较大损失视同违规贷款处理。

31. 什么是其他违规贷款

其他违规贷款是指其他违反相关法律、法规、规章、制度的贷款。

32. 认定为责任贷款的如何追责

认定为责任贷款且由责任人赔偿后的不良贷款，明确贷款管理责任人，管理责任人承担清收和管理责任。因清收不及时、管理不到位造成损失扩大的，追究管理责任人过失责任。

33. 认定为非责任贷款的如何追责

认定为非责任贷款的，明确贷款清收责任人或管理责任人，责任人承担贷款的清收或管理责任，清收宽限期满后仍未有效处置或清收处置后损失率超过一定比例的视同过失贷款，追究过失责任。

34. 未按要求发放与支付贷款的如何追责

对在贷款发放与支付过程中，贷款发放与支付审核岗未根据合同及出账要求对贷款发放、贷款资金支付进行审核，造成贷款支付对象、用途不符或贷款资金回转的，视同过失贷款，追究过失责任。

35. 柜员未按受托支付要求支付贷款的如何追责

柜员未按照受托支付的要求对贷款资金支付进行严格有效的监督，将贷款资金划转向非约定用途或账户，直接导致贷款形成损失的，视同违规贷款，追究违规责任，一并追究贷款发放与支付审核岗的过失责任。

第四节　责任承担及经济赔偿

36. 贷款责任如何承担

在贷款操作流程中，各岗位人员因违法违规或未尽职履职，直接责任人承担全部或主要责任。上一环节人员提供的信息材料和分析意见有明显失真或隐瞒的，下一环节人员未尽职核实和分析，作出错误判断或决策，上、下环节经办人员按一定比例共同承担责任。

37. 过失责任人如何承担责任

由于过失责任而造成贷款形成不良的责任人，且当月未能收回的贷款责任人，实行在岗清收、预赔偿制度，在岗期间每笔、每岗、每月扣发一定工资，直至清理收回。贷款本息全额收回的，可以返还，并记贷款逾期记录一次。对一个月度内累计出现三次（含以上，当月未收回的）贷款逾期记录，实行下岗清收，下岗期间只发生活保障工资，其他所有工资性收入均扣划至银行预赔偿保证金账户，直至清理收回。贷款本息全额收回的，可以返还。对一个月度内累计出现5次（含5次以上，当月未收回的）贷款逾期记录，或全年5次（含5次以上）出现贷款跨年度形成不良贷款的，经有关部门界定责任预计形成损失的，采取下调客户经理等级直至调离信贷岗位。

38. 违规责任人如何承担责任

由于违规责任而造成贷款形成不良的贷款责任人，要责令其下岗清收，下岗期间只发生活保障工资，其他所有工资性收入均扣划至银行预赔偿保证金账户，直至清理收回。贷款本息全额收回的，可以返还。

39. 如何对贷款损失进行经济赔偿

（1）贷款（含利息）损失，指在规定的时间内对借款人、担保人追索还款责任及担保责任后，实际形成损失的贷款。

对贷款损失部分，分为以下情况处理：

①对通过采取公开评议、授信额度项下的贷款，确因不可抗力因素如自然灾害、火灾、爆炸、其他灾害所造成的损失，不追究客户经理责任，不纳入贷款损失考核。但因未参加保险或因保险第一受益人非银行而未获赔偿造成的损失仍然要追究相关责任人工作责任，视其情节和损失程度相关责任人承担一定的赔偿责任。

②对由于过失责任，明确单户借款余额上下幅度的贷款形成损失的，纳入贷款损失考评要追究相关责任人过失责任，视其情节和损失程度相关责任人承担一定的赔偿责任。

③对所有违章、违规、违法贷款（不论金额大小），如在检查发现后一个月内未能收回的，视同已产生贷款风险、可能形成贷款损失。由相关责任人全额赔偿贷款本息，确定个人最高赔偿金额，并责令调离信贷岗位。

（2）贷款损失包括预期损失和实际损失。预期损失是指信贷资产出现风险后按照五级分类测算的估计损失（具体测算标准按次级、可疑、损失测算）。实际损失指在贷款形成不良后，在逾期后一年时间内，经过责任人自主清收、银行协助清收、依法诉讼执行等一系列有效措施，对借款人、担保人全部财产依法处分后未能收回的贷款本息额，认定为实际损失的贷款。由银行贷款责任追究领导小组确定具体赔偿责任，确定个人最高赔偿金额。

（3）实行预赔偿制度。经认定信贷人员负有赔偿责任的，各责任信贷人员按照责任比例先一次性从其风险补偿基金中扣罚预赔，不足部分责令相关责任人按照银行确定的标准按月进行预赔，至不良资产处理完毕或预赔款总额达到应赔金额为止。

①单户新增不良资产金额在银行确定额度以下（含确定额度）的，根据形成损失的原因，具体确定各岗位、人员经济赔偿金额。赔偿金先从责任人个人风险补偿基金账户中扣缴，不足部分从责任人月度工资中扣缴，责任人每岗、每人、每月预赔一定金额。

②单户新增不良资产金额在银行确定额度以上的，根据形成损失的原因，具体确定各岗位、人员经济赔偿金额。赔偿金先从责任人个人风险补偿基金账户中扣缴，不足部分从责任人月度工资中扣缴。责任人每月只发放最低生活保障工资，其他所有工资性收入均扣划至银行预赔偿保证金账户。

③对经认定的各类违规、违章、违法贷款，不论金额大小，一经发现，责令相关责任人在明确的工作日内按贷款本息足额赔偿，确定个人最高赔偿金额。赔偿款项先从责任人个人风险补偿基金账户中扣缴；不足部分再责令责任人现金赔偿；对现金赔偿尚不能全额到账的，则从责任人月度工资中扣缴。责任人每月只发放最低生活保障工资，其他所有工资性收入均扣划至银行预赔偿保证金账户。在规定的时间内根据清收结果，再作行政处理决定。

40. 预赔款如何管理

财务会计部门根据责任认定部门提供的风险补偿基金扣减情况在一定的工作日内从相关责任人员风险责任金账户中扣减。风险金不足时由人力资源部根据标准从责任人工资中扣缴。

41. 违法违规贷款责任如何确认

根据谁违规谁负责的原则，结合各岗位违规程度合理确定责任比例，原则上主违规责任人承担主要责任，其他责任人员承担一定的责任，具体责任比例、赔偿比例和金额由贷款责任追究领导小组确定。

42. 过失贷款责任如何确认

各岗位责任比例原则上按确定标准执行，特殊情况可视各岗位过失程度进行调整：

（1）支行权限范围内发放的贷款，调查岗、审查岗、决策审批岗及相关岗位人员分别承担一定比例的责任。客户经理及其他受权人在权限范围内决策发放的有价证券质押贷款等，承担全部的责任。

（2）经总分行审批发放的贷款，支行承担主要责任，总分行审批承担一定的责任。

（3）实行双人调查制度的贷款，A、B 岗责任按相应比例承担。

第五节　贷款责任追究处罚

43. 贷款责任追究有哪些处罚方式

对于承担过失责任和违规违法责任的贷款责任人，给予以下相应处罚：

（1）批评教育，通报批评。

（2）经济处罚：包括扣发绩效工资、罚款、赔偿经济损失，没收非法所得。

（3）纪律处分：包括警告、记过、记大过、降级、降职、撤职、开除留用察看、开除。

（4）其他：限期清收、下岗清收、下岗待聘、解聘、限期调出、解除劳动合同、辞退。

44. 如何进行经济责任追究

（1）违法违规责任贷款。责任人限期全额赔偿贷款本息，明确个人最高赔偿额度，赔偿前只发放最低生活保障工资。

（2）过失责任贷款。自贷款逾期之日起，视放款时间的远近、金额大小，给予责任人一定的清收宽限期（一般不超过 3 个月），清收期满后，未能收回的部分，相关责任人按责任比例进行赔偿。

（3）非责任贷款，在规定清收期限内未能收回的部分，视尽职履职情况按一定比例赔偿，经银行认定免责的除外。

（4）丧失时效贷款。对丧失诉讼时效的贷款，由银行风险管理部门逐笔界定责任，确定具体赔偿标准。以虚假材料冒充催收手续或与借款人、担保人串通故意丧失诉讼时效的，视同违法违规贷款处理，并由责任人全额赔偿。

（5）职工贷款、职工家属贷款及职工担保贷款。贷款形成不良后，视情况给予宽限期，最长不超过三个月，宽限期满后，该职工下岗，下岗期限至贷款偿还结束。

（6）对盘活转贷、资产重组类贷款所形成的损失，根据信贷档案资料及调查的具体情况进行责任追究。

（7）对同一笔贷款违反多个违规类型的，择其重进行赔偿。

（8）同一责任人笔数较多或金额较大的，视情节轻重给予纪律处分；贷款损失超过最高赔偿限额的，从重追究行政责任。

（9）责任人对责任贷款进行赔偿后，由银行对责任人赔偿部分出具债权转让证明。

45. 如何进行行政责任及其他责任追究

纪律处分及其他处罚按照银行相关规定进行处理。

（1）客户经理发放违法违规贷款，给予客户经理下岗清收以上处理或记大过以下处分，情节严重的给予解除劳动合同处分；给予其他责任人员待岗至记大过处分。

（2）支行行长或副行长（信贷主管）在任职期间发生违法违规贷款的，给予警告至撤职处分，情节严重的给予解除劳动合同处分。

（3）贷款责任人未严格执行信贷管理有关规定或未尽职履职，造成一定损失的，给予相关责任人下岗清收以上处理或记大过以下处分；造成严重后果或重大损失的，给予解除劳动合同处分。

（4）责任人未按要求及时上缴赔偿保证金的，根据实际情况对有关责任人员给予下岗清收处理。下岗清收期间，只发本地最低生活保障工资。下岗清收期满，根据具体表现给予行政责任及其他责任追究。

（5）对因违法违规发放贷款解除劳动合同的人员及其他原因银行解除劳动合同的人员，银行保留经济追索权，并可继续追究其刑事责任。

46. 如何进行刑事责任追究

贷款责任人违反法律法规规定发放贷款，构成犯罪的，移送司法机关追究刑事责任。

第六节　贷款责任追究程序

47. 不良贷款责任追究有哪些程序

（1）责任界定。银行风险管理部门作为贷款责任追究的牵头部门，负责整理需进行问责的不良贷款清单，会同审计部门组织实施不良贷款的事实调查及确认工作，初步界定责任及责任比例，以贷款责任认定意见书形式提交纪检监察部门。

（2）申辩复议。纪检监察部门将贷款责任认定意见书送交相关责任人，责任人在收到认定意见书7日内，有权就相关内容进行书面申辩，责任人逾期不提交书面申辩的，视同认可。

（3）事实确认。贷款责任追究领导小组对贷款责任认定意见和责任人书面申辩意见进行评定，并形成结论意见。

（4）责任追究。纪检监察部门按照贷款责任追究领导小组评定结论意见，测算贷款责任比例和赔偿保证金金额，下发《不良贷款赔偿通知书》，并负责赔偿保证金的催缴和管理工作。人力资源部门组织对责任人待岗、下岗、扣发工资等的处理，需党纪、政纪处分的，由纪检监察部门处理。

（5）档案管理。不良贷款进行责任追究后，其认定结论及责任人处罚决定列入信贷档案保管。

48. 贷款收回如何退还赔偿金

如贷款全额收回，赔偿保证金退还相关人员，如未能收回，赔偿保证金抵偿贷款本金。责任贷款赔偿后全额收回的，由责任人向支行提出申请，经支行确认，合规管理部门同意后，将已赔偿保证金款项退还至相关责任人。

第十五章　银行授信管理

第一节　授信管理的依据和原则

1. 授信管理的目的和依据是什么

为了更好地满足广大客户的综合金融服务需求，推动银行信贷业务授信健康发展，提高市场竞争力，依据银保监会《商业银行授信工作尽职指引》和本行《信贷管理办法》等相关规章制度，结合银行相关产品业务的具体规定，应制定《授信管理办法》。

2. 授信是对谁授信

授信指对自然人（个人）客户和非自然人客户的授信。

3. 什么是自然人客户授信

自然人客户授信是指对农户、非农户、公职人员和个体工商户等自然人的授信。

4. 什么是非自然人客户授信

非自然人（企业）客户授信泛指各类贷款、贸易融资、贴现、保理、贷款承诺、保证、信用证、票据承兑等表内外授信和融资业务。

5. 什么是授信

授信是指银行根据申请人的资信及经济状况，预先授予其一定期限内的可用额度，申请人在授信期限及额度内，具有资金需求状况，有明确用途，随用随借，可循环使用的行为。

6. 什么是可用额度

可用额度是指银行为授信申请人核定的授信额度项下可用于发放贷款的额度。

7. 授信的原则是什么

授信业务遵循“综合授信、循环使用、随借随还”的原则。

（1）综合授信是指授信申请人有多种用途融资需求的，银行可综合一并授信。需要办理担保手续的，在授信有效期限和授信额度内只办理一次担保手续。

（2）循环使用是指在审批意见允许的前提下，在授信有效期限和授信额度内，客户可循环使用该额度。

（3）随借随还是指在授信有效期和可循环额度内，客户可根据资金需求状况，随时申请使用，随时归还借款。

第二节 授信对象及条件

8. 授信对象主要有哪些

授信对象主要是可向银行申请授信业务的企业客户和个人客户：

（1）企业客户主要是向银行申请授信的企业的法人。

（2）个人客户主要是向银行申请授信的农户、非农户、公职人员和个体工商户的自然人。

9. 授信对象应符合什么条件

根据授信对象银行设置相应授信申请人的准入条件，同时应符合各额度项下具体业务的准入条件。授信申请人以信用方式向银行申请授信业务的，须符合银行规定的客户准入条件。

10. 企业客户授信应具备什么条件

企业客户授信申请人应具备以下基本条件：

（1）在本行开立基本存款账户或其他结算账户，在本行拥有一定的结算业务。

（2）遵纪守法，信誉良好，企业及主要股东和现任高级管理人员均无不良信用记录。

(3) 企业经营状况及财务状况良好，具有按期偿还贷款本息的能力。
(4) 贷款用途符合国家法律、法规及有关政策规定。
(5) 企业生产经营正常，产品有一定的市场。
(6) 银行要求的其他条件。

11. 个人客户授信应具备什么条件

个人客户授信申请人应具备以下基本条件：
(1) 具有完全民事行为能力的自然人。
(2) 户籍所在地、固定居所或有效居住证及经营场所在银行服务辖区内。
(3) 贷款用途明确、合法。
(4) 信用状况良好，无重大不良信用记录。
(5) 个体工商户须具有市场监管部门批准的营业证照。
(6) 具有稳定的还款来源和还款能力。
(7) 在银行开立结算账户。
(8) 银行要求的其他条件。

第三节　授信担保方式

12. 授信担保方式有哪些

授信对象原则上应提供银行认可的有效担保，担保可采取抵押、质押和保证方式，具体要求以银行相关规定为准。

13. 授信可否采用信用方式

对于符合银行规定条件的优质客户，可采用信用方式申请。

第四节　授信用途、额度及期限

14. 授信用途范围有哪些

企业客户和个人客户授信用途主要用于以下范围：

（1）企业客户在授信额度项下贷款主要用于企业生产经营活动，不得用于固定资产、股权等投资，不得用于国家禁止生产、经营的领域和用途。

（2）个人客户在授信额度项下的贷款可用于个人生产经营、装修、建房、购车、购物消费、旅游、本人或子女上学（出国留学）等合法的个人生产经营与个人消费用途等，不得用于投资股市等违反国家信贷政策的领域。

15. 授信额度如何确定

企业和个人授信额度应根据申请人的实际情况合理确定：

（1）企业授信额度应根据申请企业生产经营活动所需的合理资金需求（如有生产经营性贷款需求的）、现金流情况、还款能力以及担保能力等各方面综合确定。

（2）个人授信额度应根据申请人家庭正常消费需求和所控制经营实体正常生产经营投资活动所需的合理资金需求、现金流情况、还款能力以及担保能力等各方面综合确定。

（3）对于采用信用方式申请的客户，其个人授信额度应按银行个人信用评定级别合理确定。

16. 授信期限多长

企业客户和个人客户可根据担保方式确定授信期限：

（1）抵押类业务授信期限不得超过 3 年。

（2）保证类业务授信期限原则上最长不超过 2 年。

（3）质押类业务授信期限可根据质押品期限确定。

（4）信用类业务授信期限最长不得超过 1 年。

第五节 授信评级

17. 企业客户授信分为几个等级

企业客户授信等级分为“AAA、AA、A、BBB、BB、B、C”七个信用等级。即 AAA 为“优秀级”；AA 为“良好级”；A 为“较好级”；BBB 为“一般级”；BB 为“较差级”；B 为“差级”；C 为“极差级”。

18. 个人客户信用分为几个等级

个人客户信用等级分为“优秀、良好、一般”三个信用等级。

第六节　授信程序

19. 授信有哪些程序

授信程序为：授信申请—授信受理—授信调查—授信审查—授信审批—授信使用。

20. 授信如何申请

授信申请人向经办行提出授信申请，提供相关的授信资料。授信资料应至少包括第一、第二还款来源资料。

21. 授信如何受理

经办行客户经理收到申请人授信申请后，对申请人是否具备办理授信基本条件进行初步认定。对于不符合基本条件的，不予受理，及时回复申请人，并退还相关材料。对于符合基本条件的，予以受理，及时上报部门负责人，并对授信资料的完整性负责。

22. 授信如何调查

经办行客户经理受理申请人授信申请后，应履行尽职调查职责，对申请人申请内容和相关资料情况的真实性、准确性、完整性进行调查核实，并对调查的真实性负责。

23. 授信如何审查

经办行审查人员对授信资料进行基本审查，依据国家产业政策、经济金融法规、监管要求及银行相关业务管理规定，对调查内容的合法性、合规性、准确性进行全面审查，并对授信审查的合规性负责。在完成授信审查后，上报有权审批人审批。

24. 授信如何审批

有权审批人应根据授信的风险状况，结合授信调查以及审查意见，对授信进行独立审批，并出具审批意见。

25. 授信如何使用

授信审批通过后，需与授信借款人签订合同、办理担保手续、核发授信折（卡）、发放额度项下贷款等。

第七节　授信风险管理

26. 授信使用后应对哪些情况进行检查

授信使用后，经办行应采取有效方式对贷款资金使用、借款人的信用及担保变化情况等进行跟踪检查和监控分析，确保贷款安全。

27. 授信使用后如何加强监控

加强对第一、第二还款来源变化情况的监控。强化落实对押品的现场及非现场检查评估，核实押品的续存状态是否正常，价值变动是否在银行允许的范围之内。经办行应每年对抵押物进行内部评估，如发生押品价值下降的，应合理评估价值变动对授信业务的影响，及时调整授信额度或要求申请人追加担保。

28. 如何对额度项下授信业务加强风险管理

（1）额度项下各授信业务的授信后检查、五级分类、催收、回收、逾期处理、提前还款、展期、结清和保全等操作要求按照所对应产品业务的相关规定执行。

（2）授信额度项下任何一笔贷款达到保全条件时，应立即对额度项下全部贷款采取相应的保全措施。

（3）授信额度终止。授信有效期满，且额度项下授信业务全部还清时，额度终止。

（4）授信额度失效。授信额度项下授信业务一旦发生逾期或对应押品价值下跌幅度超出银行风控容忍范围的，银行有权停止授信额度，并要求被授信人提前还清额度项下所有债务。额度项下单笔业务连续逾期达到3期（或欠息达到3个月）或额度项下所有业务累计逾期达到6期的，授信额度失效，且该额度不能再恢复使用。

29. 授信业务档案资料如何管理

授信业务档案资料的管理按银行《信贷档案管理办法》的规定执行。

第十六章　银行个人客户授信管理

第一节　个人客户授信管理的依据和原则

1. 个人客户授信管理的依据是什么

为培育和发展银行优质个人客户群体，规范个人客户授信管理，根据《商业银行授信工作尽职指引》、《个人贷款管理办法》及《个人贷款操作规程》和《授信管理办法》等相关管理规定，结合银行实际情况，应制定《个人客户授信管理办法》。

2. 什么是个人客户授信

个人客户是指农户、非农户、公职人员和个体工商户的自然人。

农户是指在银行服务辖区内居住的具有农业户口的自然人。

非农户自然人是指银行服务辖区内居住的城镇居民。

公职人员是指依法履行公共职务的国家机关、人民团体以及国有企事业单位的工作人员。

个体工商户是指公民在法律允许的范围内，依法经核准登记，从事工商业经营的自然人。

3. 什么是个人授信额度

个人授信额度是指银行为授信申请人核定的个人综合授信贷款最高限额。贷款额度具体包括抵押额度、质押额度和保证额度，申请人可单独以其任何一种方式申请授信额度，也可合并上述方式申请授信额度。

4. 个人授信业务应遵守什么原则

个人授信业务应遵守“额度控制、随用随借、循环使用”的原则。

第二节　个人客户授信种类

5. 个人客户授信业务有哪些种类

个人客户授信业务种类包括个人经营贷款、个人消费贷款、农户贷款、公职人员贷款和个人信用贷款等。

6. 什么是个人经营贷款

个人经营贷款是指银行向个人借款人发放的用于合法生产经营活动中所需资金的人民币担保贷款。借款人包括个体工商户、个人独资企业投资人、合伙企业合伙人等。

7. 什么是个人消费贷款

个人消费贷款是指银行向个人客户发放的有指定消费用途的人民币贷款业务。

8. 什么是农户贷款

农户贷款是指银行向符合条件的农户发放的用于生产经营、生活消费等用途的贷款。

9. 什么是公职人员贷款

公职人员贷款是指银行向国家机关、人民团体公务人员、事业单位员工及其他国有单位（通信、电力、银行等工作及收入稳定的单位）正式员工发放的用于综合消费所需的人民币贷款。

10. 什么是个人信用贷款

个人信用贷款是指银行根据个人客户的资产情况，以个人的信誉为保证，在核定的额度和期限内发放的小额信用贷款。

第三节　个人客户授信对象、用途及条件

11. 个人客户授信对象是什么

具有完全民事行为能力，在银行辖区内有常住户口或稳定住所，或在区域内有稳定经营场所的自然人。

12. 个人客户授信用途有哪些

个人授信贷款可用于其个人经营性支出，也可用于个人及其家庭的消费性支出。

经营性支出是指用于生产经营周转和创业等方面支出。

消费性支出是指用于购买家用汽车、购房、房屋装修、购置大额耐用消费品、旅游及其他消费用途的个人及家庭支出。

授信申请人申请个人授信贷款时，必须明确贷款用途并向贷款人提供能够证明其贷款用途的资料。

13. 个人授信贷款不得用于哪些用途

个人授信贷款不得用于股本权益性投资、有价证券投资、期货投资等法律法规禁止的用途。不得用于国家禁止生产、经营的领域和用途。

14. 个人客户授信申请人应具备哪些基本条件

（1）年满 18 周岁，申请人年龄加授信期限男性不超过 60 周岁、女性不超过 55 周岁。

（2）具有合法有效身份证明和固定住址。

（3）授信贷款用途明确合法。

（4）收入合法稳定，具有按期偿还贷款本息的能力。

（5）个人信用记录良好，无恶意拖欠、逃废银行债务行为，无不良嗜好。

（6）在银行开立个人结算账户，并同意授权贷款人从约定结算账户中直接扣收贷款本息及应由借款人承担的相关费用。在贷款人受托支付方式下，同意授权贷款人根据借款人的提款申请和支付委托，将贷款资金支付给符合合同约定用途的交易对象。

（7）能够提供银行认可的担保，并能按照相关规定办理合法有效的担保手续。

（8）原则上在银行发生借贷关系1年（含）以上。

15. 办理消费性贷款应具备什么条件

（1）家庭所有消费贷款月本息还款额不得超过家庭月可支配收入的50%。

（2）有消费用途的明确资料。

16. 办理经营性贷款应具备什么条件

（1）有固定的生产、经营场所。

（2）所从事的经营活动须依法合规、具备一定市场，有较好的经济效益和社会效益。

（3）个体工商户及私营业主等须具有经过市场监管部门或其他有权部门批准的合法有效的证照。从事特种行业的，还须具备有权机关颁发的特种行业经营许可证，且各项证照按期进行有效年检。

（4）有生产经营用途的明确资料。

17. 个人客户有什么行为不得授信

有下列行为的一律不得授信：

（1）个人征信存在不良记录者。

（2）有不良贷款或不良担保的。

（3）有黄、赌、毒等不良行为的。

（4）列入“老赖”名单的。

（5）无法提供满足还款要求的。

（6）其他不符合银行要求的。

第四节 个人客户授信额度、期限、利率及还款方式

18. 个人客户授信额度如何确定

个人授信额度应在综合考虑申请人的收入支出状况、资产负债状况、资信

状况、担保情况、贷款实际用途等因素的基础上合理确定。

（1）综合授信额度最高不超过本行确定的一定额度。

（2）以抵押担保方式的，自有住房、商用房抵押授信额度最高不超过抵押物价值的70%；第三方住房、商用房抵押授信额度最高不超过抵押物价值的60%。

（3）以保证担保方式的，授信额度最高不超过本行确定的一定额度。

（4）以定期存单或凭证式国债质押方式申请授信业务的，授信额度不受最高额度的限制，但比例不超过定期存单或凭证式国债的90%。

（5）以个人信用方式的，授信额度最高不得超过本行确定的一定额度。

19. 个人客户授信期限多长

个人授信期限一般为两年，最长不超过三年。

20. 个人授信贷款可否展期

个人授信贷款不允许展期。

21. 个人客户授信如何使用

借款人在授信额度、授信期限内，一次或分次、全部或部分循环使用贷款额度，随用随借。

22. 个人授信贷款利率如何执行

授信贷款利率按照中国人民银行规定的同期同档次贷款利率和本行规定的利率浮动范围执行。

23. 个人授信贷款如何结息

个人授信贷款在结息日有贷款余额的，按月（季）结息；个人授信贷款在结息日之前全部归还循环使用贷款本金时，利随本清。

第五节　个人客户授信评级

24. 个人客户授信分为几个等级

个人客户授信等级分为“优秀、良好、一般”三个信用等级。

25. 何为个人“优秀”客户

客户信用“优秀”的，得分为85分（不含）以上。

26. 何为个人“良好”客户

客户信用“良好”的，得分为85（含）～70分（不含）。

27. 何为个人“一般”客户

客户信用“一般”的，得分为70（含）～60分（含）。60分以下不予评级。

第六节　个人客户授信担保

28. 办理个人综合授信贷款应提供什么

办理个人综合授信贷款，借款人应提供符合贷款人要求的担保。

29. 个人授信贷款的担保方式有哪些

个人授信贷款的担保方式包括抵押、质押和保证及个人信用，可选择其中一种方式单独使用，也可同时选择多种方式组合使用。

（1）以银行认可的有价证券或其他动产提供质押。

（2）以银行认可的不动产提供抵押。

（3）由银行签约的专业担保公司提供连带责任保证。

（4）由银行认可的自然人或企业法人提供连带责任保证。

（5）以个人信用方式提供保证。

第七节　个人客户授信程序

30. 个人客户授信程序有哪些

个人客户授信程序为：授信申请—授信受理—授信调查—授信审查—授信

审批—授信使用。

31. 个人授信如何申请

借款人有授信资金需求时，应根据银行的要求提出授信申请，并承诺所提供的资料合法有效。主要内容包括：借款人的基本情况（借款人名称、经营范围、财务状况等），申请授信的基本情况（包括授信品种、金额、期限、利率、担保方式、用途、用款计划和还款计划等），如果涉及项目授信，还应提供项目情况。

32. 个人授信如何受理

经办行在收到借款人相关资料后，指定客户经理进行受理，根据借款人的情况，设计授信产品，并与借款人讨论，确定授信方案。

33. 个人授信如何调查

经办行在确定授信方案后，由客户经理进行调查，收集借款人的信息（借款人授信申请书、营业执照、税务登记证、组织机构代码证、公司章程、购销合同、银行对账单等，若涉及项目授信，应提供项目情况），分析借款人信用状况、财务状况、经营情况等，评估项目效益和借款人还本付息能力。同时分析借款人担保能力，如果涉及抵（质）押物，须分析抵（质）押物权属情况、市场价值和抵押率等，客户经理根据调查内容撰写调查报告或调查表，提出调查结论和相关风险控制措施。

34. 个人授信如何审查

客户经理将调查报告或调查表上交审查人员，审查人员根据调查报告和授信相关资料进行风险评价，对借款人财务状况、经营情况、还款付息能力和担保情况进行审查，根据主要风险设置相应先决条件和管理要求，将风险控制在可控范围内。

35. 个人授信如何审批

有权审批人按照“审贷分离、分级审批、审批责任到人”的原则，对信贷资金的投向、授信金额、期限和利率等进行决策，签署审批意见。

36. 授信如何使用

授信审批通过后，银行应与授信借款人签订借款合同、办理担保手续、核发授信折/卡，确保借款人满足合同提款条件，并按合同约定的方式对授信资金的支付实施管理，监督授信用途实际使用情况。

第八节　个人客户授信管理

37. 如何进行授信监督

授信贷款发放后，经办行应采取有效方式对贷款资金使用、借款人的信用及担保情况变化等进行跟踪检查和监控分析，确保贷款安全。

38. 如何进行授信检查

经办行应按照银行贷款管理的相关规定，认真实施贷后检查。重点检查授信借款人还款能力、保证人代偿能力、抵（质）押物权利状况等是否发生重大变化，或出现贷款资金挪用、拖欠利息等不利情形，如发现影响贷款安全的重要事项时，贷后管理人员应及时出具书面报告呈报相关部门，拟订相应的资产保全措施，保护本行债权。

39. 如何形成授信报告

个人授信贷款应根据授信使用情况，建立定期授信报告制度。按照授信贷款用途、贷款金额实施不同频次的贷后检查，并形成授信贷后检查报告。

40. 如何进行授信收回或处置

经办行应在授信到期前向借款人提示到期还本付息。对因借款人暂时经营困难不能按期归还授信的，经办行可与借款人协商授信重组。对于不良授信，经办行应按照规定采取收回授信或保全处置方式。

41. 如何进行逾期授信贷款管理

经办行应重点关注授信借款人的还款情况和逾期记录。发生逾期的，经办行应加强催收，落实逾期原因，并采取风险防范措施，及时收回。在催收无效果的情况下，经办行应及时报告总分行采取法律手段诉讼或申请强制执行。

42. 其他贷后如何管理

其他贷后管理事宜按照银行相关管理办法和有关规定执行。

第十七章　银行个人客户授信操作规程管理

第一节　个人客户授信操作流程

1. 为什么要设立个人客户授信操作流程

为规范个人客户授信业务操作，提高个人客户授信工作质量和效率，依据银行《授信管理办法》和《个人客户授信管理办法》，有效梳理个人客户授信操作流程，明确职责分工、授信对象、授信方法、授信标准，加强授信管理。

2. 什么是个人授信贷款

个人授信贷款是银行根据个人客户的资产情况，以个人担保和信誉为保证，在核定的额度和期限内发放的可循环使用的贷款。

3. 个人客户授信实行哪些公开

银行对个人客户授信实行公开个人授信制度，公开个人授信等级评定结果，公开授信额度，公开接受群众监督。

4. 个人客户授信操作流程有哪些

个人客户授信操作流程为：授信申请—授信受理—授信调查—授信审核授信审批—授信使用。

第二节　个人客户授信职责分工

5. 风险合规部门负责什么工作

银行风险合规部门负责全行的个人授信业务工作。制定全行个人授信业务发展规划和信用等级评定方案，完善个人授信制度建设；指导和推动各分支机构开展个人授信业务工作；管理监督与评价考核个人授信业务的质量、业绩和风险，分析和研究个人授信业务的发展质量和盈利能力。

6. 各分支机构负责什么工作

各分支机构负责辖区权限内个人客户授信业务受理、调查、使用发放与管理工作。

7. 信贷授信部门负责什么工作

信贷授信部门负责个人授信业务审核和授信折卡的核发工作。

8. 有权审批人负责什么工作

有权审批人负责全行个人授信等级评定的审批工作。

第三节　个人客户授信对象及基本条件

9. 个人客户授信对象有哪些

授信对象为银行服务辖区内的农户、非农户、公职人员和个体工商户的自然人。

10. 农户授信对象应具备什么条件

农户授信对象应具备的基本条件：

（1）具有农业户口，户口所在地在银行的服务区域内，或长期在本地居住，从事农林牧渔业生产的农户。

（2）具有完全民事行为能力，年龄原则上不超过65周岁（并且年龄与授信期限相加不超过65岁），但必须视授信人身体状况及劳动能力确定。

（3）从事种植业、养殖业、加工业等其他与农村经济发展有关的生产经营活动，并有合法可靠的经济来源。

（4）资信良好，无重大信用不良记录。

（5）具备清偿贷款本息的能力。

（6）在银行开立结算账户。

（7）银行规定的其他条件。

11. 非农户授信对象应具备什么条件

非农户授信对象应具备的基本条件：

（1）年满十八周岁具有完全民事行为能力的自然人。

（2）具有银行服务区域内常住户口或有效居留证明。

（3）能够提供银行认可的经营或家庭收入证明资料。

（4）具备还款意愿和还款能力。

（5）信用状况良好，无不良信用记录。

（6）在银行开立结算账户。

（7）银行规定的其他条件。

12. 公职人员授信对象应具备什么条件

公职人员授信对象应具备的基本条件：

（1）居住在银行服务区域内的公职人员。

（2）具有完全民事行为能力。

（3）有固定收入来源。

（4）具备还款意愿和还款能力。

（5）具有良好的信用观念，无不良信用记录。

（6）银行规定的其他条件。

13. 个体工商户授信对象应具备什么条件

个体工商户授信对象应具备的基本条件：

（1）在银行服务区域内的个体工商户。

（2）有固定的经营场所。

（3）能够提供银行认可的经营或家庭收入证明资料。

（4）具备还款意愿和还款能力。
（5）信用状况良好，无重大不良信用记录。
（6）在银行开立结算账户。
（7）银行规定的其他条件。

14. 授信对象有什么情况不得授信

授信对象有下列情况行为之一的，一律不得授信：
（1）有不良贷款或不良担保的。
（2）有黄、赌、毒等不良行为的。
（3）列入“老赖”名单的。
（4）其他不符合银行要求的。

第四节　个人客户授信评级标准和额度

15. 个人客户授信等级如何划分

个人客户授信等级一般划分为“优秀、良好、一般”三个信用等级：
（1）“优秀”信用客户，得分为 85 分（不含）以上。
（2）“良好”信用客户，得分为 85（含）～70 分（不含）。
（3）“一般”信用客户，得分为 70（含）～60 分（含）。
60 分以下不予评级和授信。

16. 授信等级评分如何认定

授信等级评分标准，需要按照授信对象的不同内容和标准分值进行评分认定。

（1）农户授信等级评分标准按照《农户授信等级评分认定表》的内容和标准分值进行评分认定。

（2）非农户授信等级评分标准按照《非农户授信等级评分认定表》的内容和标准分值进行评分认定。

（3）公职人员授信等级评分标准按照《公职人员授信等级评分认定表》的内容和标准分值进行评分认定。

（4）个体工商户授信等级评分标准按照《个体工商户授信等级评分认定表》

的内容和标准分值进行评分认定。

17. 授信额度如何确定

个人授信额度应在综合考虑授信申请人的收入支出状况、资产负债状况、资信状况、担保情况、贷款实际用途等因素的基础上合理确定。

（1）综合授信额度最高不超过本行确定的一定额度。

（2）以抵押担保方式的：

①评定为一级的，自有住房、商用房抵押授信额度最高不超过抵押物价值的70%确定；第三方住房、商用房抵押授信额度最高不超过抵押物价值的60%确定。

②评定为二级的，自有住房、商用房抵押授信额度最高不超过抵押物价值的60%确定；第三方住房、商用房抵押授信额度最高不超过抵押物价值的50%确定。

③评定为三级的，自有住房、商用房抵押授信额度最高不超过抵押物价值的50%确定；第三方住房、商用房抵押授信额度最高不超过抵押物价值的40%确定。

（3）以保证担保方式的：评定为一级的，授信额度最高不超过本行确定的一定额度；评定为二级的，授信额度最高不超过本行确定的一定额度；评定为三级的，授信额度最高不超过本行确定的一定额度。

（4）以定期存单或凭证式国债质押方式申请授信业务的，授信额度不受最高额度和评级的限制，但比例不超过定期存单或凭证式国债的90%。

（5）以个人信用方式担保的：

①评定为一级的信用户最高授信额度为本行确定的一定额度。

②评定为二级的信用户最高授信额度为本行确定的一定额度。

③评定为三级的信用户最高授信额度为本行确定的一定额度。

第五节　个人客户授信方法与步骤

18. 个人客户授信采取什么方法

（1）成立授信小组。以行政村、社区和机关团体为单位成立授信小组，负责辖区内客户的授信等级评定与调整。授信小组组长由各分支机构负责人担任，成员由 2 名以上客户经理或应邀评定单位人员组成。

（2）各分支机构应主动深入到服务区域内的行政村、社区和机关团体进行宣传，与单位领导进行协商，了解和掌握授信对象的贷款需求情况，做好授信的摸底工作。

（3）银行应在各行政村、社区和机关团体对客户授信等级评定结果以及授信额度予以公示。

19. 个人客户授信采取哪些步骤

（1）由村委会、社区和机关团体推荐符合银行授信条件的客户，并由负责人在推荐花名册上签字盖章。

（2）客户经理按照推荐花名册上的客户逐户进行家庭财产、收入来源等基本情况调查，按村委会、社区和机关团体建立客户纸质或电子档案，并依据本人意愿填写《个人授信调查审核审批表》。

（3）客户经理在详细了解客户基本情况、年度收入、支出及生产消费资金需求情况的基础上，按照《授信等级评分认定表》内容进行打分。

（4）由授信小组综合客户经理的打分情况，评定客户授信等级，核定授信最高额度，并在《授信等级评分认定表》和《个人授信调查审核审批表》签注意见。待审批通过后，对授信额度最终确认。已评定授信等级的客户均称为信用户。

第六节　个人客户授信操作流程

20. 个人客户授信申请须提交哪些资料

有授信需求的个人客户向银行提出申请的，授信申请人须填写《个人授信等级评定申请表》，并提交下列资料：

（1）申请人及配偶的户口簿、身份证、结婚证原件及复印件。

（2）申请人及配偶的收入证明（工资证明或存款流水单）。

（3）申请人家庭财产证明（房产证、土地证、机动车登记证等）。

（4）信用报告（夫妻双方征信查询授权书）。

（5）贷款用途证明材料（商业、购销合同或订单等）。

（6）担保材料（抵质押品、保证人相关资料等）。

（7）银行要求提供的其他文件或资料。

21. 个人客户授信受理如何进行

经办行客户经理初步审核授信申请人符合银行授信条件的，应受理授信申请人的相关资料，确保申请资料的完整性，并将完整的申请资料移交授信小组进行调查评分。

22. 授信调查哪些内容并评分认定

经办行授信小组接到受理人员提交授信申请人的有关资料后，应在3个工作日内完成对申请人资格、贷款条件及还款能力等内容的调查，并依据授信标准进行评分。

（1）调查内容主要包括以下几个方面：

①验证申请人户口簿、身份证、住址、电话及工作单位。

②核实相关证明资料、印章、签字的真实性和有效性。

③了解申请人的品德、学历、有无不良嗜好等情况，并对被授信人及配偶信用状况进行查询。

④了解申请人的家庭收入及支出情况，是否具有还款能力。

⑤是否存在重大诉讼的情况等。

（2）根据调查情况，授信小组成员对授信申请人进行评分，填写《个人授信调查审核审批表》，重点对申请人的信用情况和还款能力，授信级别、授信额度、授信期限等进行评分认定，并将同意授信资料及时移交信贷管理部门进行审查。

23. 个人客户授信如何审查

信贷管理部门对各授信小组上报的《个人授信调查审核审批表》等调查资料的完整性、合规性、真实性和风险度等进行审查，对授信级别、授信额度、授信期限等提出审查意见。对提交的资料不全、调查意见不完整、不明确的，信贷管理部门有权将有关资料退回授信小组进行重新调查补充。凡符合授信条件且资料齐全的，信贷管理部门填写审查意见后，报有权审批人进行审批。

24. 个人客户授信如何审批

有权审批人（贷审会或授权审批人）接到授信的相关材料后，按照“审贷分离、分级审批、审批责任到人”的原则，对授信等级、授信资金的投向、授信金额、授信期限和利率等进行决策，签署审批意见。审批结论为“同意”的，经办行可直接进入授信使用发放环节；审批结论为“不同意”的，直接退回；如经办行需申请复议的，一笔授信业务只能复议一次。

25. 个人客户授信如何使用

授信审批通过后，经办行应与授信借款人签订《个人借款合同》（担保合同）、办理担保手续、核发综合授信折/卡，确保借款人满足合同提款条件，并按合同约定的方式对授信资金的支付实施管理，监督授信资金用途实际使用情况。

（1）合同签订。经办行应与授信借款人当面签署借款合同，明确借贷双方权利和业务，基本内容包括借款品种、金额、期限、利率、用途和还款保障等。对于保证担保授信，经办行还需与保证人当面签订保证合同。对于抵（质）押担保授信，经办行还需与抵（质）押人当面签订抵（质）押合同，并办理抵（质）押手续等。

（2）发折/卡。待抵（质）押登记办理后，在信贷系统中录入押品登记并做放款申请，提交借款借据、他项权利证和相关资料到贷款放行岗审核。贷款放行岗审核信贷资料、借款借据、他项权利证书及开户信息与系统信息无误后同意放款，并在放款资料上签字盖章。然后贷款放行岗将齐全的放款信贷资料留存归档，客户经理携带所需资料与客户到营业柜面为客户打印综合授信折或制卡。核发综合授信折/卡于授信借款人。

（3）支付。经办行营业柜面负责授信支付审核和支付操作。目前一般采用自主支付方式和受托支付方式，用款时可根据具体金额审核支付方式，确保授信贷款按约定用途使用。

（4）循环用款。授信借款人在授信额度和期限内可循环申请贷款，需按以下操作进行：

1）申请。授信借款人用信需提前向经办行客户经理提出申请并提交以下资料：

①综合授信折/卡。

②用款申请书。

③借款人身份证明原件。

④贷款支付对应的用途证明。

⑤其他需要提交的资料。

2）受理。客户经理接到授信借款人用信申请后，对借款人提供的身份证明等相关资料审核无误后，首先登记综合授信折/卡和台账，并将身份证原件退还借款人，然后和借款人一起及时到贷款放款岗办理放款手续。

3）审核发放。贷款放行岗对客户经理提交的借款借据等放款资料认真审核，审核无误后，按流程签批盖章，将放款资料交由客户经理，由客户经理协助借款人到营业柜面将贷款资金通过综合授信折/卡和借款人结算账户及时支付给符合合同约定用途的借款人交易对象，并将综合授信折/卡退还借款人。

第七节　个人客户授信动态管理

26. 如何对授信等级实行动态管理

授信等级实行动态管理，每两年应对客户的授信等级进行一次重新评定。每年进行一次审核，重点审核评定授信等级以来，是否能按期归还贷款本息、是否有不良记录、家庭收入是否稳步增加、有无不良行为、担保情况有无变化、在银行开立存款账户情况、家庭资产是否在增长，可以根据审核情况和复评情况适当调整授信级别和授信额度。

27. 授信等级和额度如何调整

（1）已评定和授信的信用户，原则上年度内不得调高等级及授信额度，但遇特殊情况的要重新确定额度。评定为二级和三级的信用户在年内还款结息正常、无不良记录的，次年评定时可视情况向上调高一级。

（2）对需要调低授信等级和额度的，应由经办行提出书面意见，经审核审批后生效。

28. 调低授信等级和额度有哪些条件

（1）违约超过30—90天的授信户，等级下调一级，三级授信户降低授信额度的30%。

（2）违约超过90天的授信户直接冻结授信额度，撤销授信等级。

（3）银行认为需要调低的其他情况。

29. 如何对授信贷款进行跟踪检查

经办行要加强对授信贷款的跟踪检查，做好检查记录，对不能按期归还授信贷款的，区分不同情况，对有意拖欠不还者，要及时取消资格，并对所欠贷款及时进行清偿。

30. 授信到期前如何办理

经办行应在授信到期前向授信借款人提示到期还本付息。对因授信借款人暂时经营困难不能按期归还授信贷款的，经办行可与授信借款人协商授信重组。

31. 如何关注借款人的还款情况

经办行应重点关注借款人的首次还款情况和首次逾期记录，不仅要加强催收、及时收回，而且要落实逾期的真正原因，并根据具体情况采取合理的风险防范措施。

32. 授信贷款出现逾期如何办理

如果授信贷款出现逾期，经办行应及时向授信借款人和担保人发送《贷款逾期催收通知书》，督促借款人及时还款。

33. 授信借款人未能按时归还贷款本息的如何处理

授信借款人如果连续三个月未能按时或未能足额归还贷款本息，若为以保证方式担保的贷款，经办行须立即向保证人发送《履行保证责任通知书》，要求保证人履行代偿责任；若以抵（质）押方式担保的贷款，在催收无效果的情况下，经办行应及时采取措施保全抵（质）押品；若贷款已整体逾期，经办行须及时报告总分行采取法律手段诉讼或申请强制执行。

34. 附件

表一：个人授信等级评定申请表
表二：农户授信等级评分认定表
表三：非农户授信等级评分认定表
表四：个体工商户授信等级评分认定表
表五：公职人员授信等级评分认定表
表六：个人授信评级调查审核审批表

表一

个人授信等级评定申请表

授信对象：　　　　　　　　　　　编号：　　　　　　　填表日期：　　年　月　日

<table>
<tr><td colspan="8">以下内容由申请人填写</td></tr>
<tr><td rowspan="8">申请人</td><td>姓名</td><td></td><td>性别</td><td>□男　□女</td><td>政治面貌</td><td>出生日期</td><td></td></tr>
<tr><td>身份证号</td><td colspan="4"></td><td>健康状况</td><td></td></tr>
<tr><td>家庭住址</td><td colspan="3"></td><td>户口所在地</td><td colspan="2"></td></tr>
<tr><td>文化程度</td><td colspan="4">□初中　□高中　□大专　□本科　□硕士　□博士</td><td>婚姻状况</td><td></td></tr>
<tr><td>工作单位</td><td colspan="3"></td><td>单位地址</td><td colspan="2"></td></tr>
<tr><td>单位电话</td><td colspan="2"></td><td>手　机</td><td></td><td>微信号</td><td></td></tr>
<tr><td>职　业</td><td></td><td>职　位</td><td></td><td>职　称</td><td colspan="2"></td></tr>
<tr><td>月收入</td><td>元</td><td>年收入</td><td>万元</td><td>现有负债</td><td>万元　供养人口</td><td></td></tr>
<tr><td rowspan="2">配偶</td><td>姓　名</td><td></td><td>职　务</td><td></td><td>身份证号</td><td colspan="2"></td></tr>
<tr><td>工作单位</td><td colspan="3"></td><td>月收入</td><td>元　手机</td><td></td></tr>
<tr><td rowspan="5">家庭主要资产情况</td><td>名　称</td><td>数量</td><td>原值（万元）</td><td>市场估价（万元）</td><td>共有拥有人</td><td colspan="2">存放地点</td></tr>
<tr><td></td><td></td><td></td><td></td><td></td><td colspan="2"></td></tr>
<tr><td></td><td></td><td></td><td></td><td></td><td colspan="2"></td></tr>
<tr><td></td><td></td><td></td><td></td><td></td><td colspan="2"></td></tr>
<tr><td></td><td></td><td></td><td></td><td></td><td colspan="2"></td></tr>
<tr><td rowspan="2">申请授信情况</td><td>授信金额</td><td colspan="2">万元</td><td>授信种类</td><td colspan="3">□经营贷款 □消费贷款 □公职贷款 □信用贷款</td></tr>
<tr><td>授信期限</td><td colspan="2">年</td><td>担保方式</td><td colspan="3">□抵押　□质押　□保证　□信用</td></tr>
<tr><td rowspan="2">声明</td><td colspan="7">本人自愿向贵行提出申请，保证向贵行提供的所有资料的真实性，并愿意承担相应的法律责任。同时，授权贵行根据中国人民银行发布的《个人信用信息基础数据库管理办法》对本人信用信息进行上传和查询。
申请人签字：
年　月　日</td></tr>
<tr><td colspan="7">本人是申请人的配偶，同意申请人向贵行申请银行授信等级评定，对申请人申请的授信借款，本人自愿承担连带责任。同时，授权贵行根据中国人民银行发布的《个人信用信息基础数据库管理办法》对本人信用信息进行上传和查询。
申请人配偶签字：
年　月　日</td></tr>
</table>

表二

农户授信等级评分认定表

姓名：　　　　　　　　　　　　　　　　　　　　　日期：　　年　月　日

评分项目		评分标准				标准分值	初评得分	审核评分
基本情况（25）	年龄	18—25 岁	26—45 岁	45—55 岁	56—60 岁	5		
		1	5	3	2			
	婚姻状况	未婚	离异	已婚无子女	已婚有子女	5		
		1	2	3	5			
	文化程度	小学及以下	初中	高中	大专及以上	5		
		2	3	4	5			
	身体状况	健康	良好	一般	较差	5		
		5	3	2	0			
	家庭劳动力	一人	两人	三人	三人以上	5		
		1	3	4	5			
偿还能力（50）	家庭总资产	10 万元及以下	10 万—20 万元（含）	20 万—30 万元（含）	30 万元以上	10		
		3—5	6—7	8—9	10			
	家庭总负债	2 万元及以下	2 万—5 万元（含）	5 万—10 万元（含）	10 万元以上	10		
		10	6—9	2—5	1			
	家庭总收入	2 万元及以下	2 万—5 元（含）	5 万—10 万元（含）	10 万元以上	10		
		2—3	4—6	7—9	10			
	家庭总支出	2 万元及以下	2 万—5 万元（含）	5 万—10 万元（含）	10 万元以上	10		
		10	6—9	3—5	1			
	经营项目	种植业	养殖业	农副产品加工	多种经营	5		
		2	3	4	5			
	经营年限	3 年及以下	3—5 年（含）	5—10 年（含）	10 年以上	5		
		2	3	4	5			
资信状况（25）	贷款本息累计逾期次数	全部正常	逾期 1—3 次	逾期 4—9 次	逾期 10 次以上	10		
		10	3	1	0			
	贷款本息最高逾期天数	全部正常	逾期 30 天以内	逾期 30—90 天	逾期 90 天以上	5		
		5	3	1	0			
	社会信誉评价	好	较好	一般	较差	5		
		5	3	1	0			
	家庭和睦评价	好	较好	一般	较差	5		
		5	3	1	0			
评分合计						100		

客户经理评分意见：	评级小组意见：	信贷部门意见：	有权审批人意见：
客户经理签字： 1 2 年　月　日	组长签字： 年　月　日	负责人签字： 年　月　日	有权审批人签字： 年　月　日

表三

非农户授信等级评分认定表

姓名： 日期： 年 月 日

评分项目		评分标准				准分值	评得分	审核评
基本情况（25）	年龄	18—25 岁	26—45 岁	45—55 岁	56—60 岁	5		
		1	5	3	2			
	婚姻状况	未婚	离异	已婚无子女	已婚有子女	5		
		1	2	3	5			
	文化程度	初中	高中	大专	本科及以上	5		
		2	3	4	5			
	身体状况	健康	良好	一般	较差	5		
		5	3	2	0			
	职业	无业	个体	民企职工	国企职工	5		
		0	3	4	5			
偿还能力（50）	家庭总资产	10 万元及以下	10 万—30 万元（含）	30 万—50 万元（含）	50 万元以上	10		
		3—5	6—7	8—9	10			
	家庭总负债	10 万元及以下	10 万—20 万元（含）	20 万—30 万元（含）	30 万元以上	10		
		10	7—9	4—6	1—3			
	家庭总收入	5 万元及以下	5 万—10 万元（含）	10 万—20 万元（含）	20 万元以上	10		
		2—3	4—6	7—9	10			
	家庭总支出	5 万元及以下	5 万—10 万元（含）	10 万—20 万元（含）	20 万元以上	5		
		5	3	2	1			
	家庭可支配收入	5 万元及以下	5 万—10 万元（含）	10 万—20 万元（含）	20 万元以上	10		
		3	4—6	7—9	10			
	社保情况	无	1—5 年（含）	5—10 年（含）	10 年以上	5		
		0	3	4	5			
资信状况（25）	贷款利息累计逾期次数	全部正常	逾期 1—3 次	逾期 4—9 次	逾期 10 次以上	10		
		10	3	1	0			
	贷款本息最高逾期天数	全部正常	逾期 30 天以内	逾期 30—90 天	逾期 90 天以上	5		
		5	3	1	0			
	社会信誉评价	好	较好	一般	较差	5		
		5	3	1	0			
	家庭和睦评价	好	较好	一般	较差	5		
		5	3	1	0			
评分合计						100		

客户经理评分意见：	评级小组意见：	信贷部门意见：	有权审批人意见：
客户经理签字： 1 2 年 月 日	组长签字： 年 月 日	负责人签字： 年 月 日	有权审批人签字： 年 月 日

表四

个体工商户授信等级评分认定表

姓名： 日期： 年 月 日

评分项目		评分标准				标准分值	初评得分	审核评分
基本情况（20）	年龄	18—25 岁	26—45 岁	45—55 岁	56—60 岁	5		
		2	5	4	3			
	婚姻状况	未婚	离异	已婚无子女	已婚有子女	5		
		2	3	4	5			
	文化程度	初中	高中	大专	本科及以上	5		
		2	3	4	5			
	身体状况	健康	良好	一般	较差	5		
		5	3	2	0			
偿还能力（55）	年经营收入	10 万元及以下	10 万—20 万元（含）	20 万—30 万元（含）	30 万元以上	10		
		3—5	6—7	8—9	10			
	家庭总资产	10 万元及以下	10 万—20 万元（含）	20 万—30 万元（含）	30 万元以上	10		
		1—3	4—6	7—9	10			
	家庭总负债	5 万元及以下	5 万—10 万元（含）	10 万—20 万元（含）	20 万元以上	10		
		10	7—9	4—6	1—3			
	资产负债率	10% 及以下	10%—30%（含）	30%—50%（含）	50%—70%（含）	10		
		10	7—9	4—6	0—3			
	家庭总收入	10 万元及以下	10 万—15 万元（含）	15 万—20 万元（含）	20 万元以上	5		
		2	3	4	5			
	家庭总支出	5 万元及以下	5 万—10 万元（含）	10 万—15 万元（含）	15 万元以上	5		
		5	4	3	1			
	社保情况	无	1—5 年（含）	5—10 年（含）	10 年以上	5		
		0	3	4	5			
资信状况（25）	贷款利息累计逾期次数	全部正常	逾期 1—3 次	逾期 4—9 次	逾期 10 次以上	10		
		10	8—6	5—1	0			
	贷款本息最高逾期天数	全部正常	逾期 30 天以内	逾期 30—90 天	逾期 90 天以上	5		
		5	3	1	0			
	社会信誉评价	好	较好	一般	较差	5		
		5	3	1	0			
	家庭和睦评价	好	较好	一般	较差	5		
		5	3	1	0			
评分合计						100		

客户经理评分意见：	评级小组意见：	信贷部门意见：	有权审批人意见：
客户经理签字： 1 2	组长签字：	负责人签字：	有权审批人签字：
年 月 日	年 月 日	年 月 日	年 月 日

表五

公职人员授信等级评分认定表

姓名：　　　　　　　　　　　　　　　　　　　　　　　　日期：　　年　月　日

评分项目		评分标准				标准分值	初评得分	审核评分
基本情况（35）	年龄	18—25 岁	26—45 岁	45—55 岁	56—60 岁	5		
		2	5	4	3			
	婚姻状况	未婚	离异	已婚无子女	已婚有子女	5		
		2	3	4	5			
	文化程度	高中及以下	大专	本科	硕士及以上	5		
		2	3	4	5			
	身体状况	健康	良好	一般	较差	5		
		5	3	2	0			
	职业	国家机关	事业单位	国有企业	社会团体	5		
		5	4	3	2			
	职称	高级职称	中级职称	初级职称	有职业资格	5		
		5	4	3	2			
	职务	厅级	处级	科级	一般干部	5		
		5	4	3	2			
偿还能力（40）	年收入	5 万元及以下	5 万—10 万元（含）	10 万—15 万元（含）	15 万元以上	10		
		3—5	6—7	8—9	10			
	家庭总资产	10 万元及以下	10 万—20 万元（含）	20 万—30 万元（含）	30 万元以上	10		
		3—5	6—7	8—9	10			
	家庭总负债	5 万元及以下	5 万—10 万元（含）	10 万—20 万元（含）	20 万元以上	10		
		2—3	4—6	7—9	10			
	家庭总收入	10 万元及以下	10 万—15 万元（含）	15 万—20 万元（含）	20 万元以上	5		
		2	3	4	5			
	家庭总支出	5 万元及以下	5 万—10 万元（含）	10 万—15 万元（含）	15 万元以上	5		
		5	4	3	2			
资信状况（25）	贷款利息累计逾期次数	全部正常	逾期 1—3 次	逾期 4—9 次	逾期 10 次以上	10		
		10	8—6	5—1	0			
	贷款本息最高逾期天数	全部正常	逾期 30 天以内	逾期 30　90 天	逾期 90 天以上	5		
		5	3	1	0			
	单位评价	好	较好	一般	较差	5		
		5	3	1	0			
	家庭和睦评价	好	较好	一般	较差	5		
		5	3	1	0			
评分合计						100		

客户经理评分意见：	评级小组意见：	信贷部门意见：	有权审批人意见：
客户经理签字： 1 2 年　月　日	组长签字： 年　月　日	负责人签字： 年　月　日	有权审批人签字： 年　月　日

表六

个人授信评级调查审核审批表

受理行/部：　　　　授信对象：　　　　授信种类：　　　　日期：　　年　月　日

一、授信申请人基本情况									
姓名		性别		身份证号		婚姻状况		职业	
住址		户籍所在地		电话					
配偶		身份证号		职业		家庭人口			
信用记录	□有　□无	不良记录	□有　□无	最高贷款金额	万元	担保情况	□有 □无		
授信金额	万元	授信期限	年	担保方式	□抵押　□质押　□保证　□信用				
资产负债	住　房	套	位于		价值	万元			
	营业房	套	位于		价值	万元			
	交通工具	台	存放		价值	万元			
	机械设备	台	存放		价值	万元			
	应收账款	万元	存货	万元	存款	万元	投资	万元	
	目前贷款	万元	银行	万元	他行	万元	担保金额	万元	
	资产合计	万元	负债合计	万元	资产负债率	%	此笔发放后资产负债率	%	

二、授信调查情况						
经营情况	经营项目		经营规模		经营年限	年
	经营地址		政策有无限制			
	主供销商		经营最大风险			
	贷款用途	□经营　□消费　□其他	经营（消费）配货比	%		
	目前签订主要合同		目前有无法律纠纷	□有　□无		
	经营收入	万元	利　　润	万元	如有合伙人可分配利润	万元
	开户行		账　　号			
第一还款来源情况	年收入	万元	配偶年收入	万元	家庭合计收入	万元
	还款来源	□强　□较强　□一般				
	总体评价					

第二还款来源情况									
抵押人1	所有人		第二住所	□有　□无	身份证号				
	抵押物		地理位置		证件	/			
	建筑面积	m^2	原价	万元	市场估计	万元	变现能力	□强 □弱	
抵押人2	所有人		第二住所	□有　□无	身份证号				
	抵押物		地理位置		证件	/			
	建筑面积	m^2	原价	万元	市场估价	万元	变现能力	□强 □弱	

续表

<table>
<tr><td rowspan="6">第二还款来源情况</td><td rowspan="2">质押人</td><td>姓名</td><td></td><td colspan="2">身份证号</td><td colspan="4"></td></tr>
<tr><td>质押品</td><td></td><td colspan="2">价值</td><td colspan="2">万元</td><td>期限</td><td>年</td></tr>
<tr><td>保证人 1</td><td></td><td>职业</td><td></td><td>年收入</td><td>万元</td><td>身份证号</td><td colspan="2"></td></tr>
<tr><td>保证人 2</td><td></td><td>职业</td><td></td><td>年收入</td><td>万元</td><td>身份证号</td><td colspan="2"></td></tr>
<tr><td>保证人 3</td><td></td><td>职业</td><td></td><td>年收入</td><td>万元</td><td>身份证号</td><td colspan="2"></td></tr>
<tr><td colspan="2">偿还能力评价</td><td colspan="7">□强　□较强　□一般</td></tr>
</table>

<table>
<tr><td colspan="6">**三、授信调查意见**</td></tr>
<tr><td>授信人</td><td></td><td>授信评分</td><td></td><td>授信评级</td><td>□优　□良　□一般</td></tr>
<tr><td>授信额度</td><td></td><td>授信期限</td><td></td><td>贷款利率</td><td>%</td></tr>
<tr><td>授信用途</td><td colspan="3"></td><td>担保方式</td><td>□抵押　□质押
□保证　□信用</td></tr>
<tr><td colspan="6">本人通过调查授信申请资料，与授信申请人交谈，对其经营和资产情况实地考察等，对其身份真实性、偿还能力、信用情况、贷款用途，担保方式等情况进行调查，认为该授信申请符合银行授信业务制度，现提出以上申请意见。
主调查人（签字）：
辅调查人（签字）：
年　月　日</td></tr>
</table>

<table>
<tr><td colspan="5">**四、授信审核审批意见**</td></tr>
<tr><td rowspan="3">授信审核意见</td><td>材料是否完整</td><td>□是　□否</td><td>材料是否与申请内容一致</td><td>□是　□否</td></tr>
<tr><td>材料是否合理</td><td>□是　□否</td><td>调查意见是否完整合理</td><td>□是　□否</td></tr>
<tr><td colspan="4">经对授信申请人资料的完整性、真实性、合理性和其资料状况及调查人的意见进行审核，提出如下意见：
授信审核人（签章）：
年　月　日</td></tr>
<tr><td>授信审批受理意见</td><td colspan="4">授信审批受理人（签章）：
年　月　日</td></tr>
<tr><td rowspan="2">授信审批决策意见</td><td>授信审批人意见</td><td colspan="3">（签字）：　年　月　日</td></tr>
<tr><td>授信审批委员会意见</td><td colspan="3">（签字）：　年　月　日</td></tr>
</table>

第十八章　银行企业客户授信管理

第一节　企业客户授信管理的依据和原则

1. 企业客户授信管理的依据是什么

为积极开拓银行企业授信业务，规范企业授信业务经营管理，根据银保监会《商业银行授信工作尽职指引》《商业银行小企业授信工作尽职指引》《银行开展小企业授信工作指导意见》等相关规定及本行《授信管理办法》和《企业贷款管理办法》，结合银行实际情况，应制定《企业客户授信管理办法》。

2. 什么是企业客户授信

企业客户授信是指银行向企业客户给予的用于满足其自身生产经营资金需求的各类授信业务，或其为关联方授信提供担保支持的业务。

3. 什么是企业授信额度

企业授信额度是指银行为授信申请人核定的企业综合授信最高限额。贷款额度具体包括抵押额度、质押额度和保证额度，申请人可单独以其任何一种方式申请授信额度，也可合并上述方式申请授信额度。

4. 企业授信的原则是什么

企业授信要坚持“先评级、后授信、再用信”的管理原则。

5. 企业授信管理分为几个环节

企业授信管理分为授信调查、授信审查、授信审批、授信使用、授信后管理等环节。

第二节　企业客户授信业务品种

6. 企业客户授信有哪些业务品种

授信按业务品种分为表内授信和表外授信。

表内授信包括贷款、项目融资、贸易融资、贴现、透支、保理和拆借等。

表外授信包括贷款承诺、保证、信用证、票据承兑等。

7. 什么是企业贷款

企业贷款是指银行向企业授信发放的用于生产和经营的各项贷款、贴现 、透支等出贷资金。

8. 什么是项目融资

项目融资是指银行向特定的工程项目提供贷款协议融资，对于该项目所产生的现金流量享有偿债请求权，并以该项目资产作为附属担保的融资类型。

9. 什么是贸易融资

贸易融资是指银行对进出口商提供的与进出口贸易结算相关的短期融资或信用便利。

10. 什么是贴现

贴现是收款人将未到期的商业承兑汇票或银行承兑汇票背书后转让给受让人，受让人按票面金额扣去自贴现日至汇票到期日的利息以将剩余金额支付给持票人。

11. 什么是透支

透支是指银行允许授信企业其存款户在事先约定的限额内，超过存款余额支用款项的一种放款形式。

12. 什么是保理

保理是指保付代理，又称托收保付，卖方将其现在或将来的基于其与买方订立的货物销售/服务合同所产生的应收账款转让给银行由银行向其提供资金融通、买方资信评估、销售账户管理、信用风险担保、账款催收等一系列服务的综合金融服务方式。

13. 什么是拆借

拆借是指银行在短期（一般是一两天）内把资金放出，授信人在解决临时头寸短缺急需后，立即按期归还。

14. 什么是贷款承诺

贷款承诺是银行保证在授信人需要时向其提供资金贷款的承诺。

15. 什么是保证

保证是合同双方当事人以外的第三方向合同关系中的债权方保证合同关系中的债务方全部或部分履行合同债务的担保方式。保证人在被担保的当事人不履行合同时，承担连带赔偿的责任。

16. 什么是信用证

信用证是指银行根据进口商（买方）的请求，开给出口商（卖方）的一种保证承担支付货款责任的书面凭证。

17. 什么是票据承兑

票据承兑是指汇票的付款人承诺负担票据债务的行为。

第三节 企业客户授信对象、用途及条件

18. 企业客户授信对象是什么

在银行服务辖区内的经国家市场监管部门核准登记的企业，在银行开立结算账户，并与银行已建立或拟建立信用关系的企业客户。

19. 企业客户授信用途是什么

企业授信主要用于满足企业在生产经营过程中正常的流动资金、固定资产

投资及对外担保需求，贸易结算过程中具有真实贸易背景的融资需求与担保需求。

20. 企业客户授信条件有哪些

企业授信客户应满足以下条件：

（1）符合国家法律、法规和产业政策，符合银行企业信贷投向政策。

（2）经市场监管部门核准登记成立，并年检合格。

（3）企业产权清晰，有固定经营场所。

（4）主业突出，产品有市场、生产经营有效益，企业成长性好，盈利能力强，具有合法的还款资金来源。

（5）主要经营者品行端正，有良好的个人信誉，经营管理能力较强。

（6）生产、经营和产品符合国家对环保、安全等方面的要求。

（7）银行要求的其他条件。

第四节　企业客户授信额度、期限、利率及还款方式

21. 企业客户授信额度如何确定

企业授信额度应在综合考虑申请人的收入支出状况、资产负债状况、资信状况、担保情况、实际用途等因素的基础上合理确定。

22. 企业客户授信期限多长

企业授信期限一般为两年，最长不超过三年。

23. 企业授信贷款可否展期

企业授信贷款不允许展期。

24. 企业客户授信如何使用

授信人在授信额度、授信期限内，一次或分次、全部或部分循环使用额度，随用随借。

25. 企业客户授信利率如何执行

按照中国人民银行规定的同期同档次贷款利率和银行规定的利率浮动范围执行。

26. 企业授信贷款如何结息

企业授信贷款在结息日有贷款余额的，按月（季）结息；企业授信贷款在结息日之前全部归还循环使用贷款本金时，利随本清。

第五节　企业客户授信评级

27. 企业客户授信分为几个等级

企业客户授信等级分为“AAA、AA、A、BBB、BB、B、C”7 个信用等级。

28. 何为优秀级

AAA 为优秀级，得分为 90 分及以上。

29. 何为良好级

AA 为良好级，得分为 80—89 分。

30. 何为较好级

A 为较好级，得分为 70—79 分。

31. 何为一般级

BBB 为一般级，得分为 60—69 分。

32. 何为较差级

BB 为较差级，得分为 50—59 分。

33. 何为差级

B 为差级，得分为 40—49 分及以下。

34. 何为极差级

C 为极差级，得分为 39 分及以下。

第六节　企业客户授信担保

35. 办理企业综合授信业务应提供什么

办理企业综合授信业务，企业客户应提供符合银行要求的担保。

36. 企业授信业务可采取哪些担保方式

企业授信业务可采取抵押、质押和保证的担保方式。可选择其中一种方式单独使用，也可同时选择多种方式组合使用。

（1）以银行认可的有价证券或其他动产提供质押。

（2）以银行认可的不动产提供抵押。

（3）由银行签约的专业担保公司提供连带责任保证。

（4）由银行认可的自然人或企业法人提供连带责任保证。

37. 企业授信业务能否采用信用方式

企业授信业务原则上不采用纯信用方式。

第七节　企业客户授信程序

38. 企业客户授信程序有哪些

授信程序为授信申请、授信受理、授信调查、授信审查、授信审批、授信使用。

39. 企业授信如何申请

授信人有授信资金需求时，应根据银行的要求提出授信申请，并承诺所提供的资料合法有效。主要内容包括：授信人的基本情况（授信人名称、经营范围、财务状况等），申请授信的基本情况（包括授信品种、金额、期限、利率、担保方式、用途、用款计划和还款计划等）；如果涉及项目授信，还应提供项目情况。

40. 企业授信如何受理

经办行在收到授信人相关资料后，指定客户经理进行受理，根据授信人的情况，设计授信产品，并与授信人讨论，确定授信方案。

41. 企业授信如何调查

经办行在确定授信方案后，由客户经理进行调查，收集授信人的信息（授信人授信申请书、营业执照、税务登记证、组织机构代码证、公司章程、购销合同、银行对账单等，若涉及项目授信，应提供项目情况），分析授信人信用状况、财务状况、经营情况等，评估项目效益和授信人还本付息能力。同时分析授信人担保能力，如果涉及抵（质）押物，须分析抵（质）押物权属情况、市场价值和抵押率等，客户经理根据调查内容撰写调查报告或调查表，提出调查结论和相关风险控制措施。

42. 企业授信如何审查

客户经理将调查报告或调查表上交审查人员，审查人员根据调查报告和授信相关资料进行风险评价，对授信人财务状况、经营情况、还款付息能力和担保情况进行审查，根据主要风险设置相应先决条件和管理要求，将风险控制在可控范围内。

43. 企业授信如何审批

有权审批人按照“审贷分离、分级审批、审批责任到人”的原则，对信贷资金的投向、授信金额、期限和利率等进行决策，签署审批意见。

44. 企业授信如何使用

授信审批通过后，银行应与授信人签订合约、办理担保手续、核实授信手续，确保授信人满足合约条件，并按合约确定的方式对授信资金的支付实施管理，监督授信用途实际使用情况。

第八节 企业客户授信后管理

45. 企业授信后重点监测哪些内容

银行授信实施后，应对所有可能影响还款的因素进行持续监测，并形成书面监测报告。重点监测以下内容：

（1）客户是否按约定用途使用授信，是否诚实地全面履行合同。

（2）授信项目是否正常进行。

（3）客户的法律地位是否发生变化。

（4）客户的财务状况是否发生变化。

（5）授信的偿还情况。

（6）抵押品可获得情况和质量、价值等情况。

46. 如何对企业授信后进行跟踪检查

银行应加强对授信的跟踪检查，了解和掌握客户的经营管理状况，督促客户不断提高经营管理效益，保证授信安全。银行应及时发现授信主体的潜在风险并发出预警风险提示。应关注和搜集客户及关联客户的有关信息，有效识别授信风险及关联客户授信风险。应及时对授信情况进行分析，发现客户违约时应及时制止并采取补救措施。

47. 客户授信有效期满后应对哪些内容进行评价

授信有效期满后，银行要及时对客户授信情况进行总结评价。主要评价内容如下：

（1）授信的综合效益。

（2）授信额度构成的合理程度。

（3）客户整体风险状况。

（4）银行综合收益水平。

（5）改进及加强授信管理的意见。

（6）其他。

48. 出现什么情况应对授信额度予以冻结

出现国家宏观政策、产业政策重大变化，或出现授信对象变更、重组、市场环境、财务状况重大变化，或出现客户挪用信贷资金、擅自处理抵（质）押物、逃废银行债务、涉案诉讼等将对银行信贷资产安全产生重大不利影响的预警信号，应对授信额度予以冻结，不得对客户提供新增信用及办理收回再贷业务。客户预警信号解除的，重新核定授信额度。

49. 授信额度如何终止

客户授信额度到期前，应提前组织客户授信方案报批工作，未按照要求及时报批导致新的授信方案未能按时审批的，原授信方案到期后终止，不得办理各类授信业务。新的授信方案审批后，执行新方案的管理要求。

第十九章　银行企业客户授信操作规程管理

第一节　企业客户授信操作流程

1. 为什么要设立企业客户授信操作流程

为规范企业客户授信业务操作流程，明确职责分工、授信对象、授信方法和授信标准，提高授信工作质量和效率，依据银行《授信管理办法》和《企业客户授信管理办法》，结合企业授信业务的特点和银行实际，应制定《企业客户授信操作规程》，加强企业客户授信操作管理。

2. 什么是企业授信

企业授信是银行根据企业客户的资产情况，以担保和信誉为保证，在核定的额度和期限内使用的授信业务。

3. 企业授信必须坚持什么原则

企业授信必须坚持“先评级、后授信、再用信”的原则。

4. 企业客户授信操作流程有哪些

企业客户授信操作流程为：授信申请—授信受理—授信调查—授信审核—授信审批和授信使用。

第二节　企业客户授信职责分工

5. 风险合规部门负责什么工作

银行风险合规部门负责全行的企业授信业务工作。制定全行企业授信业务发展规划和信用等级评定方案，完善企业授信制度建设；指导和推动各分支机构开展企业授信业务工作；管理监督与评价考核企业授信业务的质量、业绩和风险，分析和研究企业授信业务的发展质量和盈利能力。

6. 各分支机构负责什么工作

各分支机构负责辖区权限内企业客户授信业务受理、调查、使用发放与管理工作。

7. 信贷授信部门负责什么工作

信贷授信部门负责企业授信业务审核和授信审批受理工作。

8. 有权审批人负责什么工作

有权审批人负责全行企业授信等级评定的审批工作。

第三节　企业客户授信对象、用途和条件

9. 企业客户授信对象有哪些

企业授信对象为银行服务辖区内的经市场监管部门核准登记的企业，在银行开立结算账户，并与银行已建立或拟建立信用关系的企业客户。应纳入以下授信对象：

（1）法人客户。包括企业法人，事业法人。

（2）非法人客户。包括依法登记领取营业执照的私营企业、独资企业、合伙企业、联营企业、中外合作经营企业等。

（3）其他经济组织。包括个体工商户、农村专业合作社、街道、村办企业

以及其他经济组织等。

涉及行业：农、林、牧、渔业；工业；建筑业；批发业；零售业；交通运输业；仓储业；住宿业；餐饮业；信息传输业；软件和信息技术服务业；物业管理；租赁业；驾校；民营培训机构；民营专业医疗机构等行业。

10. 哪些企业不得作为授信对象

以下企业不得作为银行企业授信对象：

（1）房地产开发企业。

（2）公立学校、公立医院等公共事业服务机构。

（3）证券公司、担保公司、小额贷款公司、典当行等具有金融功能的非金融机构。

（4）纯融资性、政府融资平台型、主要依靠财政拨款或补贴的国有企业。

（5）关联关系众多、股权结构复杂、主营业务不突出的企业或集团企业。

11. 企业授信用途有哪些

企业授信用途主要用于满足企业在生产经营过程中正常的流动资金、固定资产投资及对外担保需求，贸易结算过程中具有真实贸易背景的融资需求与担保需求。

12. 企业授信不得用于哪些用途

（1）不得用于国家明令禁止的产品或项目。

（2）不得从事股本权益性投资，不得作为注册资本金、注册验资和增资扩股。

（3）不得从事股票、期货、金融衍生产品等投资。

（4）不得投向其他违反国家法律法规的领域。

13. 企业授信客户应具备哪些条件

申请企业授信业务的客户应具备以下基本条件：

（1）经市场监管部门核准登记并办理年检手续，从事特殊行业的须持有有权机关颁发的经营许可证。

（2）有固定住所和经营场所，合法经营产品有市场、有效益。

（3）企业商业信用及银行信用良好，企业主要投资人和管理人员遵纪守法、信誉良好。

（4）能够提供足值有效的抵（质）押物。

（5）连续正常经营一年以上。

（6）银行要求的其他条件。

14. 不能为哪些企业办理授信业务

禁止为以下企业办理授信业务：

（1）经营国家政策、法律法规禁止或限制的行业、项目和产品。

（2）实际控制人或主要管理人员有恶意逃废银行债务、信用卡恶意透支、涉黑、涉赌、涉毒等不良行为。

（3）财务管理混乱，有严重偷漏税、欠税行为。

（4）不符合国家产业政策、环境保护政策的高耗能、高污染类的企业。

（5）由于生产经营恶化、规模萎缩的企业。

（6）银行禁止的其他条件。

第四节　企业客户授信评级标准和额度

15. 企业客户授信分为几个等级

企业客户授信等级分为“AAA、AA、A、BBB、BB、B、C”7个信用等级。授信等级评分标准，需要按照授信对象的不同内容和标准分值进行评分认定。

（1）优秀级：（AAA）90分及以上。企业各项经济指标很好，经营管理状况好，经济效益很好，有很强的清偿与支付能力，市场竞争力强，企业信誉度高。

（2）良好级：（AA）80—89分。企业各项经济指标良好，经营管理状况较好，经济效益良好，有较强的清偿与支付能力，企业信誉度良好。

（3）较好级：（A）70—79分。企业有一定的经济实力，经营管理状况尚可，经济效益稳定，有一定的清偿与支付能力，企业信誉度尚可。

（4）一般级：（BBB）60—69分。企业各项经济指标一般，经营管理状况一般，清偿与支付有一定难度，存在风险。

（5）较差级：（BB）50—59分。企业各项经济指标较差，经营管理状况较差，清偿与支付有较大难度，存在较高风险。

（6）差级：（B）40—49分及以下。企业各项经济指标差，经营管理状况差，清偿与支付有很大难度，存在高风险。

（7）极差级：（C）39 分及以下。企业各项经济指标差，经营管理状况差，清偿与支付有极大难度，存在高风险。

16. 企业授信额度如何确定

企业授信额度应在综合考虑授信申请人的收入支出状况、资产负债状况、资信状况、担保情况、授信实际用途等因素的基础上合理确定。核定最高授信额度必须符合监管部门的相关要求。

（1）综合授信额度最高不超过本行确定的一定额度（之后随资本金的增长而增加）。

（2）以抵押担保方式的，自有住房、商用房抵押授信额度最高不超过抵押物价值的 70%；自有厂房、建设用地和第三方住房、商用房抵押授信额度最高不超过抵押物价值的 60%。

（3）以保证担保方式的，授信额度原则上不超过本行确定的一定额度，特殊情况可适当增加，但不得超过综合授信额度最高额度的一半。

（4）以定期存单、凭证式国债或股权质押方式申请授信业务的，授信额度不受最高额度的限制，但比例不超过定期存单或凭证式国债的 90%。

第五节　企业客户授信担保

17. 企业授信业务有哪些担保方式

企业授信业务可以采取抵押、质押、保证等多种担保方式，也可将多种担保方式进行组合，同时，担保应能有效覆盖授信金额。企业授信业务原则上不采用纯信用方式。

（1）抵押担保：指授信申请人或第三人不转移对财产的占有，将该财产作为担保向银行申请小企业授信业务的担保方式，银行企业授信业务可受理的抵押物主要包括房产所有权、国有建设用地使用权等。

（2）质押担保：主要分为动产质押担保、权利质押担保。

（3）保证担保：指保证人承诺。应该追加企业法定代表人及其配偶作为保证人，提供连带责任保证担保；若企业实际控制人与法定代表人非同一人，原则上应同时追加企业实际控制人及其配偶作为保证人，提供连带责任保证担保。

18. 用于抵押的房产必须满足哪些条件

（1）房屋所有权人为具备完全民事行为能力的自然人或企业法人。

（2）房屋为已取得完全处置权利的住房、商用房和工业厂房。住房：包括商品住房、别墅、部分地段优越、能上市交易的经济适用房、房改房等。商用房：包括商住两用房、写字楼、临街商铺、商品住房配套的拥有独立产权的车库及拥有独立产权与住房一并抵押的车位。工业厂房：工业厂房内的土地使用权方式原则上为出让。

19. 用于抵押的房产的土地必须满足哪些条件

（1）房产的土地使用权取得方式为国有出让、划拨或租赁方。

（2）房产的土地使用权取得方式为划拨的，当地土地及房管部门均认可抵押行为，且抵押人须领取了国有土地使用权证。

（3）房产的土地使用权取得方式为租赁的，当地土地及房管部门均认可抵押行为，且土地租赁合同中明确规定允许抵押，额度存续期到期日距土地租赁合同到期日应在三年以上（含三年），同时，对于经营性房产的土地使用权取得方式不得为租赁。

20. 用于抵押的房产年限必须满足哪些条件

（1）用于抵押房产的房龄一般不得超过 20 年。

（2）部分位于城市核心地段内，变现能力强、成交量活跃的房产，经银行同意的，可放宽至 25 年。

21. 禁止接受哪些类型的房产用于抵押

（1）已依法公告在国家建设征用拆迁范围内或存在明显拆迁风险的房产。

（2）所有人或共有人为“低保户”的房产。

（3）地方政府规定不能上市交易或办理抵押登记的房产。

（4）所有人或共有人为未成年人或年龄超过 65 周岁的房产。

（5）以同一处抵押物为多个客户提供担保的房产。

（6）价格波动较大，受法律、法规、市场环境影响，转让交易受到限制的房产。

（7）未经银行授权，接受农业用房、宅基地房屋、集体用地房屋以及其他依法不得抵押的房屋。

22. 谨慎受理哪些类型的房产用于抵押

（1）谨慎接受自建房、地理位置偏远或价值过高的别墅等存在拆迁隐患或不易变现的房产。

（2）谨慎接受涉及离异、继承、赠予等易于发生产权纠纷的房产。

（3）谨慎接受抵押人唯一住宅等易于造成司法部门执行力偏弱的房产。

（4）谨慎接受第三方抵押人提供的房产。

23. 房产抵押率如何确定

以符合上市交易条件的经济适用房、房改房、高档住宅（房价高于当地平均住宅价格三倍以上）、商用房、别墅等房产抵押的，抵押率基准值不得超过60%。以厂房作抵押的，抵押率基准值不得超过50%。

24. 抵押率如何调整

根据企业信用等级的不同，可在基准值上对抵押率进行差别化调整。具体调整规则为：企业信用等级为AAA级的，抵押率调整系数上限为115%（1.15）；企业信用等级为AA级的，抵押率调整系数上限为110%（1.10）；企业信用等级为A级的，抵押率调整系数上限为105%（1.05）；企业信用等级为BBB级的，抵押率调整系数上限为100%（1.0）。

25. 用于抵押的国有建设用地使用权应满足哪些条件

（1）须为出让方式取得，并取得土地使用权证书。

（2）不存在土地因闲置被收回的风险。

（3）对于土地上已存在建筑物，且该建筑物已取得房产证的国有建设用地使用权，不得单独作为抵押物，须连同地上建筑物一并抵押。

（4）对土地上存在尚未建造完毕的厂房、办公楼或虽建造完毕但未取得房产证的，应要求抵押人书面承诺建造完成或取得房产证后将其一并抵押给银行或书面承诺不得将其抵押给其他机构。

（5）国有土地使用权出让终止日期须晚于抵押权到期日三年以上（含三年）。

26. 禁止接受哪些类型的国有建设用地使用权用于抵押

（1）存在国家收回风险或非政府、政府有关部门行为导致的未动工开发满1

年或中止开发建设满 1 年、且已动工开发面积占应动工开发建设用地总面积不足 1/3 或者已投资额不足总投资额 25% 的国有建设用地使用权。

（2）使用权不明或有争议的国有建设用地使用权。

（3）实际用途用于房地产项目开发的国有建设用地使用权。

（4）用于抵押的国有建设用地使用权人（或共有人）为未成年人或年龄超过 65 周岁。

（5）未经银行授权，以同一处抵押物为多笔授信或贷款提供担保的。

（6）地方政府规定转让受到限制的国有建设用地使用权。

第六节　企业客户授信方法及步骤

27. 企业客户授信采取什么方法

（1）银行成立企业授信小组。负责辖区内企业客户的授信等级评定与调整。授信小组组长由银行主管授信工作的行长担任组长，各分支机构负责人担任副组长，成员由两名以上客户经理和一名风险经理人员组成。

（2）各分支机构应主动深入到服务区域内的企业进行宣传，与单位领导进行协商，了解和掌握授信对象的授信需求情况，做好授信的摸底工作。

（3）银行应对授信等级评定结果以及授信额度予以告知被评定的企业客户。

28. 企业客户授信采取哪些步骤

（1）由各分支机构推荐符合银行授信条件的企业客户，并由负责人在推荐名单上签字盖章，上报企业授信小组。

（2）企业授信小组经审核同意推荐名单上的企业客户后，由客户经理进行基本情况调查，按企业性质建立客户纸质或电子档案，并依据企业意愿填写《企业授信调查审核审批表》。

（3）客户经理在详细了解客户基本情况、年度收入、支出及生产消费资金需求情况的基础上，按照《企业授信等级评分认定表》内容进行打分。

（4）由银行企业授信小组综合客户经理的打分情况，评定客户授信等级，核定授信最高额度，并在《企业授信等级评分认定表》和《企业授信调查审核审批表》签注意见。待审批通过后，对授信额度最终确认。已评定授信等级的企业客户均称为信用户。

第七节　企业客户授信操作流程

29. 企业客户授信申请须提交哪些资料

有授信需求的企业客户向银行提出申请的，授信申请人须填写《企业授信等级评定申请表》，并提交下列资料：

（1）客户资料

①营业证照或事业单位法人证书。

②法定代表人、财务负责人、经办人身份证明。

③董事会成员名单及主要负责人工作履历介绍。

④基本户开户复印件。

⑤公司章程。

⑥验资证明。

⑦税务登记证明。

⑧环保许可证明（按规定需取得环保许可证明的）。

⑨特殊行业须有国家有权部门颁发的许可证明或资质证书。

⑩近三年财务报告、报表及最近一个月的月报表（成立不足三年的客户提供成立以来年度报表）。

⑪企业简介及未来发展规划。

⑫企业关联公司情况说明。

（2）担保资料

①担保意向书（原件）。

②营业证照。

③近三年财务报告、报表及最近一个月的月报表（成立不足三年的客户提供成立以来年度报表）。

④有权部门颁发的抵（质）押物权属证明。

⑤公司章程。

⑥税务登记证明。

（3）银行认为需要提交的资料。

30. 企业客户授信如何受理

经办行客户经理负责接受授信申请，收集和整理授信资料。客户经理初步审核授信申请人符合银行授信条件的，应受理授信申请人的相关资料，确保申请资料的完整性，并将完整的申请资料移交经办行负责人签字同意后，上报银行企业授信小组进行调查评分。

31. 企业客户授信如何调查

授信调查是指从接受授信申请资料开始，经调查分析，完成授信调查，出具明确的授信建议，直至形成完整的送审资料报送审查审批部门的整个过程。

（1）参与企业授信业务调查的客户经理、风险经理和负责人的责任：

①客户经理为授信调查第一责任人，负责整理授信资料，核实信息，撰写授信调查报告，明确授信建议，对授信资料和报告内容的真实性、完整性、合规性负责。

②风险经理对客户经理提交的授信调查报告进行风险分析，提出风险防范措施，填写风险评价意见。风险经理为授信调查第二责任人，对授信资料的完整性、合规性负责，对风险评价意见的客观性、公正性负责。

③负责人承担银行企业授信调查工作的领导责任，对授信调查资料和报告内容的真实性、完整性、合规性负责。

（2）授信调查的原则。授信调查必须坚持实地调查、双人调查、客观公正、完整性、信息核实和回避的原则。

（3）银行企业授信小组接到经办行受理人员提交授信申请人的有关资料后，应在 5 个工作日内完成对申请人资格、授信条件及还款能力等内容的调查，并依据授信标准进行评分。

（4）授信调查人员应对客户生产经营场所进行实地走访，现场验证有关客户资料，与企业负责人及其他相关人员就客户生产经营情况进行直接访谈，全面了解公司经营财务状况、融资用途、担保措施等信息。调查人员完成调查后应对调查情况进行分析评价撰写调查报告，明确调查结论。

（5）根据调查情况，授信小组成员对授信申请人进行评分，填写《企业授信调查审核审批表》，重点对申请人的信用情况和还款能力，授信级别、授信额度、授信期限等进行评分认定，并对同意授信资料及时移交信贷管理部门进行审查。

32. 企业客户授信如何审查

授信审查是指从政策、行业、经营、担保方案等方面全面评价、评估授信项目风险，供有权审批人决策参考的过程。

信贷授信部门对企业授信小组上报的《企业授信调查审核审批表》等调查资料的完整性、合规性、真实性和风险度等进行审查，对授信级别、授信额度、授信期限等提出审查意见。对提交的资料不全、调查意见不完整、不明确的，信贷授信部门有权将有关资料退回企业授信小组进行重新调查补充。审查人员对审查过程的合规性和审查意见的合理性承担责任。凡符合授信条件且资料齐全的，信贷授信部门填写审查意见后，报有权审批人进行审批。

33. 企业客户授信如何审批

授信审批是指根据对企业授信原则，在受权范围内，对授信申请做出决策的过程。

（1）企业授信、授信种类、授信额度、授信期限和利率等均需提交信贷审批委员会会议审批。

（2）低风险业务、额度项下单笔支用信贷业务、合同要素变更业务方面的可由授权审批人单人审批。

（3）有权审批人（贷审会或授权审批人）接到授信的相关材料后，按照“审贷分离、分级审批、审批责任到人”的原则，应详细阅读调查报告、审查表等相关资料对授信人融资用途、还款意愿、还款能力、潜在风险等作出判断，对存在的问题提出质询，对授信等级、授信资金的投向、授信金额、授信期限和利率等进行决策，独立出具审批意见。审批结论为“同意”的，经办行可直接进入授信使用发放环节；审批结论为“不同意”的，直接退回；如经办行需申请复议的，一笔授信业务只能复议一次。

（4）授信审批通过后，银行应以正式行文出具授信审批结果文件。

34. 企业客户授信如何使用

授信使用是指企业授信业务审批完成后通知审批结果、沟通并落实授信条件、签订合约和授信发放的过程。

（1）授信审批通过后，信贷授信部门应及时将审批结果通知经办行，经办行应及时将审批结果文件送达授信企业客户。

（2）企业授信客户如需使用授信时，经办行客户经理应及时与客户沟通并落实授信条件，办理担保（抵押、质押和保证）手续。

（3）授信条件落实后，经办行客户经理应双人到场当面见证相关人员，即企业法定代表人或其授权委托人、抵（质）押人、保证人等，签署合同并确保合同印章和签字人身份的真实性，明确借贷双方权利和业务，基本内容包括授信品种、金额、期限、利率、用途和还款保障等，确保授信条件落实的有效性和合规性。

（4）授信发放前，需报发放审核岗或审核部门审核。经办行营业柜面负责授信贷款支付审核和支付操作。目前一般采用自主支付方式和受托支付方式，用款时可根据具体金额审核支付方式，确保授信贷款按约定用途使用。其他授信业务发放须报信贷、财会和风险部门审核后，经主管行长签发后方可发放。

（5）循环用款。授信借款人在授信额度和期限内可循环申请贷款，需按以下操作进行：

①申请。授信借款人用信需提前向经办行客户经理提出申请并提交以下资料：

a. 授信文件。

b.《用款申请书》。

c. 营业执照或事业单位法人证书。

d. 法定代表人、财务负责人、经办人身份证明。

e. 贷款支付对应的用途证明。

f. 其他需要提交的资料。

②受理。客户经理接到授信借款人用信申请后，对借款人提供的身份证明等相关资料审核无误后，首先登记授信企业台账，然后和借款人一起及时到贷款放款岗办理放款手续。

③审核发放。贷款放行岗对客户经理提交的借款借据等放款资料认真审核，审核无误后，按流程签批盖章，将放款资料交由客户经理，由客户经理协助借款人到营业柜面将贷款资金通过借款人结算账户及时支付给符合合同约定用途的借款人交易对象。确保借款人满足合同提款条件，并按合同约定的方式对授信资金的支付实施管理，监督授信资金用途实际使用情况。

第八节 企业客户授信后管理

35. 授信后管理包括哪些工作内容

授信后管理是指受信人实际使用银行授信后到本息收回或该授信完全终止前各个环节的管理，包括授信后检查、问题授信管理、风险分类、基础管理等工作内容。

36. 授信后管理的原则是什么

授信后管理工作按照“差异化、常态化、服务化”的原则开展。

（1）根据风险状况、授信产品、担保方式的不同实行差异化的贷后检查，具体体现为授信后检查方式、检查频率、检查重点、报告形式等的差异化。

（2）应尽早识别“风险信号”，将贷后检查与风险提示和风险预警紧密联系在一起，及时识别风险、及时提示或预警。

（3）通过日常的客户回访与交叉销售实现“售后服务式”的授信后管理。

37. 如何实行授信风险责任人制

（1）客户经理是授信后管理第一责任人，对授信后管理各项信息、资料的真实性、有效性、完整性和授信后管理的及时性负责。

（2）风险经理是授信后管理第二责任人，对客户经理授信后管理过程的合规性、提交报告及资料的完整性负责。

（3）各分支机构负责人对所管辖业务部门授信后管理工作承担管理责任，对所管辖业务部门中小企业信贷资产的安全负责。

（4）企业贷后管理岗是各风险监控主责任人。

（5）银行各条线人员应按规定履行相应职责，通过多方协作及总分行和各分支机构联动实现有效管理。

38. 授信等级和额度如何调整

（1）已评定和授信的信用户，原则上年度内不得调高等级及授信额度，但遇特殊情况的要重新确定额度。评定为 AA 级、A 级和 BBB 级的信用户在年内还款结息正常、无不良记录的，次年评定时可视情况向上调高一级。

（2）对需要调低授信等级和额度的，应由经办行提出书面意见，经审核审批后生效。

39. 调低授信等级和额度的条件是什么

（1）违约超过 30—90 天的授信户，等级下调一级，降级授信户授信额度降低 30%。

（2）违约超过 90 天的授信户直接冻结授信额度，撤销授信等级。

（3）银行认为需要调低的其他情况。

40. 如何加强对授信贷款的跟踪检查

经办行要加强对授信贷款的跟踪检查，做好检查记录，对不能按期归还授信贷款的，区分不同情况，对有意拖欠不还者，要及时取消资格，并对所欠贷款及时进行清偿。

41. 授信到期前如何办理

经办行应在授信到期前向授信借款人提示到期还本付息。对因授信借款人暂时经营困难不能按期归还授信贷款的，经办行可与授信借款人协商授信重组。

42. 如何关注借款人的还款情况

经办行应重点关注借款人的首次还款情况和首次逾期记录，不仅要加强催收、及时收回，而且要落实逾期的真正原因，并根据具体情况采取合理的风险防范措施。

43. 授信贷款出现逾期如何办理

如果授信贷款出现逾期，经办行应及时向授信借款人和担保人发送《贷款逾期催收通知书》，督促借款人和担保人及时还款。

44. 授信借款人未能按时归还贷款本息的如何处理

授信借款人如果连续三个月未能按时或未能足额归还贷款本息，若为以保证方式担保的贷款，经办行须立即向保证人发送《履行保证责任通知书》，要求保证人履行代偿责任；若以抵（质）押方式担保的贷款，在催收无效果的情况下，经办行应及时采取措施保全抵（质）押品；若贷款已整体逾期，经办行须及时报告总分行采取法律手段诉讼或申请强制执行。

45. 附件

表一：企业授信等级评定申请表
表二：企业授信等级评分认定表
表三：企业授信评级调查审核审批表

表一

企业授信等级评定申请表

填表日期： 年 月 日 编号：

以下内容须由申请人填写								
申请人基本情况	企业名称					法定代表人		
	企业类型	□股份有限公司 □有限责任公司 □其他				企业联系人		
	经营地址					营业面积		
	主营业务					职工人数		
	注册时间		注册资本	万元	基本开户行			
企业实际控制人情况	姓名		性别	□男 □女	年龄	岁	文化程度	
	居住地址				户籍所在地			
	婚姻状况	□已婚育有子女 □已婚无子女 □未婚 □离异 □丧偶				电话		
	配偶姓名		家庭人数	人	单位		电话	
资产负债状况	净资产	万元	流动资金	万元	流动负债	万元		
	总资产	万元	货币资金	万元	短期借款	万元		
	所有者权益	万元	应收账款	万元	应付账款	万元		
	当年销售收入	万元	存款	万元	应付工资	万元		
	当年实现利润	万元	固定资产价值	万元	长期负债	万元		
	对外担保资金	万元	到期担保债务	万元	到期债务	万元		
授信申请情况	申请业务类型	□贷款 □项目融资 □贸易融资 □贴现 □信用证 □票据承兑汇票 □其他________						
	申请金额	万元	申请期限		还款方式			
	资金用途				还款来源			
担保情况	抵押	□住房 □商用房 □厂房 □国有建设用地使用权 □其他________						
	质押	□存单 □国债 □企业债券 □银行承兑汇票 □其他________						
	保证	保证人1名称			与申请人关系			
		保证人2名称			与申请人关系			
申请人声明与保证	1. 本企业承诺以上填写信息完全真实，且按贵行规定报送留存会计报表及相关资料真实、完整、有效。 2. 本企业承诺申请表及相关资料作为向贵行申请授信的依据，无论是否授信，贵行均可保留相关资料。 3. 本企业接收并积极配合贵行授信调查工作，若经贵行审查不符合规定时，本企业无异议。 申请人（公章） 法定代表人或授权代理人（签章） 年 月 日							

表二

企业授信等级评分认定表

企业名称：　　　　　　　　　　　　　　　　　　　　日 期：　　年　月　日

评分项目		评分标准				标准分值	初评得分	审核评分
企业基本情况（26）	经营年限	10 年以上	5—10 年	3—5 年	1—3 年	6		
		6	5	4	2.5			
	经营场地	自有土地房产	租赁土地自建房	租赁	无	3		
		3	2	1.5	0			
	股权结构	家庭型	兄弟型	朋友型	其他	2		
		2	1.5	1	0.5			
	股权变动	近三年稳定	不足三年稳定	近三年变动1—2 次	近三年变动频繁	2		
		2	1.5	1	0.5			
	投资合作	无关联企业	无对外投资	有关联企业	有对外投资	3		
		3	3	2	2			
	管理能力	很好	较好	一般	差	3		
		3	2	1	0			
	市场竞争力	强	较强	一般	弱	2		
		2	1.5	1	0			
	信用记录	无不良记录	无信用记录	逾期 1—3 次	逾期 4—9 次	5		
		5	3	2	1			
实际控制人情况（26）	个人品质	很好	良好	一般	有不良行为	5		
		5	3	1	0			
	个人信用记录	全部正常	逾期 1—3 次	逾期 4—9 次	逾期 10 次以上	5		
		5	3	1	0			
	从业年限	10 年以上	8—10 年	5—8 年	5 年以下	6		
		6	5	4	3			
	学历	本科以上	本科	专科	专科以下	4		
		4	3	2	1			
	健康状况	很好	较好	一般	差	2		
		2	1.5	1	0			
	婚姻状况	已婚有子女	已婚无子女	离异	未婚	4		
		4	3	2	1			
企业财务状况（20）	资产负债率	50%（含）以下	50% 至 60%（含）	60% 至 70%（含）	70% 以上	4		
		4	3	2	1			
	销售毛利率	15%（含）以上	10%（含）至 15%	5%（含）至 10%	5% 以下	2		
		2	1.5	1	0.5			

续表

<table>
<tr><th colspan="2">评分项目</th><th colspan="4">评分标准</th><th>标准分值</th><th>初评得分</th><th>审核评分</th></tr>
<tr><td rowspan="6">企业财务状况（20）</td><td rowspan="2">现金比率</td><td>40%以上</td><td>30%（含）至40%</td><td>20%（含）至30%</td><td>10%以上</td><td rowspan="2">5</td><td rowspan="2"></td><td rowspan="2"></td></tr>
<tr><td>5</td><td>4</td><td>2</td><td>1</td></tr>
<tr><td rowspan="2">或有负债</td><td>或有负债/实收资本为0</td><td>或有负债/实收资本40%（含）以下</td><td>或有负债/实收资本40%至80%（含）</td><td>或有负债/实收资本80%以上</td><td rowspan="2">5</td><td rowspan="2"></td><td rowspan="2"></td></tr>
<tr><td>5</td><td>3</td><td>-2</td><td>-3</td></tr>
<tr><td rowspan="2">存贷周转率</td><td>12%以上</td><td>6%（含）至12%</td><td>3%（含）至6%</td><td>3%以下</td><td rowspan="2">4</td><td rowspan="2"></td><td rowspan="2"></td></tr>
<tr><td>4</td><td>3</td><td>2</td><td>1</td></tr>
<tr><td rowspan="18">企业经营情况（28）</td><td rowspan="2">生产设备</td><td>设备先进</td><td>通用设备</td><td>设备一般</td><td>设备落后</td><td rowspan="2">3</td><td rowspan="2"></td><td rowspan="2"></td></tr>
<tr><td>3</td><td>2</td><td>1</td><td>0</td></tr>
<tr><td rowspan="2">经营地点</td><td>省级工业园</td><td>市级工业园</td><td>县级工业园</td><td>未在工业园</td><td rowspan="2">2</td><td rowspan="2"></td><td rowspan="2"></td></tr>
<tr><td>2</td><td>1.5</td><td>1</td><td>0.5</td></tr>
<tr><td rowspan="2">销售渠道</td><td>销售大型企业有长期销售合同</td><td>客户群体稳定有长期销售合同</td><td>客户群体一般有短期销售合同</td><td>客户群体不稳定无销售合同</td><td rowspan="2">3</td><td rowspan="2"></td><td rowspan="2"></td></tr>
<tr><td>3</td><td>2</td><td>1</td><td>0</td></tr>
<tr><td rowspan="2">采购渠道</td><td>供应商实力强合作三年以上</td><td>供应商较强合作三年以内</td><td>供应商一般合作三年以下</td><td>合作商变动多无长期合作</td><td rowspan="2">3</td><td rowspan="2"></td><td rowspan="2"></td></tr>
<tr><td>3</td><td>2</td><td>1</td><td>0</td></tr>
<tr><td rowspan="2">主营业务</td><td>85%以上</td><td>65%至85%</td><td>45%至65%</td><td>45%以下</td><td rowspan="2">3</td><td rowspan="2"></td><td rowspan="2"></td></tr>
<tr><td>3</td><td>2</td><td>1</td><td>0</td></tr>
<tr><td rowspan="2">企业订单存量</td><td>6个月以上</td><td>3—6个月</td><td>1—3个月</td><td>1个月以下</td><td rowspan="2">4</td><td rowspan="2"></td><td rowspan="2"></td></tr>
<tr><td>4</td><td>3</td><td>2</td><td>1</td></tr>
<tr><td rowspan="2">生产定金</td><td>无污染</td><td>有污染措施</td><td>高度污染</td><td rowspan="2"></td><td rowspan="2">2</td><td rowspan="2"></td><td rowspan="2"></td></tr>
<tr><td>2</td><td>1</td><td>0</td></tr>
<tr><td rowspan="2">业务年增长</td><td>20%以上</td><td>10%至20%</td><td>1%至10%</td><td>下降</td><td rowspan="2">4</td><td rowspan="2"></td><td rowspan="2"></td></tr>
<tr><td>4</td><td>3</td><td>1</td><td>0</td></tr>
<tr><td rowspan="2">净利润增长</td><td>25%以上</td><td>15%至25%</td><td>10%至15%</td><td>5%至10%</td><td rowspan="2">4</td><td rowspan="2"></td><td rowspan="2"></td></tr>
<tr><td>4</td><td>3</td><td>2</td><td>1</td></tr>
<tr><td colspan="2">评分合计</td><td colspan="4"></td><td>100</td><td></td><td></td></tr>
</table>

客户经理评分意见：	**评级小组意见：**	**信贷部门意见：**	**有权审批人意见：**
客户经理签字： 1 2 年　月　日	组长签字： 年　月　日	负责人签字： 年　月　日	有权审批人签字： 年　月　日

表三

企业授信评级调查审核审批表

受理行/部：　　　　　　授信对象：　　授信种类：　　日期：　　年　月　日

一、授信申请人情况							
基本情况	企业名称					法定代表人	
	企业类型	□股份有限公司　□有限责任公司　□其他				企业联系人	
	经营地址					营业面积	
	主营业务					职工人数	
	注册时间	年　月　日	注册资金	万元	资金开户行		
	营业执照代码		营业期限	年　月　日	至	年　月　日	
	特种证照名称		有效期限	年　月　日	至	年　月　日	
股权结构	主要股东名称	出资金额	出资方式	比例（%）	在公司职务		
	合计			%			
企业实际控制人情况	姓名		性别	□男　□女	年龄	岁	文化程度
	居住地址		户籍所在地				
	配偶姓名		家庭人数	人	单位		电话
	婚姻状况	□已婚有子女　□已婚无子女　□未婚　□离异　□丧偶				电话	
二、授信调查情况							
资产负债情况	货币资金	万元	短期借款	万元	所有者权益	万元	
	流动资金	万元	应付票据	万元	当年销售收入	万元	
	应收账款	万元	应付账款	万元	当年实现利润	万元	
	应收票据	万元	应付工资	万元	对外担保金额	万元	
	存货	万元	其他应付账款	万元	到期担保	万元	
	固定资产	万元	其他负债	万元	到期债务	万元	
	总资产	万元	总负债	万元	资产负债率	%	
企业经营发展情况	经营产品		经营规模	□中型　□小型　□微型	经营年限	年	
	经营环境	□整洁　□一般　□较差	生产工艺	□先进　□一般	产业政策	□支持　□限制	
	经营状态	□良好　□一般　□不佳	流动资金	□充足　□一般　□紧张	市场竞争	□优　□良	
	企业订单	万元	主要合同		法律纠纷	□有　□无	
	水费支出	万元	电费支出	万元	气费支出	万元	
	税金支出	万元	工资支出	万元	购物支出	万元	
	税收优惠	□优惠　□不优惠　□免税	企业融资	□容易　□困难			
	资金来源	□银行贷款　□民间借贷　□专项资金　□自筹　□其他					
	市场竞争	□优势　□劣势	盈亏年比	□增加　□减少　□持平　□亏损			
信用状况	企业信用记录	□无不良记录　□无信用记录　□正常　□逾期					
	控制人信用记录	□无不良记录　□无信用记录　□正常　□逾期					
	银行贷款	起止日期	年　月　日至　年　月　日	金额	万元		
	民间借贷	起止日期	年　月　日至　年　月　日	金额	万元		

续表

第一还款来源情况	营业收入		万元	营业外收入		万元	利润			万元
	还款来源	□强 □较强 □一般 □弱								
	总体评价									
第二还款来源情况（担保情况）	专业担保公司担保		担保公司全称							
			担保金额	万元	授信反担保	□有 □无				
	一般工商企业担保		企业担保全称							
			担保金额	万元	担保能力	□强	□较强	□一般		
	抵押人1	所有人			抵押物					
		地理位置			权证号码					
		面积	m^2/亩	原值	万元	估价	万元	变现能力	□强	□弱
	抵押人2	所有人			抵押物					
		地理位置			权证号码					
		面积	m^2/亩	原值	万元	估价	万元	变现能力	□强	□弱
	质押人	所有人		证号						
		质押品		原值	万元	估价	万元	期限	年	
	保证人1		职业		年收入	万元	身份证号			
	保证人2		职业		年收入	万元	身份证号			
	保证人3		职业		年收入	万元	身份证号			
	偿还能力评价		□强 □较强 □一般							

三、授信调查意见

授信人		授信评分		授信评级	□优 □良 □一般
授信额度		授信期限		贷款利率	%
授信用途				担保方式	□抵押 □质押 □保证 □信用

本人通过调查授信申请资料，与授信申请人交谈，对其经营和资产情况实地考察等，对其身份真实性、偿还能力、信用情况、贷款用途，担保方式等情况进行调查，认为该授信申请符合本行授信业务制度，现提出以上申请意见。

主调查人（签字）：

辅调查人（签字）：

年 月 日

四、授信审核审批意见

授信审核意见	材料是否完整	□是 □否	材料是否与申请内容一致	□是 □否
	材料是否合理	□是 □否	调查意见是否完整合理	□是 □否
	经对授信申请人资料的完整性、真实性、合理性和其资料状况及调查人的意见进行审核，提出如下意见： 授信审核人（签章）： 年 月 日			
授信审批受理意见	授信审批受理人（签章）： 年 月 日			
授信审批决策意见	授信审批人意见	（签字）： 年 月 日		
	授信审批委员会意见	（签字）： 年 月 日		